普通高等教育“十二五”规划教材

管理信息系统

宋宇辰　蔚东升　韩　艳　主编

北　京
冶　金　工　业　出　版　社
2014

内 容 提 要

本书详细讲述了传统的管理信息系统课程内容，如计算机硬件、软件和网络知识，信息系统的规划、开发、运行和维护，企业资源规划及其项目管理和电子商务等；还介绍了近年来信息技术发展的前沿领域，如信息系统外包项目管理、商务智能、大数据、数据挖掘和云计算等。

本书知识体系全面系统，强调技术与管理的相融性，既关注学科前沿发展，又介绍经典案例。书中各单元内容自成一体、重点突出、扩充灵活；各章皆附有参考文献，方便学生在短时间内迅速扩充相关章节知识。

本书为高等院校经济管理类本科生及相关专业的硕士生教材，也可供信息技术和管理领域的工程技术人员参考。

图书在版编目(CIP)数据

管理信息系统/宋宇辰等主编 .—北京：冶金工业出版社，2014. 10
普通高等教育“十二五”规划教材
ISBN 978-7-5024-6751-7

Ⅰ. ①管…　Ⅱ. ①宋…　Ⅲ. ①管理信息系统—高等学校—教材
Ⅳ. ①C931. 6

中国版本图书馆 CIP 数据核字(2014)第 232467 号

出 版 人　谭学余
地　　址　北京市东城区嵩祝院北巷 39 号　邮编　100009　电话　(010)64027926
网　　址　www. cnmip. com. cn　电子信箱　yjcbs@ cnmip. com. cn
责任编辑　宋　良　美术编辑　吕欣童　版式设计　孙跃红
责任校对　郑　娟　责任印制　牛晓波
ISBN 978-7-5024-6751-7
冶金工业出版社出版发行；各地新华书店经销；北京百善印刷厂印刷
2014 年 10 月第 1 版，2014 年 10 月第 1 次印刷
787mm × 1092mm　1/16；21 印张；507 千字；320 页
45. 00 元

冶金工业出版社　投稿电话　(010)64027932　投稿信箱　tougao@ cnmip. com. cn
冶金工业出版社营销中心　电话　(010)64044283　传真　(010)64027893
冶金书店　地址　北京市东四西大街 46 号(100010)　电话　(010)65289081(兼传真)
冶金工业出版社天猫旗舰店　yjgy. tmall. com
(本书如有印装质量问题，本社营销中心负责退换)

前　言

全球经济的一体化与信息化是相辅相成、相互促进的。随着科学技术的进步，面向企业和政府等部门的各类管理信息系统面临着巨大的发展机遇和广泛的应用前景。信息是管理工程上的一项极为重要的资源，管理工作的成败取决于能否做出有效的决策，而决策的正确与否则在很大程度上取决于信息的质量。因此，能否有效地管理信息成为企业和政府的首要问题，管理信息系统在强调管理、强调信息的大数据时代将越来越得到普及。

国外先进的管理信息系统人才培养、应用技术起到很好的示范效应。管理信息系统所涉及的行业在我国的发展趋势不再局限于信息分析、企业决策、经营分析等内容，而是把它作为一条纽带，成为商贸金融、工业企业、智慧城市、教育培训、科学研究等领域中不可或缺的重要组成部分。

为进一步完善普通高等院校经济管理类专业管理信息系统课程体系建设，提升学生信息管理技能和信息系统开发能力，促进人才的高层次培养，我们撰写了这本教材，其特色如下：

（1）符合《中国信息系统学科课程体系 2011》要求。本书的章节设置和课程内容是在《中国信息系统学科课程体系 2011》指导下完成的，较好地反映了国际信息系统领域的发展趋势和专业课程体系变化，适应我国信息化人才的需求模式，较好地突显专业课程体系要素。

（2）重视基础、关注前沿。本书在满足“管理信息系统”课程内容要求的基础上，重点关注了信息系统的前沿发展。书中特别安排了大数据和商务智能两个章节，讲述大数据时代的数据挖掘技术和云计算的相关理论，介绍数据挖掘和云计算在商务智能领域的应用。

（3）各单元内容自成一体、相对独立。教师可根据不同专业、授课目的、教学时数和学生兴趣选择相应的单元授课。

（4）各单元重点突出、扩充灵活。每单元由案例引导、内容详述、本章小结、专业术语和习题几部分组成。教师可根据授课学生的专业灵活把握授课内容。

（5）方便学生扩充相关章节知识。各章附有参考文献，方便学生在短时间内迅速扩充相关章节知识。

（6）方便教师备课或中高层管理人员自学。本书配有PPT课件，需要者可与编者联系。

本书共15章，由宋宇辰、蔚东升、韩艳主编。宋宇辰拟定编写大纲，并做了全书的组织安排、统纂定稿工作；蔚东升、韩艳对全书各章内容进行了审核校对，并对部分章节进行了修改调整；孙斌对全书章节格式进行调整统一。具体编写分工如下：韩艳编写第1章和第9章，王威编写第2章和第13章，杨振华编写第3章和第12章，宋宇辰编写第4章和第14章，孙斌编写第11章和第14章，薛建春编写第5章、第6章和第7章，蔚东升编写第8章、第10章和第15章。

在编写过程中，参阅、吸收和借鉴了国内外专家学者的相关文献，在此深表谢意。

因编者水平有限，书中难免存在不足和遗漏，敬请读者批评指正。

编　者
2014年7月

目　录

第1章　信息系统基本概念

案例

沃尔玛的成功利器

沃尔玛可以说是世界零售业的一大奇迹。1955年，沃尔玛还默默无名。1979年，沃尔玛全年销售额才首次达到10亿美元。可是到了1993年，沃尔玛一周的销售额就达到这个数，2001年更是一天的时间就能达到。据法新社报道，沃尔玛如今在全球拥有4150家连锁店，员工数目也达到了120万人。

沃尔玛能在竞争激烈的零售业中独占鳌头，关键是依靠信息技术的成功应用。早在20世纪80年代初，互联网还没有进入商用领域，许多零售商还在讨论是否应该“信息化”的时候，沃尔玛就花费2400万美元，购买了一颗休斯飞机公司的人造卫星，于1983年发射升空并启用，作为全球各分区域中心的信息高速公路。沃尔玛先后花费6亿多美元建起了电脑与卫星系统，借助于这套庞大的信息网络，沃尔玛的各部门沟通、各业务流程都可以迅速而准确畅通地运行。20世纪90年代以后，互联网逐渐普及，沃尔玛将原先的系统转变为基于互联网的系统，使之效率更高。这套网络系统将沃尔玛分布在全球的4000多个连锁店和100多个区域中心连接起来，公司总部与全球各家分店和各个供应商通过共同的电脑系统进行联系。它们有相同的补货系统、相同的EDI条形码系统、相同的库存管理系统、相同的会员管理系统、相同的收银系统。这样的系统能从一家商店网点了解遍布全世界的商店的资料。

通过沃尔玛的历史可知，沃尔玛的成功，在于它运用了一套全面的综合信息系统来收集、管理各种商品的信息。通过高速的信息传播，沃尔玛能在1小时之内对每种商品的库存、上架和销售量全部盘点一遍。通过掌握的实时信息，沃尔玛能迅速做出最低价格的调整，同时达到减少库存、使便捷运输、附加费用最小化的目的。这样的一套系统帮助沃尔玛在获得客户满意的同时，增强其竞争力，而这套信息系统现在就称之为管理信息系统（Management Information System，MIS），简称MIS。[1]

---

[1] 资料来源：http://blog.sina.com.cn/u/1649251694

1.1　信息系统基本概念

1.1.1　信息和数据

随着信息和知识经济的来临，信息（Information）已经成为继物质、能源之后一种重要的战略资源，信息在人们的生活、工作和学习中扮演着越来越重要的角色。那么，信息的概念是什么呢？早在 1948 年，美国数学家、信息论的创始人香农（Shannon）在研究广义通信系统理论时首次提出了信息的概念，他认为“信息是用来消除随机不确定的东西”；而与香农齐名的控制论的创始人维纳（Wiener）则指出“信息就是信息，既不是物质也不是能量”，他的定义表明了信息在信息社会中扮演的角色。我国学者钟义信认为“信息是事物运动的状态与方式，是物质的一种属性”。

然而，信息至今还没有一个统一的、能被各界普遍认同的定义，因为不同学科对信息的概念有不同的理解。新闻学界认为，信息是事物运动状态的陈述，是物与物、物与人、人与人之间的特征传输，新闻是信息的一种，是具有新闻价值的信息；经济学界认为，信息是反映事物特征的形式，是与物质、能量并列的客观世界的三大要素之一，信息是管理和决策的重要依据；图书情报学界认为，信息是读者通过阅读或其他方法处理记录所理解的东西，它不能脱离外在事物或读者而独立存在，它与文本和读者以及记录和用户之间的交互行为有关，是与读者的认知结构相对应的东西；心理学界认为，信息不是知识，信息是存在于我们意识之外的东西，它存在于自然界、印刷品、硬盘以及空气之中，而知识则存在于人们的大脑之中，它是与不确定性相伴而生的，人们一般用知识而不是用信息来减少不确定性；信息资源管理学界认为，信息是数据处理的最终产品，即信息是经过采集、记录、处理，以可检索的形式存储的事实与数据。

1.1.1.1　信息和数据的定义

根据本学科的特点，可对信息作如下定义：信息是关于客观事实的可通信的知识，是经过加工处理后对企业生产经营活动有影响的数据。而数据（Data）是对客观事物的性质、状态以及相互关系等进行记载的物理符号或是这些物理符号的组合，即数据是载荷信息的物理符号。数据到信息的转换过程如图 1-1 所示。

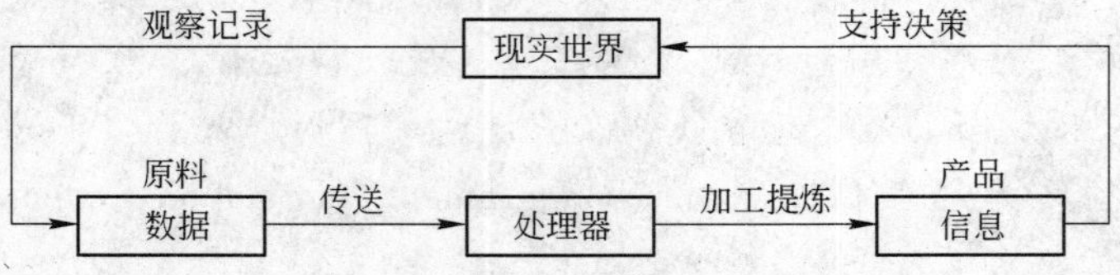

图 1-1　数据到信息的转换

从以上定义不难看出，信息与数据既有联系，又有区别。

联系：信息是数据的内在逻辑关系的体现；数据是信息的表现形式。

区别：信息是经过加工之后得到的数据，是逻辑性的；数据是记载客观事物的符号，是物理性的。

1.1.1.2 信息的度量

信息量的大小取决于信息内容消除人们认识的不确定程度。通俗来讲，数据资料中包含信息量的多少是由其消除对事物认识的不确定程度来决定的。在获得数据资料之前，人们对某一事物的认识不清，存在着不确定性，获得数据资料以后，就有可能消除这种不确定性，而这种消除的人们认识上不确定性的大小，就是数据资料中所含信息量的大小。消除的不确定程度大，则发出的信息量大；反之，则信息量小；事先就确切地知道内容，则信息量为零。

但是，信息量的大小如何准确地度量呢？直到1948年，香农提出了“信息熵”的概念，才解决了对信息的量化度量问题。香农指出，任何信息都存在冗余，冗余大小与信息中每个符号（数字、字母或单词）的出现概率或者说不确定性有关。他借鉴了热力学的概念，把信息中排除了冗余后的平均信息量称为“信息熵”，并给出了计算信息熵的公式：

$$H(X) = -\sum P(X_i)\log_2 P(X_i),\quad i = 1,2,3,\cdots,n \tag{1-1}$$

式中 X_i——第 i 个状态（共 n 个状态）；

$P(X_i)$——出现第 i 个状态的概率；

$H(X)$——消除不确定性所需的信息量，单位为比特（bit）。

例如，某地夏季各种天气情况出现的概率分别为：晴50%，阴25%，小雨12.5%，大雨12.5%。某人听到一则天气预报后获得的信息量（也即天气预报消除了多少人们对天气情况认识的不确定性）可通过式（1-1）计算得出。

$$\begin{aligned}
H(X) &= -\sum P(X_i)\log_2 P(X_i) \\
&= -[P(X_1)\log_2 P(X_1) + P(X_2)\log_2 P(X_2) + P(X_3)\log_2 P(X_3) + P(X_4)\log_2 P(X_4)] \\
&= -[0.5\times\log_2 0.5 + 0.25\times\log_2 0.25 + 0.125\times\log_2 0.125 + 0.125\times\log_2 0.125] \\
&= 1.75(\text{bit})
\end{aligned}$$

需要注意的是，对于任意一个随机变量，变量的不确定性越大，熵也就越大，把它搞清楚所需要的信息量也就越大。对于系统来说，系统越是有序，信息熵就越低；反之，系统越是混乱，信息熵就越高。所以，信息熵也可以说是系统有序化程度的一个度量。

1.1.1.3 信息的特性

信息具有以下一些基本特性：

（1）事实性。事实是信息的核心价值，是信息的第一属性。信息必须真实、准确、如实地反映客观实际。不符合事实的信息不仅没有价值，反而价值为负。

（2）不完全性。关于客观事实的信息通常难以一次就全部获得，它与人们认识事物的程度有着直接关系。

（3）层次性（等级性）。信息的层次和管理的层次相对应，管理分战略管理、战术管理和作业管理三个层次，与之对应的信息分为战略信息、战术信息和作业信息。不同层次的管理需要不同层次的信息，不同层次的信息在来源、使用频率、加工方法等方面也具有不同的特征，见表1-1。

表 1-1 不同管理层次信息的特征

管理层次	信息特征						
	来源	范围	概括性	使用频率	加工方法	加工精度	保密要求
战略级	外部	很宽	概括	低	灵活	较低	高
战术级	内部为主	相对确定	较概括	较高	较灵活	较高	较高
作业级	内部	确定	详细	高	固定	高	低

(4) 时效性。信息的时效是指从信息源发送信息，经过接收、加工、传递、利用所经历的时间间隔及其效率。

(5) 可变换性。不同形态的信息可以根据使用者的要求通过不同的方法进行变换，也可以由不同的载体来存储。信息的这一特性有利于人们对信息进行处理和利用。

(6) 价值性。信息是经过加工并对社会活动产生影响的数据，是劳动创造的，是一种资源，因而是有价值的。信息价值量的大小取决于信息需求者对信息需求的数量、范围，以及信息对需求者影响的大小等因素。对于企业以及信息分析人员来说，一方面要在大量的信息中筛选出有用的信息，同时又要降低获取相应信息的成本，使信息的实际使用价值大于收集、分析信息等过程所产生的成本，使信息为企业的决策带来增值价值。

(7) 共享性。共享性是指一个信息源的信息可以被多个信息接收者使用。一般情况下增加使用者不会使原有使用者失去部分或全部信息。

(8) 可传输性。信息可以借助于载体脱离其信息源进行传输。信息在传输过程中可以转换载体而不影响信息本身的内容。通常，信息可以借助电话、电报，也可以利用光缆、卫星等进行传输。

1.1.1.4 信息的分类

通常信息是按一定的原则和方法来进行分类的，分类的目的是对信息进行分析、处理、研究和利用。

(1) 按照信息的加工顺序可分为原始信息、二次信息、三次信息等。

(2) 按照信息的应用领域可分为工业信息、农业信息、政治信息、经济信息、文化信息、科技信息、军事信息和管理信息等。

(3) 按照信息的表达形式可分为数字信息、图像信息和声音信息等。

(4) 按照信息的地位可分为客观信息（初始信息、加工信息）和主观信息（决策信息、指令信息、推测信息、目的信息）。

(5) 按照信息的管理层次可分为战略信息、战术信息和作业信息。战略信息是关系到上层管理部门对本部门要达到的目标，以及要达到这一目标所必需的资源水平和种类以及确定获得资源、使用资源和处理资源的指导方针等方面进行决策的信息。战术信息是管理控制信息，是使管理人员能掌握资源利用情况，并将实际结果与计划相比较，从而了解是否达到预定目的，并指导其采取必要措施，更有效地利用资源的信息。作业信息用来解决经常性问题，它与组织日常活动有关，主要用来保证切实地完成具体任务。

1.1.2 系统

1.1.2.1 系统的概念

系统（System）这一术语经常出现在社会生活和学术领域中，如农业的灌溉系统、工业的控制系统、人体的免疫系统、城市的交通系统等，但在不同场合系统往往具有不同的含义。长期以来，关于系统的概念及其特征的描述尚无统一规范的定论。一般采用如下的定义：系统是由处于一定环境中的两个或多个具有相互联系、相互作用的要素按照一定的方式组合而成的具有特殊结构和特定功能的一个有机整体。

可以从以下三个方面理解系统的概念：

（1）系统是由若干要素（部分）组成的。这些要素可能是一些个体、元件，也可能其本身就是一个系统（或称之为子系统），例如运算器、存储器、控制器、输入/输出设备组成了计算机的硬件系统，而硬件系统又是计算机系统的一个子系统。

（2）系统有一定的结构。系统的结构是指系统内部各要素之间物理上或逻辑上的关系。一个系统是其构成要素的有机组合，这些要素相互联系、相互制约。系统的含义是相对的，一个系统相对于高一级系统它便是要素；全部要素组合在一起便构成了整体。结构是系统之间相互区别的一个重要标志，即使系统的构成要素完全相同，但其组合方式不同，那么它们也会呈现出不同的特征和属性。例如，拥有同样数量的工人、设备等资源条件的企业，会因人员结构、设备布置、分工协作方式等的不同，呈现出不同的生产和竞争能力。

（3）系统有一定的功能，或者说系统要有一定的目的性。系统的功能是指系统要达到的目标或要发挥的作用。例如，信息系统的功能是进行信息的收集、传递、储存、加工、维护和使用，辅助决策者进行决策，帮助企业实现目标。

一般，系统的功能并不等于系统内所有要素的全部功能的代数和，而是整体效应大于局部效应总和，即 1 + 1 > 2。

1.1.2.2 组成系统的基本要素

从系统的结构来看，可以把系统分成 5 个基本要素：输入、处理、输出、反馈和控制，系统的组成如图 1-2 所示。

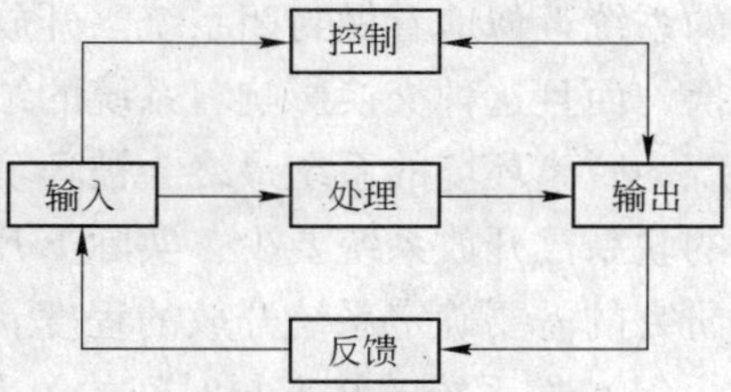

图 1-2 系统的组成

1.1.2.3 系统的特征

从系统的概念可以得出系统具有如下几个特征：

（1）整体性。系统由若干相互联系的要素组成，各要素以一定的组合方式构成一个综合的，具有单个要素所没有的功能的整体。虽然各要素不具有系统的整体功能，但这种组合却能实现系统的总体功能，这就是系统的整体性。建设系统时，要在考虑各要素功能和系统整体功能基础上，注意要素的组合方式与协调，提高系统的有序性和整体的运行效果。

（2）目的性。每个系统的构成和运转都有其特定的目标或目的。系统各组成部分有机组合的原则，就是使系统具有良好的功能并在某种最优的意义上达到其所追求的目的。例如，企业的目标是获得利润，医院的目标是治病救人，高校的目标是科研和育人。建设系统首先要考虑的问题是明确系统的目标，如果一个系统不能实现既定的目标，这个系统就没有存在的价值。

（3）层次性。系统由若干要素组成，每个要素可看成一个子系统，子系统也由更小的要素组成。依此类推，系统逐层分解成小系统，系统也可以逐层构成更高级的系统，并且各层次间存在相互制约和影响。系统常常按各要素所起到的不同作用，确定其不同的系统层次，如企业组织中，将管理层次分为战略层、管理层、作业层等。

(4) 环境适应性。系统的运转离不开环境，它需要同外界环境进行物质、能量、信息的交换。环境的变动会引起系统与环境交换的变化，既而引起系统内部结构及系统功能的变化。系统的稳定性同环境的变动性相矛盾，因此系统必须具有通过信息反馈来适应环境的能力。现在的学习型组织就是要通过不断地学习以适应环境的变化。

1.1.2.4　系统的分类

(1) 按系统的自然发展层次，系统可分为无机系统和有机系统。无机系统由自然界的无机物质构成，如原子结构系统、物质结构系统。有机系统由生命物质构成，如生物系统、社会系统等。

(2) 按系统的形成方式，系统可分为自然系统、人造系统和复合系统。自然系统由矿物、植物、动物等自然物自然形成，如生态系统、气象系统、星空系统等。人造系统是人类为达到某种目的创造或建立的系统，如计算机系统、生产销售系统、交通运输系统、经营管理系统等。事实上，大多数系统属于自然系统和人造系统相结合的复合系统，而且许多系统都有人参加。例如，信息系统看起来是一个人造系统，但是它的建立、运行和发展往往不以设计者的意志为转移，而有其内在的规律，特别是与开发和使用信息系统的人的行为密切相关。

(3) 按系统与环境联系的方式及紧密程度划分，系统可分为封闭系统、相对封闭系统和开放系统。封闭系统又称孤立系统，此系统不与外界环境发生物质、能量和信息的交换。现实中绝对的封闭系统是不存在的，只是有时为了研究的方便，把某些与外界联系较少的系统近似地看做封闭系统。开放系统是指系统与环境经常有较多的物质、能量和信息交换，而且这种交换影响着系统的结构、功能和发展。自然界实际存在的系统全部是开放系统，脱离环境的系统最终会被环境所淘汰。相对封闭系统理论上属于开放系统，它与外界的联系比开放系统要少，实际上开放系统与相对封闭系统的界限并不明确，人们常常根据研究的需要确定系统开放的程度。

(4) 按系统的状态与时间的关系，系统可分为静态系统和动态系统。静态系统指其状态在一段较长的时间内不随时间发展而变化，现实中完全的静态系统是不存在的。动态系统指其状态将在较短的时间内发生变化。所谓“运动是永恒的”，任何系统都是动态的，它不仅和环境存在物质、能源和信息交换，其内部也存在着各种形式的交换。当系统状态的变化可以忽略不计，就可以近似地把它看作一个静态系统。

(5) 按照具体研究对象和功能可以将系统分成各种各样的类型，如社会系统、经济系统、政治系统、法律系统、医疗系统、管理系统、操作系统、信息系统等。不同的系统为不同的领域服务，具有不同的特点，系统工作的好坏主要看其功能的优劣，因此这是一种比较重要的分法。

(6) 按照系统的抽象程度，系统可分为概念系统、逻辑系统和实在系统。概念系统是最抽象的系统，它是由概念、原理、方法、法则、制度、程序等非物质组成的系统，例如学科体系系统、数学理论体系、法律体系系统、政策制度体系系统、计算机软件体系系统等。实在系统就是由实物所组成的系统，它最具体，抽象程度最低，例如机械、矿物、森林、石油等人造物和自然物组成的系统。逻辑系统的抽象程度介于两者之间。

1.1.3 信息系统

当今社会信息的产生量远远超出人们可以接受并加以处理的范围，信息的时效性又需要人们及时地对大量的信息进行加工处理并将其有效地利用。但是处理大量的信息仅仅依靠人力是不现实的，也是不经济的，而且容易使重要的信息流失，不能被人们有效地利用。因此，信息处理需要信息技术（Information Technology，IT）的支持，通过使用IT，人们能够方便、快速、准确地处理各种信息，获取最有价值的信息，并将它们应用于实践。信息和IT的结合便构成信息系统（Information System，IS）的基础，IS可以对大量复杂的信息进行高效、自动化处理，提高组织管理的效率和水平。在各行业中IS的使用不仅提高了管理决策的科学性与正确性，而且减少了各项活动的盲目性。在欧美，先进的信息管理和信息系统技术已得到了广泛的应用，并且取得了良好的效果，给我们起到了示范作用。在我国，这门学科所应用的行业已不再局限于企业决策和经营分析等内容，而是把它作为一条纽带，成为联结个人与组织、家庭与社会，成为商贸、金融、娱乐、教育、科研等领域中必不可少的重要组成部分。

1.1.3.1 信息系统的概念

所谓信息系统，是一个由人、硬件、软件和数据资源组成的人机复合系统，目的是及时、正确地收集、加工、存储、传递和提供信息，实现组织中各项活动的管理、调节和控制。从技术角度讲，IS是利用计算机、通信、网络、数据库等现代信息技术，对组织中的数据和信息进行输入、处理与输出，并具有反馈与控制功能，为组织活动服务的综合性系统。从经营角度讲，IS是组织和管理上针对环境带来的挑战而做出的基于信息技术的解决方案，目的是及时、正确地收集、加工、存储、传递和提供信息，必要时能向有关人员提供有用的信息，实现组织中各项活动的管理、调节和控制。

任何IS都可以归结为具有信息输入、信息存储、信息处理和信息输出四个基本功能。IS不断地从外界接收数据，经过加工处理后，输出对我们有用的数据。所以，IS也可以称之为信息处理系统。

1.1.3.2 信息系统的类型

IS可能是手工系统，也可能是计算机系统。按照IS的功能和其处理的信息的不同，可以将IS分为以下最常用的四大类：

（1）用于工程控制的信息控制系统。它是现代自动控制系统的核心，其特点是用途专一、响应速度高、体积小、重量轻。通常将其嵌入机器内部。

（2）专门用于提供信息资源服务的信息资源服务系统。例如，图书馆等信息情报机构、数据库服务商的信息检索系统和互联网上内容服务提供商的信息搜索系统等。其特点是信息存储量大，对查找速度、查全率与查准率要求高，并能提供多种查询途径、查找方法和多种形式的查询结果。

（3）为组织间交互业务提供传输处理服务的IS。例如，电子数据交换（EDI）系统、电子商务（EC）系统等。

（4）为组织（如企业）管理决策服务的MIS。这是目前使用最广泛、类型最多的IS，也是本课程要学习的IS。

在这里之所以要对IS的分类进行说明，目的是让读者了解MIS是IS的一种。IS比

MIS 有更宽的概念和范围，企业中除了 MIS 之外，还有其他的系统，如后面会提到的广泛用于企业生产和管理的制造资源计划（MRP Ⅱ）系统和企业资源计划（ERP）系统等。

1.1.3.3　信息系统的发展历史和趋势

IS 的发展经历了由单机到网络，由低级到高级，由电子数据处理到管理信息系统、再到决策支持系统，由数据处理到智能处理的过程，且呈相互交叉的关系。这个发展过程大致经历了以下三个阶段。

A　电子数据处理系统

20 世纪 50 年代中期至 70 年代初期的代表是电子数据处理系统（Electric Data Processing System，EDPS），它的特点是数据处理的计算机化，目的是提高数据处理的效率。从发展阶段来看，可分为单项数据处理和综合数据处理两个阶段。

单项数据处理阶段是电子数据处理的初级阶段，此阶段主要是用计算机部分地代替手工劳动，减轻工作强度，进行一些简单的单项数据处理工作，如工资计算、统计产量、物资管理等。

进入综合数据处理阶段后，各类信息报告系统应运而生，其功能是处理日常业务和产生报告，使日常事务处理自动化，支持日常的运行工作，该阶段系统的主要目的在于提高效益，而不过分看中效率。这个阶段的处理方式是集中式的批处理。批处理方式是按特定的时间间隔将数据积累成批后一次输入计算机系统进行处理，即将一段时间内的工作汇总后再加以统一处理。批处理方式适合于周期固定的、大量的、无法用联机方法处理的数据处理场合以及需一段时间的积累后再进行数据处理的场合。这一方式需要将数据积累成批后才处理，所以费用较低，而且在工作流程合理协调的前提下也能有效利用计算机及相关设备资源。处于此阶段的系统一般不能提供分析、计划和决策信息。此阶段系统的输入多是原始单据，它的输出也大多是分类或汇总的报表，如订货单处理。

B　管理信息系统

20 世纪 60 年代至 70 年代的代表是 MIS。在这个阶段，随着数据库技术、网络技术和科学管理方法的发展以及计算机在管理上的广泛应用，MIS 逐渐成熟起来。此时的 MIS 有一个中心数据库和计算机网络系统，由单一的业务数据处理发展成为功能比较完善的综合性的 MIS，数据处理方式已发展为面向终端的联机实时处理。实时处理的特点是面向处理，数据即时输入计算机即时回答，即时将处理结果传给用户，这一处理方式能较好地满足在线活动的用户的要求。联机方式使许多用户共享一台计算机，从而大大提高了计算机的利用率。每个用户通过终端命令可以在很短的时间内得到响应，感到如同独自使用一台计算机一样。联机实时处理可将分散于不同用户的数据进行综合处理，可以共同使用存储的数据文件，初步达到数据共享。这种处理方式适用于对数据反应迅速的数据处理、数据收集费用高的处理、敏感性数据处理等情况。由于收集的数据都要及时输入计算机，不能有时间的拖延，所以费用较高，但处理都很及时。

MIS 的最大特点是高度集中，能将组织中的数据和信息集中起来，进行快速处理，统一使用。随着计算机网络和通信技术的发展，此时的系统不仅能把组织内部的各级管理联结起来，而且能够克服地理界限，把分散在不同地区的计算机网互联，形成跨地区的各种业务信息系统和 MIS。MIS 的另一特点是能够充分利用定量化的科学管理方法，通过预测、计划、优化、管理、调节和控制等手段来支持决策。

C 决策支持系统

20世纪70年代至80年代的代表是决策支持系统（Decision Support System，DSS）。随着信息技术应用的深入，IS已不仅能够支持信息的处理，而且向上发展，支持管理决策。传统的MIS虽然能够提供大量报告，但有些信息并非决策所需。DSS的不同之处在于它可以在人和计算机交互的过程中帮助决策者探索可能的方案，为管理者提供决策所需的信息。

DSS有的只提供数据支持，称之为面向数据的DSS；有的只提供模型支持，称之为面向模型的DSS。现在的DSS均为既面向数据又面向模型的系统。要支持决策就要有分析能力和模型能力，所以DSS是利用计算机的分析和模型能力对管理决策进行支持的系统。由于支持决策是MIS的一项重要内容，因此DSS也是MIS的重要组成部分；同时DSS以MIS管理的信息为基础，是MIS功能上的延伸，可以认为DSS是MIS发展的新阶段，DSS是把数据库处理与经济管理数学模型的优化计算结合起来，具有管理、辅助决策和预测功能的IS。

EDPS、MIS和DSS各自代表了IS发展过程中的某一阶段，至今它们仍不断地发展，而且相互交叉。EDPS是面向业务的IS，MIS是面向管理的IS，DSS则是面向决策的IS。

IS各分支发展过程中，共同的基础是数据处理，但又各不相同，彼此之间相互交叉、互相渗透，主要的原因在于它们从不同的角度或者侧重点出发，解决信息处理中的问题，为决策提供支持。

从以上介绍的三个阶段来看，影响IS的发展的因素主要有两个：一是IT本身的发展；二是IT与管理的融合所带来的需求。而且未来IS仍然会在这两方面的推动下继续发展。具体来说，集成化和信息化是未来IS发展的两大趋势。在集成化方面，从传统的物料需求计划系统（MRP）、制造资源计划系统（MRPⅡ）中发展出了企业资源计划系统（ERP），满足了企业对供应链管理（SCM）的需求，ERP实现了对组织的物流、资金流和信息流的集中统一管理，是一个集成化的IS，同时互联网技术的成熟和电子商务（EC）的发展，增强了企业的IS与客户或供应商实现信息共享和直接数据交换的能力。在智能化方面，DSS与人工智能（AI）、网络技术、数据库、数据仓库技术等结合形成了智能决策支持系统（IDSS）和群体决策支持系统（GDSS），为组织提供了更具智能分析能力的信息支持。

1.1.4 信息社会与信息技术

信息社会就是普遍使用智能工具的社会。信息社会是人类社会继工业社会之后的社会形态。以蒸汽机的发明和应用为主要标志的产业技术革命，带动人类社会由农业社会进入了工业社会。以电子计算机的发明和应用为主要标志的IT革命，带动人类社会由工业社会迅速地向信息社会迈进。

在向信息社会演进的动态过程中，IT的应用对人类社会生产、生活等方面都产生了深刻影响。在劳动工具上，以IT改造的智能化、自动化的劳动工具正逐步取代机械化设备服务于工农业生产。在生产方式上，传统的机械化生产正被智能化自动化的生产方式所取代，还使刚性生产方式转变为柔性生产方式，使大规模集中型的生产方式转变成规模适度的分散型生产方式。在交易方式上，IT发展所带来的通信及运输条件的改善，不仅可使交易对象的范围不断拓展，信息产品与其他有形的物质产品一样，也可以进行市场交易。在产业结构上，信息产业正逐渐取代传统产业成为主导产业乃至支柱产业，而且，通过 IT 的应用，传统产业劳动生产率、应对外部冲击的能力等都得到了提高。在生活方式上，随着网络和计算机、通信设备、视听产品、家用电器等各种信息终端的普及，以及各种设备在数字化基础上实现的互相识别、相互连接、相互控制和资源共享，人类的生活方式也趋于智能化、数字化。电信、银行、物流、商业、保险等服务质量与效率的提高，更是与 IT 的普及与发展密切相关。总的来说，IT 的普及和发展不断推动我们向信息社会迈进。

IT 作为人类科技创新与技术进步的载体，正在不断地向各行各业渗透，逐渐成为支撑经济活动和社会生活的基石。IT 就是对信息进行收集、存储、处理传递和利用的技术，也是扩展人类信息器官功能的技术。IT 可分为信息获取技术、信息传递技术、信息存储技术、信息加工技术及信息标准化技术。

（1）信息获取技术，主要包括信息的搜索、感知、接收、过滤等。例如显微镜、望远镜、卫星、互联网浏览器中的技术等。这些技术在社会各个领域的应用极大地增强了人类获取信息的能力。

（2）信息传递技术，是指跨越空间共享信息的技术，如单向传递与双向传递技术，单通道传递、多通道传递与广播传递技术。它的主要功能是实现信息快速、可靠、安全的转移，各种通信技术都属于这个范畴。

（3）信息处理技术，是指运用现代化的数据处理方法、手段和技术对大量信息进行分类、分析、计算和检索的技术。主要包括计算机技术、数据库技术和信息系统技术。在对信息进行处理的基础上，还可形成一些新的更深层次的决策信息，这称为信息的“再生”。

（4）信息标准化技术，是指使信息的获取、传递、存储、加工各环节有机衔接，以提高信息交换共享能力的技术。如信息管理标准、字符编码标准、语言文字的规范化等。

IT 的应用包括计算机硬件和软件、网络和通信技术、应用软件开发工具等。随着计算机和互联网的普及，人们越来越多地使用计算机来处理、交换和传播各种形式的信息。IT 推广和应用的显著成效，促使世界各国致力于信息化，而信息化的巨大需求又驱使 IT 高速发展。当前 IT 发展的总趋势是以互联网技术的发展和应用为中心，从典型的技术驱动发展模式向技术驱动与应用驱动相结合的模式转变。

1.2　管理信息系统

1.2.1　管理信息系统的概念

在计算机应用于 MIS 之前，人们通过手工操作进行信息处理。20 世纪 50 年代后期，人们开始尝试用计算机为各种管理功能提供信息服务，MIS 的概念随之产生。MIS 一词最早出现在 1970 年，由瓦尔特·肯尼万（Walter T. Kennevan）给它下了一个定义：“以书面或口头的形式，在合适的时间向经理、职员以及外界人员提供过去的、现在的、预测未来的有关企业内部及其环境的信息，以帮助他们进行决策。”很明显，这个定义是出自管理的，而不是出自计算机的。它强调了用信息支持决策，而没有强调一定要用计算机，也没有强调应用模型，所有这些均显示了这个定义的初始性。

1985年，MIS的创始人，明尼苏达大学卡尔森管理学院的著名教授高登·戴维斯（Gordon B. Davis）给出了一个较完整的关于MIS的定义：“一个利用计算机硬件和软件，手工作业，分析、计划、控制和决策模型，以及数据库的用户——机器系统。它能提供信息，支持企业或组织的运行、管理和决策功能。”这个定义说明了MIS的目标、功能和组成，而且反映了MIS当时已达到的水平。它说明MIS能在高、中、低三个层次，即决策层、管理层和运行层上支持管理活动。

管理信息系统一词在我国出现于20世纪70年代末80年代初，根据我国的特点，我国学者在《中国企业管理百科全书》中给出了管理信息系统的定义：“它是一个由人、计算机等组成的能进行信息的收集、传递、储存、加工、维护和使用的系统。管理信息系统能实测企业的各种运行情况；利用过去的数据预测未来；从企业全局出发辅助企业进行决策；利用信息控制企业的行为；帮助企业实现其规划目标。”

综上所述，可为MIS作如下定义：“管理信息系统是一个以人为主导，利用计算机硬件、软件、网络通信设备以及其他办公设备，进行信息的收集、传输、加工、存储、更新和维护，以企业战略竞优、提高效益和效率为目的，支持企业高层决策、中层控制、基层运作的集成化的人机系统。”

由此看来，MIS的定义不断完善的过程正是人们更好地理解其本质的过程。从MIS的定义，可以看出MIS具有以下几个特征：

（1）面向管理决策。MIS是继管理学的思想方法、管理与决策的行为理论之后的一个重要发展，它是一个为管理决策服务的IS，它能够根据管理的需要，及时提供所需要的信息，帮助决策者做出决策。

（2）综合性。从广义上说，MIS是一个能对组织进行全面管理的综合系统。一个组织在建设MIS时，可根据需要逐步应用个别领域的子系统，然后进行综合，最终达到应用MIS进行综合管理的目标。MIS综合的意义在于它能产生更高层次的管理信息，为管理决策服务。MIS进行企业的信息管理是从总体出发，全面考虑，保证各职能部门共享数据，减少数据的冗余度，保证数据的兼容性和一致性。

（3）人机系统。MIS的目的在于辅助决策，而决策只能由人来做，因而MIS必然是一个人机结合的系统。在MIS中，各级管理人员既是系统的使用者，又是系统的组成部分，对MIS的应用有着重要影响。在MIS开发过程中，要根据这一特点，正确界定人和计算机在系统中的地位和作用，充分发挥人和计算机的长处，使系统整体性能达到最优。

（4）现代管理方法和手段相结合的系统。人们在应用MIS的实践中发现，只简单地采用计算机技术提高处理速度，而不采用先进的管理方法，MIS的应用仅仅是用计算机系统仿真原手工管理系统，充其量只是减轻了管理人员的劳动，其发挥的作用十分有限。MIS要在管理中发挥作用，就必须与先进的管理手段和方法结合起来。因此，在开发管理信息系统时，也要融进现代化的管理思想和方法。

（5）多学科交叉的边缘科学。MIS作为一门新兴的学科，产生较晚，其理论体系尚处于发展和完善的过程中。研究者从计算机科学与技术、应用数学、管理理论、决策理论、运筹学等相关学科中抽取相应的理论，构成MIS的理论基础，使其成为一个有着鲜明特色的边缘科学。从交叉学科的角度看，MIS的三要素为系统的观点、数学的方法和计算机应用。

1.2.2 管理信息系统的结构

MIS 的结构是指系统中各个组成部分之间相互关系的总和。由于对不同组成部分的不同理解，就构成了不同的结构形式，主要包括概念结构、层次结构、功能结构、综合结构、软件结构和硬件结构等。

1.2.2.1　管理信息系统的概念结构

从概念的角度上分析，MIS 由四个部分组成：信息源、信息处理器、信息使用者和信息管理者，如图 1-3 所示。

图 1-3　管理信息系统的概念结构

根据 MIS 的概念结构，将图 1-3 进一步细化，可以得到管理信息系统基本结构，如图 1-4 所示。

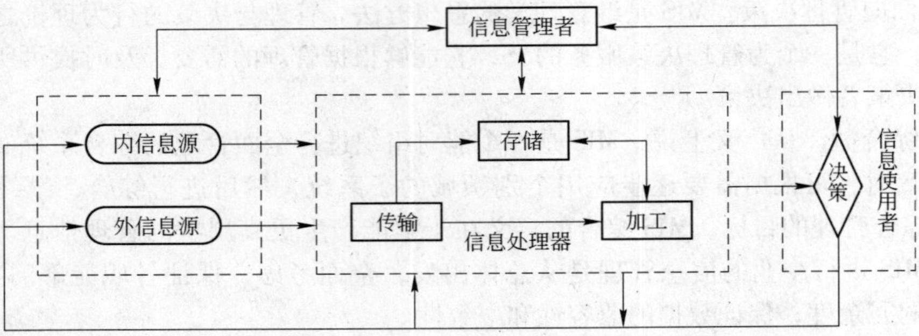

图 1-4　管理信息系统的基本结构

（1）信息源是系统的数据来源，它是信息的产生地，包括组织内部和外部环境的信息。以生产型企业为例，内信息源是指企业内部生产经营活动中所产生的各种数据，如生产数据、财务数据、销售数据等；外信息源是指来自企业外部环境的各种信息，如国家宏观经济信息、市场信息等。

（2）信息处理器负责信息的传输、加工、存储等任务，为各级管理人员即信息使用者提供信息服务。

（3）信息管理者依据信息使用者对管理决策的需求收集信息，并负责进行数据的组织与管理、信息的加工、传输等一系列信息系统的分析、设计与实现，同时在信息系统的正式运行过程中负责系统的运行与协调。由于信息管理者深谙信息系统的开发规律，因而起到了一个明确需求、协调资源和分配资源的角色，显而易见，信息管理者的角色很重要。现在许多国内外的企业和组织都设立首席信息主管（Chief Information Officer，CIO）一职，这既反映了企业对信息资源的重视，也反映了企业家开始重视 MIS 的开发规律和运行规律。

（4）信息的使用者是指企业各不同部门和不同层次的管理人员，他们依据信息处理器提供的信息辅助决策。由此可见，信息使用者是目标用户，MIS 的一切设计和实现都要围绕信息使用者的需求而做。

1.2.2.2 管理信息系统的层次结构（或金字塔结构）

由于组织的管理活动是分层次的，即战略计划层、管理控制层和运行控制层，为它们服务的 MIS 基于管理任务也相应划分为三层，再加上最基础的业务处理一层。而管理按职能一般可划分为生产、市场、财务、信息处理等，处于最下层的系统信息处理量最大，而最上层的信息处理量最小，横向划分和纵向划分构成了 MIS 纵横交织的金字塔结构，如图 1-5 所示。

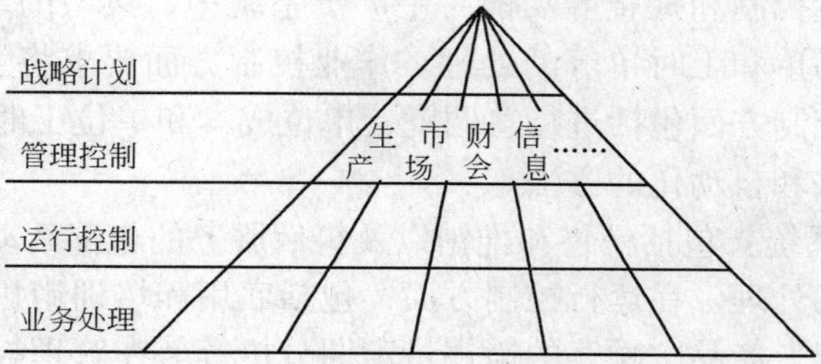

图 1-5 管理信息系统的金字塔结构

1.2.2.3 管理信息系统的功能结构

MIS 的功能结构描述了 MIS 的功能组成以及各功能之间的联系。

从 IT 的角度来看，IS 应具有信息输入、信息处理和信息输出等基本功能。因此，从 IT 角度看，MIS 的功能结构如图 1-6 所示。所以，在开发 MIS 时必须考虑这些具体的功能实现。

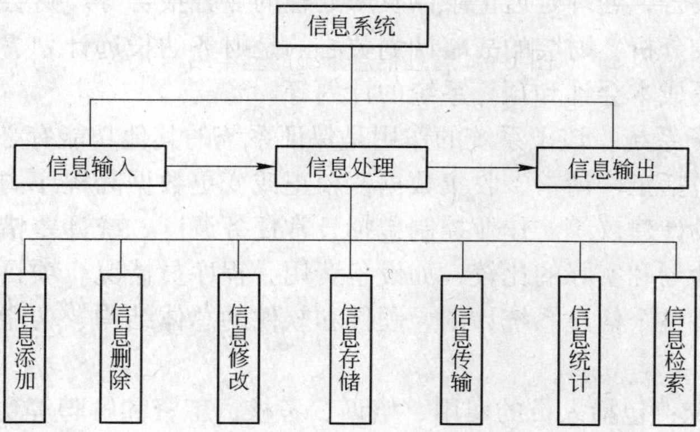

图 1-6 信息技术角度的管理信息系统功能结构

从用户的角度看，MIS 总是有一个目标，具有多种功能，各种功能之间又有各种信息联系，构成一个有机结合的整体，形成一个功能结构。因为制造业的 MIS 功能比较复杂，包含的职能部门也比较多，所以，以制造业为例来介绍 MIS 的功能结构，如图 1-7 所示。

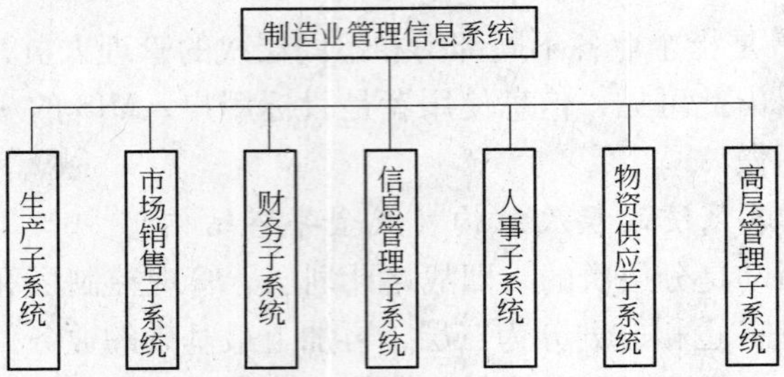

图 1-7　用户角度的管理信息系统功能结构

（1）生产子系统：包括产品的设计、生产设备计划、生产设备的调度和运行、生产人员的雇用与训练、质量控制和检查等功能。生产子系统中，典型的事务处理是生产指令、装配单、成品单、废品单和工时单等的处理。作业控制方面要求将实际进度和计划比较，找出薄弱环节；管理控制方面包括进行总调度，单位成本和单位工时消耗的计划比较；战略计划要考虑加工方法和自动化的方法。

（2）市场销售子系统：包括销售和推销以及售后服务的全部活动，事务处理主要是销售订单、广告推销等的处理。在运行控制方面，包括雇用和培训销售人员，销售或推销的日常调度，以及按区域、产品、顾客的销售量定期分析等。在管理控制方面，涉及总的成果与市场计划的比较，它所用的信息有顾客、竞争者、竞争产品和销售力量要求等。在战略计划方面包括新市场的开拓和新市场的战略，它要用到客户分析、竞争者分析、客户调查等信息，以及收入预测、产品预测、技术预测等信息。

（3）财务子系统：财务和会计既有区别，又密切联系。财务的职责是在尽可能低的成本下，保证企业的资金运转。会计的工作主要是进行财务数据分类、汇总，编制财务报表，制定预算和成本数据的分类和分析。与财务会计有关的事务处理主要包括处理赊账申请、销售单据、支票、收款凭证、付款凭证、日记账、分类账等。财会的作业控制需要每日差错报告和例外报告，处理延迟记录以及未处理的业务报告等。财会的管理控制包括预算和成本数据的比较分析。财会的战略计划关心的是财务的长远计划、减少税收影响的长期税务会计政策以及成本会计和预算系统的计划等。

（4）信息管理子系统：该子系统的作用是保证系统的其他功能有必要的信息资源和信息服务。事务处理包括工作请求、收集数据、校正或变更数据和程序的请求、软硬件情况的报告以及规划和设计建议等。作业控制包括日常任务调度、统计差错率及设备故障信息等。管理控制包括计划和实际的比较，如设备费用、程序员情况、项目的进度和计划的比较等。战略计划包括整个信息系统计划、硬件和软件的总体结构、功能组织是分散还是集中等。

（5）人事子系统：包括人员的雇用、培训、考核、工资和解聘等功能。事务处理主要是产生有关雇用需求、工作岗位责任、培训计划、职员基本情况、工资变化、工作小时和终止聘用的文件及说明。作业控制要完成聘用、培训、终止聘用、工资调整和发放津贴等。管理控制主要包括进行实际情况与计划比较，产生各种报告和分析结果，说明雇用职员数量、招聘费用、技术构成、培训费用、支付工资和工资的分配与计划要求符合的情况。战略计划包括雇用战略和方案评价、职工培训方式、就业制度、地区工资率的变化及聘用留用人员的分析等。

（6）物资供应子系统：包括采购、收货、库存管理和发放等管理活动。事务处理主要包括库存水平报告、库存缺货报告、库存积压报告等。管理控制包括计划库存与实际库存水平的比较、采购成本、库存缺货分析、库存周转率分析等。战略计划包括新的物资供应战略，对供应商的新政策以及“自制与外购”的比较分析，新技术信息、分配方案等。

（7）高层管理子系统：它为组织高层领导服务。该系统的事务处理活动主要是信息查询、决策咨询、处理文件、向组织其他部门发送指令等。作业控制内容包括会议安排计划、控制文件、联系记录等。管理控制要求掌握各功能子系统执行计划的当前综合报告情况。战略计划要求广泛的综合企业的外部信息和内部信息。这里可能还包括特别数据检索和分析，以及决策支持系统，它所需要的外部信息可能包括竞争者信息、区域经济指数、顾客喜好、提供的服务质量等。

1.2.2.4 管理信息系统的综合结构

MIS 的结构，也可以按照使用信息的组织职能加以描述。一个组织是通过组织结构设计来进行组织职能的划分。由于设计出的组织结构不是唯一的，所以组织职能的划分也不是唯一的。对于系统涉及的组织内部的每一个职能部门，都有着各自特殊的信息需求，因此都需要为它们专门设计相应的功能子系统，以支持其管理决策活动。这就意味着可以按照需要使用信息的组织职能来建立并划分 MIS 的子系统，同时各职能部门之间存在着各种信息联系，从而使各个功能子系统构成一个有机结合的整体。MIS 正是完成信息处理的各功能子系统的综合，综合的原则有横向综合和纵向综合。横向综合就是把同一管理层次的各种职能综合在一起，这种综合正向着资源综合的方向发展；纵向综合就是把不同层次的管理业务按职能综合起来，这种综合结构使上下级之间的沟通更加通畅，便于决策者掌握情况，进行正确的分析。

MIS 的综合结构通常可以用一个职能系统/管理层次矩阵来表示，如图 1-8 所示。这种结构实质上是一个概念上的框架，人们可以用它来描述现有的或进化中的 MIS。

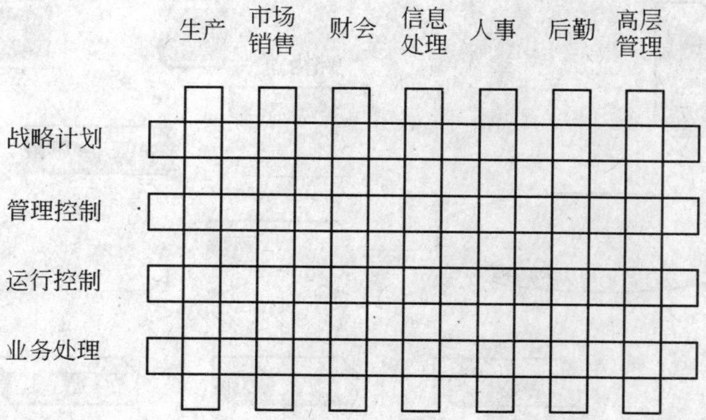

图 1-8 职能系统/管理层次矩阵

1.2.2.5 管理信息系统的软件结构

在 MIS 职能系统/管理层次矩阵的基础上，纵向上把不同层次的管理业务按职能综合起来，横向上把同一层次的各种职能综合在一起，做到信息集中统一，程序模块共享，各子系统功能无缝集成，由此形成一个完整的一体化的系统。MIS 的软件结构如图 1-9 所示。

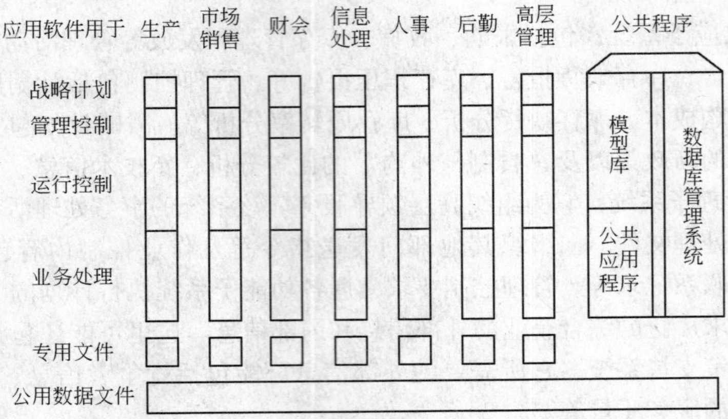

图 1-9　管理信息系统的软件结构

从图 1-9 中可以看出支持系统的各种管理子系统软件模块的组成情况，其中每个方块代表一段程序或一个文件，每一个纵行表示支持某一管理领域的软件子系统，如生产子系统、市场销售子系统等。每个管理软件子系统又是由支持战略计划、管理控制、作业控制及业务处理的模块组成。各子系统既有自己的专用数据文件，同时又作为整个系统的一部分共享，为全系统服务的有公用数据文件和公用应用程序、模型库及数据库管理系统等。

1.2.2.6　管理信息系统的硬件结构

MIS 的硬件结构描述了 MIS 硬件系统的组成以及各硬件设备之间的相互连接关系。广义而言，它还应当包括硬件的物理位置安排，如计算中心和办公室的平面安排。目前我国的 MIS 主要是在网络和多用户平台上使用，单机使用已不适应全球信息化的要求。图 1-10 是某企业 MIS 的硬件结构。

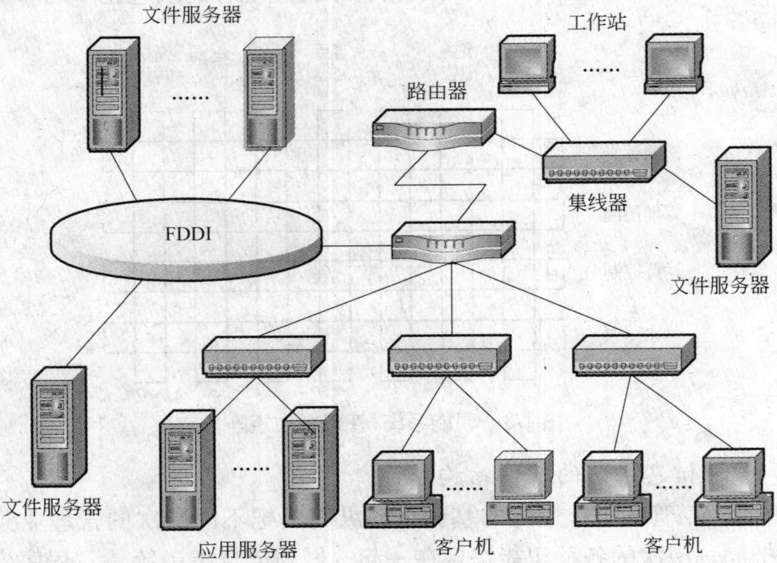

图 1-10　某企业管理信息系统的硬件结构

1.2.3 管理信息系统在企业中的应用

企业经营者认为，MIS 可以通过 IT 解决方案来帮助企业应对经营环境的变化，同时 MIS 能辅助企业进行管理和决策，为企业带来价值，是现代企业的一种重要资产。但是不同类型的 MIS，其应用范围和应用结构都存在差异，见表 1-2。这里将企业的 MIS 分为四个层次六种类型：

（1）经理信息系统（Executive Information System，EIS）：属于决策层，它帮助高层管理者分析和处理企业内部和外部环境中的战略性问题及长期发展趋势。

（2）决策支持系统（DSS）：属于决策层和管理层，它为企业中的高层和中层管理者的监控、管理以及决策提供支持。

（3）管理信息系统（MIS）：属于管理层，它为企业中的中层管理者的监控和管理提供支持。

（4）知识工作系统（Knowledge Work System，KWS）：属于知识层，它帮助知识层的工作人员创造新知识并使新知识、新技术同企业经营、管理相结合。

（5）办公自动化系统（Office Automatic System，OAS）：OAS 比较特殊，它可以属于决策、管理和知识等多个层次，它通过协调办公与通畅交流来提高工作效率。

（6）事务处理系统（Transcation Processing System，TPS）：属于作业层，它支持作业层管理人员跟踪企业的基本情况和事务处理情况。

表 1-2　企业中不同类型的管理信息系统举例

类型		职能				
		市场销售	生产/制造	财务/会计	采购/库存	人力/工资
EIS	战略层	5 年销售预测	5 年经营计划	5 年利润计划	供应链战略	激励机制
DSS	管理层	销售网络化	生产能力平衡	财务风险，投资决策	供应商评价	人才选拔
MIS		销售统计	生产计划	财务分析	库存分析	薪资核算
KWS	知识层	CAD 工作站	流程优化	财务报表	出入库报表	知识管理，知识交流
OAS		文字处理、公文流转、工作流管理、邮件、电子会议等				
TPS	作业层	订单登记，POS 处理	产品数据管理，作业控制	应收账与应付账管理，账目清单	采购申请，出入库登记	员工考勤，员工档案管理，员工培训

从表 1-2 可以看出，企业中不同类型的 MIS 具有不同的特征。例如，DSS 需要具有综合利用企业内外信息资源的能力，它的目标是能确定问题、求解问题和评估问题，制定行动方案；MIS 能汇总各种数据资源，进行数据的概括与分析，包括根据历史数据和业务知识，预测未来趋势的初步能力，目标是加强企业的运营过程，提高企业效益；TPS 数据容量高，并以获取数据为中心，目标是提高数据传输效率，能够与不同的 TPS 连接，为其他类型的信息系统提供原始数据。因此，分析企业中不同类型的信息系统的输入、输出和处理，将发现不同类型的管理信息系统具有不同的特点，见表 1-3。

表 1-3　不同类型的管理信息系统的特点

类　型		比　较　内　容			
		输入信息	信息处理	输出信息	应用对象
EIS	战略层	企业内外综合性的信息	交互式、模拟计算和图表化	企业高层管理者	预测，评估，查询
DSS	管理层	模型分析所需数据，少量数据分析，巨量数据的挖掘	交互式、模拟计算，统计分析	专业人员，企业顾问	专题报告，决策分析，条件查询
MIS		交易数据，海量数据	常规报表，简单模型，简单统计分析	中层管理者	统计报告，图表，异常报告与分析
KWS	知识层	设计标准与规范	建模，模拟计算，仿真分析	专业人员，技术人员	报告，模型，图表
OAS		文档，日程安排	文档管理，计划安排，沟通管理，办公事务处理	文秘人员	日程安排，文档，邮件
TPS	作业层	交易，事务	记录，计算，排序，分类，合并，更新	业务操作人员	明细表，详细报告，流水账

1.2.4　管理信息系统在相关学科中的地位

MIS 是一门综合了管理科学、应用数学、信息科学、系统科学、行为科学、计算机科学和通信技术的新兴边缘学科，见表 1-4。由于 MIS 的开发在实际工作中发挥的重要作用，因而 MIS 成了信息管理与信息系统专业以及其他管理类专业学习过程中的一门核心课程。

表 1-4　管理信息系统与其他学科的关系

相关学科	相　关　内　容
管理学	会计学、市场学、生产管理、质量管理、物资管理、人事管理等
运筹学	规划论、排队论、决策分析等
系统科学	MIS 战略规划、MIS 系统分析及系统设计、系统评价、系统仿真等
计算机信息科学	计算机技术、数据库技术、通信技术、网络技术等
行为科学	人处理信息的特点、MIS 与人的关系、MIS 对企业的影响、系统开发的组织与管理等

1.2.4.1　管理信息系统与管理科学

管理科学是 MIS 科学体系的基石，也是 MIS 成功的前提。在整个 MIS 的生命周期，都在研究管理，也离不开管理。MIS 与管理科学的联系体现在三个方面：

（1）MIS 的研究开发对象是管理，服务目标也是管理，即提高品质、发展生产力；

（2）成功开发 MIS，必须深刻理解管理对象与管理过程；

（3）MIS 的开发和运行维护需要运用管理科学。

1.2.4.2　管理信息系统与数理知识

管理中的许多问题需要进行优化处理，需要建立数学模型才能解决，因而 MIS 与数理知识有着密不可分的关系。

数学是关于数与形的科学，它提供了一套表达事物和逻辑推导的工具。在管理科学中应用最广的是统计学和运筹学。严格地说运筹学不是数学，但是与数学有着很密切的关系。运筹学是一种适用于系统运行的方法和工具，它是一种科学方法，它能为管理人员的问题提供最合适的解答。运筹学中常用的模型也是管理信息系统常用的模型，如预测模型、决策模型、竞争模型、分配模型、制定模型、库存模型、排队模型、更新模型、路线模型、运输模型、规划模型、动态规划模型、搜索模型、模拟模型以及混合模型等。

1.2.4.3 管理信息系统与信息论、控制论和系统论

信息论是关于信息的本质和传输规律的科学理论，是研究信息的计量、发送、传递、交换、接收和储存的一门新兴学科。MIS 最基本的研究对象是管理工作中产生、加工、使用的信息。组织中信息流伴随着物流而产生，引导物流做有规律的运动，对物流的方向、数量、速度和目标等实行控制。先进的信息观念、敏锐的信息意识及较强的信息管理能力是一个管理者步入管理岗位的前提条件。

控制论是研究各类系统的调节和控制规律的科学。控制论是自动控制、通信技术、计算机科学、数理逻辑、神经生理学、统计力学、行为科学等多种科学技术相互渗透形成的一门学科。控制论中关于生物系统和机器系统中控制和通信科学的思想，为控制论提供了一个框架。按照这一框架，控制与信息问题可以纳入统一的形态来考虑。控制论与数学、运筹学有着密切的关系，信息模型、系统测定和反馈原理在 MIS 中有着广泛的应用，尤其在项目计划控制和项目变动控制方面具有重要意义。

系统论是关于系统的一般模式、结构和规律的学问，它研究各种系统的共同特征，用数学方法定量地描述其功能，寻求并确立适用于一切系统的原理、原则和数学模型，是具有逻辑和数学性质的一门新兴的科学。MIS 的开发必须遵循系统方法，在开发过程中用系统的方法来思考问题和处理问题。系统方法的要点是系统的思想、数学的方法、计算机的技术。系统的思想要求把研究对象作为整体来考虑，着眼于整体最优；数学的方法就是通过建立数学模型和运行模型，将得到的结果进行分析，再用到原来的系统中；计算机技术是求解数学模型的工具，在系统的数学模型上进行模拟，以实现系统的最优化。

1.2.4.4 管理信息系统与计算机科学

计算机技术也显然是与 MIS 最密切的学科之一，MIS 的发展和进步离不开计算机技术的支持。从 1949 年第一台计算机问世，到 1954 年短短 9 年，计算机就已经用于工资计算，即用于管理了。自 20 世纪 70 年代末到 80 年代初，MIS 已经和计算机辅助设计（CAD）、计算机辅助制造（CAM）结合构成了统一的 IS，即计算机集成制造系统（CIMS）。从 20 世纪 90 年代开始，随着计算机技术的发展与普及，计算机越来越成为现代 MIS 的主要技术手段和重要的信息处理工具。这主要是由于计算机能提供高速度的主机、大容量的存储器、丰富的软件、良好的操作环境和友好的用户界面等，加之网络技术、多媒体技术的成熟，使计算机科学在更大更深的范围对 MIS 产生了重大影响。面向现代化管理活动中大量的、复杂的数据，如果没有现代信息技术的支持很难完成数据的加工处理，更谈不上对管理进行预测、控制和辅助决策。目前计算机技术的成熟已为管理信息系统的发展创造了良好的条件。

1.2.4.5　管理信息系统与行为科学

广义的行为科学是研究与人的行为规律有关的诸学科，例如心理学、社会学、人类学、经济学、劳动经济学、生理学、哲学、医学等，这些学科都从不同的角度研究人的行为。狭义的行为科学是现代管理科学的重要组成部分，运用类似自然科学的实验法和观察法，也运用社会科学的社会调查法，研究人在工作环境中的行为规律。

MIS 是一个人机复合系统，人既是系统的组成部分，又是系统的使用者。为了使系统更好地发挥作用，在系统的整个开发过程中必须考虑人的行为因素。如在处理信息的过程中要充分考虑人和计算机各自的特点，才能发挥其各自的长处。

本章小结

本章主要介绍了与 MIS 相关的一些基本概念，如信息、系统、信息系统等，在充分理解这些概念的基础上才能更好地理解 MIS 的概念。

MIS 是一门边缘学科，它与管理学、数学、运筹学、信息论、控制论、系统论等学科之间存在着密切的关系。通过学习，在对 MIS 的基本理论有了一定认识和理解的基础上，进而对 MIS 发展涉及的理论有所了解，为 MIS 的深入研究打下一定的基础。

专业术语

信息（Information）
数据（Data）
系统（System）
信息系统（Information System，IS）
电子数据处理系统（Electric Data Processing System，EDPS）
管理信息系统（Management Information System，MIS）
决策支持系统（Decision Support System，DSS）
经理信息系统（Executive Information System，EIS）
知识工作系统（Knowledge Work System，KWS）
办公自动化系统（Office Automatic System，OAS）
事务处理系统（Transaction Processing System，TPS）

本章参考文献

[1] 陈庄，刘加伶．信息资源组织与管理[M]．北京：清华大学出版社，2005.
[2] 李松．管理信息系统实用教程[M]．北京：北京大学出版社，2008.
[3] 杨月江，修桂华．管理信息系统实用教程[M]．北京：北京大学出版社，2007.
[4] 张彩虹，李宗民．管理信息系统[M]．北京：北京大学出版社，2008.
[5] 钟义信．信息社会：概念，原理，途径[J]．北京邮电大学学报（社会科学版），2004，6(2)：1 ~7.
[6] 吴忠，夏志杰．管理信息系统理论与应用[M]．北京：北京大学出版社，2009.
[7] 黄梯云，李一军．管理信息系统[M]．北京：高等教育出版社，2009.
[8] 陈德良．管理信息系统[M]．北京：人民邮电出版社，2009.
[9] 薛华成．管理信息系统[M]．第五版．北京：清华大学出版社，2007.

习　题

1-1　什么是信息，什么是数据，信息和数据的联系与区别是什么？

1-2　什么是系统，系统具有哪些要素和特性，如何对系统进行分类？

1-3　信息系统对管理的支持体现在哪些方面？

1-4　管理信息系统是什么，它和一般计算机应用有什么不同？

1-5　如何理解管理信息系统是一门多学科交叉的边缘科学？

1-6　管理信息系统涉及哪些科学理论，它们各起到什么作用？

第2章 信息系统与组织的关系

案例

联合包裹服务公司成功的信息战略

联合包裹服务公司（United Parcel Service，UPS）是世界上最大的空中和地面包裹速递公司，公司成功的关键是投巨资于先进的信息技术及信息技术所引发的组织变革、管理创新，这使公司在全世界市场上处于领导地位。技术和管理帮助UPS在保持低价位和改进全部运作的同时，促进了对客户的服务，缩短了与客户交流的“距离”。

例如，由于使用了发货信息获取装置（DIAD）手持计算机，UPS的司机可以自动获得有关客户签名、运货汽车、包裹发送和时间表等信息；司机再把DIAD接入卡车上的车用接口中，就成为一个连接在移动电话网上的信息传送设备；然后，包裹跟踪信息被传送到UPS的计算机网络，在新泽西州Mahwah和佐治亚州Alpharetta的主计算机上进行存储和处理。

依靠“全程监督”，即公司的自动化包裹跟踪系统，UPS能够监控包裹的整个发送过程。从发送到接收路线的各个点上，条形码装置扫描包裹标签上的货运信息，然后信息被输入到中央计算机中。客户服务代理人能够在与中心机相连的台式计算机上检查任何包裹的状态，并且能够立刻响应客户的查询。UPS的客户也可以使用公司专门的包裹跟踪软件来直接从他们的微型计算机上获得相关信息。

UPS增强了其信息系统的能力，以便能保证某件包裹或若干包裹能按规定的时间到达其目的地，“以客户为中心”的理念得到了贯彻、执行，如果客户提出要求，UPS将会在送达之前拦截包裹，并派人将其返回或更改送货路线，公司甚至可能使用它的系统直接在客户之间传送电子书信。

信息技术有助于UPS增强自己的实力和保持业务持续增长，UPS现在已经把自己管理递送网络的经验用来为其他公司管理物流和供应链。UPS供应链解决方案部门向签约公司提供完全捆绑式的标准服务，费用只是它们自己建造系统和基础设施的很小一部分。这些服务包括供应链设计和管理、运费转交、海关费用、多式联运、财务服务以及物流服务。❶

由本章案例可见，信息系统和相应的信息技术就是一个重要的战略支持工具，使得组织得以有实时共享的信息、高效的开发工具、客观准确的分析和及时的业务实现与服务管

❶资料来源：http：//wenku. baidu. com/view/b1caaeff04a1b0717fd5dd2d. html

理。良好的信息系统能够改善组织的效率和效能，能够扩展组织的业务范围、管理模式、供应链关系、决策行为、竞争优势等，催生新业务，创造新商机，是组织战略顺利实施的有力保证。

2.1 信息系统与组织

随着信息时代的到来，组织所面临的商务环境发生了全面而深刻的变革。信息技术对组织的渗透和融合使得信息系统战略的制定与管理成为组织获取和保持竞争优势的根本手段之一。

信息系统在组织中的应用是一个逐步深入的过程，其中一个显著的特点就是信息系统不再是仅仅支持事务数据的简单处理，而是成为大多数业务过程中的重要组成部分，成为支持组织实现其战略目标的重要工具，并在很大程度上改变了组织的运作方式。

信息系统与组织之间的关系是互动的。一方面，信息技术的应用引起了组织结构和行为上的变化，组织的信息系统战略也应当符合业务发展战略的要求并对之提供有力的支撑。信息技术与信息系统使得组织结构趋于扁平，促使领导职能和管理职能发生转变，并改变了员工完成日常工作的基本手段，形成了更高程度的流程化、制度化、标准化、集成化、信息化管理。同时，信息技术带来的劳动生产率提高也会导致组织中人力资源结构的变化和调整，对人员的专业性，或综合性等各方面素质有更高的要求。另一方面，组织及其管理模式也影响着信息技术和信息系统，现代组织本身的业务发展战略应当能够适应并利用信息社会的全球化、敏捷性、虚拟性等特点。组织重组、人员调整、业务转型、协调关系和机制变化等无疑将对组织的信息系统结构和功能等诸方面产生影响，这就要求信息技术和信息系统在理论和应用上不断创新，同时也要求信息技术和相应的信息系统具有适应组织内外部环境变化的能力。

2.1.1 信息系统战略

2.1.1.1 信息系统战略

信息系统战略（Information System Strategy）指的是组织在信息系统应用与管理方面的长期目标。信息技术的发展改变了组织的战略环境，从而给组织战略的制定与管理带来新的挑战。信息技术与信息系统自身在组织中已经占据了重要的战略性地位，对信息技术、信息系统和信息资源的有效开发、应用与管理已成为组织的一项战略性任务。从这种意义上说来，信息系统战略已经渗透到组织战略之中，成为现代组织战略不可分割的一个部分。

2.1.1.2 信息系统的战略意义

（1）信息技术改变了竞争环境，使得组织的经营手段更加快速而灵活，资源调度的手段也更加多元化。

（2）信息技术仍处于快速的发展之中，信息技术在组织中的渗透与融合也使得组织的战略立足点发生着持续而潜移默化的变化。

（3）信息本身在组织中具有重要的战略性地位。对信息的把握和管理能力，是关系到组织长远竞争优势的关键问题。

2.1.1.3　信息系统应用层次与规划的重要性

组织对信息系统的价值需求、建设资金投入，以及信息系统在组织中的应用，如图 2-1所示，表 2-1 对图 2-1 进行了必要的说明。

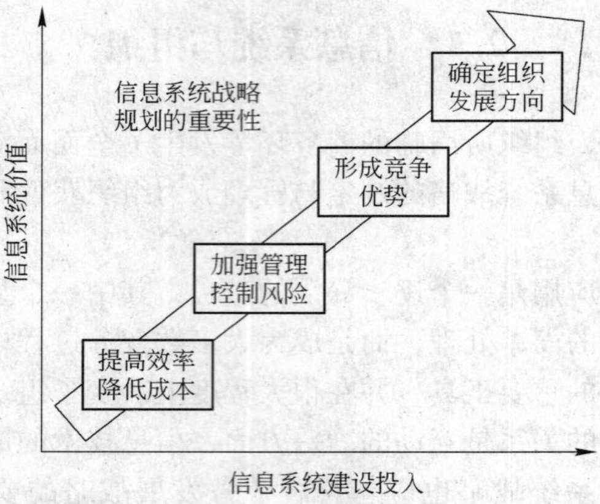

图 2-1　信息系统应用层次与规划的重要性

表 2-1　信息系统应用层次与规划的重要性说明

信息技术应用层次	应用目标	信息系统战略规划的要求
决策支持	确定组织发展方向	一定意义上，信息系统战略等同于组织的整体战略，提供方向性发展战略
商务智能	形成竞争优势	信息系统有助于获得组织的数据，从而分析组织优势所在，发掘特色
分析处理	加强管理、控制风险	信息系统战略指导方向应与组织战略总体导向一致，信息系统建设应有助于支持并推进组织战略指导下的管理变革和业务优化，降低运营成本与风险
事务处理	提高效率、降低成本	对具体应用项目的方案进行部署、实施

表 2-1 中的第一个层次，即确定组织发展战略，就是按照组织发展战略，规划信息系统的开发、建设与信息战略定位；在第二个层次，即形成竞争优势的应用中，组织的目标是建立独特的核心管理与信息技术能力，从而在竞争中赢得优势地位；在第三个层次，即加强管理、控制风险的应用中，组织的目标是在应用信息系统的同时，规范业务流程，控制业务风险，改善管理机制，加强管理力度并辅助决策；在第四个层次，即提高效率、降低成本的应用中，组织的目标是优选事务处理方案，利用信息技术和信息系统来减少人力投入、节省时间和资金。信息系统战略所选用的信息新技术对组织的发展有重要意义。

总体而言，信息技术在组织中的应用有决策支持、商务智能、分析处理和事务处理四个层次，而其相应的应用目标分别是确定发展方向、加强管理/控制风险、形成竞争优势、提高效率/降低成本。其中，决策支持与商务智能两个层次可以合二为一，用以反映战略层次的需求和应用。随着应用层次的提升，信息系统对组织也具有更高的价值和贡献；但同时，信息系统建设的投入也越来越大，信息系统管理的复杂度也越来越高，信息系统战略规划的意义也就更为重大。

2.1.1.4 信息系统战略定位

在信息技术管理中，有两个方面的原则异常重要。第一个方面就是组织的信息系统运作需要完全可靠的无故障运行，这对组织的生存至关重要。第二个方面是，尽管信息技术的发展对一些组织机构来说具有战略性的重要作用，而对其他一些组织机构来说，信息技术与信息系统的发展和应用只能说是有帮助的，却并非是战略性的，即要依据组织机构的实际情况来确定信息系统战略发展规划并进行相应的设计实施，不能盲目追求信息技术的高、新等特点，而忽略其对组织的实用性。

理解组织在这两方面的原则对于研究一个正确的信息技术管理策略来说至关重要。基于此，哈佛商学院教授沃伦·麦克法兰（F. Warren McFarlan）提出了如图 2-2 所示的“战略网格”，通过四种定位的分析，帮助我们进一步理解一个组织如何确定在信息技术管理上的定位。

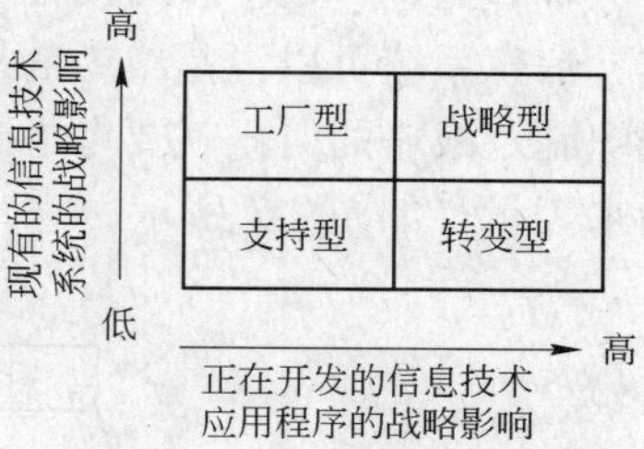

图 2-2 战略关系与影响分类

A 战略型

“战略型”信息系统应用的组织利用信息技术来赢得竞争优势，对于这种组织而言，信息技术是其自身核心竞争力的一部分。从这种意义上来说，信息技术和信息系统为组织提供了新的战略选择，使其可以依托于信息技术建立竞争优势。对于这种组织机构而言，信息技术直接导致了其组织使命界定和组织目标定位上的变化，例如大型零售企业沃尔玛。

B 转变型

一些具备信息技术的组织并不完全依赖于不中断的、快速响应的、有效成本下的信息技术来实现运作目标。对这些组织机构来说，一些新的信息技术应用对组织机构实现战略性目标是绝对必需的。

C 工厂型

一些组织为了保证顺利运营，非常依赖于低成本高效率的信息技术的可靠支持。系统停工会导致主要部门运营的停顿，因而致使顾客离去或者资金的严重损失。例如，信息风险的数据分析技术（尤其是数据挖掘技术）对于发现金融诈骗有极大的帮助，使得银行和客户均可避免可能蒙受的损失。所以，这样的组织需要高效、安全、可靠、先进的信息技术。

D 支持型

对一些组织来说，信息技术对运作和未来战略的影响不大。如，某小型服务公司，如果信息技术运作最终失败，公司还会继续维持下去。现实一点说，信息技术应用对于发展中组织的战略影响的确非常有限。与其他一些典型的行业比较起来，信息技术在这些组织的地位低很多。组织实际上并没有做到真正把信息技术与业务计划活动联系起来，尤其是高层管理者，认为信息技术仅仅是在某些具体业务方面，提高了公司的运营效率而已。

综上所述，为了判断信息技术对一个组织或者业务部门的战略重要性，就必须仔细分析信息技术对组织每一条价值链的影响。同时，竞争者还必须时常关注信息技术动态以及信息技术新的发展情况，这样才不会在重大的机遇来临时错失良机。例如，20 年前大多数零售业的公司都将自身定位在“支持型”这一范围内。然而，新技术的出现让一个小公司——沃尔玛在几年内异军突起，它以极低的成本赢得了优势并彻底改变了竞争局面。结果，在之后的 20 年中，沃尔玛的竞争者一直在奋起直追，因为信息技术使得零售业从支持型转变到了战略型。

因此，即使没有将信息技术的掌握与运用能力作为自身的核心竞争力，企业在考虑其组织战略时也必须对信息技术加以考察。信息技术对于组织的运作已经成为一种环境要求，许多组织都需要通过信息技术实现对外的商务联系与信息交换。尤其对于银行、贸易等领域而言，信息化已经成为行业性的客观要求，在组织战略中不能忽视这种要求。

2.1.1.5　信息系统战略对组织战略的影响

信息系统可以说是组织的战略资源。当战略目标确定以后，资源就成了决定因素。当组织制定战略的时候就要考虑到信息系统战略。组织战略和信息系统战略的关系可用一个图来表示，如图 2-3 所示。

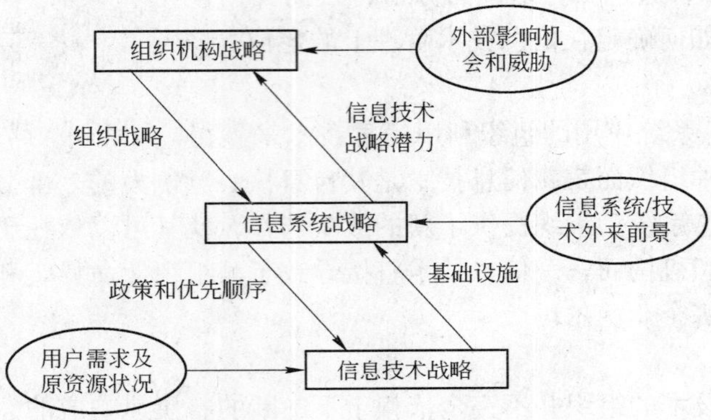

图 2-3　组织战略和信息系统战略关系

图 2-3 说明当组织机构制定战略时，不仅要考虑到外部的机会和威胁，而且要考虑到信息系统与信息技术的战略潜力。当组织机构制定信息系统战略时，要把组织的战略当成自己的目标，同时要考虑到信息技术的发展前景和信息技术基础设施。当组织机构制定信息技术战略时要把信息系统战略当成自己的指导，同时要考虑到用户的需求和原有的资源。图 2-3 在组织战略与信息技术战略间加入了一个信息系统战略。信息系统战略实际上主要制订的是需求计划，也就是根据组织战略我们需要一个什么样的信息技术能力。而信息技术战略实际上主要制订的是供应计划，也就是根据信息系统战略我们如何供应出所要求的信息技术能力，如何建立好信息技术基础设施。

2.1.2　组织对信息系统的影响

组织采用信息技术的方式决定了信息技术对组织结构和组织流程的影响。而组织及其管理模式也影响着信息技术和信息系统。组织重组、人员调整、业务转型、协调关系和机制变化等无疑将对系统结构和系统功能诸方面产生影响，这就要求信息技术和信息系统在理论和应用上不断创新，同时也要求信息技术和相应的系统具有适应变化的能力。

2.1.2.1　组织战略目标决定信息系统开发的目标

组织在开发信息系统之前，首先必须明确开发目的，即为什么要开发这个系统，然后需要明确所开发的信息系统应具备的功能和应完成的任务，以及如何组织信息系统的开发工作。无论投资需求和信息系统需求是什么、集成化程度如何、达到何种目的等，信息系统在组织内的应用都取决于管理者的决策，服务于组织的总体目标。因此，信息系统的功能体系和技术特点都应当适应于组织的经营领域、战略定位和目标。

2.1.2.2 组织的约束条件制约着信息系统的变革

组织的竞争优势不会永远持续，组织的计划、流程、管理（包含理念、机制等）以及战略等内容也可能过时，组织的现状也可能与科技水平不兼容。如果现有相关内容过时了，将会成为利用信息系统与信息技术的障碍，信息系统应该能够适应组织中的这些约束，包括文化氛围以及其他内外部条件。

组织结构和规模也决定信息技术的开发规模和功能。信息系统的规模不一定相同，这取决于信息系统在组织中的角色、组织结构的形式、组织的规模与能力等因素。

如果信息系统与组织固有的行为习惯存在抵触，而这种抵触又不能够通过管理上的调整和变革来消除，那就得考虑改变信息系统以适应组织的实际情况。否则，系统不但不能发挥期望的作用，还有可能对组织造成不利的影响。

2.1.2.3 信息系统要适应组织变化引起的信息技术变化的要求和环境

组织外部的环境变化和内部自身的变化激发了组织对信息系统需求的变化。组织对信息技术的变化需要，促使信息技术的不断发展。信息系统在组织中并不是一成不变的，必须不断加以改进，才能保持与组织战略的一致性，持续地满足组织不断变化的需求。

新的要求和环境改变包括：组织的兼并；组织向新地理市场的扩张；技术进步，使得安装新功能在经济上可行；有关数据和报告的新法律法规的出台；组织重组；组织的扩张或紧缩；市场环境的改变，如从价格竞争转向时间竞争。此外，技术本身的发展也会给信息系统带来变化的要求。

通常来说，有两种方法可用于管理信息系统的适应过程。一种是在一个整体性的规划框架下，在需要的时候选择和开发新的信息系统模块。这一整体性的规划框架通常被称为信息系统框架，由一系列的标准组成，这些标准详细规定了信息系统各模块间的界面和各模块间联系的方法。

第二种方法是将“适应性”融入信息系统的每个模块中。其中的一个解决方案是用计算机可识别和处理的语言开发通用的商业模型（超模型），这些模型能按需求组成系统的模块。超模型可以参考系统中的各个方面，如数据、功能、模块的位置等。这种方法旨在从方法论和技术的层面上解决系统适应性问题。

2.1.3 信息系统对组织的影响

信息系统引入到组织中，对组织战略的制定和实施发挥了巨大的支持作用。与此同时，信息技术的广泛应用也给组织的各个方面带来了变革。

2.1.3.1 信息系统对组织战略的支持

组织战略，即组织谋略，是对组织整体性、长期性、基本性问题的计划与谋略。组织竞争战略主要是指组织产品和服务参与市场竞争的方向、目标、方针及其策略，其内容一般由竞争方向（市场及市场的细分）、竞争对象（竞争对手及其产品和服务）、竞争目标及其实现途径（如何获取竞争优势）几个方面构成。

信息系统、信息处理技术和信息技术环境可能导致组织战略的变化，信息技术和信息系统为组织提供了新的战略选择，使其可以依托信息技术建立竞争优势。这样，组织就可以利用信息系统和信息技术来实施竞争战略以及组织的战略目标，同时也有助于其他竞争战略的实施。例如，借助于信息系统提供的新功能，使客户可以很方便地参与到产品设计过程中，开发出符合不同客户需求的、个性化的新产品和服务。

随着战略信息系统概念的提出，人们逐渐意识到信息技术应当对组织战略提供支持，使组织在市场竞争中处于有利地位。这种支持可以概括为两个主要方面：一是对组织产品生产和制造过程的支持，包括降低生产和服务成本，减少管理工作的复杂性，通过信息沟通和共享实现合作，通过协调工作与一体化集成来提高效率等；二是信息系统对产品营销和服务过程的支持，包括根据顾客的现实需求和潜在需求，提供适宜的产品，发现目标市场，提供差异化的服务，使组织机构具有良好的应变能力。

2.1.3.2 信息系统支持和促进组织业务流程的优化与变革

随着组织外部环境和自身发展需求的变化，组织的业务流程、管理机制、服务关系、技术研发等内容，都需要求得更新、优化和发展，这样就要求对能够反映所有这些环节的信息系统工作流程的不断革新，以适应这些变化，以利于管理者据此做出客观、科学的决断，决定在多大程度上改变现有的业务流程，使它适应信息系统，或者如何使信息系统以及相关的软件功能适应现有的业务流程。

2.1.3.3 信息技术为组织变革提供支持

信息技术将从根本上影响组织结构、业务流程、组织行为、组织环境，也会改变组织的运营模式、效率，以及与之相关业务关系的联系。信息技术的发展还将催生一批完全建立在新技术和“新经济”条件下的组织。

传统的组织都以层级式、集中式和结构化方式来安排组织机构的专业人员，主要依靠固定的一套标准操作程序来提供规模生产的产品或服务。而新型的组织则要求扁平化、分权化、弹性化、虚拟化地安排一般人员的工作，依靠实时信息为客户量身打造大量定制化的产品与服务，迎合特定的市场与客户的需求，信息技术使这一转变成为可能。

传统的管理团队依赖于正式的计划、人员的严格分工与正式的组织机构规则。新的管理者依赖于非正式的承诺与网络来建立目标，团队和个人在项目中采取弹性安排，以任务组工作方式灵活地安排个人和集体，以客户需求导向来协调员工活动，借助专业技能和知识来确保组织的正常运转。信息技术为这种管理方式的实现提供了保障。

信息技术取代了中层经理和职员的劳动，节省了大量的人力，从而提高了工作效率。信息技术可以帮助组织降低交易成本，使组织直接与外部供应商签订合同而不用组织内部生产。通过减少采集与分析信息的成本，信息技术使组织减少全面的管理成本，在增加收入的同时减少中层经理和办公人员等人力成本。

信息技术扩展了小型组织的影响力、执行力和经营范围。在适当的情况下，信息技术也能让大型组织具有小型组织的灵活性和精巧性。它可能会引起组织业务流程重新设计、重新分工，改变工作时间和工作地点的相对位置和数量等。信息技术既可以支持组织文化，又可能影响与改变组织文化。

2.1.3.4 信息系统与组织的双向影响

如果管理信息系统设计的流程没有考虑到组织的目标，或者没有和组织的具体情况与流程真正地融合，或功能过时，或技术应用不恰当，则开发出的系统不仅不能为组织带来商业价值、社会价值，反而变成了累赘和包袱，没有真正实现信息化。

2.1.4 组织可采取的战略措施

根据波特的竞争力模型，一个组织同时面临着五个方面的外部挑战和竞争压力。具体而言，包括传统的行业内竞争者、新的市场进入者、替代产品和服务的提供者、供应商、顾客，如图2-4所示。

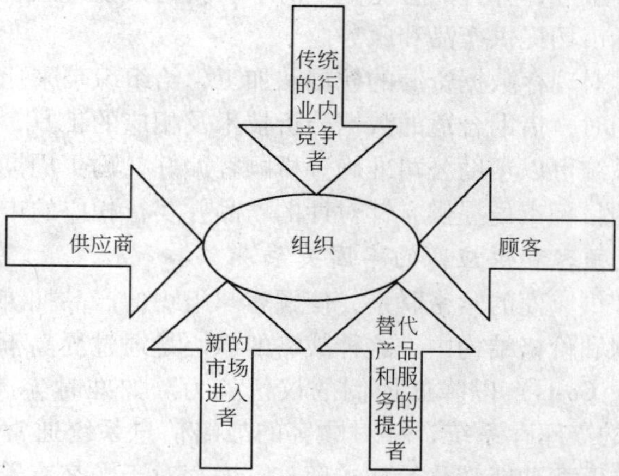

图2-4 波特的竞争力模型

面对这五种竞争压力，组织有四种基本的竞争战略来应对：产品差异化、集中性差异化、建立与顾客和供应商的牢固关系、低成本战略。现实中，组织可以通过其中的一种或几种战略来获得竞争优势。下面探讨信息系统对这些竞争战略的支持。

2.1.4.1 低成本战略

低成本战略是指直接降低成本或者在同样的条件下提高生产的效率。一些信息系统可以帮助组织显著降低成本，允许它们在保证质量、服务等前提下，以低于竞争对手的价格提供产品和服务，从而提高对顾客的吸引力。例如，办公自动化系统可降低纸张、通信、会务等方面的行政支出，从而实现低成本战略；又如，在零售企业和制造企业中，库存管理系统可以为企业提供实现低成本战略的机会。由此，信息系统可以帮助公司显著降低成本。

2.1.4.2 产品差异化

产品差异化（Product Differentiation）是指通过创造与竞争对手明显区别的、独一无二的新产品和新服务，并且利用各种手段确保新产品和新服务不能被现有和潜在的竞争对手所直接仿制，从而建立顾客对本组织机构产品的忠诚。

信息技术可以支持公司的产品差异化战略。例如，戴尔计算机公司的直接订购模式为客户提供了一种不同于其他公司的个性化产品定制服务，从而获取了差异化优势，在计算机销售和服务领域取得了巨大的成功，成为商界的经典范例。

各种信息系统在服务活动中的使用更是相当广泛，并且支持组织对客户提出的要求提供可靠的服务和快速的反应。目前，国内航运公司通过国际范围的信息系统为客户提供票务预约服务，并且根据信息系统中记录的乘客消费记录（即乘坐本公司航班的累积里程数）提供相应的奖励措施。例如，折扣甚至免费机票、会员优惠、宾馆预订等服务。在运输业，物联网的兴起和逐步完善的全球配送系统将显著地提升物流企业的运营效率。

2.1.4.3　集中性差异化

集中性差异化是指组织将一种产品或者服务聚焦于一个能够占有优势的特定的目标市场，从而在实际上创造一个新的市场空间。在这个市场空间中，组织可以提供专门的、特色或个性化的产品或者服务，并且能够比竞争对手、新的市场进入者和替代产品与服务提供者更好地为这一目标市场提供产品和服务。

信息系统可以通过对现存数据资源的挖掘和加工，给组织带来比竞争对手更强的市场洞察力和获利手段。同时，借助合适的数据分析技术及相应的工具，如数据挖掘技术、统计分析软件等，信息系统可以帮助公司准确分析顾客偏好、购买周期、支付手段等消费模式，从而可以对较小的目标市场提供有针对性的产品并实行相应的市场销售策略。

2.1.4.4　建立与顾客和供应商的牢固关系

通过建立与顾客和供应商的紧密联系，使顾客与组织的产品捆绑在一起，并把供应商纳入本组织的采购计划和价格结构中。这种战略的核心是通过提高下游顾客与上游供应商的转换成本（Switching Costs）以降低他们的议价能力。如准时生产方式（Just In Time，JIT）以及由此发展出的零库存系统，针对顾客的战略信息系统通常允许顾客降低甚至是取消库存，而将所有的库存功能转移给配送商。零库存对于顾客有着强大的吸引力，从而带给配送商巨大的竞争优势。由此，生产企业可以与顾客、供应商形成较为稳定的利益链条，在生产、研发、服务、市场反馈等多方面进行广泛的合作，获得优于竞争对手的市场机遇和发展前景。

在与各方的合作过程中，企业甚至可以将供应商的生产计划纳入本企业的生产计划中，从而使企业的成本最小化，而那些不愿意被纳入系统的供应商将难以获得订单。当企业在品牌形象、市场占有率等方面具有明显优势时通常就可以实施针对供应商的战略信息系统。

当公司并未在市场上占据主导地位时，也可以通过针对供应商的战略信息系统与供应商结成战略同盟，通过改善信息流来减少不确定性，并且在保持生产过程高效的同时，减少库存，降低开支。如公司可以通过信息系统监控供应商的制成品存货、生产进度以及进度保证，以确保有足够库存来满足意外需求。如果供应商的存货不足，这家公司便会提醒供应商做出调整。

2.2　信息系统与组织结构

组织结构（Organizational Structure）指的是在组织中对工作任务如何分工、分组和协调合作。换句话说，组织结构指的是组织内关于组织分布、等级、职务及权利关系的一套形式化的制度系统，它阐明各项工作如何分配，谁向谁负责及内部协调机制。

组织通过专业分工和协调来实现自身的目标。因此，组织结构与组织内部的协调方式是相辅相成的。也可以说，组织结构实质上是协调机制的一种较为形式化的反映。主要的组织协调手段包括直接监督、程序化、计划机制、价格机制、互助协调、技能标准化。在实际的组织中，协调机制往往是多种手段混合的。在企业组织的层面上，管理者在进行组织结构设计时，必须考虑六个关键因素：

（1）工作专门化。把任务分解成相互独立的工作时应该细化到何种程度？在实践中任务往往根据专业技能、工序或权力层次进行分解。

（2）部门化。对工作进行分组的基础是什么？部门化是在工作专门化的基础上，根据协调工作的需要，对工作进行分类、分组，形成较小的工作群体。实践中往往根据功能、区域、产品和客户来进行部门化。

（3）命令链。员工个人和工作群体向谁汇报工作？组织中的各项工作应当得到监督、检查和考评。实践中，命令链往往是层级化的，它是一种不间断的权力路线，从组织最高层一直延展到最低层，澄清谁向谁汇报工作。

（4）控制跨度。一个管理者可以有效地指导和监督多少个下属？这决定了组织要设置多少层次，配置多少管理人员。在其他条件相同时，控制跨度越宽，组织效率就越高。

（5）集权与分权。决策权应该放在哪一级？在有些组织中，高层管理者制定所有的决策，低层管理人员只管执行高层管理者的指示。另一种极端情况是，组织把决策权下放到最基层管理人员手中。前者是高度集权的组织，后者则是高度分权的组织。

（6）正规化。应该在多大程度上利用规章制度来指导员工和管理者的行为？正规化指的是组织中工作实行标准化的程度。标准化程度越高，员工决定自己工作方式的权力就越小。工作标准化会减少员工选择工作方式的可能性，同时也降低了对员工行为选择的要求。

需要特别指出的是，以下所列的组织结构形式，仅是应用广泛的部分，或许还有某些各具特色的结构形式，在这里不做过多介绍。这些不同的组织结构适合于不同类型的组织。在选择信息系统时，组织必须充分考虑经营特色、组织规模、外部环境、发展需求等因素，使信息系统与原有组织结构相适应，或者对其作适当调整后相适应，绝对不能盲目投入，否则将适得其反，组织与信息系统是相辅相成的。现在，组织的信息系统与组织战略、规范及程序间的相互依赖度越来越高。战略、规范与程序的不断改变也相应地改变了信息系统的各个方面，如果它们相互间不能适应的话，现有的信息系统会成为组织的限制条件和障碍。

2.2.1 典型的组织结构

2.2.1.1 简单结构（创业型结构或直线结构）

简单结构（Simple Structure）是最传统和古老的树状组织结构形式，是一种内部一元化领导的组织形式，用于任务明确、领导集中、控制严格的情况，如图2-5所示。在简单结构的组织形式下，组织的各层沿着指挥链进行各种作业，每个人只向一个上级负责，而且绝对服从这个上级的命令，一切活动都在这种严格的上下级管理关系的链条下进行。简单结构的有效运作要求管理者必须具备生产经营所需要的全部知识和经验，这样才能对下级正确下达指示和实现对下级的有效管理，这就要求管理者应当是“全能式”的人物，尤其是对组织高层管理者的要求特别高。

2.2.1.2 职能型结构（官僚层级结构）

职能型结构（Functional Structure）/官僚层级结构（Bureaucracy Structure）的核心特

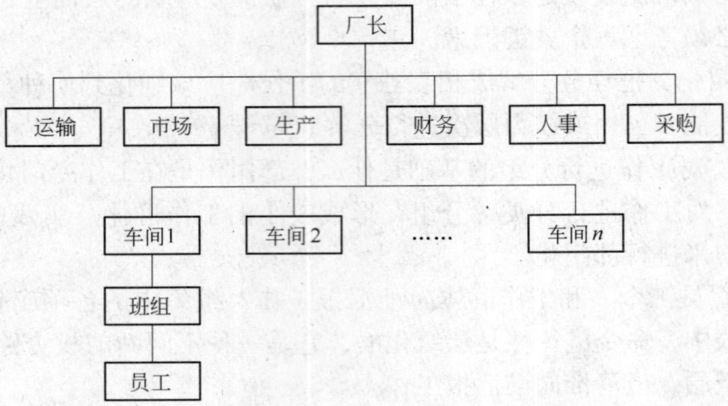

图 2-5　简单组织结构

征是标准化。它对职务进行专门化，制定大量规章制度，以职能部门划分工作任务，实行集权式决策，控制跨度狭窄，通过命令链进行经营决策。由此，组织从上至下按照相同职能将各种活动组织起来，管理者可以将精力集中于自己知识经验较丰富的领域，而不再需要成为精通各个方面的“全才”，从而大大提高了管理效率。当组织的外部环境相对稳定，而组织内部不需要进行太多的跨越职能部门的协调时，这种组织结构模式对组织而言是最为有效的。对于只生产一种或少数几种产品的中小组织而言，职能型组织结构不失为一种最佳的选择，如图 2-6 所示。

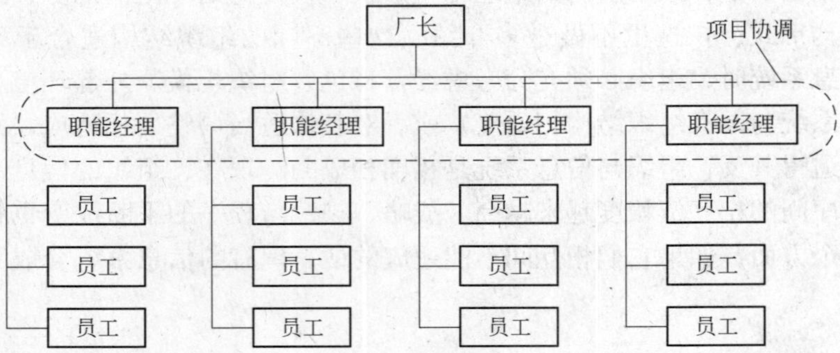

图 2-6　职能型组织结构

在信息技术条件下，由于通信、监控、分析手段的加强，这一控制跨度可以得到显著的扩大。跨度的扩大可以相应地减少管理层级，使得组织结构趋于扁平化。

2.2.1.3　简单-职能型组织结构

以简单结构为基础，在各级行政领导下，设置相应的职能部门，即在简单结构组织统一指挥的原则下，增加了参谋机构。简单-职能式组织结构模式既保留了简单组织结构模式的集权特征，同时又吸收了职能型组织结构模式的职能部门化的优点。目前，简单-职能型仍被我国绝大多数组织机构采用，但是随着组织机构规模的不断扩大、经营领域的拓展和日趋复杂、任务种类增加、环境变动频繁、这种结构的复杂度就会急剧上升，导致部门增多、协调困难、适应性降低。

2.2.1.4 矩阵式结构（多维结构）

矩阵式组织结构（Matrix Structure）是对简单-职能型结构的一种发展，是在原来的简单-职能型垂直形态组织系统的基础上，再建立一套横向的领导系统，是一种相对较新的组织结构，在研发、服务性组织中十分常见，如图 2-7 所示。矩阵结构是在同一组织结构中把按职能划分部门和按产品划分部门这两种方式有机地融合起来，形成“矩阵”式的组织结构，它沿着这两种部门化形式分别安排管理机制，并使二者形成纵横交叉，即矩阵式组织的一维是直线组织，另一维是任务，这个任务或为产品，或为项目。

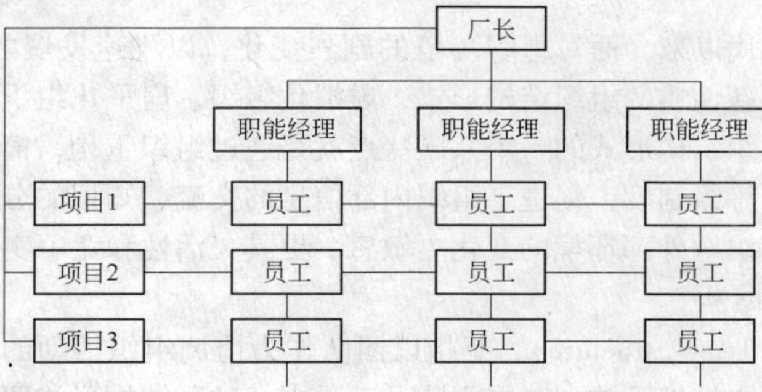

图 2-7 矩阵式组织结构

这样的组织结构设计主要基于如下原因：由于组织中职能部门的权力过大和直线组织的分段引起任务的分割，每个功能似乎均有人负责，而无人对整个任务或整个任务的过程负责，因此，为了加强任务过程的负责制，许多组织采取了矩阵式结构。

在信息技术条件下，矩阵式结构变得更具可行性，因为电子化的沟通和控制手段有助于解决由于双重监督而带来的混乱情况，项目经理和职能经理之间可以实现更为有效的沟通，从而更大限度地发挥职能部门化和产品部门化两种形式的互补优势。

2.2.1.5 事业部结构

事业部结构（Divisional Structure）又称为联合分权制、产品部式或战略经营单位，是矩阵式组织在更大范围（即大公司或大企业范围）的实现，如图 2-8 所示。这也是被欧美国家以及日本的许多大型企业广为采用的典型的组织结构形式。同时，事业部结构也可以看做是职能型结构的一种特殊形式。一般而言，职能型结构采用职能部门化形式，事业部结构则采用产品部门化形式。在组织的具体运作中，事业部制可以根据组织在构造事业部制时所依据的基础不同区分为地区事业部制、产品事业部制等类型。

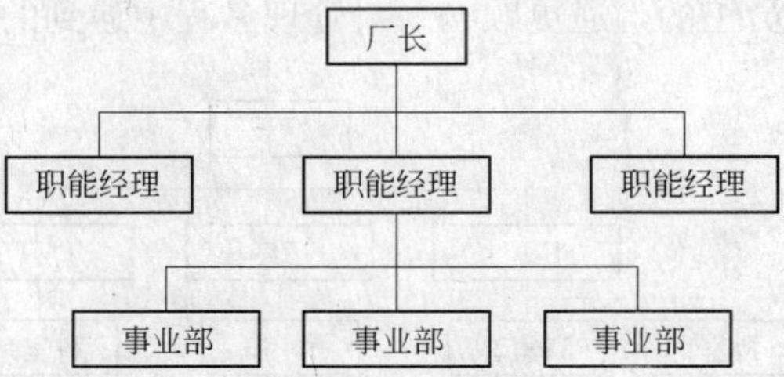

图 2-8 事业部组织结构

事业部的设立是为了实现一定的经营绩效，而不是简单地为了完成某些工作和任务，因此它是一种以绩效为中心的组织结构，也是一种分权制结构。但事业部制结构同时也应该重视在统一战略目标领导下的各事业部之间的协同，强调总体目标下的服从。

在这种结构中，组织的战略决策和日常运营决策两项职能分离，分别由总部和事业部（分公司）承担。事业部一般是按产品来划分，有较大的自主权，自己下设市场部、生产部等，但下设各事业部不是完全子公司，主要表现为：一方面，某些事务还是由总公司管，如有的大公司实行后勤的统一支持，有的实行财务系统的统一处理，当然信息基础统一更是其特点；另一方面，它有为总公司服务或管理的义务。但它在发展自身产品方面有绝对的决策权，当然它又不能重复生产别的事业部的产品。

2.2.2　新型的组织结构

自 20 世纪 80 年代以来，面对组织环境的剧烈变化，以飞速发展的信息技术为依托，出现了一系列具有创新性质的组织结构形式，虚拟化组织、扁平化组织等新型结构形式尤为突出。这些新型组织结构形式的一个共同特点就是通过组织重构，简化、优化内部组织结构，尤其是弱化了等级制度，促进了组织内部信息的交流、知识的分享和每位成员参与决策的过程，使得组织对外部环境的变化更敏感、更具灵活性和竞争实力。

2.2.2.1　团队结构

所谓团队结构（Team Structure），是指以团队作为协调组织活动的主要方式。其特点是打破部门界限，将决策权下放到工作团队员工手中，这种结构形式要求员工既是全才又是专才。在小型公司中，可以把团队结构作为整个组织形式；在大型组织中，团队一般作为典型的职能型结构的补充。团队具有高度的自主性，对大多数操作性工作负全部责任。信息技术使得团队之间的沟通和组织对团队的有效监督成为可能。

2.2.2.2　扁平化结构

信息系统对组织形式的影响主要是扁平化和虚拟化。这也是当代管理组织发展的方向。扁平化就是减少管理的层次，扩大管理的幅度，从而简化管理。

扁平化组织结构是指通过组织结构的调整，以削减中间管理层数量的工作过程，是一种自适应的组织，即自组织、自繁殖的组织。扁平化组织致力于废除等级制度，创建精练的管理结构，进行一系列结构性调整，赋予一线管理人员更多参与决策的权力，从而提高管理效率。如图 2-9 所示的某组织结构变迁，消减了部分管理层次，使管理更迅捷，领导与员工的沟通更顺畅，对管理过程中遇到的问题可以及时处理。

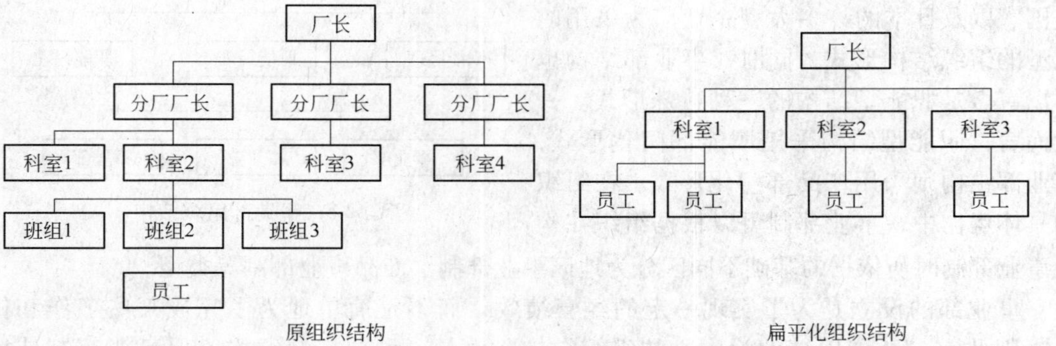

图 2-9　扁平化组织结构

组织的这种结构可以随着环境的变化而自动改变，甚至是自生自灭。自适应创造了复杂性，使得组织越来越复杂，成为复杂系统。对于这样复杂的组织，要想控制和运行得好，只有依靠信息管理。扁平化的组织应是信息充分的组织，过去由于信息技术的落后，信息系统的不发达，许多企图实现扁平化的构想都失败了。许多企业矩阵式组织不成功的原因就在于没有信息系统的支持，因信息不充分所致。

在采用扁平化组织结构的大型公司中，每个管理人员的管理范围增大，对管理人员的组织管理能力提出了更高要求。由于中间管理层次减少，一线管理人员在组织发展中的作用日益突出，他们直接面对市场，行使企业家职能，负有为组织创造和寻求新的增长机会的责任。而高层领导负责确立组织发展宗旨和总体战略，通过授权来界定纳入控制和协调的管理人员活动，并为这些活动制定标准。由于组织的扁平化使得一线人员的信息能够很快地传递给公司的上层，从而帮助战略制定者迅速发现公司的弱点和市场商机所在，及时做出决策，保证组织的生存与发展。

2.2.2.3　虚拟组织结构

由于全球化经济、以知识和信息为主的服务经济、组织结构与职能的转变、数字化组织机构等因素的出现，改变了经济与社会环境，从而使组织面临着更为激烈的竞争环境。在这种情况下，加之供应链管理与协同商务概念的出现，促使了“虚拟组织”（Virtual Organization）的产生。

至今，对于虚拟组织还没有一个统一的定义。一般可以把虚拟组织称为动态联盟，它是由若干独立而实在的组织组成的临时性、动态的“虚拟”组织。通过网络将组织人员、资产、信息等资源互相连接在一起，也可以连接供货商、客户甚至一些竞争对手，以建立和分配新的服务及商品，不再受限于传统的组织界限和实体地理位置的局限。如图2-10所示，通过信息流的管理，以及同合作者的契约签订，构成了一个功能、业务、管理、人员等相对齐全的组织，打破了物理界限，构成了一个利益整体，来进行与外界的事务或商务活动。

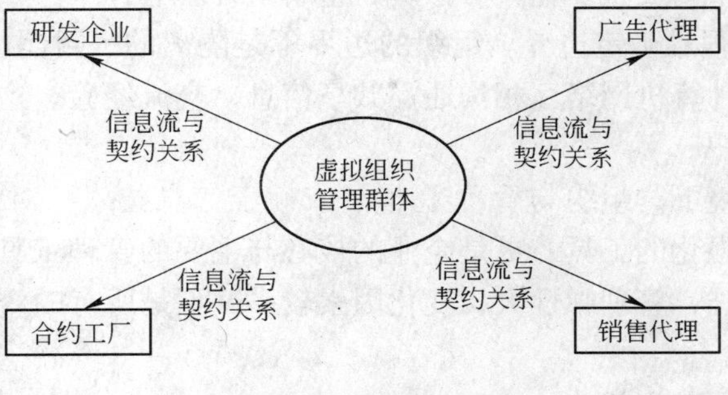

图2-10　虚拟组织结构

虚拟组织通过输入上的最佳组合来实现所需完成的任务，尽管某个组成部分在空间与时间上是分离的。当一项任务来临时，各组织组成联盟，当任务完成时联盟自动解散，但仍然保持相互沟通，以备以后再次联盟。虚拟组织是“没有组织，胜似组织”。它是当代市场竞争、信息技术发展的产物，它是组织扁平化在组织之间的形式。虚拟组织既是一种组织结构，也是一种战略模式。这种组织的规模较小，决策集中化程度很高，部门化的程度很低，甚至根本就不存在产品性或职能性的部门化。虚拟组织通过对关系网络的管理来实现运营，其实质是对信息流的管理。

虚拟组织与传统的简单结构或简单-职能型组织结构有着根本的区别。传统的组织结构有多层次的垂直管理体系，有各自划分的职能部门。为保证组织的有效运作，必须雇佣大批相关管理及业务人员。虚拟组织则不同，它是到组织外部去寻找这些资源，把大量的职能包括各种日常业务部门推到组织外部去，把制造部门、销售网点、广告宣传等交给其他企业，与这些企业建立伙伴关系，自己则集中精力于所擅长的业务上。这种组织往往只负责产品设计、营销战略、产品质量和标准等重大问题。组织的核心是为数不多的管理人员，他们的主要任务是协调为本公司进行生产、销售、配送及其他重要职能活动的各组织之间的关系。因此，这种组织有很大的灵活性和反应的敏捷性。

虚拟组织一般应有一个带头的企业，这个带头的企业手中掌握整个组织的关键资源，这个资源一般是市场和技术，即它既掌握着产品的销路，又掌握着新产品开发的技术。只有依托于强有力的计算机网络，这种以信息流管理为核心能力的组织形式才可能存在并在竞争中取得优势。例如，耐克公司、戴尔计算机公司等都采取了虚拟组织的形式。

虚拟组织有以下主要特点：

（1）通过计算机网络与中间商、承包商、合作伙伴保持联络。

（2）从全局来看，有利于很快地重组社会的资源，可以把每个伙伴的优势集中起来，设计、制造和销售最好的产品，适应市场的需要。

（3）它可以将生产制造部分，这个过去组织必备的资源推出去，从而形成无制造的组织。其优点在于使组织摆脱了管理制造的机构，组织更容易变革，适应飞速发展、变化的市场。这就是虚拟组织主要的战略优势。

（4）具有很大的灵活性、机动性和反应的灵敏性。各公司为了应付市场的竞争可以紧密捆绑在一起，一旦市场发生变化又可松绑，重新组合。

（5）各公司之间很难确定边界。组织的边界不是隔离的、封闭的，而是互相渗透的。合作的伙伴可以通过计算机网络互相沟通、共享信息、交流经验。这种组织可以包括中间商、承包商，甚至客户。

在虚拟组织的环境下，组织与管理上非常依赖于信息技术。对虚拟组织的管理者而言，信息技术不只是强化的工具，更是企业的核心与主要的管理工具。值得注意的是，鉴于虚拟企业的灵活性强，管理弹性大，变化因素较多，不是所有的企业或公司都能有效地以虚拟企业形式运作。

虚拟组织具有以下基本战略：

与联盟伙伴分享基础设施和资源，分担风险；核心能力互补；通过分享减少碰撞的时间；提高设备使用率和市场覆盖范围；进入新的市场并分享市场和客户忠诚度；工作从销售产品转向关注销售解决方案。

2.2.2.4 无边界组织

无边界组织（Borderless Organization）的核心思想是尽可能消除组织内部的垂直界限和水平界限，减少命令链，对控制跨度不加限制，消除各种职能部门，代之以授权的团队。在理想状况下，这种组织主要通过互助协调机制来实现运作，整体战略的执行依靠员工之间的相互协调（而不是层级指挥）来实现。

无边界组织得以正常运行的基础是计算机网络。在新技术的支持下，人们能够超越组织内外的界限进行交流。例如，电子邮件使得所有员工可以同时分享信息，并使公司的普通员工可以直线与高级主管交流。同时，组织间的网络也使得组织外部边界同样可以被突破。

2.3　组织信息化建设

2.3.1　信息化建设原则

组织在推进自身的信息化建设过程中，需要遵循一定的原则，具体如下：

（1）特化原则。有针对性地为不同组织机构提供精细化、专业化的信息系统。

（2）及时原则。高效地实施信息系统的开发，以及信息的整理、分析、决策，提供及时、优选的行动方案，以便在竞争中取得优势。

（3）易用原则。提供简洁、清晰、透明的管理模式、服务过程和业务流程，方便用户和各类相关操作人员对相关运营管理过程的理解和掌握。

（4）成效原则。通过成本/效益分析，获得更好的信息服务方式、高质量服务内容和高效的信息系统。

（5）技术先进性原则。通过选用先进的技术手段和方法，使信息系统在行业中处于领先地位，并做信息的深入加工，提供科学的决策依据和指导。

（6）对称原则。平衡组织及相关机构各方的地位，分享信息化建设的成果。

（7）扁平原则。扁平化组织结构管理，管理的基本单位缩减为相对独立的最小管理单元，精简冗余的管理机构，优化业务流程和服务。

（8）安全可靠原则。通过信息安全方面的技术支持、用户培训、安全认证、安全策略等服务，使信息系统有可靠的外部运行环境，同时加强组织内部人事、制度、服务等方面的安全管理。

2.3.2　组织信息化建设内容

组织的信息化建设是一个系统性、整体性的综合工程，需要考虑诸多要素，包括自身和外界因素，还需要长期的效果检验其有效性。其建设的主要内容如下：

（1）组织信息化发展规划、实施计划与配置。

（2）流程重组、改造、再造的计划与实现。

（3）根据组织的自身实际需求和发展计划，优选信息技术和设备。

（4）业务流程与管理服务过程的信息化，也包括事务流、资金流、物流等的信息化。

（5）人员信息化技能培训与培养。

（6）组织运营环境及联系环节的信息化。

（7）社会环境的信息化发展。

（8）组织信息系统项目管理、审计、安全管理、风险控制及文档管理。

（9）信息化成果的检验、评价、经验总结及新一轮开发的前期准备。

本章小结

本章讲述了信息系统与组织战略的相关内容，介绍了组织与信息系统战略的基本概念，以及信息系统与组织之间相互的影响。在此基础上，分析了不同的组织结构形式，以便结合具体的组织结构特点在实际组织运营中获得更好地应用。最后，本章介绍了信息化建设的原则、内容。

专业术语

组织战略（organizational strategy）
组织结构（organizational structure）
信息系统战略（information system strategy）

本章参考文献

[1] 毛基业，郭迅华，朱岩．管理信息系统——基础、应用与方法[M]．北京：清华大学出版社，2011.
[2] 陈国青，李一军．管理信息系统[M]．北京：高等教育出版社，2006.
[3] 薛华成．管理信息系统[M]．第五版．北京：清华大学出版社，2007.
[4] 马慧，杨一平．管理信息系统[M]．北京：清华大学出版社，2010.
[5] 黄梯云，李一军．管理信息系统[M]．北京：高等教育出版社，2009.

习　题

2-1　什么是组织战略，什么是信息系统战略，信息系统对于组织的影响何在？
2-2　根据波特的竞争力模型，组织可以采用哪几种基本的竞争战略，信息系统对这些基本竞争战略有何影响？
2-3　传统的典型组织结构主要包括哪些形式，在现代信息技术条件下，出现了哪些新型的组织结构？
2-4　简述信息化建设原则和内容。

第3章　计算机硬件、软件和网络

案例

唐银钢铁有限公司的新型办公信息网络系统

唐银钢铁有限公司为唐山钢铁集团控股企业，地处中国河北省唐山市，是中国重要的钢铁企业之一。唐银钢铁拟在新厂区建设高性能、可靠安全、扩展能力强的新型办公信息网络系统，构建可实现视频、语音、数据等多业务信息传输的统一信息网络平台，信息网络主要考虑构建以综合办公楼为中心的核心网络平台，提供炼铁办公楼、炼钢办公楼、公司动能部、技术部、保卫部的高速网络接入，链接的设备包括生产调度服务器、技术部磅房计量服务器、计算机等。建成后的河北唐银钢铁网络系统将能承载多种应用系统，满足用户高速的网络访问需求，为多种应用系统提供必备的带宽、安全、服务质量保障，特别是办公网络访问需求，为最终的数字化企业网络应用服务。将原来以数据处理为中心的数据承载过渡到以多媒体流（多媒体应用、远程监控、供应链管里、生产调度管理、视频会议、财务系统、OA 系统、ERP 应用等）处理为中心的多业务应用网络。

根据河北唐银钢铁核心网络建设的需求，本着安全、可靠、稳定、方便管理、并具有良好扩展性的网络建设的原则，总体规划如下：（1）核心网络采用三层网络结构：办公楼设置一个区域核心，为炼钢、炼铁、技术部、动能部、办公楼分别设置一个汇聚中心，每栋楼设置多个配线间接入桌面，建成后的网络将是一个万兆骨干、千兆汇聚、百兆到桌面的网络平台。（2）从功能上分为业务网与办公网，每个功能区设置一台核心交换机。以 RG-S7604 为生产网核心，RG-S6810 为办公网核心，两台核心交换机通过两条千兆链路捆绑实现互联互为备份保证网络链路安全。（3）炼铁楼、炼钢楼、动能部、办公楼、技术部和服务器区分别部署一台 RG-S3760 汇聚交换机，通过两条千兆链路分别上联到两台核心交换机实现互联，保证汇聚层交换机的链路安全；汇聚交换机通过千兆光纤下行接入层 RG-S2100 系列交换机。在汇聚交换机上开启防扫描等安全功能，并制定 OSPF 区域划分，保证汇聚交换机安全稳定运行；在接入交换机上部署 ACL 解决冲击波、蠕虫等病毒问题，开启 STP 协议防止接入层环路产生，同时部署基于端口的 802.1x 的认证，保证接入层安全。网络平台充分满足了唐银钢铁对于网络的性能、稳定性、安全性等方面的需求，自项目实施以来，各种应用系统平稳高速运行，为唐银钢铁信息化的明天奠定了坚实的基础。[1]

---

[1] 资料来源：http：//article. pchome. net/content-669819. html

3.1 计算机技术基础

3.1.1 计算机体系结构

计算机应用是管理信息系统的要素之一，管理信息系统的发展和进步离不开计算机技术的支持。高性能的计算机能在更大更深的范围满足管理信息系统在技术方面的需求，而计算机性能的高速发展离不开对计算机体系结构的研究。计算机体系结构（Computer Architecture）就是指组织在一起的一系列系统元素的集合，这些系统元素互相配合、相互协作，通过对信息的处理完成预先定义的目标。简单地讲，计算机体系结构是一门设计计算机的学科，包括计算机的指令系统设计、结构设计、实现技术以及与系统软件操作系统和编译器相关的技术。

计算机体系结构通常包含的系统元素有计算机硬件、计算机软件、人员、数据库、文档和过程。其中，硬件是提供计算能力的电子设备和提供外部世界功能的电子机械设备（例如传感器、马达、水泵等）；软件是程序、数据结构和相关文档的集合，用于实现所需要的逻辑方法、过程或控制；人员是硬件和软件的用户和操作者；数据库是通过软件访问的大型的、有组织的信息集合；文档是描述系统使用方法的手册、表格、图形及其他描述性信息；过程是一系列步骤，它们定义了每个系统元素的特定使用方法。

计算机体系结构解决的是计算机系统在总体上、功能上需要解决的问题，因此计算机体系结构设计师应能预见到技术发展的趋向，在设计下一代产品时，预见到产品大规模进入市场时恰好是所用的下一代技术的性价比达到最佳的时候，从而使其设计的产品生命周期得以延长。而且值得注意的是，目前虽然基于集成电路的计算机在短期内还不会退出历史舞台，但一些新的计算机正在加紧研究，例如超导计算机、纳米计算机、光计算机、DNA计算机和量子计算机等，新技术的产生必然会推动其应用的进一步发展。

3.1.2 计算机硬件

硬件（Hardware）是计算机物理设备的总称，也叫做硬件设备。它们通常是电子的、机械的、磁性的或光的元器件或装置，一般包括中央处理器（Central Processing Unit，CPU）、存储器（Memory）和各种输入/输出（I/O）设备。

3.1.2.1 中央处理器

中央处理器即是通常所说的CPU，它是计算机的核心。如果把计算机比作人，那么CPU就是人的大脑，在很大程度上CPU决定了计算机系统的性能。CPU是负责解释并执行指令、协调系统中其他硬件共同工作的硬件。CPU的功能就是高速、准确地执行预先安排好的指令，每一条指令完成一次基本的算术运算或逻辑判断。CPU包括两个主要部分：控制器和运算器。控制器部分从内存储器中读取指令，并控制计算机的各部分完成指令所指定的工作。运算器则是在控制器的指挥下，按指令的要求从内存储器中读取数据，完成运算，运算的结果再保存到内存储器中的指定地址。CPU按照其处理信息的字长，可以分为4位微处理器、8位微处理器、16位微处理器、32位微处理器以及64位微处理器。

CPU的发展非常迅速，个人电脑从8088（XT）发展到的Pentium4时代，只经过了不到20年的时间。从生产技术来说，最初的8088集成了29000个晶体管，而Pentium Ⅲ的集成度超过了2810万个晶体管；CPU的运行速度，以MIPS（百万个指令每秒）为单位，8088是0.75MIPS，到高性能奔腾时已超过了1000MIPS。目前，CPU的两大制造商分别是美国的Intel和AMD。

3.1.2.2 主存储器

主存储器的功能主要是存放当前运行的程序及执行程序所需的数据。这些程序和数据在运行前由辅助存储器调入主存储器，在处理过程中或处理完毕后，再存回辅助存储器或打印输出。计算机的主存储器主要是由半导体存储器组成。半导体存储器的种类繁多，按其性能和用途可以分成两大类：只读存储器（Read Only Memory，ROM）和随机存储器（Random Access Memory，RAM）。

（1）只读存储器（ROM），是指只能从中读出信息，不能写入信息的存储器，ROM晶片上的软件编码是厂商制造时烧上去的。常用它存放计算机的启动程序、自检程序及磁盘引导程序等。ROM晶片也可以分为两类：

➢ 正PROM（Programmable Read Only Memory）产品，该晶片只能一次写入程序，用于固定计算或控制模式，是一种软件硬化技术。

➢ EPROM（Electrically Programmable Read Only Memory）产品，该晶片可以多次写入程序。使用于可变控制，如数控机床加工零件发生变化，机器人运动模式发生变化，都需要修改程序，此时只需擦除EPROM的原有程序进行改写即可。

（2）随机存储器（RAM），是指任意时刻可以从任意存储单元读出信息，或将信息写入任意存储单元，而读写信息所需的时间与存储单元的位置无关的存储器。由于半导体存储器价格贵，容量不能做得太大，而且随着半导体器件速度加快，价格提升更快，与提高计算机主机运行速度产生了矛盾，为此在主存中采用了少量速度更高的半导体存储器，称之为高速缓冲存储器（cache），存放最常用的数据与程序，达到以较低的成本增加，换得运行速度的提高。

3.1.2.3 辅助存储器

主存储器是决定计算机系统整体性能的重要因素，但受主存储器容量的限制，只能将需要计算机系统立即处理的数据和程序存放在主存储器，而将其他数据资料和程序存放在辅助存储器（Secondary Memory）内。与主存储器相比，辅助存储器具有数据非易失性、容量大和价格便宜等优点，但是存取速度比主存储器慢得多。常用的辅助存储器包括磁带、磁盘、光盘以及一些新型的外部存储器（闪存类存储器和移动硬盘等）。

总的来说，辅助存储器是朝着更多的直接存取方式、更大的存储容量和携带更方便的方向发展。选择辅助存储介质和设备时，需要了解它们的存取方式、容量和便携性等特征。另外，选择的存储设备要考虑组织的需求和资源，一般存储容量大、存取速度快的存储器能为信息系统及时提供信息，从而满足组织对效率和效益的要求。

3.1.2.4 输入/输出设备

输入设备可以让我们将外部信息（如文字、数字、声音、图像、程序、指令等）转变为数据输入到计算机中，以便加工、处理，它是人们和计算机系统之间进行信息交换的装置之一。输出设备的主要功能是在合适的时间以合适的格式向合适的人提供合适的信息。

早期的计算机输入和输出都很少，计算机主要被用于科学计算。而现在随着计算机应用领域的拓展和用户需求的不断变化，有大量的数据需要输入和输出，与之相应的输入/输出设备也不断被开发出来。键盘、鼠标、扫描仪、手写输入板、语音输入装置、数码相机、数码摄像机、触摸屏等都属于输入设备。显示器、打印机是比较常见的输出设备。

另外，还有一些专用的输入/输出设备，如销售点 POS（Point-of-Sale）设备和自动柜员机（Automated Teller Machines，ATM）。

A　销售点 POS 设备

POS 设备是一种配有条码或 OCR（Optical Character Recognition）码的终端阅读器，有现金或易货额度出纳功能。许多 POS 设备也使用其他的输入/输出设备，如键盘、条形码阅读器、打印机和屏幕。POS 设备主要用于大、中型超市，连锁店，大卖场，大、中型饭店及一切高水平管理的零售企业。

B　自动柜员机

ATM 也是一种专用输入/输出设备，银行的客户在提取存款或进行其他操作时多用 ATM 作为终端。ATM 机在拉近客户与银行之间的距离，扩展营业网点，改善用卡环境，提供全天候、全方位的金融服务，降低经营成本，提高金融行业的服务质量和综合竞争实力等方面正发挥着不可替代的作用。

3.1.3　计算机软件

计算机软件（Computer Software）就是计算机系统中一系列相关的程序和相应的文档组成的集合。软件是用户与硬件之间的接口界面，硬件需在软件支配下才能有效地工作。没有软件，计算机就是一个昂贵又毫无用处的裸机；有了软件，用户面对的将不再是物理设备，不必了解计算机本身，可以采用更加方便、更加有效的手段使用计算机。计算机软件总体上划分成两类，一类是系统软件，一类是应用软件。计算机的软件和硬件及用户之间的联系可用层次结构表示，如图 3-1 所示。

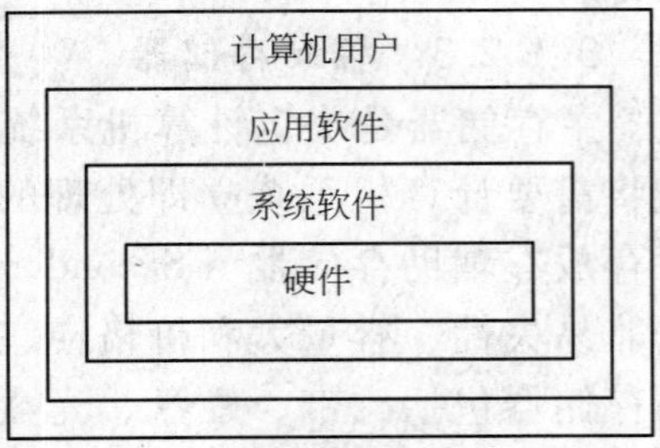

图 3-1　系统层次结构

图 3-1 说明系统软件直接对硬件资源，如中央处理器、存储器、通信连接设备及输入/输出设备等进行控制和管理；而应用软件则在系统软件提供的环境中进行工作；计算机用户直接与应用软件进行人机交互。因此基于不同的硬件与系统软件平台，应设计切合用户需求的应用软件。

3.1.3.1　系统软件

系统软件是用来管理计算机中 CPU、内存、通信连接以及各种外部设备等所有系统资源的程序，其主要作用是管理和控制计算机系统的各个部分，使之协调运行，并为各种数据处理提供基础功能。系统软件使得计算机使用者和其他软件将计算机当做一个整体，而不需要顾及底层每个硬件是如何工作的。系统软件包括四种基本类型：操作系统、语言处理程序、数据库管理系统、工具软件，见表 3-1。

表 3-1 系统软件的基本类型

类 型	内 容
操作系统	DOS：基于字符界面的单用户单任务的操作系统 Windows：基于图形界面的单用户多任务的操作系统 UNIX：通用的交互式的分时操作系统 NetWare：基于文件服务和目录服务的网络操作系统 Windows NT：基于图形界面的32位多任务、对等的网络操作系统
语言处理程序	机器语言：计算机能直接执行的由“0”或“1”所组成的二进制程序或指令代码 汇编语言：用符号表示的、面向机器的低级程序设计语言，需经汇编程序翻译成机器语言程序才能被计算机执行 高级语言：按照一定的“语法规则”、由表达各种意义的“词”和“数学公式”组成的、易被人们理解的程序设计语言，需经编译程序翻译成目标程序（机器语言）才能被计算机执行。如：FORTRAN、C、BASIC等
数据库管理系统	普及式关系型：FoxPro、Access、Paradox等 大型关系型：Oracle、Sybase、SQL Server等
工具软件	为用户操作系统提供附加功能的软件，如PCTOOLS、QAPLUS等

3.1.3.2 应用软件

应用软件是为了某种特定的用途而被开发的软件。它可以是一个特定的程序，比如一个图像浏览器。也可以是一组功能联系紧密、可以互相协作的程序的集合，如微软的Office软件。

应用软件可以分为通用软件和专用软件。通用软件可以被不同行业、组织中的不同层次、执行不同工作任务的人员使用。如用于文字处理的软件（Word、WPS等）、用于表格处理的软件（Excel、Lotus 1-2-3等）、用于图形图像处理的软件（AutoCAD、Photoshop等）、用于统计的软件（SPSS、SAS等）等。而专用软件是为解决特定行业中的特殊问题或为实现特定职能、满足特殊需要而设计的应用软件。如会计软件、财务分析软件、销售软件、生产管理软件和人事管理软件等。专用软件主要由行业内的公司自行开发或者参与开发过程，也可从其他软件公司购买。

3.2 计算机网络技术

3.2.1 计算机网络的功能

计算机网络（Computer Network）是将地理位置不同的具有独立功能的多台计算机及其外部设备，通过通信线路连接起来，在网络操作系统、网络管理软件及网络通信协议（Network Communication Protocol）的管理和协调下，实现资源共享和信息传递的系统。它是计算机技术和通信技术结合的产物。计算机网络的功能主要表现在以下三个方面：

（1）硬件资源共享。可以在全网范围内提供对处理资源、存储资源、输入输出资源等昂贵设备的共享，使用户节省投资，也便于集中管理和均衡分担负荷。

（2）软件资源共享。允许互联网上的用户远程访问各类大型数据库，可以得到网络文件传送服务、远地进程管理服务和远程文件访问服务，从而避免软件研制上的重复劳动以及数据资源的重复存储，也便于集中管理。

（3）用户间信息交换。计算机网络为分布在各地的用户提供了强有力的通信手段。用户可以通过计算机网络传送电子邮件、发布新闻消息和进行电子商务活动。

3.2.2 计算机网络的构成

总的来说计算机网络系统是由网络硬件和网络软件组成的。在网络系统中，硬件的选择对网络起着决定的作用，而网络软件则是挖掘网络潜力的工具。

3.2.2.1 网络硬件

计算机网络的硬件组成包括三个部分：主体设备、连接设备、传输介质。

（1）网络的主体设备称为主机（Host），可分为中心站（服务器）和工作站（客户机），它们都是独立的计算机。当一台连入网络的计算机向其他计算机提供各种网络服务（如数据、文件的共享等）时，它就称为服务器。而那些用于访问服务器资料的计算机则称为客户机。一般在大型网络中采用大型机、中型机和小型机作为网络服务器，可以保证网络的可靠性。对于网点不多、网络通信量不大、数据的安全可靠性要求不高的网络，可以选用高档微机作网络服务器。

（2）网络的连接设备：

调制解调器（Modem）：是调制器和解调器的简称，是一种进行数字信号与模拟信号转换的设备。计算机处理的是数字信号，而电话线传输的是模拟信号，在计算机和电话线之间需要一个连接设备，将计算机输出的数字信号变换为适合电话线传输的模拟信号，在接收端再将接收到的模拟信号变换为数字信号由计算机处理。因此，调制解调器必须成对使用。

网卡（Network Interface Card，NIC）：也称网络适配器，是计算机与传输介质进行数据交互的中间部件，主要进行编码转换。网卡通过系统总线（Bus）与计算机设备接口相连，另一方面又通过电缆接口与网络传输媒介相连。在接收传输介质上传送的信息时，网卡把传来的信息按照网络上信号编码要求和帧的格式接受并交给主机处理。在主机向网络发送信息时，网卡把发送的信息按照网络传送的要求装配成帧的格式，然后采用网络编码信号向网络发送出去。在 PC 机中网卡有 PCI（100M）、ISA（10M）、USB 等总线型。每块网卡都固化了一个全球唯一的物理地址（MAC 地址，48 位）。安装网卡后，还要进行协议的配置。例如，IPX/SPX 协议、TCP/IP 协议。

集线器（Hub）：作为网络中枢连接各类节点，以形成星状结构的一种网络设备。集线器的主要功能是对接收到的信号进行再生整形放大，以扩大网络的传输距离，同时把所有节点集中在以它为中心的节点上。集线器工作在局域（LAN）环境，它与网卡、网线等传输介质一样，属于局域网中的基础设备。

中继器（Repeater）：也称重发器，是计算机网络中最简单的设备，用来连接相同网络拓扑结构的局域网。电磁信号在网络传输介质上传递时，由于衰减和噪声使有效数据信号变得越来越弱，为保证数据的完整性，它只能在一定的有限距离内传递。而中继器具有清除噪声、放大信号的作用，所以中继器被用来扩展局域网段的长度，驱动长距离通信。

交换机（Switch）：一种在通信系统中完成信息交换功能的设备。“交换”就是按照通信两端传输信息的需要，用人工或设备自动完成的方法，把要传输的信息送到符合要求的相应路由器上的技术的统称。Hub 采用星形布局将站点与 Hub 相连，在这种布局中，来自任何站点的传输都会由 Hub 接收，然后在 Hub 的所有外出线路上重传，因此为了避免冲突，一次只允许一个站点发送，传输速度没有 Switch 快。这是由于 Hub 不知道目标地址在何处，发送数据到所有的端口，而 Switch 中有一张转发表，如果知道目标地址在何处，就把数据发送到指定地点，如果它不知道就发送到所有的端口。所以，使用交换机可以帮助降低整个网络的数据传输量，提高效率。

路由器（Router）：是互联网的主要节点设备。路由器会根据信道的情况自动选择和设定路由，以最佳路径，按前后顺序发送信号。“路由”就是指路由器从一个接口上收到数据包，根据数据包的目的地址进行定向并转发到另一个接口的过程。作为不同网络之间互相连接的枢纽，路由器系统构成了基于 TCP/IP 的互联网网络的骨架。它的处理速度直接决定了网络通信的速度，它的可靠性则直接影响着网络互连的质量。因此路由器技术始终处于互联网的核心地位，其发展历程和方向，成为整个互联网研究的一个缩影。

网关（Gateway）：又称网间连接器、协议转换器。在采用不同的通信协议、数据格式或语言，甚至体系结构完全不同的两种系统之间，网关是一个翻译器，用于提供协议转换、路由选择、数据交换等网络兼容功能。

（3）网络的传输介质：网络传输介质是指在网络中实际传送信息的载体，在网络中是连接收发双方的物理通路。常用的传输介质分为有线传输介质和无线传输介质两大类。

有线传输介质是指在两个通信设备之间实现传输的物理连接部分，它能将信号从一方传输到另一方。有线传输介质主要有双绞线、同轴电缆和光纤。双绞线和同轴电缆传输电信号，光纤传输光信号。

无线传输介质指周围的自由空间。利用无线电波在自由空间的传播可以实现多种无线通信。在自由空间传输的电磁波根据频谱可将其分为无线电波、微波、红外线、激光等，信息被加载在电磁波上进行传输。计算机网络系统中的无线通信主要指微波通信，分为两种形式：地面微波通信和卫星微波通信。无线局域网通常采用无线电波和红外线作为传输介质。

3.2.2.2 网络软件

计算机网络软件是实现网络功能不可缺少的软件环境。主要包括：协议软件、通信软件、网络操作系统。

A 网络协议软件

网络协议软件是网络软件的重要组成部分。按网络所采用的协议层次模型（如国际标准化组织（ISO）建议的开放系统互连基本参考模型（Open System Interconnection，OSI））组织而成。除物理层外，其余各层协议大都由软件实现。每层协议软件通常由一个或多个进程组成，其主要任务是完成相应层协议所规定的功能，以及与上下层的接口功能。

B 通信软件

通信软件是用来监督和控制通信工作的软件。它除了作为计算机网络软件的基础组成部分外，还可用作计算机与自带终端或附属计算机之间实现通信的软件。通信软件通常由线路缓冲区管理程序、线路控制程序以及报文管理程序组成。报文管理程序通常由接收、发送、收发记录、差错控制、开始和终了五个部分组成。

C　网络操作系统

网络操作系统即具有网络功能的操作系统，是网络的心脏和灵魂，是向网络计算机提供服务的特殊的操作系统。它在计算机操作系统下工作，使计算机操作系统增加了网络操作所需要的能力。网络操作系统运行在称为服务器的计算机上，并由联网的计算机用户共享，这类用户称为客户。

常用的网络操作系统如下：

➢ 在局域网中，微软的网络操作系统主要有：Windows NT 4.0 Server、Windows 2000 Server/Advance Server，以及 Windows 2003 Server/Advance Server 和最新的 Win8 Server2012 等，客户机系统可以采用任一 Windows 或非 Windows 操作系统，包括个人操作系统，如 Windows 9x/ME/XP 等。

➢ Unix 系统由 AT&T 和 SCO 公司推出，目前 Unix 网络操作系统的版本有：UNIXSVR3.2、SVR4.0 和 SVR4.2 等。Unix 系统支持网络文件系统服务，提供数据等应用，功能强大。这种网络操作系统稳定和安全性能非常好，但由于它多数是以命令方式来进行操作的，不容易掌握，特别是初级用户。因此，Unix 一般用于大型的网站或大型的企事业局域网，而中小型局域网基本不使用 Unix 作为网络操作系统。

➢ Linux 这是一种新型的网络操作系统，它的最大的特点就是源代码开放，可以免费得到许多应用程序。目前也有中文版本的 Linux，如 REDHAT（红帽子），红旗 Linux 等。Linux 在国内得到了用户充分的肯定，主要体现在它的安全性和稳定性方面，它与 Unix 有许多类似之处。但目前这类操作系统仍主要应用于中、高档服务器中。

近年来，网络应用系统的发展也很迅速。一般，网络应用系统根据网络的组建目的和业务的发展情况，进行研制、开发或购置，其任务是实现网络总体规划所规定的各项业务，提供网络服务和资源共享。网络应用系统有通用和专用之分。通用网络应用系统适用于较广泛的领域和行业，如数据收集系统、数据转发系统和数据库查询系统等。专用网络应用系统只适用于特定的行业和领域，如银行核算、铁路控制、军事指挥等。一个真正实用的、具有较大效益的计算机网络，除了配置上述各种软件外，通常还应在网络协议软件与网络应用系统之间，建立一个完善的网络应用支撑平台，为网络用户创造一个良好的运行环境和开发环境。功能较强的计算机网络通常还设立一些负责全网运行工作的特殊主机系统（如网络管理中心、控制中心、信息中心、测量中心等）。对于这些特殊的主机系统，除了配置各种基本的网络软件外，还要根据它们所承担的网络管理工作编制相关的特殊网络软件。

3.2.3　计算机网络拓扑结构

计算机网络拓扑结构（Network Topology）是指在网络中各节点相互连接的方法和形式。把网络中的计算机和通信设备抽象为一个点，把传输介质抽象为一条线，由点和线组成的几何图形就是计算机网络的拓扑结构。拓扑结构基本上可以分成两大类，一类是无规则的拓扑，这种拓扑结构只有网状图形，称为网状网，广域网一般采用这种网状拓扑结构；还有一类是有规则的拓扑，这种拓扑结构的图形一般是有规则的或对称的，又分成星型、环型、树型、总线型和混合型，局域网一般采用这种拓扑结构。

3.2.3.1 星型结构

星型结构是一种以中央节点为中心，把若干外围节点连接起来的辐射式互联结构，如图 3-2 所示。这种结构是目前在局域网中应用得最为普遍的一种，企业的网络几乎都是采用这种结构。它的优点是结构简单、容易实现、便于管理，通常以集线器作为中央节点，便于维护和管理。但是，中心结点是全网络的瓶颈，中心结点出现故障会导致网络的瘫痪。

3.2.3.2 环型结构

环型结构的各结点通过中继器连接到闭环上组成闭合回路，多个设备共享一个环，如图 3-3 所示。环中数据只能单向传输，信息在每台设备上的延时时间是固定的。这种结构优点是结构简单、适合使用光纤、传输距离远、传输延迟确定，因此特别适合实时控制的局域网系统。但是，环网中的每个结点均成为网络可靠性的瓶颈，任何一个结点出现故障都会造成网络瘫痪，另外故障诊断也较困难，扩展性能差，如果要新添加或移动节点，就必须中断整个网络，在环的两端做好连接器才能连接。

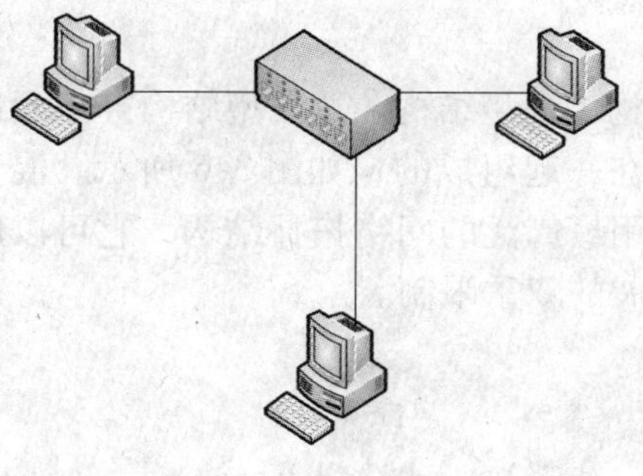

图 3-2 星型网络拓扑结构

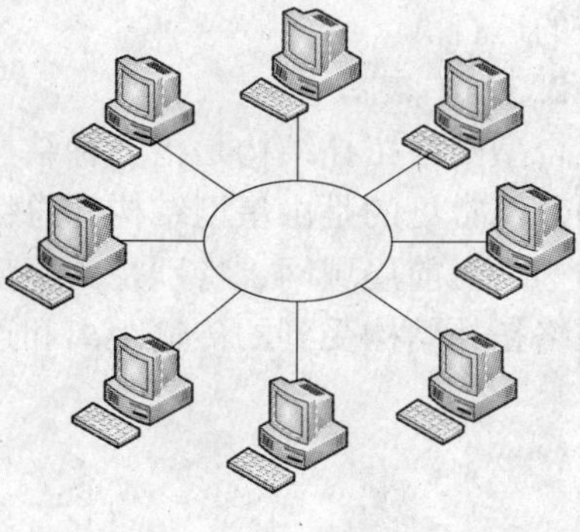

图 3-3 环型网络拓扑结构

3.2.3.3 总线型结构

总线型结构是指网络中所有设备通过相应的硬件接口直接连接到一条通信线路上，这条单独的传输线路被称为总线，如图 3-4 所示。如果网络中一个工作站上发送了数据信息，该信息就会通过总线传送给每个工作站，这些工作站会分析信息是否是发送给自己的，然后决定是否接收。这种结构具有以下几个方面的优点：组网费用低，从图 3-4 可以看出这样的结构根本不需要另外的互联设备，是直接通过一条总线进行连接，所以组网费用较低；网络用户扩展较灵活，需要扩展用户时，只需要添加一个接线器即可；维护较容易，单个节点失效不影响整个网络的正常通信。这种网络拓扑结构的缺点是一次仅能一个端用户发送数据，其他端用户必须等待，直到获得发送权；因为各节点是共用总线带宽的，所以在传输速度上会随着接入网络的用户的增多而下降，而且连接的节点不宜过多，总线自身的故障可以导致系统的崩溃。

3.2.3.4 树型结构

树型结构是总线型结构的扩展，如图 3-5 所示。它是在总线网上加上分支形成的，其传输介质可有多条分支，但不形成闭合回路，树形网是一种分层网，其结构可以对称，联系固定，具有一定容错能力，一般一个分支和结点的故障不影响另一分支结点的工作，任

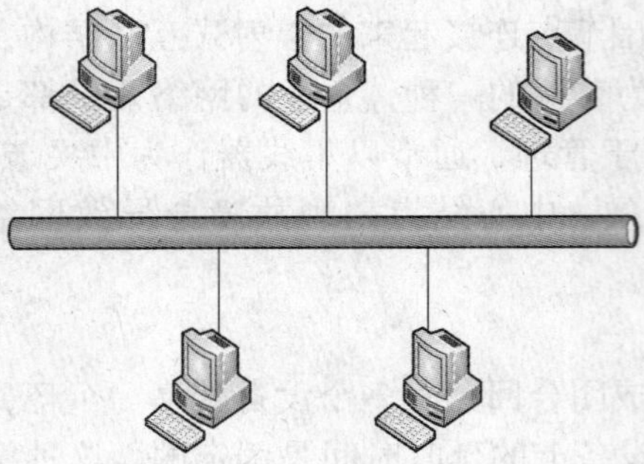

图3-4 总线型网络拓扑结构

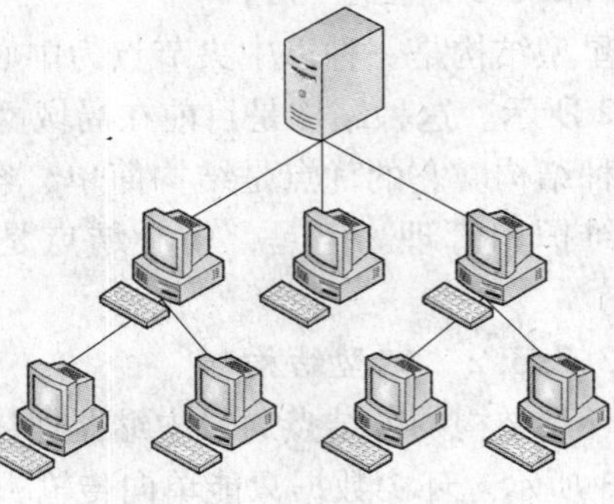

图3-5 树型网络拓扑结构

何一个结点送出的信息都可以传遍传输介质。树型拓扑结构的优点是联结简单、易于扩展、维护方便、故障隔离较容易，适用于汇集信息的应用要求；缺点是资源共享能力较低、可靠性不高、各个节点对根的依赖性太大，任何一个工作站或链路的故障都会影响整个网络的运行。

3.2.3.5 混合型

混合型网络拓扑结构是指多种结构（如星型结构、环型结构、总线型结构）单元组成的结构，但常见的是由星型结构和总线型结构结合在一起组成的，如图3-6所示。混合型网络结构是目前局域网，特别是大中型局域网中应用最广泛的网络拓扑结构，它可以解决单一网络拓扑结构受到的传输距离和连接用户数扩展的双重限制。

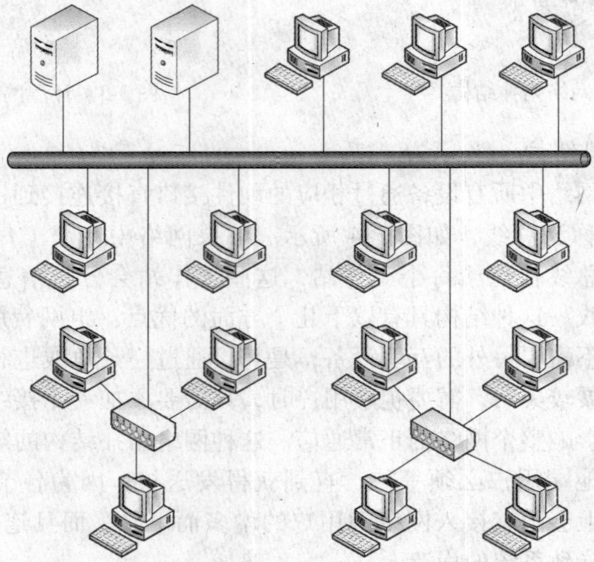

图3-6 混合型网络拓扑结构

混合型拓扑结构应用广泛，主要是因它解决了星型和总线型拓扑结构的不足，满足了大公司组网的实际需求。目前在一些智能化的信息大厦中的应用非常普遍。在一幢大厦中，各楼层间采用光纤作为总线传输介质，一方面可以保证网络传输距离，另一方面，光纤的传输性能要远好于同轴电缆，所以，在传输性能上也给予了充分保证，当然投资成本会有较大增加。在一些较小建筑物中也可以采用同轴电缆作为总线传输介质，各楼层内部仍使用双绞线星型以太网。同时，这种网络拓扑结构扩展灵活，这主要是继承了星型拓扑结构的优点。这种结构的缺点是较难维护，这主要受到总线型网络拓扑结构的制约，如果总线一断，则整个网络也就瘫痪了；但是，如果是分支网段出了故障，则不影响整个网络的正常运作。另一个缺点就是整个网络非常复杂，不容易维护。

3.2.4 计算机网络的类型

虽然网络类型的划分标准各种各样，但是用地理范围划分是一种大家都认可的通用网络划分标准。按这种标准可以把各种网络类型划分为局域网、城域网、广域网、互联网和无线网。下面简要介绍这几种计算机网络。

3.2.4.1 局域网（Local Area Network，LAN）

所谓局域网，那就是在局部地区范围内的网络，它所覆盖的地区范围较小。我们常见的“LAN”就是指局域网，这是最常见、应用最广的一种网络。现在局域网随着整个计算机网络技术的发展和提高得到充分的应用和普及，几乎每个单位都有自己的局域网，有的甚至家庭中都有自己的小型局域网。很明显，局域网在计算机数量配置上没有太多的限制，少的可以只有两台，多的可达几百台。一般来说在企业局域网中，客户机的数量在几十到两百台次左右。在网络所涉及的地理距离上一般来说可以是几米至10km以内。局域网一般位于一个建筑物或一个单位内，不存在寻径问题，不包括网络层的应用。这种网络的特点就是连接范围窄、用户数少、配置容易、连接速率高。

目前局域网最快的速率要算现今的10G以太网了。IEEE的802标准委员会定义了多种主要的LAN：以太网（Ethernet）、令牌环网（Token Ring）、光纤分布式接口网络（FDDI）、异步传输模式网（ATM）以及最新的无线局域网（WLAN）。

3.2.4.2 城域网（Metropolitan Area Network，MAN）

一般来说，城域网是在一个城市，但不在同一地理区域范围内的计算机互联网。这种网络的连接距离可以在10～100km。MAN与LAN相比扩展的距离更长，连接的计算机数量更多，在地理范围上可以说是LAN的延伸。在一个大型城市或都市地区，一个MAN通常连接着多个LAN。如连接政府机构的LAN、医院的LAN、电信的LAN、公司企业的LAN等。由于光纤连接的引入，使MAN中高速的LAN互联成为可能。

3.2.4.3 广域网（Wide Area Network，WAN）

广域网也称为远程网，其覆盖的范围比城域网（MAN）更广，它一般是在不同城市之间的LAN或者MAN互联，地理范围可从几百千米到几千千米。因为距离较远，信号衰减比较严重，所以这种网络一般要租用专线，通过IMP（接口信息处理）协议和线路连接起来，构成网状结构，解决寻径问题。这种城域网因为所连接的用户多，总出口带宽有限，所以用户的终端连接速率一般较低，通常为9.6kbps～45Mbps。如邮电部的CHINANET，CHINAPAC和CHINADDN。

3.2.4.4 互联网（Internet）

互联网又称做国际互联网，它是由那些使用公用语言互相通信的计算机连接而成的全球网络。一旦我们连接到它的任何一个节点上，就意味着我们的计算机已经连入互联网了。互联网目前的用户已经遍及全球，有超过几亿人在使用互联网，并且它的用户数还在以等比级数上升。目前，无论从地理范围，还是从网络规模来讲它都是最大的一种网络。互联网已是我们每天都要打交道的一种网络。它的优点也是非常明显的，信息量大、传播广，无论我们身处何地，只要连上互联网就可以对任何可以联网的用户发出信息。因为这种网络的复杂性，所以其实现的技术也是非常复杂的，这一点可以通过前面介绍的几种网接硬件设备体会到。

互联网发展到今天，已不仅仅是计算机人员和军事部门进行科研的领域，而是变成了一个开发和使用信息资源的覆盖全球的信息海洋。在互联网上，按从事的业务分类，涵盖了广告公司、航空公司、农业生产公司、艺术、导航设备、书店、化工、通信、计算机、咨询、娱乐、财贸、各类商店、旅馆等100多类，覆盖了社会生活的方方面面，构成了一个信息社会的缩影。

3.2.4.5 无线网

所谓无线网络（Wireless Network），既包括允许用户建立远距离无线连接的全球语音和数据网络，也包括为近距离无线连接进行优化的红外线技术及射频技术，与有线网络的用途十分类似，最大的不同在于传输媒介的不同，利用无线电技术取代网线，可以和有线网络互为备份。

随着笔记本电脑（Notebook）、个人数字助理（Personal Digital Assistant，PDA）、PAD（Portable Device）、智能手机等便携式计算机和数字化设备的日益普及和发展，人们经常要在路途中接听电话、发送传真和电子邮件、阅读网上信息以及登录到远程服务器等。然而在汽车或飞机上是不可能通过有线介质与网络相连接的，这时候就需要使用无线网。无线网特别是无线局域网有很多优点，如易于安装和使用，用户可以在任何时间、任何地点接入计算机网络。但无线局域网也有许多不足之处：如它的数据传输率一般比较低，远低于有线局域网；另外无线局域网的误码率也比较高，而且站点之间相互干扰比较厉害。目前无线通信系统主要有低功率的无绳电话系统、模拟蜂窝系统、数字蜂窝系统、移动卫星系统、无线LAN和无线WAN、LTE、WiMAX、3G、4G通信系统等。

3.2.5 计算机网络计算模式

随着网络技术的不断发展，单机的软件程序已难以满足人们网络计算的需求，各种各样的网络计算模式应运而生。其中客户机/服务器（Client/Server，C/S）模式与浏览器/服务器（Browser/Server，B/S）模式是网络计算模式中运用得最多的两种计算模式。

3.2.5.1 客户机/服务器模式

C/S模式中，应用被分为前端（客户端）和后端（服务器端）。服务器是一种存储器共享型的多用户处理机，它负责管理数据库的访问，为多个客户程序管理数据，并对数据库进行检索和排序，此外还要对C/S网络结构中的数据库安全层加锁，进行保护；客户机是一种单用户工作站，它负责与用户的交互，收集用户信息，通过网络向服务器请求对诸如数据库、电子表格或文档等信息的处理工作。由此可见，在C/S模式中，资源明显不对等，是一种“胖客户机（Fat Client）”或“瘦服务器（Thin Server）”结构，如图3-7所示。

最简单的C/S模式数据库应用由两部分组成，即客户应用程序和数据库服务器程序。

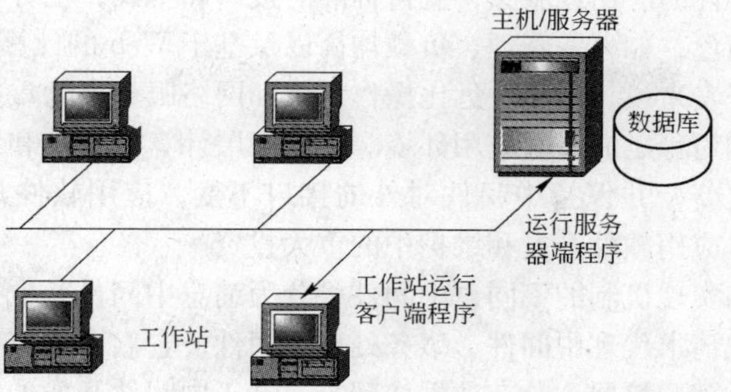

图 3-7 C/S 模式示意图

两者可分别称为前台程序与后台程序。运行数据库服务器程序的机器，称为应用服务器，服务器程序启动后，就随时等待响应客户程序发来的请求；客户程序在客户使用的计算机上运行，客户使用的计算机称之为客户机。当需要对数据库中的数据进行访问时，客户程序就自动寻找服务器程序，并向其发出请求，服务器程序根据预定的规则进行应答，送回结果。

传统的 C/S 结构在应用中需要编写跨平台、多协议、多编程语言的网络应用软件，这是比较困难的，而且代价高、效率低；若只针对底层网络协议编写应用程序，会造成程序过多地依赖底层网络技术，而且很难集成新的网络服务。采用中间件技术可以很好地解决以上问题。

中间件（Middleware）是位于平台（硬件和操作系统）和应用程序之间的软件。如图 3-8 所示，中间件是在客户机和服务器之间加了一层软件，是为了解决应用程序对网络过分依赖的问题所采取的一种有效方法。利用中间件提供的高层应用程序接口，可以将底层网络协议与实现技术屏蔽，使用户集中编写应用软件；中间件位于 C/S 的操作系统之上，管理计算资源和网络通信。

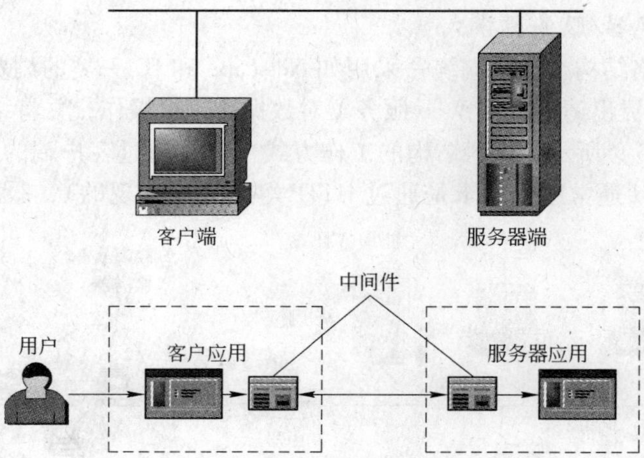

图 3-8 中间件示意图

运行在多种硬件和操作系统平台之上的中间件能支持分布计算，提供跨网络、硬件和操作系统平台的透明性的应用或服务，支持标准的接口和协议，在分布式客户和服务之间扮演着承上启下的角色，如事务管理、负载均衡以及基于 Web 的计算，等等。

对于应用软件开发来说，中间件远比操作系统和网络服务更为重要。中间件提供的程序接口定义了一个相对稳定的高层应用环境。不管底层计算机硬件和系统软件如何更新换代，只要将中间件更新，并保持中间件对外的接口不变，应用软件几乎就不需要任何改动，从而保护了企业应用软件开发和维护中的重大投资。

基于应用目的和实现机制的不同，中间件可分为消息中间件、数据库中间件、远程过程调用中间件、对象请求代理中间件、事务处理中间件。它们可为应用程序提供不同领域内的服务，如事务处理监控器、分布数据访问等。基于中间件开发的应用具有良好的可扩充性、易管理性、高可用性和可移植性。中间件技术由于自身的互操作性、强大的服务功能、快速的开发能力等特性，目前已经成为诸如金融、电信等大型核心业务系统的支撑平台。

中间件的计算平台如下：

➢ CORBA：公共对象请求代理体系结构（CORBA）是对象管理组织（OMG）基于众多开放系统平台厂商提交的分布对象互操作内容基础上制定的分布式应用程序框架的规范。

➢ J2EE：与平台无关的、可移植的、支持并发访问和安全的、完全基于 Java 的开发服务器端中间件的标准。

➢ DNA：是 Microsoft 在推出 Windows2000 系列操作系统平台基础上，在扩展了分布计算模型以及改造 Back Office 系列服务器端分布计算产品后发布的新的分布计算体系结构和规范。

➢ Web Service：Web Service 是一种面向服务的分布式计算模式，Web Service 的技术核心是基于 XML（可扩展标准语言，Extensive Makeup Language）和 HTTP（超文本传输协议，Hyper Text Transport Protocol）的三个标准：Web 服务描述语言 WSDL，用于服务发布的统一描述、发现和集成规范 UDDI，以及简单对象访问协议 SOAP。

3.2.5.2　浏览器/服务器模式

B/S 模式的网络结构在客户端统一采用如 Netscape 和 IE 一类的浏览器，通过 Web 浏览器向 Web 服务器提出请求，由 Web 服务器对数据库进行操作，并将结果传回客户端。

B/S 模式如图 3-9 所示，B/S 结构的工作方式主要是通过客户端的浏览器发送浏览信息的请求到服务器（通常这个请求是通过 HTTP 等协议来实现的），服务器端解析这些协

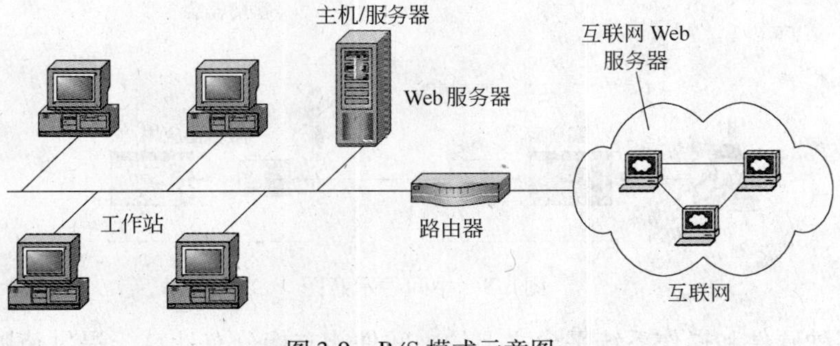

图 3-9　B/S 模式示意图

议信息，将相应的信息在数据库或其他设备中找到，再将这些数据通过协议传递给客户端的浏览器，然后浏览器用专门的方式将信息反馈给使用者。整个过程中浏览器取代了以前C/S结构中的客户端应用程序。其实从某种角度来讲B/S结构是在互联网等广域网络中对C/S结构的一种进化，是用浏览器这种比较通用的客户端软件来取代原有的不能通用的客户端程序。B/S结构简化了客户机的工作，客户机上只需配置少量的客户端软件即可。但是服务器将担负更多的工作，对数据库的访问和应用程序的执行都将在服务器上完成。即当浏览器发出请求后，其数据请求、加工、返回结果以及动态网页生成等工作全部由Web服务器完成。B/S模式最主要的特点是与软、硬件平台无关性，浏览器、Web-Server、Java、HTML以及数据库资源都可以做到与软、硬件平台无关。

3.2.5.3 两种模式的比较分析

（1）开发和维护成本。C/S开发和维护成本较高。对不同客户端需要开发不同的程序，且应用程序的安装、修改和升级，均需要在所有的客户机上进行。而B/S，客户端只需有通用的浏览器，所有的维护与升级工作都是在服务器上执行，无需对客户端进行任何改变，因而大大降低了开发和维护的成本。

（2）客户端负载。C/S的客户端具有显示与处理数据的功能，负载重。随着应用系统的功能越来越复杂，客户端的应用程序也变得越来越庞大。B/S的客户端把事务处理逻辑部分给了服务器，客户端只需进行显示即可，俗称为“瘦”客户机。

（3）可移植性。C/S移植困难，因为不同开发工具开发的应用程序，一般情况下互不兼容，难以移植到其他平台上运行。对于B/S，在客户端安装的是通用浏览器，不存在移植性问题。

（4）用户界面。C/S用户的界面是由客户端所安装的软件决定，因此用户界面各不相同；而B/S通过通用的浏览器访问应用程序，其浏览器的界面统一，使用时类似于浏览网页。

（5）安全性。C/S适用于专人使用的系统，可以通过严格的管理派发软件，适用于安全性要求较高的专用应用软件；而B/S适用于交互性要求较多、使用人数较多、安全性要求不很高的应用环境。

综上所述，B/S相对于C/S具有更多的优势，现如今大量的应用开始转移到应用B/S的模式，许多软件公司争相开发B/S模式的软件。由于互联网逐步走进人们的日常生活、电子商务进一步应用的需求，客户简便化的使用要求等对加速推广使用B/S模式起到了推波助澜的作用。

3.3 物 联 网

3.3.1 物联网的概念及特征

物联网（Internet of Things，IOT）即“物物相连的互联网”。物联网的定义是：通过射频识别（Radio Frequency IDentification，RFID）、红外感应器、全球定位系统（GPS）、激光扫描器等信息传感设备，按约定的协议，把任何物体与互联网相连接，进行信息交换和通信，以实现对物体的智能化识别、定位、跟踪、监控和管理的一种网络。其目的是让所有的物品都与网络连接在一起，方便识别和管理。这里的“物”要满足以下条件才能够被纳入“物联网”的范围：要有数据传输通路；要有一定的存储功能；要有CPU；要有操作系统；要有专门的应用程序；遵循物联网的通信协议；要有在世界网络中可被识别的唯一编号。

和传统的互联网相比，物联网有其鲜明的特征。

(1) 它是各种感知技术的广泛应用。物联网上部署了海量的多种类型传感器，每个传感器都是一个信息源，不同类别的传感器捕获的信息内容和信息格式不同。传感器获得的数据具有实时性，按一定的频率周期性地采集环境信息，不断更新数据。

(2) 它是一种建立在互联网上的泛在网络。物联网技术的重要基础和核心仍然是互联网，通过各种有线和无线网络与互联网融合，将物体的信息实时准确地传递出去。在物联网上的传感器定时采集的信息需要通过网络传输，由于其数量极其庞大，形成了海量信息，在传输过程中，为了保障数据的正确性和及时性，必须适应各种异构网络和协议。

(3) 物联网不仅提供了传感器的连接，其本身也具有智能处理的能力，能够对物体实施智能控制。物联网将传感器和智能处理相结合，利用云计算（Cloud Computing）、模式识别（Pattern Recognition）等各种智能技术，扩充其应用领域。从传感器获得的海量信息中分析、加工和处理出有意义的数据，以适应不同用户的不同需求，发现新的应用领域和应用模式。

3.3.2 物联网的技术基础

物联网技术包括RFID技术、无线传感器网络（Wireless Sensor Network，WSN）技术、红外线、GPS、激光扫描、无线通信、蓝牙技术等。在这些技术当中，又以底层嵌入式设备芯片开发最为关键，引领整个行业的上游发展。下面主要介绍RFID技术和WSN技术。

3.3.2.1 RFID技术

RFID技术，又称电子标签、无线射频识别，是一种通信技术，可通过无线电讯号自动识别特定目标并读写相关数据，而无需识别系统与特定目标之间建立机械或光学接触。

RFID是一种简单的无线系统，由一个询问器（或阅读器）和很多应答器（或标签）及应用软件系统三个部分组成。其工作原理是阅读器（Reader）发射一特定频率的无线电波能量给应答器（Transponder），用以驱动应答器电路将内部的数据送出，此时阅读器便依序接收解读数据，送给应用程序做相应的处理。

低频RFID技术常用于自动停车场收费和车辆管理系统、畜牧业的管理系统、马拉松赛跑系统、自动加油系统、汽车防盗和无钥匙开门系统、酒店门锁系统以及门禁和安全管理系统等；高频RFID技术常用于瓦斯钢瓶的管理、服装生产线和物流系统的管理、大型会议人员通道系统、固定资产的管理系统、医药物流系统的管理等；超高频RFID技术常用于供应链上的管理、生产线自动化的管理、航空及铁路包裹的管理、集装箱的管理、后勤管理系统等。

RFID作为物联网中最为重要核心技术，对物联网的发展起着至为重要的作用，RFID目前仍然面临着诸多有待解决的问题。RFID存在诸多国际标准，各国际标准互不兼容，导致RFID应用难以大范围内推广。目前，欧盟下的GRIFS项目致力于各RFID标准开发机构间相互合作。RFID的标签成本仍然过高和中国自主制定的RFID标准推广问题都成为制约物联网发展的瓶颈。除此之外，目前 RFID 应用大多集中为闭环市场，集中于医疗、军工等，到普及的开环市场还有一段时日。

3.3.2.2 WSN 技术

WSN 是由部署在监测区域内大量的廉价微型传感器节点组成，通过无线通信方式形成的一个自组织的网络系统，其目的是协作地感知、采集和处理网络覆盖区域中被感知对象的信息，并发送给观察者。传感器、感知对象和观察者构成了无线传感器网络的三个要素。

WSN 具有的众多类型的传感器可探测包括地震、电磁、温度、湿度、噪声、光强度、压力、土壤成分、移动物体的大小、速度和方向等周边环境中多种多样的现象。基于微机电系统 MEMS（Micro-Electro-Mechanical Systems）的微传感技术和无线联网技术为无线传感器网络赋予了广阔的应用前景。这些潜在的应用领域可以归纳为军事、航空、反恐、防爆、救灾、环境、医疗、保健、家居、工业、商业等领域。

WSN 是一种全新的信息获取平台，能够实时监测和采集网络分布区域内的各种检测对象的信息，并将这些信息发送到网关节点，以实现复杂的指定范围内目标检测与跟踪，具有快速展开、抗毁性强等特点，有着广阔的应用前景。

3.3.3 物联网的技术架构及应用模式

3.3.3.1 物联网的技术架构

从技术架构上来看，物联网可分为三层：感知层、网络层和应用层。

（1）感知层，由各种传感器以及传感器网关构成，包括二氧化碳浓度传感器、温度传感器、湿度传感器、二维码标签、RFID 标签和读写器、摄像头、GPS 等感知终端。感知层的作用相当于人的眼耳鼻喉和皮肤等神经末梢，它是物联网识别物体、采集信息的来源，其主要功能是识别物体、采集信息。

（2）网络层，由各种私有网络、互联网、有线和无线通信网、网络管理系统和云计算平台等组成，相当于人的神经中枢和大脑，负责传递和处理感知层获取的信息。

（3）应用层，是物联网和用户（包括人、组织和其他系统）的接口，它与行业需求结合，实现物联网的智能应用。

物联网的行业特性主要体现在其应用领域内，目前绿色农业、工业监控、公共安全、城市管理、远程医疗、智能家居、智能交通和环境监测等各个行业均有物联网应用的尝试，某些行业已经积累一些成功的案例。

3.3.3.2 物联网的基本应用模式

根据其实质用途可以归结为三种基本应用模式：

（1）对象的智能标签。通过二维码，RFID 等技术标识特定的对象，用于区分对象个体，如在生活中使用的各种智能卡，条码标签的基本用途就是用来获得对象的识别信息；此外通过智能标签还可以用于获得对象物品所包含的扩展信息，如智能卡上的金额余额，二维码中所包含的网址和名称等。

（2）环境监控和对象跟踪。利用多种类型的传感器和分布广泛的传感器网络，可以实现对某个对象的实时状态的获取和特定对象行为的监控，如使用分布在市区的各个噪声探头监测噪声污染，通过二氧化碳传感器监控大气中二氧化碳的浓度，通过 GPS 标签跟踪车辆位置，通过交通路口的摄像头捕捉实时交通流程等。

（3）对象的智能控制。物联网基于云计算平台和智能网络，可以依据传感器网络用获取的数据进行决策，改变对象的行为，进行控制和反馈。如根据光线的强弱调整路灯的亮度，根据车辆的流量自动调整红绿灯间隔等。

3.3.4 物联网应用中存在的问题

目前物联网应用中存在的问题有如下八种。

3.3.4.1 国家安全

中国大型企业、政府机构，如果与国外机构进行项目合作，如何确保企业商业机密、国家机密不被泄露？这不仅是一个技术问题，而且还涉及国家安全问题，必须引起高度重视。

3.3.4.2 个人隐私

在物联网中，射频识别技术是一个很重要的技术。在射频识别系统中，标签有可能预先被嵌入任何物品中，比如人们的日常生活物品中，但由于该物品（比如衣物）的拥有者，不一定能够觉察该物品预先已嵌入电子标签以及自身可能不受控制地被扫描、定位和追踪，这势必会使个人的隐私问题受到侵犯。因此，如何确保标签物的拥有者个人隐私不受侵犯便成为射频识别技术以至物联网推广的关键问题。而且，这不仅仅是一个技术问题，还涉及政治和法律问题。这个问题必须引起高度重视并从技术上和法律上予以解决。这就带来了如何确保嵌有标签的物品的持有者个人隐私不受侵犯的问题。

3.3.4.3 商业模式

没有创新的物联网商业模式很难调动各方的积极性。目前物联网的主要模式还是客户通过自建平台、识读器、识读终端，然后租用运营商的网络进行通信传输，客户建设物联网应用的主要目的还是从自身管理的角度进行信息的收集。

3.3.4.4 政策法规

物联网不是一个小产品，也不是一个小企业可以做出来，它不仅需要技术，更牵涉各个行业、产业，需要多种力量的整合。因此对于复杂的物联网，国家的产业政策和立法上要走在前面，要制定出适合这个行业发展的政策和法规，政府必须要有专人和专门的机构来研究和协调，才能有真正意义的发展。

3.3.4.5 技术标准

物联网发展过程中，传感、传输、应用各个层面会有大量的技术出现，可能会采用不同的技术方案。如果各行其是，结果将是灾难的，大量的小而破的专用网，相互无法联网，不能形成规模经济，不能形成整合的商业模式，也不能降低研发成本。因此，尽快统一技术标准，形成一个管理机制，这是物联网马上就要面对问题；这和第一问题相关联，政府应该有专门的部门来管理和协调，出台相应的政策和法规，统一、协调标准。

3.3.4.6 管理平台

物联网如果没有一个庞大的网络体系，不能进行管理和整合，那么网络就没有意义。因此，建立一个全国性的、庞大的、综合的业务管理平台，把各种传感信息进行收集，进行分门别类的管理，进行有指向性的传输，是一个大问题。一个小企业可以开发出传感技术和传感应用，但小企业没办法建立起一个全国性的高效网络。没有这个平台，各自为政的结果一定是效率低、成本高，很难发展起来，也很难收到成效。

3.3.4.7 安全体系

物联网目前的传感技术主要是 RFID，植入这个芯片的产品，是有可能被任何人进行感知的，它对于产品的主人而言，有这样的一个体系，可以方便地进行管理。但是，它也存在着一个巨大的问题，其他人也能进行感知，比如产品的竞争对手，那么如何做到在感知、传输、应用过程中，这些有价值的信息可以为我所用，却不被别人所用，尤其不被竞争对手所用。安全问题解决不好，有一天可能有价值的物联网会成为给竞争对手提供信息方便的平台，那么它的价值就会大打折扣，也不会有企业愿意和敢于去使用。

3.3.4.8 实际应用

物联网的价值不仅是一个可传感的网络，而是必须各个行业参与进来进行应用，不同行业，会有不同的应用，也会有各自不同的要求，这些必须根据行业的特点，进行深入的研究和有价值的开发。这些应用开发不能依靠运营商，也不能仅仅依靠所谓物联网企业，因为运营商和技术企业都无法理解行业的要求和这个行业具体的特点。很大程度上，这是非常难的一步，也是需要时间来等待。

本章小结

本章主要介绍了计算机的硬件和软件。计算机的硬件由 CPU、存储器和各种输入、输出设备组成，硬件决定了计算机的性能。计算机的软件分为系统软件和应用软件两部分，操作系统是最重要的系统软件。计算机网络是计算机技术和通信技术结合的产物。本章对网络设备、网络的传输介质、网络的拓扑结构、网络的计算模式等因素都进行了介绍，以上内容是构建一个计算机网络是需要考虑的因素。本章最后介绍了物联网的基本知识和其在应用中存在的问题。

专业术语

中央处理器（Central Processing Unit，CPU）
只读存储器（Read Only Memory，ROM）
随机存储器（Random Access Memory，RAM）
调制解调器（MODEM）
局域网（Local Area Network，LAN）
城域网（Metropolitan Area Network，MAN）
广域网（Wide Area Network，WAN）
中间件（Middleware）
物联网（Internet of Things，IOT）
射频识别（Radio Frequency Identification，RFID）
无线传感器网络（Wireless Sensor Network，WSN）

本章参考文献

[1] 吴艳霞. 计算机体系结构[M]. 北京：清华大学出版社，2010.
[2] 薛华成. 管理信息系统[M]. 第五版. 北京：清华大学出版社，2007.

[3] 李一军，卢涛，叶强．管理信息系统[M]．北京：清华大学出版社，2007.
[4] 张云勇．中间件技术原理与应用[M]．北京：清华大学出版社，2004.
[5] 刘云浩．物联网导论[M]．北京：科学出版社，2010.

习　题

3-1　计算机的硬件包括哪些主要的组成部分?

3-2　计算机软件与硬件之间有什么联系?

3-3　什么是系统软件，什么是应用软件?

3-4　什么是计算机网络，计算机网络具有哪些功能?

3-5　计算机网络包括哪些主要类别，目前应用的计算机网络主要采用怎样的拓扑结构?

3-6　B/S 模式相对于 C/S 模式具有哪些优势?

3-7　什么是物联网，物联网应用中包括哪些关键技术?

第4章　数据挖掘与商务智能

案例

奥克斯集团数据挖掘商务智能系统成功应用

A　应用概要

奥克斯集团是中国500强企业、中国大企业集团竞争力前25强、中国信息化标杆企业、国家重点火炬高新技术企业。集团还是国家工程技术中心、国家级博士后工作站的常设单位，在宁波、上海、深圳、南昌建立了四大研究院；拥有“三星”和“奥克斯”两大品牌。秉承“以人为本、诚信立业”的企业宗旨，集团经历了20余年的历程，取得了跨越1000倍的发展，现拥有总资产80亿元、员工3万名，行业涉足电力、家电、能源、通信四大制造业以及房产、医疗、物流三大投资项目，已形成3平方千米的生产基地，其中包括宁波三大制造基地、南昌制造基地、深圳制造基地、上海制造基地等国内六大生产基地，同时正在全球拟建四大生产基地。2006年，集团实现销售收入180亿元（其中出口3.2亿美元）、利润8.6亿元。

奥克斯数据挖掘和商务智能系统主要基于以下几方面来建立：

（1）建立数据仓库，包括销售数据仓库、采购数据仓库、生产数据仓库、存货数据仓库、质量数据仓库、研发数据仓库、财务数据仓库。

（2）通过数据挖掘技术的方法，建立企业景气指数，针对KPI和企业景气指数进行预警、预测，实现对销售、采购、生产、存货、质量（包括仓储和发货）、研发以及财务等七部分的过程监控。

B　智能处理

通过品牌价格权衡技术结合价格敏感度分析，提供消费者实际消费的环境直接测量价格对品牌的影响及对竞争品牌的影响，从而实现市场动态模拟。所获丰富的信息，为企业完成定价策略提供强有力的指导与支持。

奥克斯数据挖掘和商务智能系统囊括了丰富的算法，如时间序列分析、神经网络技术、决策树、聚类分析和关联规则等。

C　系统架构

奥克斯数据挖掘和商务智能系统在功能上包括四个子系统：绩效指标子系统、指标预警子系统、指标预测子系统、指标互动子系统。❶

---

❶资料来源：http：//wenku. baidu. com/view/4a35e521bcd126fff7050bb8. html

4.1　数据挖掘技术

数据挖掘技术于20世纪80年代末出现以来，作为近年来新兴的一门计算机边缘学科，在全球引起了越来越多人的关注，并且随着数据挖掘技术的不断改进和数据挖掘工具的不断完善，数据挖掘必将在各行各业中得到广泛应用。

4.1.1　数据挖掘基础

4.1.1.1　数据挖掘的概念

数据挖掘（Data Mining，DM）是一门涉及面很广的交叉学科，融合了模式识别、数据库、统计学、机器学习、粗糙集、模糊数学和神经网络等多个领域的理论。数据挖掘有一些替代词，如数据库中的知识发现（KDD）、模式识别、知识提炼、数据捕捞和信息获取。由于“数据挖掘”能表现“挖掘”的本质，因此在学术界和业界被广泛应用。

到目前为止，数据挖掘还未有一个公认的精确定义。如，有学者认为数据挖掘是一个从大型数据库中提取以前未知的、可理解的、可用的信息和知识的过程；也有学者把数据挖掘定义为在知识发现过程中，辨识存在于数据中的未知关系和模式的一些方法；Roiger等则认为数据挖掘是为那些未知的信息模式而分析大型数据集的一个决策支持过程。

概括而言，数据挖掘是从大量的、不完全的、有噪声的、模糊的、随机的数据中提取正确的、有用的、未知的、综合的以及用户感兴趣的知识并用于决策支持的过程。其中，“正确”意味着提取的信息、知识应该是正确的，以保证在挖掘结果中正确信息的比例。数据挖掘的结果往往很多，“有用”意味着挖掘出的模式能够指导实践。要让用户接受一个挖掘出的业务模型，仅靠正确的结果是不够的，还需考虑模型的可用性和可解释性，即模型有什么业务价值。数据挖掘毕竟不是为了建立一个完美的数学模型，而是要切实解决实际业务中出现的问题。“未知”强调挖掘模式具有预测功能，不仅是对过去业务的总结，也可以预测业务的未来发展。“综合”说明数据挖掘的过程应当运用多种方法，从多个角度得出结论，挖掘结果不应该是片面的。此外，数据挖掘的结果应是用户感兴趣的，即使是同一组数据，用不同的数据挖掘方法，也可能会得到不同的模式和结果。

4.1.1.2　数据挖掘的发展

数据挖掘是一门不断发展的学科，尽管作为一门独立的学科只有十多年的时间，但数据挖掘的起源可追溯到早期的模式识别、机器学习等人工智能技术以及统计学的抽样、估计和假设检验等。这些技术虽然没有被冠以数据挖掘之名，但至今仍然是数据挖掘的技术基础。随着数据库技术的发展，尤其是计算机技术的提高，数据挖掘技术被应用于越来越多的领域。企业存储的数据量越来越大，数据越来越复杂，高级数据库、并行处理和分布技术也先后应用于数据挖掘领域。Oracle，Microsoft和IBM等主流数据库厂商聚焦商务智能，已在其产品中增加了数据仓库、在线分析处理和数据挖掘等功能。

在电子商务时代，各行各业工作流程的自动化以及各种信息系统在企业内部的广泛应用，产生了大量的数据。根据相关调查，每两三年左右，企业的数据量就会翻一番，而93%～95%的数据进入数据库后并没有得到及时有效的利用。换言之，海量的、未被充分利用的数据不仅没有成为企业的财富，反而占用企业大量存储资源，成为负担。因此企业面临着两个问题：一方面全球化竞争的加剧要求企业比任何时候都要更加快速、更加及时地做出决策；另一方面，许多企业在面对逐年增长的数据时，难以发现数据中真正有价值的信息以及根据现有的数据预测未来的发展趋势。数据挖掘正是在这个背景下应运而生。

数据挖掘是一种新型的、深层次的数据分析方法，该技术能够揭示隐藏的、未知的业务规律，以达到增加收入降低成本的目的，使企业处于更加有利的竞争地位。数据挖掘软件的进展体现了数据挖掘技术的发展，其发展大致经历了以下阶段。

（1）第一代数据挖掘软件是一个独立的，可以支持少数几种数据挖掘算法，典型的代表是 Salford System 公司的 CART 系统。其缺点是在运行数据量较大或数据变化频率高时计算效率不高。

（2）第二代的数据挖掘软件和数据库系统进行了集成改进，使之能够进行大规模的数据处理，但同时缺少对业务的预测能力。

（3）第三代的数据挖掘软件有了显著的进步，不仅增加了预测功能，还能够在分布式系统中运行，但不能支持移动应用。

（4）第四代的数据挖掘软件支持移动计算和各种嵌入式系统，扩展了数据挖掘的应用领域。

4.1.1.3 数据挖掘的过程

数据挖掘的过程由以下六个步骤组成：一是定义业务问题，二是提取与预处理数据，三是选择挖掘方法分析，四是解释挖掘结果，五是探查新模式，六是运用发现的知识。整个过程需要数据库管理员、业务分析师、数据挖掘专家、数据质量分析人员、系统开发人员等共同合作才能顺利完成。其中业务人员提出业务需求，协助熟悉数据挖掘算法和相关数据挖掘软件的数据分析员把业务问题转化为数据挖掘问题，并评价数据挖掘结果，最终把数据挖掘模型转化为企业的行动，创造价值。数据挖掘是一个非平凡的过程，一些步骤很难自动完成，后续步骤的结果不令人满意可能会回溯，这个过程需要循环多次才能达到目标。

A 确定业务问题

数据挖掘第一步：理解业务需求，清晰定义业务问题。这里所说的业务问题是指使用数据挖掘技术能够解决的问题。在定义业务问题时，只有了解相关领域的背景知识，才能确定挖掘什么内容。如，对天文学领域，相关的知识是运动的规律以及某些天体在同一个地方同时出现的概率；在商场营销领域，用户感兴趣的可能是顾客的购买行为和购买方式等。在此阶段与业务人员的充分交流是十分必要的。

B 数据探测

在确定业务问题后就要选择相关的数据，这些数据一般是用简单文本、文件或数据库表的形式表示。那么，需要多少数据？分析什么数据？又需要进行什么转换才能进行有效的挖掘？解决这些问题是比较耗时的。数据探测时常需要大量的数据，但只有包含业务模式的数据才是真正被需要的。如对某公司的顾客购买模式进行分析时，很明显需要顾客购物记录和人口统计等方面的数据，这些数据分布在电子商务交易网站或者连锁店的数据库中，很多情况下数据的质量难以保证，充分的数据探测是十分必要的。

C 数据预处理

数据的预处理能够为数据挖掘提供高质量的数据。良好质量的数据源是数据挖掘成功的重要保证，但现实的数据源往往存在不完整、异常和不一致的数据。这些有问题的数据在数据挖掘早期必须被有效的处理，否则就会影响数据挖掘的质量。因此在数据挖掘前，就需要通过可视化、统计学理论等相关手段对数据进行评价和预处理。事实证明，只要从数据源开始控制数据质量，不断纠正各种数据质量问题，就可以推动数据质量的不断改善。

D　数据挖掘算法

选择一个数据挖掘算法还是选择多种挖掘算法的组合，主要取决于需要被解决的业务问题。其中参数选择是一个比较棘手的问题。一旦业务问题确定后，就可从聚类、关联、预测等方法中选择相应的数据挖掘方法。这些方法总结起来可以分为发现型数据挖掘和预测型数据挖掘方法。前者不需要一些业务相关的先验知识，包括关联、聚类和序列分析，后者包括回归分析、分类等方法。然后在此基础上再确定合适的挖掘算法。

需要注意的是，每种数据挖掘算法都其适用性和局限性，对应需要的数据预处理方法也不尽相同。通常每一类问题可以用多种算法解决，每种算法可能出现不同的结果，具体选择哪种算法没有固定的模式，有时需要综合多种方法才能挖掘出较为满意的结果。此外，数据挖掘的结果只能辅助决策，决策的最终选择权还取决于决策人员的业务经验。

E　评估数据挖掘结果

为了判断模型的有效性和可靠性，需要评估数据挖掘结果。数据挖掘算法会输出多种模式，但并不是所有的模式都是用户感兴趣的，因此要对这些模式进行评估。在这个阶段，与业务人员的充分沟通也是十分必要的。可视化的工具把数据挖掘的结果以一种直观的形式呈现给用户，有助于解释数据挖掘的结果。

F　部署

数据挖掘的价值体现在把挖掘结果应用到商务决策中，更好地辅助管理人员和业务人员及时做出正确的决策，产生经济效益。这里需要注意的是，挖掘得到的模式应该考虑到数据产生的业务背景中。此外，这些模式有一定的时效性，需要补充新的数据增量挖掘、更新。

4.1.2　数据挖掘的典型应用领域

数据挖掘的应用领域相当广泛，它不仅在一些传统行业中得到了应用，而且在新兴的科技领域也引起了人们的注意。在过去的十几年中，大型商业数据库的使用和人们需要了解数据之间的内在规律的需求迅速增长，导致数据挖掘技术广泛应用于多样化的商业领域。下面简单介绍数据挖掘在一些典型行业的应用。

A　银行

通过数据挖掘，一方面可以对顾客的信用卡使用模式进行分类，检查信用卡欺诈行为，并按顾客等级和类型建立信贷发放模型，避免顾客出现信贷危机，减少信贷损失；另一方面，根据信用卡的使用模式，可以识别为银行带来较高利润的顾客，进行收益分析。

B　证券

数据挖掘在金融业的应用还包括从股票交易的历史数据中得到股票交易的规则或规律，或者探测金融政策与金融业行情的相互影响等。

C　保险

在保险业领域，可以通过历史数据预测何种顾客将会购买什么样的保险，从而推出具有针对性的保险产品，根据顾客的消费特征制订营销计划；可以分析如何对不同行业、不同年龄段、不同层次的顾客确定保险金数额；数据挖掘也可以进行险种关联分析，分析购买了某种保险的顾客是否会同时购买另一种保险，进而促进保险公司的业务。此外，利用数据挖掘还可以分析承保新险种和新顾客的风险，发现高风险市场区域，减少赔偿。

D　零售

在零售业中，数据挖掘的主要应用之一是分析顾客的购买行为和习惯。如，“某地区的男性顾客在购买尿布的同时购买啤酒”、“顾客一般购买了睡袋和背包后，过了一定的时间也会购买野营帐篷”等，这些模式促使零售企业改进营销手段。数据挖掘也可以分析企业销售商品的构成，如把商品按照利润的多少分成多个类别，然后分析属于同一类别商品的共同特征。这些知识有助于商品的市场定位、商品的定价等决策。数据挖掘工具还可以用于商品销售预测、商品价格分析和零售点的选择等，如聚类可用于顾客细分，把顾客分成不同的群组进行有针对性的营销。

E　电信行业

数据挖掘在电信行业主要用于分析顾客的消费记录，确定高收益的产品和顾客分布。通过分析历史记录、竞争和交流渠道数据，对个人呼叫行为特点进行全面分析，设计面向特定顾客群的服务和营销策略，并预测顾客将来的产品需求和服务需求。

F　科学研究

数据挖掘在科学研究领域也受到了重视。如在气象学中，可以对不同的海流情况进行聚类，根据以往的经验判断海流对未来气象的影响；在生物信息领域，数据挖掘还用于基因分析；在疾病治疗中，数据挖掘可以从健康组织、病变组织中分离出基因序列，结合疾病和药物的情况发现一些疾病机理和治疗措施；运用聚类算法分析遗传数据和基因数据，从而发现具有类似功能或特征的遗传基因组。

4.1.3　数据预处理

数据的提取和预处理是数据挖掘过程中最耗时、最费力的工作。数据提取包括理解业务问题、搜集并分析数据源、确定数据的相关性以及使用工具提取数据等。数据挖掘的数据来源包括内部数据源和外部数据源，数据有不同的格式。数据挖掘与其他分析工具一样，通常要求数据存放在表格或者文件中。如果数据分布在多个数据源中，那么有必要进行数据整合。如果数据存储在关系型数据库中，那么创建一个新表或者新的视图是可行的，在构建这些表或者视图的时候，可能会执行复杂的聚合计算，把数据整合成数据挖掘方法所需要的形式。经验表明，数据预处理除了需要一些统计学、数据分布等知识外，对数据的数理特征的理解也是有必要的。

数据预处理是数据挖掘过程的基础工作，一般占整个数据挖掘过程 60% ~80% 的时间。数据预处理技术用于数据清理、数据集成、数据变换和数据归纳等。数据清理是指删除噪声和不一致的数据；数据集成是把多个数据源的数据合并存储，如数据仓库；数据变换通过规范化的方法改善数据挖掘算法的精度和有效性；数据归约通过删除冗余属性，使用聚集或聚类方法压缩数据。有效地使用这些数据预处理技术能够在不同程度上改善数据挖掘的质量，但也可能损失一些对数据挖掘有用的信息。

4.1.3.1　数据清理

在现实世界里，很多情况下数据中都存在不一致、不完整和噪声。通常，从低质量的数据中很难挖掘出有价值的知识，因此这些数据往往不能直接用于数据挖掘。为了有效地清理数据，可以利用清理工具维护、控制数据源的质量，避免无用的、过期的、残缺不全的和重复的数据进入系统。常用的数据清理方法包括空值处理、冗余和重复处理。

A　空值处理

在数据预处理中，空值也是常见的，有些记录的属性值可能存在空缺。有时可以用人工方法填写遗漏的空值，但这种方法费时费力，并不常被采用。也可以忽略某些类标识缺失的记录，但这种方法可能会遗漏某些重要信息，当空值的百分比很高时，数据挖掘的性能可能就比较差。

B　冗余和重复处理

冗余和重复也是在数据清理过程中非常值得注意的问题。数据属性命名或者维命名的不一致都可能导致数据集中的冗余。重复是指相同的数据在数据库中存储了多次，这种重复的数据会使数据挖掘的结果产生倾斜，所以需要进行检测。

4.1.3.2　数据集成

数据集成把来自多个数据库或者平面文件等不同数据源的数据整合成一致的数据存储。数据集成时，需要考虑实体识别问题。如在一个数据库中用学号（student_NO）作为学生的标识，而在另一个数据库中学号可能被命名为S_ID。通常使用元数据来避免数据集成中出现的错误。

在实际应用时，来自不同数据源的数据对于同一实体的描述也可能各不相同。这可能是因为编码、单位或者比例的不同造成的。如相同商品的价格在不同国家以不同的货币单位记录；相同大小和质量的商品在不同的数据库中用不同的度量单位表示。这些问题对数据集成来说都是挑战。为了提高数据挖掘的精度和减少数据挖掘使用的时间，对多个数据源的数据进行集成，减少数据集成中的冗余和不一致是十分有必要的。

4.1.3.3　数据变换

数据变换把数据转化成适于挖掘的形式。通过对某些属性按比例进行缩放，使属性取值落在较小的区间。如数值型属性可以规范化到［0，1］区间，这种变换对聚类、神经网络等算法都是必要的。连续属性离散化也是决策树等分类分析常用的预处理。

属性规范化会减少挖掘过程所用的时间，而且规范化可以有效地避免较大取值的属性对数据挖掘的过度影响。

4.1.3.4　数据归约

数据挖掘时一般需要对数据集进行归约处理。对归约的数据集进行数据挖掘应该有与原数据相同或差不多的效果，但效率更高。

4.1.4　聚类分析

在数据挖掘领域，聚类分析（Cluster Analysis，CA）已经被广泛应用，其应用领域包括模式识别、图像处理和市场研究等。通过聚类，人们能够识别密集的和稀疏的区域，进而发现全局的分布模式。

4.1.4.1 聚类的概念

聚类是把对象或样本的集合分组成多个簇（类）的过程，使同一个组中的对象具有较高的相似度，而不同类的对象差别较大。相异度是根据描述对象的属性值进行计算的，距离经常采用相异度度量方式。在许多应用场合，可以把一个簇中的对象作为一个整体对待。与分类、回归分析等不同，聚类的每个样本都没有类标号，因此一般无监督方法。

4.1.4.2 常用聚类方法

目前已经出现多种聚类方法：基于划分的方法、基于层次的方法、基于密度的方法、基于网格的方法、基于模型的方法以及模糊聚类等。聚类方法的选择取决于数据的类型、聚类目的和应用场合。一个好的聚类方法可以产生高质量的聚类结果，这些类具有高的类内相似性和低的类间相似性。一般地，聚类分析需要有良好的可伸缩性，能够处理不同类型的属性，发现任意形状的类。此外，聚类分析应该有效地处理噪声数据、异常数据和高维数据，产生满足用户指定约束的聚类结果，并且聚类结果是可解释的、可理解的和可用的。

A 基于划分的方法

一个划分的方法是构建一个 n 个对象或元组的 k 个划分。划分的准则是：在同一个类中的对象之间尽可能相关或接近，而不同类之间的对象尽可能不同或远离。需要使用一个阈值或者一个判别函数来具体说明簇中所有对象是否充分接近或远离。K-均值方法和K-中心点算法就是两个比较流行的启发式划分方法。K-均值算法尝试找出使平方误差函数值最小的 k 个划分。

B 基于原型的方法

这种算法倾向于处理基于原型的簇，其中每个对象到定义该簇原型的距离比到其他簇原型的距离更近或者更加相似。原型定义对于连续属性的数据来说通常是质心，当数据具有分类属性时，原型通常是中心点，或是靠近中心的点。显然，基于原型的算法同样倾向于发现球状的簇。K-均值和K-中心点算法也是基于原型的聚类方法。

C 基于图的方法

在这种算法中，数据用图表示，其中结点是数据对象，边代表对象之间的联系，那么簇可以定义为连通分支，即互相连通但不与组外对象相连通的对象组。一个重要的例子是基于邻近的簇方法，如 Chameleon 算法。算法能产生更自然的聚类结果。但是这种算法的时间复杂度有时对 n 个对象需要 $O(n)$ 的处理时间。而且最重要的一点是，当数据具有噪声时，一个小的点桥就可能合并两个不同的簇。

D 基于密度的方法

这种算法定义数据对象的密度，将簇看做是数据空间中被低密度区域分开的高密度对象区域。

E 共同性质的（概念簇）方法

这种算法需要非常具体的定义簇的概念，然后根据这些概念成功地检测出这些簇。当然前面几种定义完全可以包含在这种形式的定义之中。但是，概念簇还包含新的簇类型。

4.1.5 分类和预测

数据库内容丰富，蕴藏大量信息，可以用作智能商务决策。分类和预测是两种数据分析形式，可以用于提取描述重要数据类的模型或预测未来的数据趋势。然而，分类是预测分类标号（或离散值），而预测是建立连续值函数模型。许多分类和预测方法已被机器学习、专家系统、统计和神经生物学方面的研究者提出。大部分算法是内存算法，通常假定数据量很小。最近的数据挖掘研究建立在这些工作之上，开发了可规模化的分类和预测技术，能够处理大量、驻留磁盘的数据。这些技术通常考虑并行和分布处理。

4.1.5.1 贝叶斯分类

贝叶斯分类是统计学的分类方法，可以预测类成员关系的可能性。贝叶斯分类基于贝叶斯定理。分类算法的比较研究发现，一种称作朴素贝叶斯分类的简单贝叶斯分类算法可以与判定树和神经网络分类算法相媲美。用于大型数据库，贝叶斯分类也已表现出高准确率与高速度。朴素贝叶斯分类假定一个属性值对给定类的影响独立于其他属性的值。该假定称作类条件独立，做此假定是为了简化所需计算，并在此意义下称为“朴素的”。贝叶斯信念网络是图形模型。不像贝叶斯朴素分类，它能表示属性子集间的依赖。贝叶斯信念网络也可以用于分类。

4.1.5.2 决策树

决策树是由决策结点、分枝和叶子组成的。其中每个内部结点都表示在一个属性上的测试，每个分枝代表一个测试输出，而每个叶结点代表类，树的最顶层结点是根结点。沿决策树从上到下遍历的过程中，在每个结点都会遇到一个测试，每个结点上的测试输出导致不同的分枝，最后到达一个叶子结点，这个过程就是利用决策树进行分类的过程。

4.1.6 关联分析

关联规则挖掘能够发现大量数据中项集之间有趣的关联或相关联系。随着大量数据不停地收集和存储，许多业界人士对于从他们的数据库中挖掘关联规则越来越感兴趣。从大量商务事务记录中发现有趣的关联关系，可以帮助许多商务决策的制定，如交叉购物、分类设计和贱卖分析。

关联规则挖掘是数据挖掘研究中最活跃、也是研究最深入的领域之一，具有十分重要的理论和实际价值。通过关联规则挖掘可以从大量的、不完全的、有噪声的、模糊的、随机的实际应用数据中，提取隐含在其中的、人们事先不知道的、但又是潜在有用的信息和知识。关联规则的目标是以有效的方式提取最有趣的模式。关联关系有简单关联、时序关联、因果关联、数量关联等。这些关联并不总是事先知道的，而是通过数据库中数据的关联分析获得的，因而对商业决策具有新价值。Agrawal 等人于 1993 年首先提出了挖掘顾客交易数据库中项集间的关联规则问题，最初提出的动机是针对购物篮分析问题提出的，其目的是为了发现交易数据库中不同商品之间的联系规则。这些规则刻画了顾客购买行为模式，可以用来指导商家科学地安排进货、库存以及货架设计等。Agrawal 等人于 1994 年提出了基于频繁项集的 Apriori 算法，大多数挖掘算法都是建立在 Apriori 算法基础之上，但是 Apriori 算法无论在时间效率还是空间伸缩性上都面临着挑战，因此研究人员探索出很多新的挖掘算法，并拓展了关联规则概念及应用范围。

4.1.7 数据挖掘技术与应用的发展方向

有关数据挖掘技术与应用的发展，Jianwei Han 教授在 PAKDD 2007 主题发言中做了总结。

A 模式挖掘

模式挖掘在最近的很多年里一直是数据挖掘的热点之一，它包含的内容很丰富，包括频繁模式挖掘、结构模式挖掘和关联规则挖掘等，目前已经出现了很多有效的算法。在现实应用中，总体发展趋势是需要挖掘的模式长度更长且更复杂。传统的 Apriori 算法及其变种算法已不能有效地处理这类数据。当前研究的主要方向是针对较长模式和复杂模式设计有效的算法，经常采用模式压缩、情景分析和语义分析等技术辅助模式挖掘，以提高模式挖掘的效率和准确性。

B 信息网络分析

信息网络包括社会网络、生物网络和恐怖组织网络等，总的来说，信息网络的研究还是一个新的领域。在信息网络挖掘中的一个方向是把信息网络看作一个图，用图挖掘的方法来研究信息网络。同时，信息网络存在大量的结点与链接，对信息网络的深入研究也是很有必要的。

C 流数据挖掘

流数据是大量流入系统的、不断变化的多维数据，这些数据很难存储于传统的数据库中。由于流数据的特点，必须使用单遍扫描，联机和多维方法对流数据进行挖掘，目前针对流数据的聚类、分类和异常分析等已经进行了很多工作。流数据的应用很多，如网络的异常监控等。如何扩大流数据挖掘的应用范围是未来研究的重点。

D 针对移动数据和 RFID 数据的挖掘

随着传感器网络、GPS、手机、其他移动设备以及无线射频识别技术的广泛使用，每天会产生大量的移动对象数据，移动数据往往是多维的，包括时间、速度和位置等信息。如何为这些移动数据构建数据仓库并进行深入挖掘知识与信息是数据挖掘的一个热点。如利用手机的位置信息进行商业推荐或者利用摄像头的录像信息检查非法入侵等，用数据挖掘的方法监控整个生产、销售流程产生的 RFID 数据能够给企业带来可观的效益。

E 时空和多媒体数据挖掘

现实生活中的很多数据都涉及时间、空间。如天气预报服务或者地图搜索服务，人们更习惯使用图片、视频等多媒体方式进行交流，针对多媒体数据的挖掘可以发现相当丰富的知识。时空数据和多媒体数据的挖掘已经成为一个研究热点。目前，对时空和多媒体数据的挖掘总体上还不能满足应用的需求，尤其是对于多维的、复杂的以及需要大量计算的数据，挖掘结果还不够准确。

F 生物信息挖掘

生命科学领域会产生大量的数据，包括生物基因序列、数据集成、生物图像和生物网络等，生物信息挖掘已成为一个活跃的研究领域。目前，很多研究者都建立了生物信息数据库，来解决生物信息多而杂乱的问题，在生物信息数据库的基础上可以方便地进行更加复杂的数据分析。

G Web 挖掘和文本挖掘

自从 Web 出现以后，Web 替代了传统媒体，成为目前最流行、最广泛使用、信息量最大的信息平台，针对 Web 的内容挖掘、结构挖掘和使用挖掘已经有了相当大的进展。随着 Web 2.0 的发展，在 Web 挖掘中增加了动态内容挖掘和个性化信息挖掘的要求，促进了 Web 挖掘进一步的发展。文本挖掘是数据挖掘中研究比较早的一个领域，文本挖掘的方法也可以应用于半结构化和非结构化的数据中，如数字图书馆或生物数据。Web 挖掘和文本挖掘是数据挖掘中发展很快的一个领域，基于语义分析或适应个性化需求的挖掘方法是未来研究的热点。

H　软件工程和系统分析中的数据挖掘

在软件构建和运行的过程中，会积累大量的数据，如何利用这些数据并提高系统运行的效率是一个值得关注的问题。如在工作流系统中，可以通过工作流挖掘的方法找出系统中的瓶颈或异常，从而提高系统性能。这类数据挖掘工作按照是否实时收集分析数据可以分为动态挖掘和静态挖掘。目前这个领域仍存在较多不足。

I　面向数据立方体的多维 OLAP 挖掘

基于数据仓库的数据立方体计算和 OLAP 分析可以提高对多维、大型数据集的分析能力。除了传统的数据立方体外，很多基于复杂的统计数据立方体，如回归立方体、预测立方体等都已被应用于多维分析中，促使 OLAP 和数据挖掘的结合，即 OLAP 挖掘。

4.2 商务智能

商务智能，最早由加特纳集团（Gartner Group）于 1996 年提出。近几年来，商务智能发展迅猛，并逐渐成为企业信息化的热点，有着广阔的应用前景。本书着重介绍了商务智能概论、商务智能系统的功能、商务智能系统架构等核心技术，并讨论了商务智能在相关领域的应用。

4.2.1 商务智能概论

4.2.1.1　商务智能简介

经济全球化竞争日益激烈要求企业能够在瞬息万变的环境下快速做出反应。为了迎接市场的挑战，企业必须对市场有准确的把握，并且能够分析顾客的消费趋势、找出企业经营中出现的问题、加强与供应链合作伙伴的关系、挖掘新的商业机会，并能够对未来进行预测。随着企业信息化的发展，各种应用系统产生的数据量平均每 18 个月就翻一番。如何充分利用各种数据资源，挖掘出决策者需要的信息，并做出高质量的决策是企业管理者需要考虑的主要问题。近年来，大量数据存储、并行处理、数据集成以及数据分析等技术不断成熟，数据分析成本不断下降，企业各种应用软件积累了大量的数据。这些因素促进了商务智能的发展。商务智能把各种数据及时地转换为可供支持决策的信息与知识，帮助企业管理者了解顾客的需求、消费习惯、预测市场的变化趋势以及行业的整体发展方向，进行有效的决策，从而在竞争中占据有利地位。

商务智能（Business Intelligence，BI）从 20 世纪 90 年代开始，已经在众多企业中引起了广泛关注，成为业界关注的热点。商务智能之父——前 Business Objects 总裁 Bernard Liautaud 认为商务智能把企业的运营数据转化为信息或知识，并且在恰当的时间通过恰当的方式把恰当的信息传递给恰当的人。在 21 世纪，智能型的商务战略将是竞争中获胜的关键，它改变了过去经营决策依赖“拍脑袋”的管理模式，能够把握此机会的企业将成为明天市场的领先者。

4.2.1.2 商务智能的概念

最早提出商务智能概念的是市场研究公司 Gartner 的分析师 Howard Dresner。1996 年，他提出商务智能并描述了一系列的概念和方法，他认为商务智能应用基于数据的分析系统可辅助商业决策的制定。商务智能为企业提供了迅速收集、分析数据的技术和方法，并把这些数据转化为有用的信息，可以提高企业决策的质量。

商务智能从产生以来一直发展较快，但目前还不成熟，企业界对商务智能存在着或多或少不同的理解。

Business Objects（SAS）认为，商务智能是一种基于大量数据的信息提炼的过程，这个过程与知识共享和知识创造密切结合，完成了从信息到知识的转变，最终为商家创造更多的利润。IBM 认为，商务智能是一系列技术支持的简化信息收集、分析的策略集合。Microsoft 认为，商务智能是任何尝试获取、分析企业数据以便更清楚地了解市场和顾客，改进企业流程，更有效地参与竞争的过程。IDC 认为，商务智能是下列软件工具的集合：终端用户查询和报告工具、在线分析处理工具、数据挖掘软件、数据集市、数据仓库产品和主管信息系统。Oracle 认为，商务智能是一种商务战略，能够持续不断地对企业经营理念、组织结构和业务流程进行重组，实现以顾客为中心的自动化管理。SAP 认为，商务智能是收集、存储、分析和访问数据以帮助企业更好决策的技术。DATA Warehouse Institute 认为，商务智能是把数据转换成知识并把知识应用到商业运营的一个过程。王茁认为，商务智能是企业利用现代信息技术收集、管理和分析结构化和非结构化的商务数据和信息，创造和累积商务知识和见解，改善商务决策水平，采取有效的商务行动，完善各种商务流程，提升各方面商务绩效，增强综合竞争力的智慧和能力。

综上所述，商务智能是融合了先进信息技术与创新管理理念的结合体，它集成了企业内外的数据，加工并从中提取能够创造商业价值的信息，面向企业战略并服务于管理层、业务层，指导企业经营决策，提升企业竞争力，涉及企业战略、管理思想、业务整合和技术体系等层面，促进信息到知识再到利润的转变，从而实现更好的绩效。事实上，商务智能应用的核心不在其功能，而在于对业务的优化，IBM 公司更强调数据集成和数据分析基础上的业务分析和优化。目前，商务智能的应用已延伸到了非商业领域，政府和教育部门等也成为商务智能的应用领域。

A 商务智能服务企业战略

商务智能对企业的内外部数据进行分析，支持企业战略管理。哈佛商学院的迈克尔·波特博士在《Harvard Business Review》的一篇文章中把战略分为三个方面：定位、取舍和配称（各项运营活动之间如何关联），而商务智能可以通过分析数据帮助企业对这些方面进行规划。

B 商务智能提升企业绩效

商务智能有时被认为是一个纯技术项目，然而商务智能更多的是解决管理问题。通过商务智能可以从企业多年的运营数据中，挖掘有效的模式辅助管理决策。随着商务智能应用的发展，商务智能离业务越来越近。商务智能在企业绩效管理中扮演者重要的角色，而商务智能相关的产品在管理角色和方法、管理职能和过程等方面烙印渐深，并且融合了越来越多的企业管理的理念。

C 商务智能的层次

商务智能可看作“数据炼油厂”，如图4-1所示。根据业务需要收集数据，并进行提炼和加工，最终产生对企业有价值的知识，提高企业的绩效。商务智能需要整合企业的业务系统数据，从而保证足够的“原料补给”。商务智能对ERP、CRM和SCM等业务系统中生成的运营数据进行分析，并给出报告，帮助管理者认识企业和市场的现状，预测发展趋势，做出正确的决策。

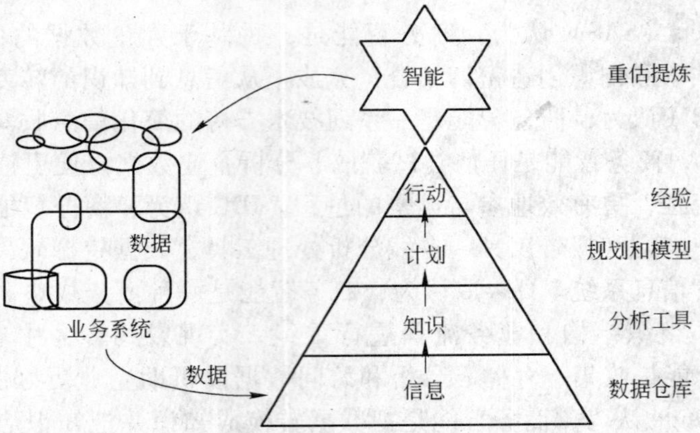

图4-1 数据炼油厂

D 商务智能是多项技术的综合应用

随着信息化的发展，商务智能已成为企业充分利用数据资产的重要方法。它从不同的数据源中提取有用的数据，通过数据仓库、在线分析处理和数据挖掘等技术实现企业的决策、考核、分析的有机结合和量化以达到为企业提供经营管理、决策支持的目的。最新的商务智能还涉及其他一些新技术，如内存中的分析处理、面向服务的软件架构、文本挖掘和元数据存储等。

E 商务智能用户的多样性

商务智能服务于各类企业决策者。传统应用中，商务智能主要支持中、高层管理人员决策。目前，商务智能平台的用户包括一线的业务人员、各级管理者，甚至外部的顾客和商业伙伴。这是因为业务经营决策的范围发生了扩展，包括操作层、战术层和战略层的决策。

4.2.1.3 商务智能的发展

商务智能作为企业信息化的高端产品，其发展依赖于相关技术的进步，也依赖于竞争日趋激烈环境下企业对商务智能深入的认识。

从事务处理系统、管理信息系统、主管信息系统发展到决策支持系统，企业信息系统表现出面向决策的特性。尤其是20世纪80年代中期，人们把决策支持系统与知识系统相结合，出现了基于知识的智能决策支持系统，使智能化的概念有了长足的发展。智能决策支持系统能够为企业提供各种决策需要的信息以及许多业务问题的解决方案，从而减轻管理者进行低层次信息处理和分析的负担，使得他们专注于需要决策智慧和经验的工作，因此提高了决策的质量和效率。有人把决策支持系统称作商务智能，并作为商务智能系统的雏形。但限于知识获取的瓶颈，决策支持系统的发展暂时受阻。

随着信息化的发展，ERP、CRM 和 SCM 等信息系统均得到了广泛应用，提高了企业运营效率，也为商业分析提供了大量的数据。进入信息时代，信息、知识成为企业重要的资源，对企业的竞争力影响很大。如何把握市场，理解顾客需求，提高企业智能成为企业关注的热点。管理者已经注意到数据蕴含的价值，信息化基础较好的一些行业开始对数据进行分析，尽管成功率还比较低，但商务智能对企业竞争力的提高已为人们所接受，越来越多的行业和企业将会实施商务智能。一般来说，只要有合适的数据，就有商务智能的用武之地。

4.2.1.4 商务智能的价值

随着企业信息化的推进，企业开始回顾信息技术投资的回报率，思考信息技术投资的战略价值，思考如何充分地利用数据资产。这种注重实效的做法是企业经历多年信息化热潮后走向理智的表现。

商务智能在挖掘业务数据的潜在价值、支持企业管理决策方面体现出了其他管理应用软件无法比拟的价值。之前，决策者因信息孤岛、信息数量的几何增长以及业务的实时性要求等原因把大量时间用于搜寻各类相关信息上。商务智能可以帮助管理者减少收集、处理信息的时间，把更多的精力用于决策上。

商务智能的价值体现在以下几个方面。

A 制定合适的市场营销策略

利用商务智能技术构建商业模型，确定合适的营销策略。如美国的知名零售企业 Sears 公司在 20 世纪 90 年代曾经面临倒闭危险，后来该企业引入了商务智能系统，把业务系统的数据整合到数据仓库后挖掘得到不同家庭的消费习惯，从而精确地制定具有针对性的广告策略和促销计划（精准营销），在竞争中击败对手获得成功，目前 Sears 已是全美第二大零售企业。麦当劳风靡全球，然而众多顾客使其经营策略的制定出现了困难。在麦当劳的顾客中，不同的顾客有不同的选择，商务智能系统能够分析顾客的偏爱，对不同顾客选择产品的数据进行收集和分析，发现相当多的顾客在购买汉堡的同时会选择一杯可乐；一定比例的顾客在购买薯条的同时会配上一份鸡翅。根据这些顾客的消费习惯，麦当劳推出了相应的套餐，并给这些套餐特定的优惠。事实证明，套餐举措是成功的，既吸引了顾客的注意力，又节省了交易成本。

B 改善顾客管理

顾客智能是商务智能在“顾客关系管理”（CRM）中的应用。现在，企业正在逐渐由以产品为中心转化为“以顾客为中心”，可以应用商务智能中的在线分析处理和数据挖掘等技术，处理大量的交易记录和相关顾客资料，对顾客进行分类，然后针对不同类型的顾客指定相应的服务策略。如电信企业利用分析型 CRM 进行顾客分类、顾客信用度评估、大客户管理、通话分析、顾客流失分析、欠费与欺诈分析、未接通呼叫分析、网络性能分析和顾客投诉分析等，可提高顾客的满意度和忠诚度，最大化顾客价值。

C 经营成本与收入分析

应用商务智能的企业绩效管理功能，可以简便、快捷地制定各种成本收益报表，对不同的业务活动进行成本核算，深入分析偏差或改进方法，从而降低成本，提高收入。如汽车零件中一个小小的螺帽，其价格微不足道，但如果年产 100 万辆汽车，那么每个螺帽 0.1 美元的价格偏差就将导致至少几十万美元的成本支出。

D　提高风险管理能力

在银行、保险和电信等领域，商务智能可以识别潜在的危险，给出存在欺诈行为的用户特征。如银行的贷款业务，可以利用数据挖掘技术对顾客进行信用分析，发现其中的欺诈行为特征，并采取有效的预警机制，为企业减少损失。电信企业也可以对重大事件、重点业务动态进行跟踪和监控，及时发现业务收入下降的原因，避免造成更大的损失。

E　改善业务洞察力

商务智能能够减少管理者收集数据、获取信息所花费的时间，可加速决策过程，使正确的信息在正确的时间点上流向决策者。如电信企业通过业务分析支撑系统把数据整合后进行分析，可辅助企业高层进行企业关键业绩指标分析、竞争对手分析、新业务可行性分析和投资收益分析等。

F　提高市场响应能力

借助商务智能还可以预测市场变化，精简流程，确定需要改进的环节，以适应外部环境的变动。根据著名咨询公司 Accenture 对绩效企业的调查，不少领先企业已经大量投资构建强大的商务智能系统。这些系统将成为企业提高市场响应能力，制定成功战略的重要工具。

4.2.1.5　商务智能的应用

商务智能作为一种提高企业智能的手段，能够增强企业的竞争力，为企业带来价值，所以正吸引着越来越多的企业。它是企业应对激烈竞争的必要选择，它契合行业特殊需求，贴近企业业务流程，并满足企业发展的需要。商务智能的应用领域越来越广泛，除了在企业的 CRM、财务分析和人力资源管理等领域得到了较多的应用以外，近年来在生命科学、制药和电子商务等领域也得到了初步应用。

商务智能目前应用的行业主要包括银行、保险、证券、通信、制造、零售、医疗、电子政务、能源和烟草等，尤其是金融、通信和制造业等信息化比较成熟的行业。

4.2.2　商务智能系统的功能

商务智能系统作为一种辅助决策的工具，为决策者提供信息、知识支持，辅助决策者改善决策水平。商务智能系统的主要功能如下。

A　数据集成

数据是决策分析的基础。在很多情况下，决策需要的数据零散分布在各个业务系统中，为了做出正确的经营决策，需要将这些数据收集起来，形成一个系统的整体。因此从多个数据源中提取源数据，再经过一定的变换后装载到数据仓库，实现数据的集成是必要的。

B　信息呈现

信息呈现是指把收集的数据以报表形式呈现出来，让用户了解到企业、市场的现状，这是商务智能的初步功能。如 Business Objects（SAS）的水晶报表允许从各种数据源收集数据，使报表分析人员可以随心所欲、快速便捷地设计报表。在信息呈现的方式上，除了报表、图等形式以外，还可以采用其他更为直观的方式。

C 运营分析

运营分析包括运营指标分析、运营业绩分析和财务分析等。运营指标分析是指对企业不同的业务流程和业务环节的指标进行分析。运营业绩分析是指对各部门的营业额、销售量进行统计，在此基础上进行同期比较分析、应收分析、盈亏分析和各种商品的风险分析等。

D 战略决策支持

战略决策支持是指根据公司各战略业务单元的经营业绩和定位，选择一种合理的投资组合战略。由于商务智能系统集成了外部数据，如外部环境和行业信息，各战略业务单元可据此制定自身的竞争战略。此外，企业还可以利用业务运营的数据，提供营销、生产、财务和人力资源等决策支持。

4.2.3 商务智能系统架构

商务智能的成功实施需要大量高质量的业务数据，这些数据一般分布在许多业务系统中，难免存在噪声。如何提取、净化和整合这些数据是数据分析的基础。此外，还需要能把数据转换为信息的工具及知识的分析方法和工具。

4.2.3.1 商务智能系统的组成

如图4-2所示，商务智能系统主要包括以下几个部分。

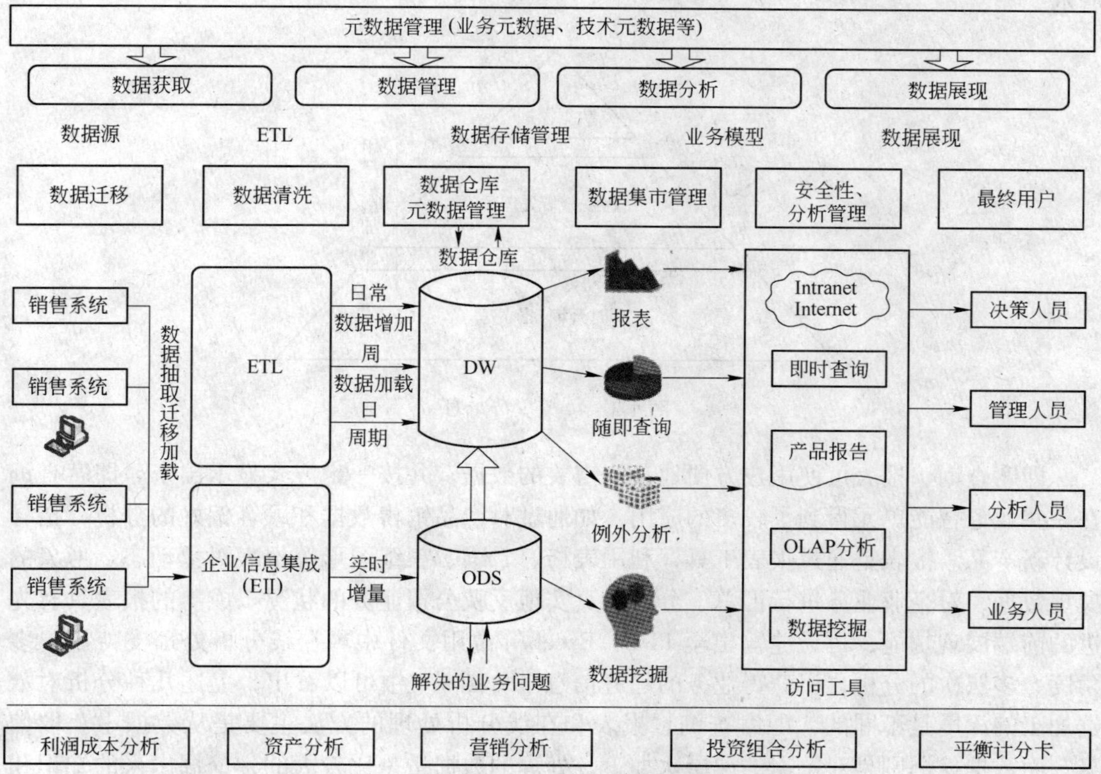

图4-2 商务智能系统的架构

A　数据源与数据提取

数据源是商务智能系统的基础，通常包括企业内部、外部数据：内部数据包括企业各种应用系统、办公自动化系统等产生的业务数据；外部数据包括有关市场、竞争对手的数据以及各类外部统计数据等。这些数据可能是结构化的，如关系表和 spreadsheet 等；也可能是非结构化的，如平面文件、图像等多媒体数据，需要借助企业信息集成的技术整合才能用于业务的全面分析。业务数据需要经过数据评价、数据筛选以及数据抽取、转换和装载，即经过 ETL 后才可存储在数据仓库中，为数据分析奠定基础。

B　数据仓库

数据仓库包括元数据和经过 ETL 的业务数据。元数据是关于数据的数据，主要包括数据源的描述、数据的抽取规则、数据的转换规则、数据加载频率、数据仓库模型等。数据源中的数据按照元数据库的规则，经过抽取、清理、转换、集成，按照决策主题重新组织、存储；也可以面向部门建立数据集市。数据集市是数据仓库的一个子集，但含有特定的主题，一般只在某个部门或局部范围内使用。一些数据仓库系统还带有操作数据存储。

C　访问工具

访问工具包括应用接口和中间件服务器。数据库中间件允许用户透明地访问数据仓库服务器，用于即席查询、在线分析处理和数据挖掘。

D　决策支持工具

决策支持工具由即时查询、报表、在线分析处理和数据挖掘等工具组成，如图 4-3 所示。

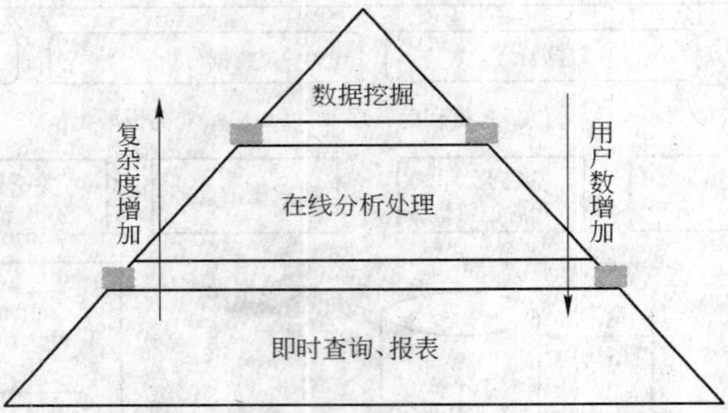

图 4-3　决策支持工具

即席查询、报表可使用户方便地获取需要的数据，并按一定方式显示出来。即席查询在一些业务智能单元得到了较多的应用，如通过对产品销售数据和顾客偏好的分析，指导设计新产品。报表是通过报表工具，利用表格、二维、三维图形等报表对象动态、形象的展现数据，对企业业务进行汇总、分析，真实地反映公司业务的状况。成熟的报表具有先进的前端展现功能，可无缝输出至 PDF、Excel 等常用文件中。在线分析处理支持用户多角度、多层次的分析，以获得业务的趋势信息。从图 4-3 中可以看出，上述几种分析对数据加工的深度是不同的，即席查询、报表和在线分析处理的方法主要是从数据中获取信息，而数据挖掘则是对数据的深层次加工，处理的数据量是比较大的，挖掘出来的知识相对比较少，但对决策却是比较重要的。

E 商务智能应用

商务智能应用，如利润成本分析、资产分析、营销分析、投资组合分析以及人力资源管理、CRM、SCM 等各种业务的分析都是根据各级决策者的需求，从数据仓库中提取相关的数据，然后确定数据分析的方法，并把分析结果通过前端展示工具提供给决策者。

F 系统管理

系统管理包括系统安全管理、元数据的管理与更新、数据仓库的日常维护与监控、数据使用审计和容量规划等。

G 元数据管理

元数据管理包括对开发、管理数据仓库时所用的技术元数据和支持业务人员的业务元数据进行管理，它对数据仓库的设计和维护起着重要作用。

4.2.3.2 数据集成

在信息化过程中，企业的子公司、各部门往往各自负责局部的信息系统，导致大量的信息孤岛。同时，数据来源广泛，数据格式更加多样，企业数据主要集中在文件系统、数据库和消息队列。此外，Blog、邮件和手机短信也成为企业数据的载体。如何把具有不同业务语义、不同格式的数据集成起来是一项具有挑战性的工作。对许多企业而言，由于不同用户提供的数据可能来自不同的数据源，数据内容、数据格式和质量千差万别，数据的准确性、真实性和完整性都不同，实施数据共享和数据分析就需要对数据进行整理，有效的数据集成也是必要的。

数据集成也经历了一个发展的过程。在早期的数据分析阶段，多库系统存在以下问题：响应速度慢、可用性差、系统性能低和系统开销大等问题。数据集成是在逻辑或物理上把不同来源、格式、特点的数据进行有机整合，从而为企业提供全面的数据共享。数据集成的目的是运用一定的技术手段把分布在异构系统中的数据按一定的规则组织成一个整体，使用户能够有效地对其进行共享、分析，因此数据集成是构建数据仓库的基础。数据集成的过程是比较复杂的，占整个商务智能项目相当大的工作量，最近几年数据集成得到了广泛的重视。

在企业数据集成领域，已经有了很多成熟的方法可供使用。目前通常采用数据联邦、基于中间件模型、数据仓库和主数据管理等方法来构建集成系统，这些技术为解决数据共享问题提供了不同的方式。数据联邦是数据集成的方法之一，其优点是数据依然保留在原来的存储位置，而不必构建一个集中式数据仓库。但数据联邦查询反应慢，不适合频繁查询，而且容易出现锁争用和资源冲突等问题。中间件通过统一的全局数据模型来访问异构的数据库、遗留系统和 Web 资源等。中间件位于异构数据源系统（数据层）和应用程序（应用层）之间，向下协调各数据源系统，向上为访问集成数据的应用提供统一数据模式和数据访问的通用接口。各数据源的应用仍然完成各自的任务，中间件主要集中为异构数据源提供一种检索服务。数据仓库的数据集成依赖提取、转换和装载过程。

此外，由于主数据管理能较好地解决数据仓库中数据不准确的问题，因此越来越多的企业会重视主数据管理项目。这里的主数据包括顾客、合作伙伴、员工和产品等业务主题及其关系的数据，存在于多个异构的应用系统中，可以被各个业务部门重复使用。不同行业所使用的主数据类型一般都是不同的，如对于电信行业，其产品主要包括电信运营商提供的各种服务；而航空业的主数据包括航线、航班等。同一企业的不同业务部门所关心的主数据也不同。主数据管理是通过ETL、EII等技术，从企业的多个业务系统中整合需要共享的主数据，集中进行数据的清洗，维护主数据的完整性、一致性和准确性，以便为业务应用系统和分析型应用提供可靠的数据源。

本章小结

数据挖掘与商务智能是近年来企业信息化的热点，有着广阔的应用前景。本章介绍了数据挖掘相关理论、典型应用领域、分析方法、发展方向以及商务智能的基本概念、商务智能系统功能及系统架构等知识。

专业术语

数据挖掘（Data Mining，DM）
数据仓库（Data Warehouse，DW）
聚类分析（Cluster Analysis，CA）
商务智能（Business Intelligence，BI）

本章参考文献

[1] 赵卫东. 商务智能[M]. 第2版. 北京：清华大学出版社，2010.
[2] http://www-304.ibm.com/jct01005c/university/scholars/downloads/
[3] https://www14.software.ibm.com/webapp/devtool/scholar/web/coursewarePickPage.do?sourc=ai-course-dim
[4] 王德才. 数据挖掘在校园卡消费行为分析中的研究与应用[D]. 哈尔滨工程大学，2010.
[5] 郭群. 基于企业数据挖掘技术的应用及发展方向[J]. 信息系统工程，2012，09：87，88.
[6] 孟海东，杨彦侃. 并行聚类算法的设计与研究[J]. 计算机与现代化，2010，180(8)：5~8.
[7] Friedman J H. Data Mining and Statistics：What's the Conclusion? [R]. Technical Report，Stanford University.
[8] Fayyad U，Stolorz U. Data Mining and KDD：Promise and Challenges[J]. Future Generation Computer Systems，1997，13(1)：99~115.
[9] Han J，Kamber M. Data Mining：Concepts and Techniques[M]. 北京：高等教育出版社，2001.
[10] 刘红岩，陈剑. 数据挖掘中的数据分类算法综述[J]. 清华大学学报（自然科学版），2002，42(6)：727~730.
[11] Aggaiwal C C，Procopiuc C，Wolf J L，et al. Fast algorithms for projected clustering [C]. Proceedings of the 1999 ACM SIGMOD International Conference on Management of Data. New York：ACM Press，2000：70~81.
[12] MacQueen J. Some methods for classification and analysis of multivariate observations[C]. Proceedings of the fifth Berkeley Symposium on Mathematical Statistics and Probability，1967，1：281~297.
[13] Kaufman L，Rousseeuw P J. Finding Groups in Data：An Introduction to Cluster Analysis[M]. New York：John Wiley & Sons，1990：126~163.
[14] http://www.lunwen001.cn/jsjlw/08727211113790.html
[15] 冯敏，阴珊珊，许涛. 数据挖掘技术及其在医学上的应用[J]. 中国科技信息，2008，12：192~193.
[16] http://wenku.baidu.com/view/614fc98d84868762caaed539
[17] Song Yu-Chen，Jia Xiao-Liang. Influence analysis of linear data distribution on different clustering results

[J]. Advanced Manufacturing Technology (Advanced Materials Research), 2012.
[18] 宋宇辰. 基于关联规则分析的专家系统设计与构建[J]. 情报杂志，2006，8.
[19] 吴胜. 智能代理在电子商务中的应用与研究[D]. 武汉理工大学，2003.
[20] Han Jiawei，Micheline Kamber. Data mining：concepts and techniques [M]. Second Edition. Morgan Kaufmann，2006.
[21] Inmon W H. Building the data warehouse [M]. New York：John Wiley & Sons，2005.

习 题

4-1 什么是数据挖掘？

4-2 给出一个数据挖掘应用的例子，讨论在此应用中如何使用各种不同的数据挖掘方法。

4-3 在现实世界的数据中，元组在某些属性上缺少值是常有的。描述处理该问题的各种方法。

4-4 分类和聚类的差别是什么？

4-5 如何理解商务智能？

4-6 商务智能对企业有什么价值？

4-7 讨论数据集成对商务智能项目的重要性。

4-8 举例说明商务智能在保险、银行、证券、制造、电信、零售和物流等行业的应用。

4-9 商务智能系统包括哪些部分？分别有什么功能？

4-10 讨论商务智能与 ERP、CRM 和 SCM 等业务管理系统的关系。

4-11 给出一个例子，说明数据挖掘对于商务的成功是至关重要的。

第5章　企业资源计划

案例

ERP智能化平台帮助同仁堂走出“大宅门”

提及传统的中医药企业运营管理模式，大多数人的第一反应就是类似电视剧《大宅门》里百草厅那样的“连锁药铺”模式。的确，拥有数千年历史的中国中医药企业，其特有的传统管理模式，已经深入人心。

当前国人心中印象最深刻的中医药品牌——“同仁堂”，在历史上就曾是一家类似百草厅管理模式的传统企业，它旗下的同仁堂健康药业，虽仅成立6年，却承载着300余年的历史。继承了同仁堂这块金字招牌和中医制药传统的同仁堂健康药业，现在已经成为拥有近30亿营业额、上千家零售终端的大型企业。作为同仁堂集团三大支柱公司之一，其业务几乎扩展到了整个中药的研发、生产和销售等各个环节。

冲破传统束缚：走出“大宅门”

虽然笼罩在金字招牌的光环下，同仁堂健康药业的管理者却在隐隐担忧：企业的发展迅猛固然喜人，但原有的传统管理流程与系统，早已无法支撑当前的发展速度与管控需求；并且，整个企业内部的各部门间已经出现了信息孤岛，财务、分销等业务数据难以得到共享，这也导致了大量资源不能得到合理地调配；此外，零售终端的数量越来越多，传统的手工作业，再也难以对所有终端进行有效的管理和控制。

于是，同仁堂健康药业的管理者开始考虑，希望能够建立一个以人才、科技为支撑的智能管理体系，以ERP系统作为整个体系的“大脑”——智能化的管控中心，将POS系统植入各个销售终端，与ERP紧密结合，并接受其控制，成为企业管理、发展的“触角”，从整体上完全冲破原有的传统企业管理、运营方式的束缚，取代纯人工的操作流程，令研发、生产和物流等环节有序地进行配合，大幅提高零售网点的前端工作效率，使整个企业业务有机地运转起来，最终走出“大宅门”，令同仁堂这家老牌企业再续辉煌！

打通“任督二脉”：使企业更敏捷

同仁堂健康药业选择了具备丰富实施经验的IBM信息化项目团队作为合作伙伴，在六个月的时间里，始终以业务流程为导向的项目实施过程进展得非常顺利。和预期的一样，智能化管控平台——ERP系统，以及管控触角——POS系统的成功建立，打通了同仁堂健康药业的“任督二脉”——各个关键业务领域：包括从一线业务需求到计划的产销衔接、从采购到付款、从生产计划到执行运作、从一线要货到物流配送、从终端销售到收款等。

以财务部门为例，ERP系统上线后，由于脱离了手工作业，财务人员不用再埋头记录数据，而是转而关注数据的准确性和有效性，完成了企业财务管理从核算型向管理型的转变；并且，借助ERP系统的分析功能，财务工作从单一维度的分析记录，转化为了多维度的统筹分析，使财务管理更加纵深化；此外，由于所有数据全部上线并进行了整合、共享，更实现了财务业务的一体化。

同时，由于从POS到ERP各级业务的高度集成和协同，还实现了从供应链到营销链——端到端的全程信息共享。如市场部人员可以通过ERP系统，实时地看到各销售终端的销售、库存数据，如果发现他们的库存不足，就会提醒他们及时补货；如果发现某款产品的销售额特别低甚至为零，他们就会和门店的负责人一起讨论，到底是什么原因，商量相应的对策。极大程度地提升了企业的内部管控能力和现代化水平。

智能化平台的上线、"任督二脉"的打通，都为同仁堂健康药业注入了新的活力，而统一的数据标准、高效的数据处理方式，以及灵活的管理架构，也同时提升了同仁堂健康药业的业务洞察力和在瞬息万变的环境中，不断转变战略，取得独特优势的能力。如今，更加敏捷的同仁堂健康药业，已经今非昔比，令全球医药行业的同行们刮目相看。❶

5.1 企业资源计划概述

企业资源计划（Enterprise Resource Planning，ERP）是由美国Gatner Group公司在1990年首次提出的，它是在制造资源计划的基础上发展起来的。ERP与早期系统的区别在于将企业财务会计、人力资源、生产制造、物流管理、市场营销等多种功能的全局信息集成在一起，向用户提供了一个可以输入、处理、监控、统计汇总、分析所有业务信息的企业级数据库。

ERP已经成为全球各个行业企业的主流信息系统，已成为企业主要的运营管理基础，几乎所有的企业都需要借助于ERP进行企业的信息管理与业务运营。ERP已经大大超出了其原有含义，开始成为企业经营的主干。

5.1.1 企业资源计划的概念

企业资源计划是建立在信息技术基础上，利用现代企业的先进管理思想，全面地集成了企业人、财、物等所有资源信息，为企业提供决策、计划、控制与经营业绩评估的全方位和系统化的管理平台。

ERP系统不仅仅提供了信息，而且提供了一种管理理论或者管理思想，它利用企业的内部资源与外部市场资源，高效地实现了产品生产或创造服务的最优解决方案，帮助企业达到经营目标。ERP系统依据计划实现运作，并将财务成本控制的思想贯穿在整个生产经营过程中，同时，管理的重心也转到财务管理上，管理的深度与广度涉及企业的生产、供

❶资料来源：http：//articles. e-works. net. cn/erp/article89738. htm

需全过程，企业的物流、信息流和资金流也体现在企业运作的整个供应链上。图 5-1 是 ERP 的运营过程。

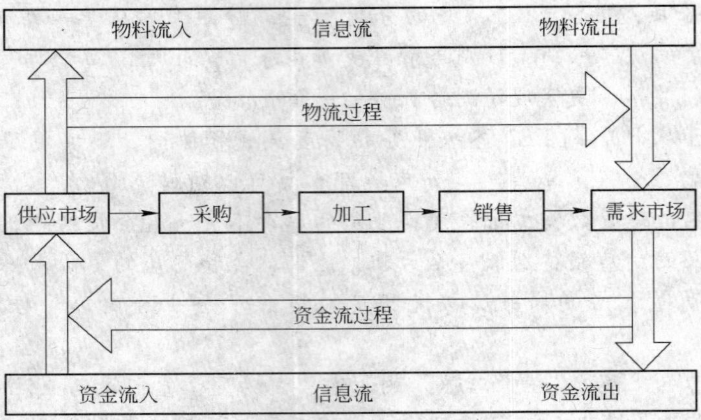

图 5-1　ERP 的运营过程

5.1.2　企业资源计划的发展历程

ERP 是一个集先进的管理思想和信息技术于一体的庞大的管理信息系统，它的发展历程主要经历了五个阶段：订货点方法（ROP），物料需求计划（MRP）、闭环 MRP、制造资源计划（MRPⅡ）、企业资源计划（ERP）。

5.1.2.1　订货点方法（Reorder Point，ROP）

20 世纪 30 年代后期，企业的竞争优势主要体现在对产品成本的控制，而库存成本是产品成本的重要组成部分。企业为了控制物料的需求，通常采用控制库存物品数量的方法，即为需求的每种物料设置一个安全库存量和最大库存量，安全库存量也叫最小库存量，最大库存量是根据库存容量、库存占用资金等设置的。为了不出现因物料短缺而影响生产的情况，企业应该在安全库存量的基础上增加一定数量的库存，而不能等到物料库存量消耗到安全库存量时才补充库存；而且，从开始订货到货物到达有一个时间差，我们将这个时间差作为订货提前期，根据这个时间段内可能产生的物料消耗量来确定订货点，从而解决订货时间问题。

ROP 就是根据“经济批量”与“订货点”的原则，使库存量不低于安全库存的一种补充库存方法。其主要思想是，随着物料的消耗，库存量也逐渐减小，当剩余库存量的消耗时间刚好等于订货所需要的时间时，企业就要下达订单补充库存，而这个相等时刻的库存量被称为订货点。订货点计算公式如下：

$$\text{订货点} = \text{订货提前期内消耗的库存量} + \text{安全库存量} \tag{5-1}$$

如图 5-2 所示，坐标横轴表示时间，纵轴表示库存量，斜线的斜率表示物料消耗的平均速度。随着时间的推移，库存物料被逐渐消耗尽，当库存量到达订货点时，企业就应该发出订货请求，再经过订货提前期的时间段，物料被消耗到安全库存量，同时订购的物料也刚好入库，又达到了最大库存量。

图 5-2 中订货点的位置（ROP）是由订货提前期（L）、物料消耗速率（U）和安全库

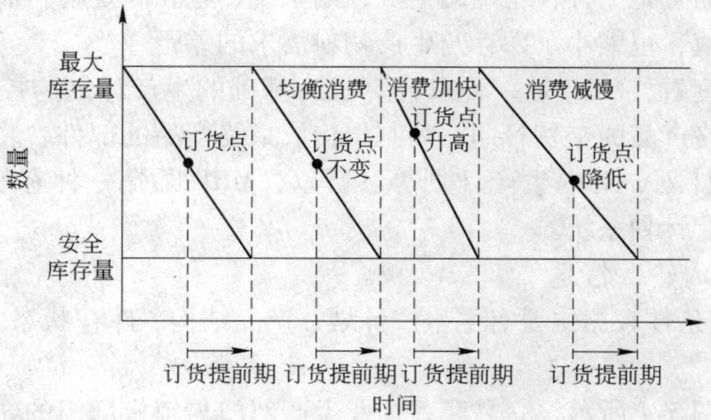

图 5-2 订货点法

存（S）决定的。它们之间的关系可以表示为：$\text{ROP} = L \times U + S$。

为了保证每次订货后的库存数量依旧保持最大库存量，则订货批量应为最大库存量和安全库存量的差额，即：

$$\text{订货批量} = \text{最大库存量} - \text{安全库存量} \tag{5-2}$$

但实际生产运作过程中的不确定因素会导致过量积压或者是补充订货到来前的库存短缺。所以，订货点法更适用于消耗均匀的生产环境或销售，且这一理论的应用必须满足以下几个条件：

（1）物料的供应与消耗是相对稳定的；

（2）物料的需求是相对独立的；

（3）订货提前期是已知和固定的。

5.1.2.2 物料需求计划（Material Requirement Planning，MRP）

物料需求计划是指在产品生产中针对构成产品的各种物料的需求量与需求时间所做的计划。在企业的生产计划管理体系中，MRP 一般被安排在主生产计划（Master Production Schedule，MPS）之后，属于实际作业层面上的计划决策。如图 5-3 所示，MRP 的基本思想是根据最终产品的 MPS 反推出相关物料的需求量和需求时间，并按照此需求时间或需求量结合生产周期与订货周期，确定其采购计划或加工计划。MRP 的这种生产模式体现了企业按需定产的宗旨，其有效运作基于两个基本假设：一是假设生产计划是可行的，也就是企业有足够完备的设备、资金与人员，能保证生产计划的实施；二是企业的 MRP 也是可行的，即企业有足够的资金或运输能力完成采购任务。所以，MRP 不仅是一种有效

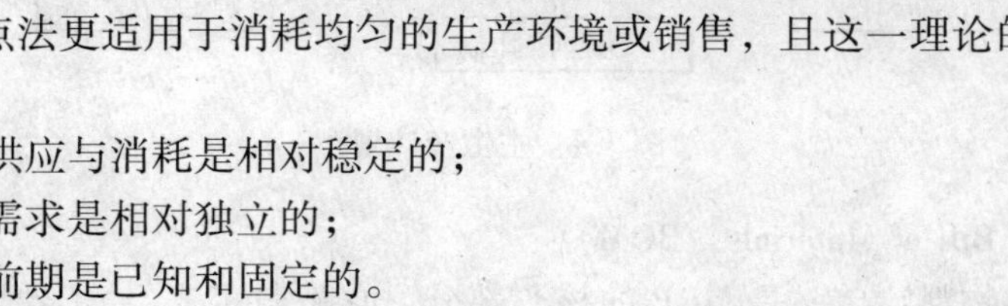

图 5-3 MRP 计算机管理信息系统

的物流控制系统，而且是一种较精确的生产计划系统，它在满足物料需求的前提下既保证了库存水平的最小值，也缩小了库存与生产物料需求的差距。

从系统学的角度看，MRP 是一种以计算机为基础的生产计划与控制系统，它根据生产计划中设定的最终产品的交货日期，编制出构成最终产品的部件、装配件或半成品的生产进度、对外采购计划、对内生产计划等。所以，MRP 既是一种有效的物料控制系统，又是一种精确的生产计划系统。

A　MRP 系统的输入信息

组成 MRP 基本条件数据主要有主生产计划、产品结构、库存状态。

➢ 主生产计划

主生产计划如图 5-4 所示，它是联系企业生产部门与销售部门的纽带，它描述了产品的品种、数量和完成时间。

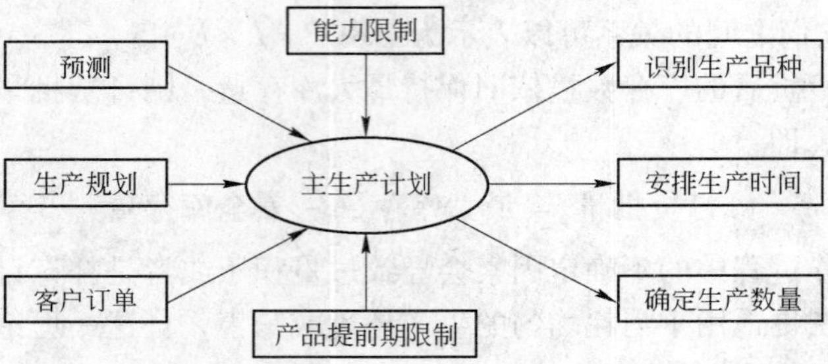

图 5-4　主生产计划

➢ 产品结构（Bill of Materials，BOM）

产品结构也称物料清单，是 MRP 的核心部分，它记载了产品在形成的过程中其各项组成物品之间的关系。各个部门的活动都需要物料清单，生产部门按照物料清单生产产品，财务部门按照物料清单核算成本，售后部门按照物料清单熟悉产品的备件，库房按照物料清单对生产部门进行发货。所以，BOM 的准确率应接近 100%。

➢ 库存状态（Inventory Status）

MRP 的库存状态有两部分数据：一部分是运行 MRP 之前就确定的静态数据，如物料编号、提前期、安全库存等；另一部分是在 MRP 运行时不断变更的动态数据，如库存量、总需求量、净需求量等。

B　MRP 的运行与生成

MRP 系统输入 MPS、BOM 和库存状态信息后会通过计算机的计算转换为最终产品对各种物料的需求以及订货安排过程，这被称为 MRP 的运行与生成过程。运行过程主要有分解 BOM、计算净需求和下达计划。

MRP 的生成主要有两部分：一是生产与库存控制用的进度日程计划，如原材料采购计划与零部件、半成品的生产计划；二是一些辅助报告，如紧急缺件报告和效益控制报告。

C　MRP 的发展——闭环 MRP

20 世纪 70 年代，MRP 系统经过发展形成了 MRP 生产计划与控制系统。闭环 MRP 系统除 MRP 外，还引入了车间作业计划、生产能力需求计划和采购作业计划等，形成一个集计划、执行、反馈为一体的综合性闭环系统。其基本思想为：依据长期生产计划制定 MPS，而 MPS 通过产能负荷分析保证其可行性，随后执行 MRP、车间作业计划、能力需求计划（Capacity Requirements Planning，CRP）等，同时，平衡车间、供应商和计划人员的反馈信息协调系统的实施。闭环 MRP 的逻辑流程如图 5-5 所示。

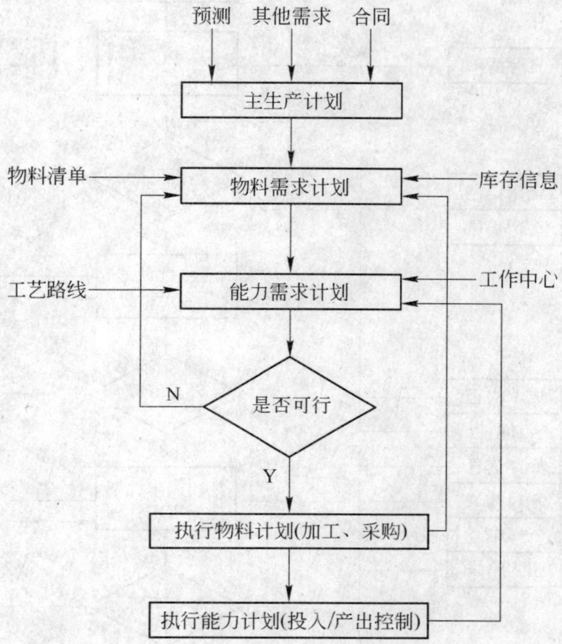

图 5-5　闭环 MRP 的逻辑流程图

从图 5-5 可以看出，闭环 MRP 系统的每一个计划层都要平衡需求与能力。MPS 层要运行粗能力计划（Rough Cut Capacity Planning），计划对象是关键的工作中心；MPS 与 MRP 的运行伴随着能力与负荷的运行，从而保证计划是可靠的；CRP 的执行情况最终反馈到执行能力计划层，整个过程是能力的不断执行与调整的过程。

5.1.2.3　制造资源计划（Manufacturing Resources Planning，MRPⅡ）

制造资源计划是在 MRP 的基础上，于 20 世纪 70 年代末、80 年代初提出的一种使生产、销售、财务、采购数据紧密结合的现代企业生产管理模式和组织生产方式。MRPⅡ系统涵盖了生产活动过程中的各种资源，为了区别于物料需求计划，将制造资源计划缩写为 MRPⅡ。

MRPⅡ的基本思想是，系统站在整个企业的高度组织生产经营等一切管理活动，将设备、人工、能源、市场、技术、资金、时间和空间等各种制造资源围绕物料需求转化为组织制造资源，根据企业经营目标制订生产计划，实现按时按需进行生产。MRPⅡ将企业生产经营过程中的各管理子系统有机地结合起来，互相依赖、互相提供数据。如供应计划以生产计划为依据，生产计划依据销售计划，成本核算依据库存记录和生产活动。

MRPⅡ的逻辑流程如图 5-6 所示，制造资源计划的目标是经营计划，它是企业的最高决策层根据市场调查和需求分析、国家政策、企业资源能力和历史状况、竞争对手情况等有关信息制订的企业中长期发展计划。

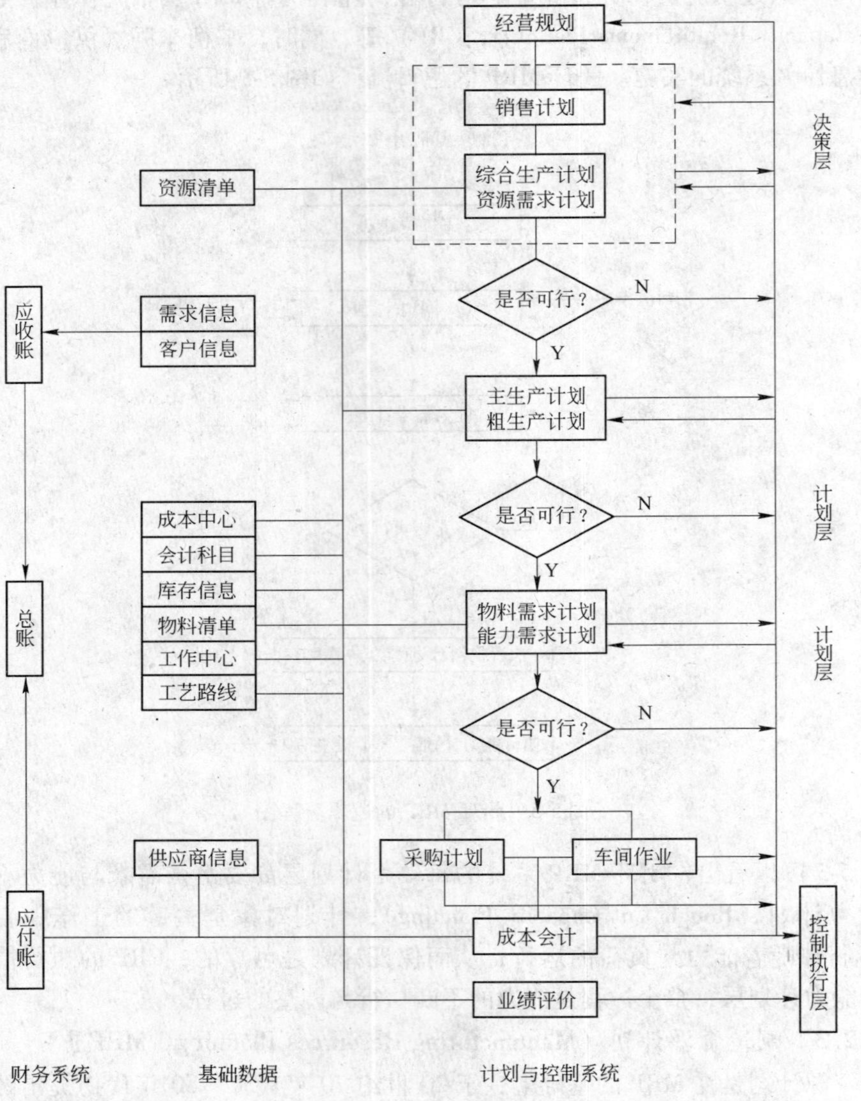

图 5-6　MRP Ⅱ 流程图

产品生产计划和销售计划是经营计划的具体体现，产品生产计划是企业能够利用各种资源完成的某一类产品的月生产量或年生产量，同时也体现了市场目标的需求。MPS 是以产品生产计划、订单预测等作为输入条件，它是在平衡了可用资源能力与生产计划后，制定的一个详细的半成品或成品生产进度。在整个 MRP Ⅱ 系统中，MPS 起着承上启下的重要作用，实现了企业宏观计划向微观计划的过渡。

MRP Ⅱ 与闭环 MRP 的区别主要是：MRP Ⅱ 包括了生产作业管理子系统和财务子系统，这两个模块使得 MRP Ⅱ 能更有效地进行成本控制和经营状况的监督控制，如采购作业成本控制、生产作业成本控制、技术开发成本控制和销售作业成本控制等；MRPⅡ中的所有数据都存放在中央数据库中，各类数据的协调统一使得MRPⅡ可以减少库存损耗，降低库存储量；MRPⅡ还可以作为辅助决策工具，帮助决策者从不同的决策方案中模拟出不同的结果，使企业管理人员能够实现整体协调工作。

运行MRPⅡ后生成了用于生产的订单与为了完成生产所下的采购订单，两种订单通过车间作业与采购作业来完成。车间作业计划详细规定了每台设备上的日工作任务，保证每个零部件或半成品按期完工。

5.1.2.4 企业资源计划

随着MRPⅡ系统在制造业的普遍应用，以及制造业全球化的发展，一些制造企业感觉到MRPⅡ系统所包含的功能已经不能完全适应企业的灵活性与多样性。制造企业必须能够更迅速地对市场做出反应，以最快的速度生产出最优质量、最低成本、能最快交付买方的产品。管理系统整体能够实现实时监控与优化控制。因此ERP（Enterprise Resource Planning）应运而生。

ERP采用图形用户界面技术（GUI）实现系统与管理者、用户之间的实时交互，着眼于供应链上各个节点企业的信息管理，同时满足多种生产企业的需求，实现生产管理、财务管理、分销管理、人力资源管理、质量管理、决策管理等多种功能。

5.1.3 企业资源计划的管理思想

要想理解和正确应用ERP系统，必须深刻体会ERP的管理思想与理念。其核心思想是实现整个供应链的有效管理。主要体现在以下三个方面。

A 对整个供应链的管理思想

现代企业之间的竞争不仅是企业自身资源的竞争，还体现在各自供应链上的竞争，包括供应链上与生产经营相关的从供应商、制造商、销售网络到客户等整体供应链的竞争。ERP系统正是抓住了这种市场竞争的本质，实现了对整个供应链的管理，提升企业的竞争优势。

B 精益生产、同步工程和敏捷制造的思想

精益生产的思想是企业把供应商、销售商、客户等都纳入生产体系中，通过生产经营或其他活动建立彼此的合作伙伴关系，使大家为了一个共同的目标共存于企业的供应链上。同步工程的思想是ERP系统支持企业采用混合生产方式，保证客户能在最短的时间内获得高质量、低成本的产品。敏捷制造的思想是指企业能及时掌握市场的新动态，自己组建一个从供应商到销售商的短期供应链，并把它们看作是企业的一个组成部分，运用同步工程的思想调控生产经营活动，保证产品的高质量、适应性、灵活性与多样化等。

C 事先计划与事中控制的思想

ERP系统中的MPS、MRP、采购计划、销售计划、财务计划、人力资源计划等控制功能都已经集成到整个供应链系统中，实现了企业对生产经营活动的事先计划；而系统通过定义事务处理相关的会计核算科目和核算方式，自动生成了会计核算分录，同步记录了供应链上的资金流与物流等信息。通过了解财务资金现状，追溯相关的业务活动，实现事中控制与实时决策。

5.1.4 企业资源计划在国内的应用状况

随着市场经济的全球化发展，企业面临越来越复杂的市场环境，企业必须改变过去陈旧的经营管理模式以适应剧烈的竞争环境。ERP 系统可以为企业提供投资管理、风险分析、跨国家跨地区的集团型企业信息集成、获利分析、销售分析、市场预测、决策信息分析、促销与分销、售后服务与维护、全面质量管理、运输管理、人力资源管理、项目管理以及利用互联网实现电子商务等多种功能。因此，越来越多的中国企业开始认同并选用 ERP，ERP 成为中国企业转型的主要驱动力。

中国制造业信息化 ERP 认证培训专家组组长金达仁从五个方面分析了我国企业 ERP 的应用现状。

(1) 应用数量总体偏少，目前我国只有七八千家企业在使用 ERP 系统。

(2) 从单项管理应用到整个 ERP 系统的使用，全国企业平均实施周期大约 12 ~ 15 年，这不利于企业短期内提升市场竞争力以及 ERP 系统的推广应用。

(3) 国内发达地区比不发达地区的 ERP 应用要多，合资企业要比国内企业应用 ERP 比例高。

(4) 多数企业未引入业务流程重组，ERP 应用不够深入。

(5) 应用绩效不是很理想，有待进一步提高。

5.1.5 企业资源计划的发展趋势

随着企业管理思想的不断成熟与信息技术的不断发展，ERP 理念和功能也在不断地完善。ERP 思想的发展趋势主要体现在两个方面。

5.1.5.1 智能资源计划 (Intelligent Resource Planning，IRP)

智能资源计划不采用“面向事务处理”的管理思想，是一种具有智能与优化功能的新管理模式。管理人员可以按照自己设定的目标通过智能资源计划寻找一种最佳的方案。这种模式保证了管理人员能够及时掌握市场需求变化，快速做出合理决策，改变原有生产计划适应市场变化。这是 ERP 伴随人工智能技术的发展而发展起来的一个重要方向。

5.1.5.2 动态企业建模技术 (Dynamic Enterprise Module，DEM)

动态企业建模技术的发展是为了满足企业日益增长的动态重整过程的需求，实现企业管理业务与 ERP 系统发展的分离，使得 ERP 系统的实施者、企业管理人员、业务分析人员能够摆脱复杂的软件调试或者琐碎的产品细节配置，集中精力在优化业务流程或高级管理职能上。企业要适应瞬息万变的市场，动态地进行决策，根据新决策改变产品结构、生产计划和生产流程，有效控制成本，这些都是现有的面向事务管理的软件所无法满足的。

ERP 功能的发展趋势主要体现在四个方面:

(1) 纳入产品数据管理功能

产品数据管理 (Product Data Management，PDM) 将企业产品设计与制造全过程中的各种信息、不同设计阶段的产品数据都集成在一个统一的环境中管理。PDM 可以减少 ERP 庞大的数据管理和数据准备工作量，所以 CAD 和 ERP 厂商都将 PDM 作为自己的产品来发展。例如，ERP 软件 BPCS 的 C/S 版和 SAP 的 R/3 中都直接加入了与 PDM 相重叠的功能，增加了对设计数据的管理及设计文档的应用和管理。

（2）ERP 与 EDI 的集成

ERP 将企业内部原来分散的 EDI 集成，实现企业办公自动化，ERP 系统的 EDI 不同于 MRPⅡ的 EDI，ERP 系统 EDI 可以连通系统以外的 EDI，这样 ERP 用户可以在同一个环境中，与本企业的非 ERP 软件用户交换信息。

（3）增加数据仓库（Data Warehouse，DM）和联机分析处理（On-Line Analysis Process，OLAP）功能

ERP 软件的基本特征是“联机事务处理”，但是，如果让企业管理者从数据庞大的 ERP 系统中直接获取宏观决策所需的信息是很难的。所以，当 DM 和 OLAP 等技术问世后，很快就被 ERP 软件所吸收，成为企业进行宏观决策的分析工具。例如，Information Builder 公司为 R/3 的用户提供 DM 软件包，Business Object 与 SAP 联合开发了一个针对 R/3 的集综合查询、报表和 OLAP 为一体的 DSS 版本。

（4）客户关系管理（Customer Relationship Management，CRM）的应用

传统的 ERP 系统强调企业的后台管理，疏于面向客户的系统功能。而随着电子商务的发展，企业客户分布在世界各地，企业要想了解客户对自己产品的满意度或意见，必须借助一个系统来收集客户信息。CRM 系统也称前台管理系统，它包含的销售、市场和服务模块可以让销售人员随时随地获知企业生产、库存和订单处理情况，掌握市场行情，实现与客户的业务沟通。

5.2 企业资源计划系统的构成与特点

5.2.1 企业资源计划系统的构成

主生产计划、物料需求计划和能力需求计划是企业生产计划的核心内容，采购管理、库存管理和销售管理构成企业内部物流的主要部分，其中库存和采购也称为企业的后勤补给系统，财务模块包括应收管理、应付管理、成本管理等。因此，一般的 ERP 系统主要包括以下模块：销售管理、采购管理、库存管理、运输管理、生产管理、质量管理、总账管理、成本管理、应收账管理、应付账管理、预算会计、固定资产管理、工资管理、人力资源管理、分销管理、设备管理、经营预测等。ERP 系统主要模块构成如图 5-7 所示。

5.2.2 企业资源计划系统的特点

ERP 系统借助信息技术手段，通过系统化的管理思想为企业决策层和员工提供决策方案。保证企业合理调配各种资源，最大化实现企业经营目标，满足社会需求。其主要特点有：

（1）ERP 面向市场、经营和销售，能够对市场做出快速反应。它实现了从供应商、制造商、销售商到客户的供应链管理功能，强调了他们之间的合作伙伴关系。

（2）ERP 通过物流、信息流和资金流的运行，实现企业人员、财务、生产与销售之间的集成，支持业务流程重组。

（3）ERP 具有完备的财务管理体系，保证了企业实施价值管理。

（4）ERP 考虑了人力资源在生产经营计划中的作用。它支持离散制造、连续流程制

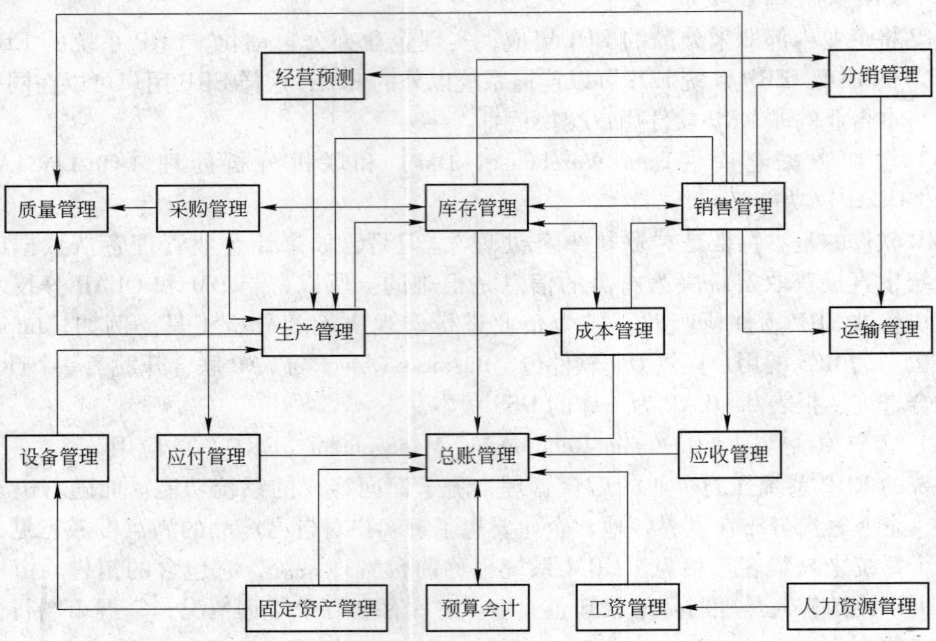

图 5-7 ERP 系统主要模块构成

造等管理模式，也支持 MRPⅡ与 JIT 的混合生产管理模式。

（5）ERP 采用了面向对象技术、图形用户界面、数据交换等最新的计算机技术。

5.3 企业资源计划系统的实施

ERP 系统实施是在企业信息系统建设过程中，由企业成立的项目小组按照企业的需求提供一种专业化、个性化的服务。通过 ERP 系统实施，企业可以得到一套有价值的、能够实现企业管理目标的解决方案，这个方案可以指导企业完成系统的客户化工作，帮助企业降低成本、提高效率、实现科学管理。所以，ERP 系统实施是一项专业性很强的工作。

ERP 系统实施的开始日期是签订实施服务合同之日，终止日期是 ERP 系统在企业成功上线运行之日。实施时间的长短与 ERP 系统的复杂程度、实施范围和企业管理基础等诸多因素相关。

5.3.1 企业资源计划系统实施流程

ERP 系统的建立过程是对企业传统管理模式及业务流程进行改造的过程，而其实施过程是通过调研企业现状，寻找适合企业的解决方案并付诸行动的过程。虽然不同企业的行业背景与企业经营状况不同，但是，经过十几年的实践，ERP 项目实施已经形成一套较成熟的模式，图 5-8 是 ERP 项目实施的流程图。

ERP 项目实施通常包括三个阶段：实施准备、项目实施和实施测评。ERP 项目的实施对整个项目的立项授权、需求分析、软硬件的评估选择进行了全面的管理与控制。流程中的各个步骤可以根据企业的不同情况进行相应的裁剪，如不需要二次开发的就可以省略客

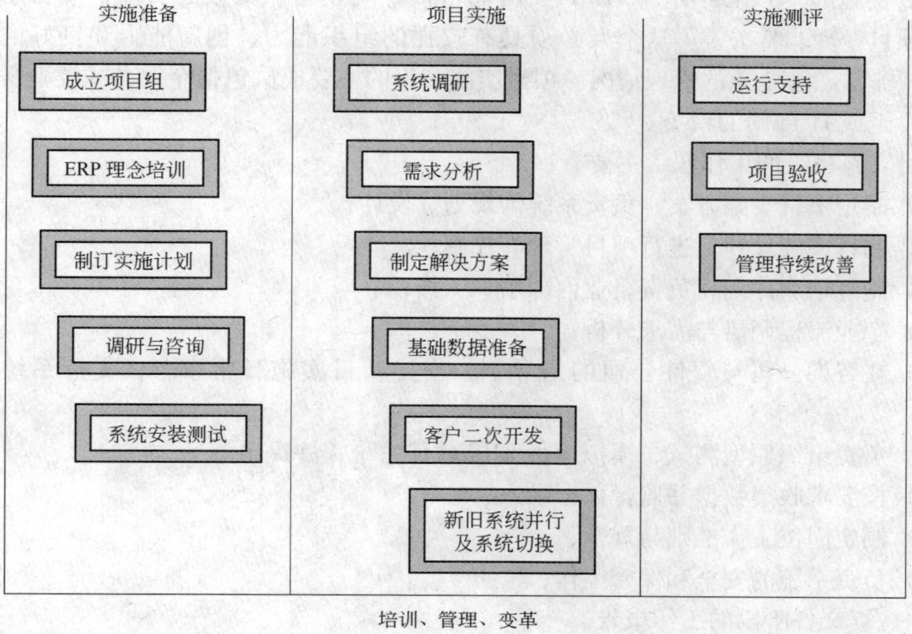

图 5-8 ERP 项目实施流程图

户化和二次开发等环节。实际实施过程中也可以采用不同的顺序或时间进行并行实施。

5.3.2 成立三级项目组织

在 ERP 咨询机构的指导下，按照 ERP 项目实施的作用可以将项目组织分成三个级别：项目领导小组、项目实施小组与项目应用小组，不同小组的工作职责和作用不同。

5.3.2.1 项目领导小组

项目领导小组要对项目的执行情况进行定期审查，及时解决问题、协调矛盾，确保项目实施的顺利进行。通常，项目领导小组成员包括企业总经理、副总经理和项目负责人，项目领导小组的组长对 ERP 的实施负有决策上的责任，他听取项目负责人的直接汇报，处理项目决策问题。

项目领导小组的工作职责主要有：

（1）确定项目的启动；

（2）确定项目实施小组成员；

（3）确定项目实施计划与目标（包括分阶段目标与成果）；

（4）确定项目实施方案；

（5）建立相应的规章制度，推进管理改革；

（6）指导、检查和协调项目实施，裁决实施过程中的关键问题；

（7）检查工作进度，确认实施小组提交的各类文档。

5.3.2.2 项目实施小组

ERP 项目实施的大量工作都是由项目实施小组来完成的，所以项目实施小组也称为

ERP项目实施的“核心小组”。ERP项目能否按计划正常、高效的实施，项目小组的组长——项目经理非常关键。这个人必须具有较强的组织能力、创新能力和良好的管理能力，必须非常熟悉企业的管理情况。项目实施小组的主要成员包括企业各主要业务部门的领导、骨干或IT部门的精英。

项目实施小组的工作职责主要有：

（1）制定项目实施方案，负责系统的规划、设计；

（2）制订实施计划，进行项目管理与控制；

（3）制订培训计划，负责企业内部培训工作；

（4）企业流程调研与需求分析；

（5）在咨询公司与软件公司的指导下，安排项目实施日常事务，支持系统运行与维护；

（6）负责组织原型测试、模拟运行ERP软件系统，并提出意见；

（7）按要求收集数据并监督数据录入；

（8）制定岗位工作准则与规范；

（9）负责系统的安全和保密工作；

（10）提交各阶段的工作报告。

此外，项目实施小组要组织召开项目实施工作例会，一般每一或两周召开一次，保证项目实施有计划地进行。

5.3.2.3　项目应用小组

项目应用小组由各个具体业务的执行人员组成，应用小组在实施小组的带领下，制定本部门的ERP项目实施方法与步骤，完成ERP项目实施过程中本部门的工作任务，协同实施小组制定新的工作规程与准则。

项目应用小组的工作职责主要有：

（1）整理、收集本部门基础数据并录入系统；

（2）梳理本部门项目实施的业务流程；

（3）反馈系统运行中存在的主要问题；

（4）配合实施小组的各项工作；

（5）负责企业基层操作人员的系统培训。

5.3.3　制订实施计划

ERP实施过程中涉及很多事务，各种事务之间还存在着密切联系，所以制订一份切实可行的实施计划可以保障ERP实施的顺利进行。一般由经验丰富的咨询公司制订实施计划，由项目实施小组根据企业实际状况修改和完善计划，最后由项目领导小组批准执行。

项目实施计划一般分为两类：项目进度计划和业务改革计划。一般来说，ERP项目实施分为六个阶段，各个阶段的工作内容与标志成果都不同。实施ERP的企业可以根据自身的经营状况和承受能力，选择那些可能获得阶段性成果和对企业战略目标有重大影响的关键模块作为流程重组和实施对象。表5-1是××公司的ERP项目实施总体计划及阶段性目标。

表 5-1 ××公司的 ERP 项目实施总体计划及阶段性目标

序号	阶段名称	工 作 内 容	阶段性标志成果
1	项目启动阶段	该阶段的工作重点是为 ERP 的实施做好准备，例如，召开项目启动大会，确定项目小组成员，制订项目实施计划与目标，设置系统实施的模拟环境	项目实施小组的建立，项目总体计划与目标的确立，系统模拟环境的确立，为 ERP 的实施在企业内部造成一定影响
2	业务流程调研与分析阶段	由咨询公司对生产经营特点、业务流程、业务需求等进行调研与分析，最后根据企业的实际情况制定目标业务流程，并以企业的样本数据模拟流程作业，在业务流程确定的基础上制定详细的 ERP 实施方案	业务流程调研分析报告、业务流程的制订，系统详细实施方案
3	数据准备与系统培训	整理企业所有静态数据，确定编码规则进行信息编码工作，对 ERP 实施小组成员进行 ERP 知识、ERP 管理思想、实施方法的培训	录入系统静态数据，完成编码工作，项目实施小组成员掌握 ERP 系统实施方法与使用方法
4	软件的客户化	实施小组在领导小组的带领下，开始对 ERP 全面实施，企业数据全部导入系统，按照要求设置系统环境，对企业员工进行培训，建立完善的 ERP 实施、使用规章制度，进行客户化修改与二次开发等大量工作	完成 ERP 各功能模块的设置与集成，完成员工培训、客户化修改、二次开发、实现软件各项功能等
5	系统试运行与验收	通过系统试运行发现系统各模块功能的完成情况与整个系统的运作情况，系统能否满足各部门或整个企业的特定需求，经过运行、调整与处理后，如达到预期效果则由公司组织系统验收	完成系统各功能模块的测试、编写用户使用手册和系统正常运行、维护的各项规章制度，完成系统整体测试、运行后的测试报告与验收报告
6	系统实施运行	验收系统后进行系统切换，公司正式启用新系统与新业务流程，在 ERP 系统下完成公司日常业务处理，ERP 项目实施完成	系统切换并正常运行

实施进度计划是对实施计划的详细分解，将每一个步骤落实到具体的时间段内。进度计划由企业与实施方共同制订，并在实施过程中做到定期检查、适时调整，确保每一个阶段衔接有序。表 5-2 是××公司 ERP 实施进度计划表。

表 5-2 ××公司 ERP 实施进度计划表

阶段	序号	工作内容	时 间 跨 度								备注
			1 月	2 月	3 月	4 月	5 月	……	11 月	12 月	
第一阶段	1	召开项目启动大会									
	2	确定项目实施小组									
	3	建立系统模拟环境									
第二阶段	4	业务流程调研与分析									
	5	企业需求调研									
	6	确定业务流程									

续表 5-2

阶段	序号	工作内容	时间跨度								备注
			1 月	2 月	3 月	4 月	5 月	……	11 月	12 月	
第二阶段	7	安装软件模拟环境									
	8	培训项目组成员									
	9	制定目标业务流程									
	10	目标业务流程模拟									
	11	确定二次开发内容									
	12	服务器等硬件选项									
第三阶段	13	收集静态数据									
	14	确定编码规则									
	15	信息编码									
	16	录入静态数据									
	17	二次开发编程									
第四阶段	18	调整业务流程									
	19	设置网络环境									
	20	安装软件									
	21	系统设置									
	22	编制使用手册									
	23	报表客户化设计									
	24	客户化修改									
	25	用户培训									
	26	建立系统运行制度									
	27	实施文档整理									
	28	系统测试									
	29	系统试转换									
第五阶段	30	正式数据收集与录入									
	31	系统运行环境确立									
	32	系统运行									
	33	解决系统运行问题									
	34	进行客户化修改									
	35	组织验收									
第六阶段	36	系统切换									
	37	正式运行实施									
	38	运行后技术支持									
	39	项目验收									

5.3.4 企业资源计划知识培训

ERP 知识培训的目的是为了让企业中高层领导、业务骨干及 ERP 项目组成员了解 ERP 基本原理和管理思想，熟悉 ERP 系统的工作重点及用途，学会用 ERP 的思想对企业现行的业务流程和存在的问题进行企业级评价，保证 ERP 系统的顺利实施及高效应用。

ERP 实施的过程中始终贯穿着知识培训，可以将 ERP 知识培训划分为三个阶段：项目实施前培训、项目实施过程中培训、系统投入运行后培训。ERP 实施前的培训主要是针对中高层领导和项目组成员的理念培训，而后两个阶段的培训主要是针对 ERP 软件进行的。培训对象是项目实施成员、系统业务员、部门业务员等 ERP 的使用者。

针对不同层次的培训对象有不同的培训内容，对企业的中高层管理者，培训的重点应该是供应链管理和 ERP 概念，让他们明白在 ERP 实施的过程中可能遇到的问题以及他们应该承担的责任与作用。当 ERP 系统运行后，对中高层的培训重点应该是如何通过 ERP 系统查询到他们所关注的问题或如何获得最优决策。对项目实施小组成员的培训内容不仅包含供应链管理和 ERP 概念，还包括软件功能的详细操作。因为来自不同部门组成的项目小组成员承担着向企业内部员工广泛落实的义务，只有先培训好他们，才能带动其他员工深刻理解。对部门业务人员的培训内容类似于项目实施小组的培训内容。

5.3.5 数据准备

ERP 的业务数据主要包括三类：初始静态数据、业务输入数据和业务输出数据。初始静态数据如初始库存数据、工作中心数据和物品工艺流程等，业务输入数据如销售订单数据、物品入库数据、物品出库数据等，业务输出数据如物品计划需求量、物品库存数据、可用库存量等。有些数据不需要经过加工就可以直接使用，而有些数据需要进行重新分解和组合后才能使用，因此需要准备数据的各个部门分工明确、妥善配合才能完成。数据准备的基本要求是及时、准确和完整。及时要求数据收集能在规定的时间内完成，准确要求数据符合实际，完整要求数据满足系统的各项要求。

5.3.6 开发与测试

ERP 的客户化和二次开发直接关系到 ERP 系统能否在企业内成功实施和有效应用。考虑到企业所处的环境不断变化，企业的产品种类与产品生命周期长短不一，企业的计划模式与销售模式也在随之不断变化，企业为了适应变化也会不断进行业务重组等，所以企业的 ERP 系统要求能够适应企业的动态变化。

客户化是指不需要改动程序的工作，如修改报表格式等可以由系统维护人员或企业内不需要有很多计算机方面知识的业务人员直接完成的工作。二次开发是指需要改动程序的工作，如增加或者修改软件的功能，二次开发需要由精通计算机知识和软件原理的专业人员完成，而且还需要 ERP 供应商能够提供源代码。企业是否需要进行二次开发，一定要在项目实施计划中明确，而且究竟是应该修改软件还是改革现行的管理程序是企业必须权衡的一个重点，原因之一是二次开发会导致工作量、ERP 实施成本及实施周期的增加；另一方面二次开发会影响 ERP 软件商提供的系统升级。所以，如果企业一定要进行二次开发，也应尽量使开发模块独立于原来的 ERP 系统，保证 ERP 系统的更新。

ERP的测试内容主要分为三个部分：单元测试、集成测试和系统测试。单元测试是在一个独立的单元模块中进行的测试，主要测试本模块的功能实现情况；集成测试是指模块与模块之间的测试，主要测试功能模块及功能模块之间的协调运行，例如生产计划集成测试；系统测试是指集成测试完成后，将二次开发的程序也纳入到系统中进行的集成测试，主要测试系统解决方案是否还有漏洞和不完善的地方。ERP系统的测试流程如图5-9所示。

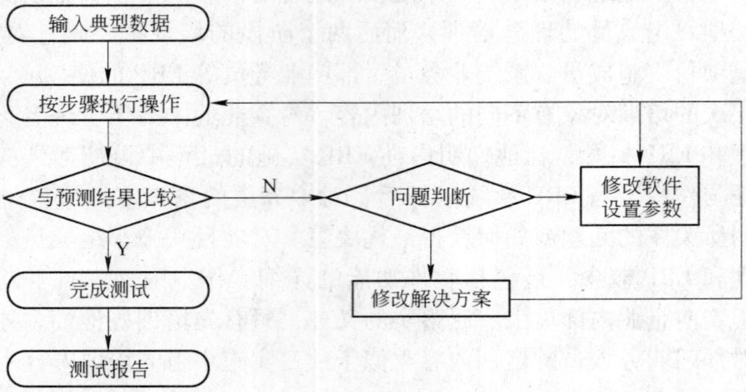

图5-9 ERP系统测试流程

将收集的企业典型数据录入系统，在实施顾问的指导下进行系统的测试工作，当和预测结果不符合的时候，重新修改软件的设置参数或二次开发的程序代码，以达到和预期结果一致。

5.3.7 系统切换

经过一段时间的新旧系统并行运行，确认新系统可以正确处理数据并输出满意结果后，要进行系统切换，这标志着ERP项目实施进入实际运行阶段。ERP系统切换牵涉企业内部很多业务部门，手工状态下部门内部的业务不再是独立的一项工作，跨部门之间业务的时效性凸显。各部门之间的协作是ERP系统可靠运行的基本保障。

为了保证系统切换的顺利进行，一定要选择适合的切换时机。既要确保企业正常业务的运行，也要确保切换时间最短。如果时机选择不当，可能会影响企业业务的正常运转和最终用户使用新系统的积极性。通常企业会选择“五一”或“十一”等长假期间进行系统切换。此外，数据的准确性也是系统切换时要格外注意的，因为数据的准确性会直接影响系统的运行。如果数据不准确导致系统运行结果失效，那么很多企业员工都会有失望和不满情绪，甚至会怀疑ERP系统的功效，这会影响ERP系统的日后应用。

5.3.8 企业资源计划应用绩效评价

ERP对企业的影响是全方位的，效益也是多方面的。有些可以通过经济指标衡量，有些是无法计量的管理效益。其绩效评估标准可以参考《ABCD优秀企业运作考核提纲》，考核内容分为总体效果、计划与控制过程、数据管理、进取不懈过程、计划与控制评价、企业工作评价等六个方面。我们必须清楚，ERP 的应用效益与各个部门的投入并不成比例，利用 ERP 系统最多的是库存部门、采购部门和计划部门，企业管理者应该从全局利益出发，做好各部门之间的沟通工作，保证 ERP 实施的最大效益。

5.4 业务流程重组

ERP 在企业实施后，企业的业务数据可以实现共享，同时企业可以处理的业务量也加大了，这使得企业的业务流程发生了一些变革。ERP 要求的企业管理和市场运营模式可能与企业原来的业务管理模式存在差异，ERP 的实施要求企业开展管理创新改革，从面向事务、职能的管理发展到面向业务流程的管理，然而由于各种原因，我国目前大多数企业处于管理粗放状态，这使得应用 ERP 和推进信息化建设的任务更加艰巨。

本章小结

企业资源计划是建立在信息技术基础上，利用现代企业的先进管理思想，全面地集成了企业人、财、物等所有资源信息，为企业提供决策、计划、控制与经营业绩评估的全方位和系统化的管理平台。

ERP 系统不仅仅提供了信息，而且提供了一种管理理论或者管理思想，它的发展历程主要经历了订货点法、物料需求计划、闭环 MRP、制造资源计划、企业资源计划五个阶段。其核心思想是实现整个供应链的有效管理，包括对整个供应链的管理思想，精益生产、同步工程和敏捷制造的思想，事先计划与事中控制的思想。

ERP 系统借助信息技术手段，通过系统化的管理思想为企业决策层和员工提供决策方案。ERP 实施是在企业信息系统建设过程中，由企业成立的项目小组按照企业的需求提供一种专业化、个性化的服务。通过 ERP 实施，企业可以得到一套有价值的、能够实现企业管理目标的解决方案，这个方案可以指导企业完成系统的客户化工作，帮助企业降低成本、提高效率、实现科学管理。ERP 项目实施通常包括三个阶段：实施准备、项目实施和实施测评。

专业术语

企业资源计划（Enterprise Resource Planning，ERP）
物料需求计划（Material Requirement Planning，MRP）
主生产计划（Master Production Schedule，MPS）
产品结构（Bill of Materials，BOM）
制造资源计划（Manufacturing Resources Planning，MRPⅡ）
能力需求计划（Capacity Requirements Planning，CRP）
智能资源计划（Intelligent Resource Planning，IRP）
动态企业建模技术（Dynamic Enterprise Module，DEM）
产品数据管理（Product Data Management，PDM）

本章参考文献

[1] 罗鸿 . ERP 原理 · 设计 · 实施[M]. 北京：电子工业出版社，2005.
[2] 杨尊琦，林海 . 企业资源计划[M]. 北京：电子工业出版社，2006.
[3] 韩景 . ERP 综合实验[M]. 北京：机械工业出版社，2010.
[4] 黄卫东 . 企业资源计划[M]. 南京：南京大学出版社，2007.
[5] 杨建华，张群，杨新泉 . 企业资源规划与流程再造[M]. 北京：北京交通大学出版社，2007.

习　题

5-1　什么是 ERP?

5-2　ERP 的发展经历了哪些阶段?

5-3　ERP 的核心管理思想是什么?

5-4　简述 MRP 的主要思想。

5-5　简述 MRPⅡ的基本思想。

5-6　简述 ERP 系统的特点。

5-7　简述 ERP 系统的实施流程。

第 6 章　企业级和跨组织信息系统应用

案例

CRM 在 Cisco 的成功实施

作为一个对世界 IT 潮流有着足够敏感度的企业，Cisco 公司已在互联网上开展了其所有业务。它全面采用 Oracle 的数据库、互联网技术平台及前端应用程序，建设了面向全球的交易系统，并已将市场及服务扩展到了全世界的 115 个国家。Cisco 在客户服务领域全面实施了 CRM，这不仅帮助 Cisco 顺利地将客户服务业务搬到互联网上，使通过互联网的在线支持服务占了全部支持服务的 70%，还使 Cisco 能够及时和妥善地回应、处理、分析每一个通过 Web、电话或其他方式来访的客户要求。实施 CRM 使 Cisco 创造了两个奇迹，一是公司每年节省了 3.6 亿美元的客户服务费用；二是公司的客户满意度由原先的 3.4 提高到现在的 4.17。4.17 是一个惊人的数字，在这项满分为 5 的调查中，IT 企业的满意度几乎没有能达到 4 的。先进的 Oracle 系统为 Cisco 创造了极大的商业价值：在互联网上的销售额达到了每天 2700 万美元，占到了全美国互联网销售额的一半以上；发货时间由三周减少到了三天；在新增员工不到 1% 的情况下，利润增长了 500%。❶

6.1　供应链管理系统

随着计算机技术的迅速发展和全球化进程的不断加快，企业所处的商业环境也发生了重大变化，产品生命周期越来越短，技术不断创新，顾客需求瞬息万变，市场竞争日益激烈，所以企业应该努力降低运营成本，对市场迅速做出反应，紧密联系有供需关系的上下游企业，从原材料采购到成品产出，从销售到售后服务各项工作紧密配合。

依托互联网的发展，管理信息系统也从企业内部发展到外部，生产运营管理信息系统经由物料需求计划（MRP）和制造资源计划（MRPⅡ）发展到企业资源计划（ERP），进而向供应链管理（Supply Chain Management，SCM）和客户关系管理（Customer Relationship Management，CRM）方向发展。

6.1.1　供应链管理的概念

供应链是指围绕核心企业，通过对信息流、物流和资金流的控制，从原材料采购开

---

❶资料来源：http：//www. yesky. com/20000803/102948. shtml

始，制成中间产品以及最终产品，最后由销售网络把产品送到消费者手中，形成将供应商、制造商、分销商、零售商直到最终用户连成一个整体的网链结构模式。它是一条始于原材料的供应，经过不同企业对产品的制造、加工、组装和分销等过程，终于最终用户的物料链、信息链或资金链，在这条链上，物料因为被加工、包装及运输等手段而增值，这些过程的实施也为相关企业带来了收益。整个供应链系统就是一条由终端客户驱动的无缝需求管道。

供应链具有复杂性、动态性、交叉性和面向用户需求的特点，一方面供应链上的组成企业类型众多，另一方面受市场需求变化的影响，供应链上的企业经常动态更新。如果按照供应链管理对象划分，可以将供应链划分为企业供应链、产品供应链、基于供应链合作伙伴关系的供应链；按照网状结构划分，供应链可以分为"V"形供应链、"A"形供应链、"T"形供应链；按照分布范围划分，供应链可以分为公司内部供应链、集团供应链、扩展供应链、全球网络供应链。

供应链的结构模型如图 6-1 所示。从图 6-1 中可以看出，各节点企业围绕一个核心企业在各企业需求信息的拉动下，通过供应链的职能分工与合作不断实现增值。

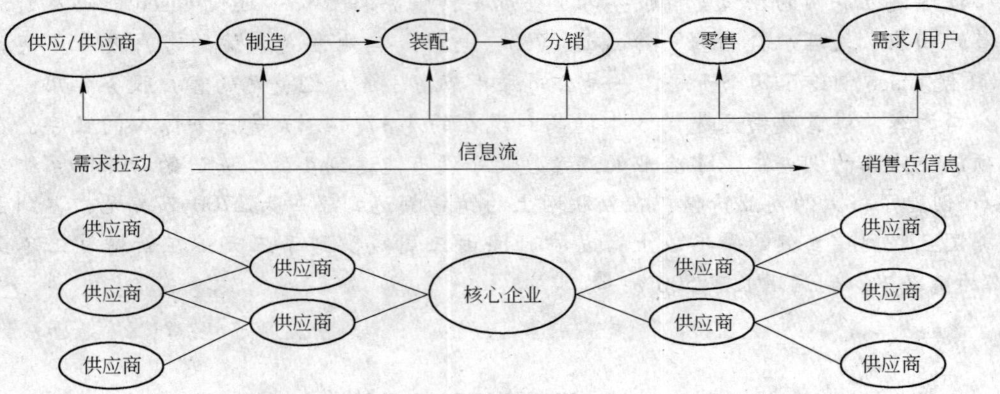

图 6-1　供应链结构模型

SCM 是利用系统的观点对整个供应链中各企业之间的物流、信息流和资金流进行设计、计划、协调与优化，以寻求链中各企业与客户之间的战略合作伙伴关系，最大限度地减少内耗与浪费，达到供应链的最大绩效与利益，满足顾客需求。SCM 是一种集成的管理思想和方法，它是通过前馈信息流和反馈信息流将供应商、核心企业和用户连成一个整体的管理模式。

SCM 考虑了从供应商到生产，经过仓库和配送中心到零售商、商店及最终的顾客需求在内的每一个方面，作为一个系统，它追求整个系统的效率和费用的有效性，其目标是提高顾客的满意程度，将顾客所需的正确产品或服务（right product or service）能够在正确的时间内（right time）按照正确的状态与包装（right condition and packaging）、正确的数量与质量（right quantity and quality）送到正确的地点和用户（right place and customer），并保证总成本达到最小化。这个成本不仅包括从运输和配送成本到原材料、半成品的库存成本，而且包括供应链中各企业之间的联系成本与管理成本。因此，SCM 的重点不是简单的使运输成本达到最小或减少库存，而在于采用系统方法来进行战略层面、战术层面和操作层面的 SCM。

6.1.2 供应链管理的结构模型、内容和特征

SCM 从结构上可以划分为战略层、运作层和支持层，其结构模型如图 6-2 所示。战略层是 SCM 的核心，对 SCM 进行总体控制与计划，战略层也称为决策层，这一层的管理要结合企业的最终目标制定出 SCM 的目标与 SCM 的内容。运作层是 SCM 的中心层，这个层次的管理不仅包括企业内部的供应系统管理，还包括与其他企业的协调、合作管理，SCM 的许多操作都在这层完成。如与上一级的供应商、下一级的销售商进行合作管理；与同一级的企业协调管理；企业内部各环节的供应系统管理等。在这些管理过程中，企业实现成本的降低与生产过程的优化。支持层是 SCM 的基础层，它保证运作层和战略层的管理方法顺利实施。

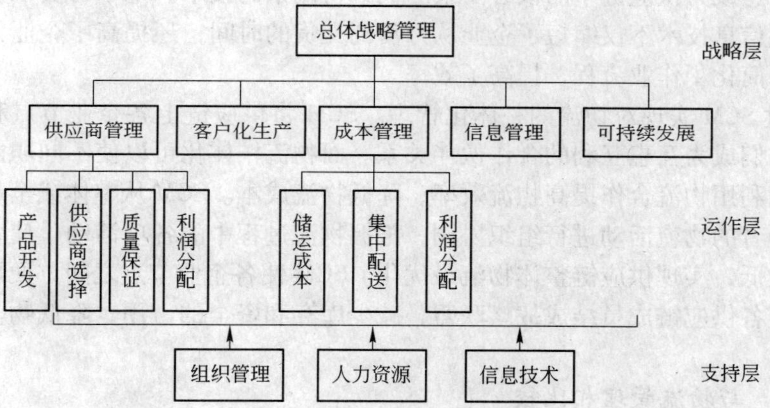

图 6-2 供应链管理的结构模型

SCM 的内容主要包括计划、采购、制造、配送和退货五部分。计划是 SCM 的初始部分，企业用它来管理各种资源，使企业能够低成本、高效率地为顾客提供高质量、高价值的产品或服务，满足顾客对产品的需求。采购是企业寻找能够为其提供产品原材料或半成品的供应商，并通过与供应商协商，建立一套与价格、配送、数量、质量和付款相关的流程，并将这些流程结合起来进行管理。采购具体包括提货、核实货单、转送货物到制造部门并批准对供应商的付款等。制造是 SCM 中的核心内容，主要包括安排生产、测试、打包和送货前的准备活动等。制造会直接影响产品质量及生产效率等指标。配送是与销售相关的环节，主要有调整用户的订单收据、指定人员提货并将货物送到顾客手中、建立产品计价系统、接收付款等活动。退货是为了完善供应链的补充环节，也是其处理问题的环节，主要有接收用户退回的残次品或多余产品，并配套与之相关的退款等。

SCM 可以降低采购成本与存货水平，利用互联网整合后的供应链还可以节约交易成本，缩短企业的生产时间，提高顾客的满意度。其主要特征可以从与传统管理方法或物流管理的比较中显现出来。

6.1.2.1　与传统的管理方法相比较

与传统的管理方法相比较，SCM 更强调了链中各企业之间的合作关系。

（1）SCM 将链上所有企业看作一个整体进行战略管理。跨企业的贸易伙伴之间密切合作、共享利益、共担风险。供应链中的所有企业之间的关系超越了组织机构的界限，改变了传统的经营理念，使企业认识到，生产经营不仅要依靠自己的资源参与市场竞争，还要充分利用供应链中的其他节点企业实现跨企业、跨部门的合作，追求企业之间稳定的、双赢的互助合作伙伴关系和共同利益。

（2）以顾客为中心。SCM 的最终目标是满足顾客的需求，所以无论供应链上企业节点数量多少、企业类型、层次多少，其经营导向都是以客户为中心，通过 SCM 实现成本降低，寻求顾客需求，快速做出反应，实现竞争优势。

（3）集成化管理。SCM 利用网络等信息技术组织安排业务流程进行集成化管理。供应链成员通过各种信息的交流，及时有效地获取客户的需求信息并做出反应，满足客户的需求。所以信息成为供应链中的核心要素。例如物流条码技术、电子订货系统、数据读取系统等，这些信息技术不仅缩短了企业从订货到交货的时间，还提高了企业处理事务的速度与准确性，简化了作业流程，提高了效率。

（4）通过 SCM 实现对物流的一体化管理。SCM 将供应链上各企业节点和企业内部联结起来，使它们成为互惠互利的合作伙伴关系。而物流一体化可以使不同职能部门之间或不同企业之间利用物流合作提高物流效率、降低物流成本。SCM 从整体或全局的角度对从供应商到消费者的物流活动进行组织协调，把握物流过程中的各项活动，使各类企业的库存水平降到最低，实现供应链整体物流最优化。SCM 使各企业节点之间方便地进行信息交换与共享，使各供应链成员结成战略联盟，减少库存和资金的占用，降低物流费用，提高物流效率。

6.1.2.2　与物流管理相比较

如今，物流管理已经改变了传统内涵，逐步发展成为 SCM 的一部分。所以，与传统的物流管理相比较，SCM 有如下特征：

（1）SCM 是物流管理的高级形式。SCM 是以物流为基础发展起来的，从企业的运作方面看，从实物分配开始，到信息整合管理、物资整合管理，逐步形成了物流的概念；从节点企业之间的关系来看，存在着从制造商、批发商、分销商、零售商到最终消费者的前向整合，也存在着逆向到供应商的逆向管理。所以，SCM 实质上是从物流的战术管理提升到了战略管理。

（2）SCM 的互动性。库存管理是以存货资产作为管理对象的，而物流管理是以存货流动的业务过程作为管理对象，是具有互动特征的关系管理。

（3）SCM 决策的发展。物流管理决策与供应链管理决策都是以成本、时间和绩效为基准点，以提高客户的满意度为最终目标。而 SCM 除了有选址决策、库存决策和运输决策以外，还增加了关系决策与业务流程整合决策。所以，物流管理实质上是 SCM 的一个子系统，其决策目标也必然服从 SCM 的整体决策。

（4）SCM 的协商机制。物流管理是一种计划的机制，它通过计划来控制产品和信息的流动，与供应商和客户之间是利益冲突的买卖关系；SCM 也制订计划，但是它是为了实现供应链上各企业的联合或协调，通过 SCM 可以使各节点企业分享需求信息与当前的存货水平信息，减少供应链上各类企业所持有的缓冲库存。

(5) SCM 强调组织外部一体化。与物流管理相比较，SCM 不仅关注组织内部的一体化，而且关注组织外部的一体化。考虑供应链上不同层次的相互关联问题，进行成本效益的权衡。例如，供应链上各成员共同参与整体发展战略的制定，考虑在什么时候执行什么计划，供应链系统的整体布局应该如何设置，各类信息的共享深度如何决定，等等。

(6) SCM 对共同价值的依赖性。SCM 有时也可以理解为协作伙伴之间信息增值交换的一系列关系，而物流管理是为了提高产品的流通性或面向客户服务的可行性。所以，SCM 更依赖信息系统的支持，如何管理与分配信息取决于供应链成员之间对业务过程一体化的共识程度，SCM 通过构筑信息化网络平台为各节点企业提供了一种相互依赖、互惠互利、共同发展的依存关系。

(7) SCM 是“外源”整合组织。物流管理是垂直一体化的，SCM 则是在“核心业务”的基础上，通过协作方式从外部获得资源来达到最佳的整体运营效益，使企业可以集中精力做好产品研发和市场营销。SCM 通过协作方式优化资源配置，在获得外部资源的同时也将内部成本外部化，利用成本核算与控制优化客户服务，进行客户关系管理。

(8) SCM 是一个动态的响应系统。SCM 处于动态的市场环境中，必然要求企业管理层能够经常对供应链的关键运行过程进行监控与评价，一方面为了更快地达到目标，另一方面可以适当调整系统做出应变。

6.1.3 供应链管理的原则与方法

SCM 可以降低成本、缩短订单履行时间、提高投资回报率，所以 SCM 很被企业看重。Andersen 咨询公司曾经提出 SCM 的七项原则。

6.1.3.1 根据客户需求划分客户群

改变传统的划分市场方法，依据客户需求将客户群体进行分类，针对不同类型客户提供不同的供应链服务，一方面同类客户容易达到成本均摊，另一方面不同客户可以各得其所。企业通过控制经营管理活动与财务管理，在出售与促销活动中让利给客户，合理平衡客户服务和公司利润之间的关系。

6.1.3.2 制定服务与利润标准

企业物流网络以客户需求为基础，所以必须能够按照不同等级或不同类型的客户利益制定相关的服务与利润标准。例如，一家造纸公司发现两个客户群具有完全不同的服务需求，大型印刷企业允许较长的提前期，而小型的地方印刷企业则要在 24 小时内供货，于是它要建立三个大型分销中心和 46 个紧缺物品快速反应中心。

6.1.3.3 把握市场信息进行综合预测

市场的需求信息是拉动供应链的重要原动力，如果各企业能够实现跨行业的市场综合预测，倾听供应链全过程的各种市场信号，及时配套调整需求计划，就能实施最佳销售与经营计划。SCM 把从市场合作预测到经营产品的正常配送，从制造商的存货决策到各层次客户信息的全部活动都归入供应链的一体化经营管理。

6.1.3.4 时间延迟策略

适当增加中间库存时间，延迟其最终产品或服务的定型时间可以提高产品或服务的柔性，增强市场预测的准确性。例如，一家洗涤用品企业，在全部产品完工结束后，可以将产品包装工序放在各零售商店里进行，以期满足不同地域的客户需求。

6.1.3.5　与供应商建立双赢的合作策略

与供应商建立协作关系不仅可以降低采购成本，还可以降低整个供应链的成本，使企业获得更多的收益。

6.1.3.6　引进供应链新技术，建立整个供应链领域的信息系统

如引进信息技术系统等可以提高服务质量或提供数据信息的新技术设施，来处理日常事务或电子商务，支持供应链各个环节上的多层次决策，将各类信息进行策略分析，强化具体经营管理的实际行动。

6.1.3.7　建立整个供应链的绩效考核准则

供应链是否具有竞争优势，要通过衡量整个供应链的绩效，而不仅仅是个别企业的绩效。所以，建立一个整体绩效考核标准是评估供应链可持续发展的基础。

SCM 的基本方法主要有快速反应（Quick Response，QR）、有效客户反应（Efficient Consumer Response，ECR）、商品分类管理（Commodity Classification Management，CCM）和企业资源计划（ERP）。这里主要介绍前三种方法。

（1）快速反应。QR 是指在供应链中，零售商和制造商为了实现共同的目标建立起来的协作伙伴关系，这种方法利用 EDI 等信息技术，进行销售信息交换以及订货补充等其他经营信息的交换，通过多频度、小数量的配送方式连续补充商品，达到减少库存、缩短交货周期、提高企业竞争力、满足顾客需求等目的。这种方法应用的前提是零售商和制造商要改变敌对竞争关系，建立良好的协作关系，并利用信息技术有效地管理彼此之间的商品流与信息流，只有这样才能全面提升终端客户的供货能力，快速反应才能真正发挥作用。QR 的主要实施对象是普通商品，这种产品生命周期短、季节性强、库存周转慢。

（2）有效客户反应。ECR 是由供应链上各节点的生产商、批发商、零售商等互相协调合作，以更低的成本、更快更好地满足消费者需求。这种方法将以前处于分离状态的供应链联系起来，分享信息，共同满足消费者的需求。为了最大限度地发挥 ECR 的作用，要对供应链上涉及的制造业、零售业、批发业进行分析研究，实现各类企业的协调管理。ECR 的主要实施对象是干货食品，其商品单价低、周转快，适合超市低毛利经营。

（3）商品分类管理。CCM 也称品种管理，是分销商或供应商实施的将商品类别作为战略业务单位进行的一种管理，这种方法可以提高分销商或供应商的商品类别效率和赢利能力。所以，CCM 是分销商与供应商的一种业务过程，它追求整个商品类别全体收益的最大化。具体来说，企业对经营的各种商品按照其功能、作用、收益性等指标进行评价并分类，并以此为基础进行商品类别管理，以增加企业的销售额与收益水平，提高对消费者的服务水平。对于企业来说，实施商品分类管理要有一个清楚的、长期的方案。先从几个商品类别做起，再逐步扩展到其他的商品类别。

6.2　客户关系管理

随着网络经济和电子商务的发展，以往代表企业竞争优势的企业规模、固定资本、销售渠道和员工队伍不再是企业在竞争中处于领先地位的决定因素。依赖客户生存的企

业必须意识到，现在的客户已经没有了地理区域的限制，而是对商品的质量、价值和个性化要求日益增强，对待不同背景、不同需求的客户，必须利用技术手段实现“人性化服务”，加强自身产品对客户的吸引力，建立和维持具有良好满意度和忠诚度的客户群关系。

6.2.1 客户关系管理系统的概念

客户关系管理是利用先进的管理思想和信息技术，整合客户信息资源，实现市场营销、销售、服务等活动的自动化，为客户提供更快捷、更经济的产品与服务，以提高客户满意度、忠诚度和企业的赢利能力为目的的一种管理经营方式。所以，CRM 是一种以客户为中心，以“客户关系一对一理论”为基础的，旨在改善企业与客户之间关系的新型管理机制。

CRM 系统的中心思想是：通过与每位客户建立联系，了解不同客户的不同需求，满足每位客户的特殊需求，为每位客户提供“一对一”个性化服务。数据统计表明，越来越多的企业利用 CRM 来增加收入、优化赢利性、提高客户满意度。

可以从以下三个方面理解 CRM：

（1）从客户层面看，CRM 通过与客户建立联系，使企业低成本、高效率地实现与客户一对一营销，最大程度地以客户为中心，提高客户的满意度及忠诚度。

（2）从技术层面上看，CRM 利用信息技术整合企业资源与流程，通过信息支撑平台实现前端以客户为中心的工作流和后端的客户智能整合。

（3）从管理层面看，CRM 是遵照“以客户为中心”的思想，实施判断、选择、争取、发展和保持客户的全部商业过程，这个过程是将客户资源转化为企业收益的一种管理方法，是一种先进的管理思想。它能促进企业与客户之间的联系，加强企业在营销、销售、服务与支持过程中各方面的协调。

6.2.2 客户关系管理系统的构成与特点

一个完整的客户关系管理系统主要包括业务操作管理子系统、客户合作管理子系统、数据分析子系统和信息技术管理子系统，CRM 应用系统的结构如图 6-3 所示。

6.2.2.1 业务操作管理子系统

业务操作管理子系统的功能是为了实现基本商务活动的优化与自动化，实现对企业市场、销售和服务三个管理部门业务流程的信息化。主要内容有销售自动化、营销自动化和客户服务与支持。

销售自动化是改变传统的销售过程，利用计算机、网络等通信工具实现自动化方式销售，销售人员通过信息系统了解产品定价、商机、交易建议、日程安排、费用、佣金、关键客户等信息，了解市场动态和销售的全过程。通过销售的自动化能够缩短销售周期，提高工作效率，获得销售利润。其主要功能有客户管理、现场销售、多渠道销售管理、销售佣金管理、销售费用管理、日程安排等。

营销自动化是对销售自动化的补充，它通过分析市场与客户的信息，设计、策划营销活动的行动步骤。其主要功能有营销计划的编制、实施、结果分析，营销活动的管理，目标客户清单的预测、产生与管理，客户的跟踪和管理，营销资料的管理等。

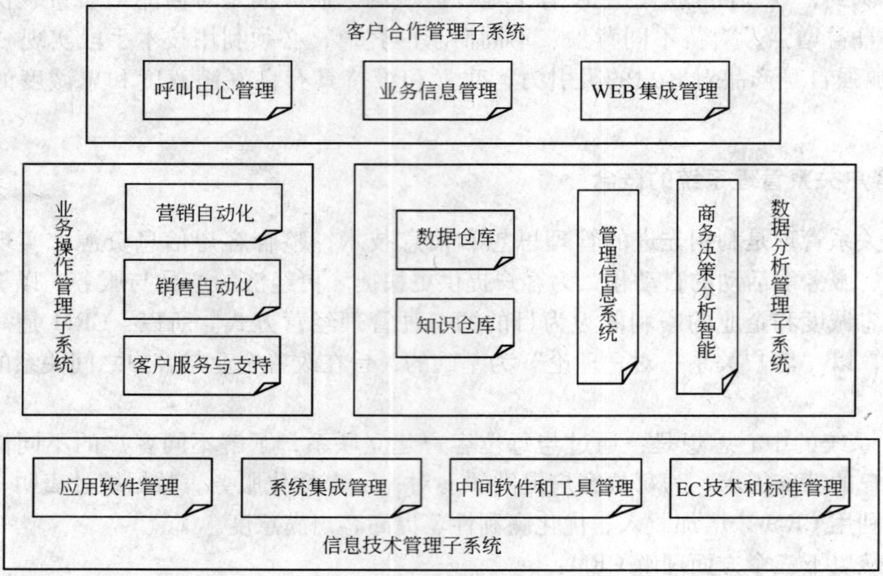

图6-3　CRM应用系统基本结构

客户服务与支持是利用现场服务、客户支持等相关业务流程的自动化来提高服务能力和服务质量，通过跟踪服务延长客户服务的生命周期。其主要功能有通过与客户合作管理子系统的联系对客户问题做出及时的判断与解决，为现场服务、资产管理、订单跟踪、服务请求、维修调度等提供支持。

6.2.2.2　客户合作管理子系统

客户合作管理子系统是为了实现对客户接触点的完整管理，如系统中可以实现客户信息的获取、传递、利用与共享，主要内容有呼叫中心管理、业务信息系统、Web集成管理。其中，呼叫中心管理是企业与客户实现交流的平台，它建立了销售与服务之间的联系。通过此平台，业务人员可以按照自动化的流程为客户提供实时的销售或服务支持。其主要功能有呼入呼出电话处理，呼叫中心运行管理，路由选择，呼叫转移，报表统计分析，呼叫调度管理等。

6.2.2.3　数据分析管理子系统

数据分析管理子系统是为了实现决策分析的智能化，主要内容有知识仓库建设、数据仓库建设及依托管理信息系统的商务决策分析智能等。

知识仓库建设是将经过加工分析后的客户信息转化为客户知识，利用知识管理有效地获取、发展和维系有利于客户组合的知识与经验，为企业的资源分配和营销决策提供依据。

商务决策分析智能是对客户信息、交易信息等进行定性或定量的分析，找出潜在的客户和商业机会，并把分析结果反馈给管理层作为决策的依据。其主要功能有用户定制查询和报告，以图表或报告的形式显示查询结果，分析潜在客户和业务的传递途径，将数据转移到预测或计划工具中。

6.2.2.4　信息技术管理子系统

信息技术管理子系统为CRM应用系统的运行提供可靠保障，其主要内容有应用软件管理、中间软件和系统工具管理、企业级系统的集成管理、电子商务技术和标准管理。

总之，CRM 系统以全方位的客户关系管理为基础，结合完善的产品管理、财务管理、办公管理等，为企业实现产品销售、售后服务、财务管理、人事管理、日常办公等协同工作，使企业的整个客户管理纳入到统一的规范化管理中。

6.2.3 客户关系管理项目的实施步骤

A 组建 CRM 团队，组织相应培训，确定业务计划

企业决定实施 CRM 项目，首先要有相应的 CRM 团队，这个团队的成员可以从 CRM 系统所涉及的业务部门中抽取得力代表组成，同时要对团队成员进行分阶段的培训，培训的目的是使这些组成团队成员的销售人员、服务人员或管理人员掌握 CRM 系统的使用方法，了解它的管理与维护，保障后期 CRM 系统成功运行。此外，企业决策者要准确把握企业的应用需求，制定一份有效利用企业资源、合理采用技术手段的长远业务计划。

B 分析客户需求，建设客户知识信息系统

CRM 项目团队要深入了解不同客户的不同产品需求或服务要求，将收集的客户信息建成客户信息文件，如客户原始记录、企业投入记录、统计分析资料等，通过客户知识信息系统的建设，使企业了解其与客户的交互作用，并根据自身管理决策的需求及客户的特征信息，建立不同的客户档案，保证销售或营销的经济性与实用性。

C 评估销售与服务过程，明确企业应用需求

在明确企业应用需求的条件下，广泛征求员工的意见，了解销售管理人员和销售人员对销售、服务过程的理解和需求，分析、评估或重构企业的业务流程，确定各种模块所具有的功能。如销售管理人员对市场预测、销售渠道管理和销售报告感兴趣，而销售人员则希望迅速生成精确的销售额或销售建议、产品目录以及客户资料等。

D 选择合适方案，投入资源全面开发，分段推进

企业要选择能够提供全面功能的合适方案，谨慎选择应用软件和实施的服务商，分阶段投入资源，推进软件与方案在企业的安装、调试与集成，保证后期成功实施。

E 使用、维护、评估与改进

通过衡量管理绩效的数据监控体系、决策数据分析体系和企业经营状态等，评估系统的有效度，并在使用中不断进行修正，提高其适用程度。

6.2.4 客户关系管理在商业银行的应用与效益

客户关系管理的应用非常广泛，如金融业、房地产业、航空业、制造业、物流业等，本节主要介绍 CRM 在商业银行的应用。通过实施 CRM 可以为银行带来先进的以客户为中心的经营理念和发展战略，可以优化银行的组织体系、职能结构和价值链，促使银行建成高效的信息系统与管理系统，提升银行创新、开发和营销金融产品的能力。实践证明，实施 CRM 带给银行业的巨大贡献是客户忠诚度的提升。

表 6-1 显示了商业银行传统的客户关系与 CRM 理论下的客户关系对比。可以发现，CRM 理论更倡导以客户为中心的经营理念。

表 6-1　商业银行传统客户关系与客户关系管理理论下的客户关系

变化特征	传统客户关系	客户关系管理理论下的客户关系
买卖双方的地位	银行占主动地位	客户占主动地位
供求关系	卖方市场	买方市场
营销行为方式	等客户上门	主动寻找客户
买卖性质	单向选择	双向选择
关系性质	纯交易关系	一种双赢的合作关系

6.2.4.1　商业银行 CRM 的主要内容

CRM 系统上线运行并不代表实施客户关系管理，实施 CRM 主要包括以下四个方面：

（1）明确客户策略。商业银行首先要能通过各种服务渠道发现潜在客户，并了解其与银行业务的潜在关系；其次，要根据客户资料的特征对客户进行细分，把握与了解不同客户的动态需求；然后依据客户细分的结果，从客户群中锁定商业银行的目标客户；最后，要有的放矢地进行客户需求分析，为客户实行个性化和差异化服务，提高客户的忠诚度与满意度。

（2）制定产品与服务策略。首先依据不同层次的客户需求，确定产品与服务目标；根据目标及不同客户的差异性，实施产品开发与服务创新；根据产品成本、市场情况合理定制价格；将客户需求与产品、服务有机结合起来。

（3）制定与实施营销策略。将客户策略、产品与服务策略结合起来，制订既能满足客户需求，又能实现商业银行经营效益的客户关系营销总体计划，在不断拓展营销渠道的基础上，制订和整合营销渠道计划；依据客户需求、产品与服务需求建立分层次的营销体系；组织、实施和评价客户关系营销。

（4）加强客户维护与管理。CRM 是一个积极使用信息并不断完善信息的过程，它可以将客户信息转化为客户关系。所以，加强客户维护与管理是一项长期工程。主要内容包括收集、整理、分析客户信息；通过定期或不定期的征询客户意见实现与客户沟通；及时掌握客户需求的变化，将企业产品与服务向客户通报；不断拓展服务渠道，动态调整营销价格，提高客户的满意度与忠诚度；通过产品创新和服务的差异化提升客户资源，为客户提供风险预警服务，实现与客户的紧密合作；减少与客户的冲突和分歧，完善商业银行服务。

6.2.4.2　商业银行 CRM 的结构模型

商业银行 CRM 模型框架如图 6-4 所示，它将数据仓库与综合业务处理系统、管理信息系统有效结合进行业务管理和服务。其中，客户数据仓库是银行的重要资产，要在全公司统一管理和分配，无论来自电话、传真、邮件还是现场的各种客户请求信息都反映到数据仓库中，系统将客户信息传递给各种授权用户，同时提供能够整合销售和服务的自动化工具，有基于开放标准与企业应用系统的整合能力，具有从大量交易数据中提取支持决策信息的能力。使企业能够预测客户的行为，实现对客户的“一对一”差异化服务。

6.2.4.3　商业银行 CRM 的流程

CRM 将客户看作企业的一种无形资产，客户数量增多代表着企业价值的增加。所以，CRM 更关注对客户的认识、保留与发展管理，以期建立企业与客户之间的长期价值关系。

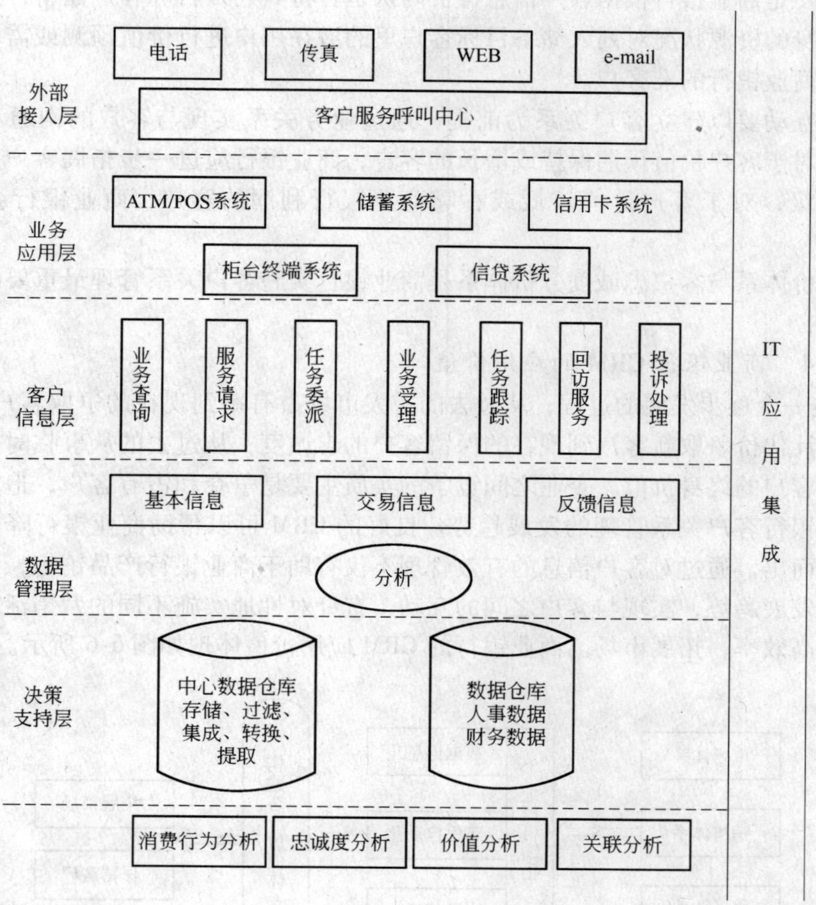

图6-4 商业银行客户关系管理模型框架

商业银行围绕着客户对产品与服务的需求，将CRM活动分为以下几部分，如图6-5所示。

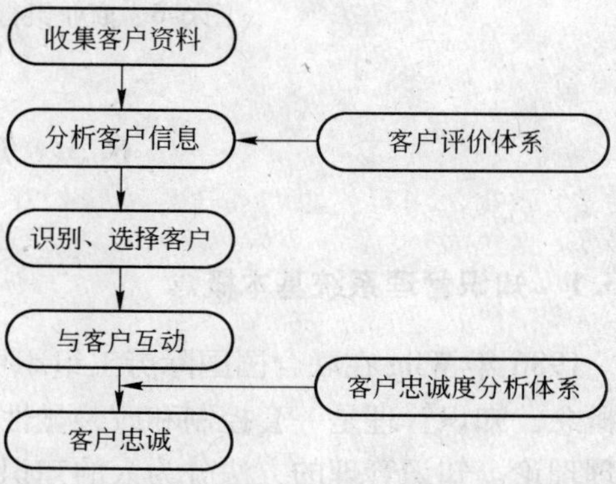

图6-5 商业银行客户关系管理活动的核心活动

收集客户资料是商业银行进行CRM的首要条件，强大的数据库或数据仓库是CRM运行的基础。

分析客户信息，一方面，可以帮助银行找出不同客户对产品或服务的需求差异，方便银行做出调整，更好地满足客户需求；另一方面，可以帮助银行找出那些对银行利润贡献大的客户和风险大的客户。银行可以按照客户潜在利润的大小构筑客户金字塔模型，对不同层次的客户量身打造不同的产品或服务。此外，不同客户或者同一客户在不同时期的需求也会不一样，银行必须与客户持续交流以建立互动的学习型关系，通过建立客户信息数据仓库记录客户的交易行为，分析客户的潜在行为模式，以维系客户关系，增加客户的忠诚度。

识别客户是商业银行根据客户信息特征确认是否将其列入目标客户储备，选择客户是银行结合自身的资源状况对列入储备目标客户里的潜在用户进行价值预测或需求分析，确认使其成为商业银行的准客户。

与客户互动要以建立客户关系为前提，通过业务关系实现与客户的沟通和关系的维护。例如，对于客户价值预期保持或增长的客户，商业银行应进一步拓展客户关系，促使客户关系升级；对于客户价值较低或吞噬商业银行利润的客户，商业银行会终止客户关系。

客户评价体系与客户忠诚度分析体系是商业银行实施客户关系管理最重要的两个支持体系。

6.2.4.4　商业银行 CRM 的应用价值

CRM 是一个逐步发展的过程，从过去的扩大市场占有率到现在的争取客户的满意度；从过去的不计代价争取新客户到现在的保留客户的忠诚度；从过去的从事临时的交易买卖转变为发掘客户的终身价值。企业之间竞争的实质主要是争夺和占有客户，追求客户忠诚度成为商业银行客户关系管理的发展趋势。良好的 CRM 可以帮助商业银行降低成本，从竞争中脱颖而出。通过对客户信息的有效管理不仅有助于商业银行产品销售，而且可以预测未来客户发展趋势，实现与客户之间的互动，有针对性地实施不同的营销活动，降低营销成本，提高效率，拓展市场。商业银行的 CRM 应用价值体现如图 6-6 所示。

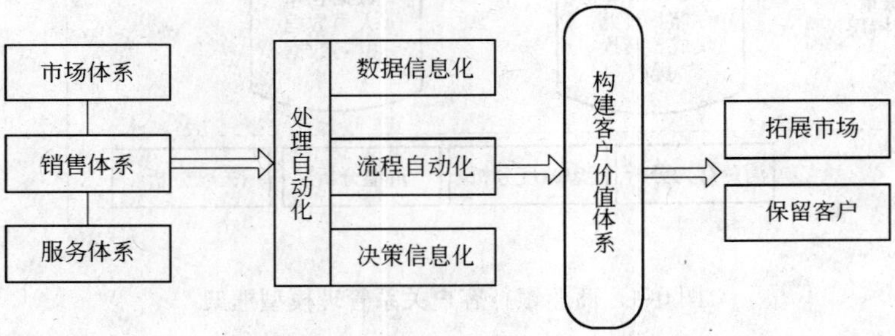

图 6-6　商业银行客户关系管理的应用价值

6.3　知识管理系统

6.3.1　知识管理系统基本概念

1986 年 Wiig 在联合国国际劳工组织中首次提出了知识管理（Knowledge Management）的概念。知识管理是一套控制和改善显性知识与隐性知识，研究与解释组织内知识规律的管理理论。知识管理的方法分为人的知识管理和技术的知识管理。侧重人的知识管理的内容主要有组织知识管理、个体知识管理、企业文化知识管理等。侧重技术的知识管理的内容主要有战略知识管理、知识流程管理和业务流程管理等。所以，知识管理也被看作是创造、获取与共享知识并实现组织目标的一种动态过程。

知识管理系统（Knowledge Management System，KMS）是基于信息技术开发的、用于组织知识的创造、存储、检索和重用等管理活动的信息系统。信息技术在知识管理系统中被广泛使用。传统的客户调查方法不能详细了解客户的潜在需求，甚至客户在不同的时间段会有不同的需求。利用信息技术建立 KMS，企业可以随时随地获得客户信息，分析客户的购买模式与趋势，理解客户的真实需要。数据挖掘、商业智能、客户关系管理等技术都是信息技术应用于知识管理进而理解目标市场客户需求的例子。

依靠信息技术实现知识活动管理，可以更好地促成 KMS 的功能，发挥知识的杠杆作用。KMS 以多样化的形式为企业提供共享知识、持续学习的功能和协同解决问题等功能。整个 KMS 以为客户服务为最终目标，借助目录管理、文件管理、协同共享、数据挖掘、决策支持、业务流程分析等模块将正确的知识在正确的时间传递给正确的人。KMS 的模型如图 6-7 所示。

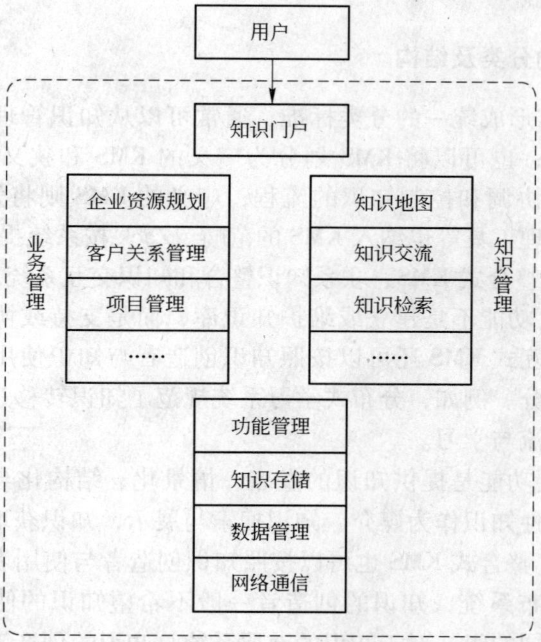

图 6-7 知识管理系统模型

KMS 中的知识流是动态显示的，具有如下特点。

(1) 信息自动关联，多重分类

在知识库系统中，根据信息专家预先设置好的算法，系统内各条信息之间通过主题、来源、关键词、归属类别等自动计算其相关性，并动态更新。任何一条信息都可以根据多重属性划分到多重分类系统中。

(2) 利用关键词控制提高检索效率

信息专家通过知识管理的主题，制定一个关键词表，KMS 的使用者利用关键词表中的关键词实现相关信息的检索，信息专家根据关键词的使用频率与使用者的反馈意见，动态更新关键词表中的词汇。使用者检索获得信息的方式主要有搜索、浏览与接收。当使用者知道需求信息的部分特征时，可以采用关键词方式进行搜索；当使用者不知道需求信息的特征时，可以在 KMS 的引导下，通过浏览方式逐步找到所需信息；接收是使用者被动的接收系统提供给他的信息。值得注意的是，KMS 不能过分局限于为客户提供海量信息，而更应该关注如何使客户更高效地获得知识。

（3）信息转移技术

KMS 不仅能将重要的新闻或知识主动推送到使用者的面前，而且能将知识在企业内部的各组织部门或各企业之间转移。考虑到使用者需求的多样性，数据传送与转移一定要与用户界面定制相结合，使用者通过用户界面定制获得所需知识。

（4）知识地图

知识地图是一种管理工具，它能够帮助使用者更高效地找到所要的资源。企业将各种资源集成起来放到知识地图中，然后采用智能化的向导，通过分析使用者的行为模式，引导检索者找到目标信息。

6.3.2　知识管理系统的分类及结构

目前对 KMS 还没有形成统一的分类标准，通常可以从知识管理的理论角度与知识管理的技术角度进行划分，也可以将 KMS 划分为广义的 KMS 和狭义的 KMS。狭义的 KMS 认为是那些能够支持、协调和控制知识的流程；广义的 KMS 则将知识管理的信息技术、信息交互平台、知识管理工具等也纳入 KMS 的范畴。Zack 按系统提供的功能将 KMS 分为三大类：交互式 KMS、整合式 KMS、联系知识整合和知识交互系统。

交互式 KMS 的主要功能不是建立或维护知识库，而是支持或协助知识工作者之间进行隐性知识的交流。交互式 KMS 还可以按照知识创造者与知识使用者的专业水平与交互过程的规范程度进行划分。例如，分布式学习系统规范了知识转移过程，教师与学生按照系统规定的方式进行交流与学习。

整合式 KMS 的主要功能是提供知识的发布、情景化、结构化与存储功能。知识交流主要通过知识库中的显性知识作为媒介。知识搜索与展示，知识获取、发布和组织等是整合式 KMS 的主要结构。整合式 KMS 也可以按照知识创造者与使用者之间的关系进一步分类。例如，对于知识发布系统，知识的创造者一般不希望知识的使用者对知识库进行改动，所以他们分属于不同的组；对于知识的获取系统，知识的创造者与使用者都期望有更完善的数据库，所以他们属于同一小组，可以共同使用和改进数据库。

联系知识整合和知识交互的 KMS 的主要功能是联系交互式 KMS 与整合式 KMS，支持知识密集型商业流程活动。

我们知道，KMS 是以信息技术为基础构建的，那么各类信息技术在系统中是如何综合运用的呢？如果按照信息技术的应用划分 KMS 的层次结构，可以把整个 KMS 由上至下划分为九层：访问界面层、安全层、个性化层、知识服务层、形象化和分类层、知识库层、通信层、输入层、知识资源层。

（1）访问界面层。KMS 的使用者通过界面层上提供的 Web 浏览器、电子邮箱、PDA 等访问、浏览或使用 KMS。

（2）安全层。通过防火墙、身份鉴定等技术手段保证 KMS 的安全性。

（3）个性化层。通过组织门户、个人知识门户等为不同的 KMS 使用者提供不同的个性化服务。

（4）服务层。服务层是 KMS 的核心层，该层实现了知识的流程管理，如发现知识、发布知识和知识合作等。发现知识的服务主要包括搜算算法、信息挖掘、信息回溯、查询与分析知识模型等；发布知识的服务主要包括发布流程、文档管理、内容管理等；知识合作的服务主要包括合作学习、专家黄页、合作流程管理等。

（5）形象化和分类层。该层是服务层与知识库层之间的过渡层，它将知识库中以不同数据格式或形式存放的知识进行整合，转化成便于使用者理解或应用的信息形式。例如，目录服务、知识分类和知识图等各种形式。

（6）知识库层。该层实现对知识库的操作功能。知识库中用于明确表示与建档的、知识相关的最小元素就是知识元素，知识库将这些知识元素分类整理以便后期检索、查询和更新。

（7）通信层。处于上层的知识库层通过此层进行网络连接与通信。

（8）输入层。该层实现数据连接、转换与获取服务，保证数据仓库等资源与 KMS 的连接。

（9）知识资源层。这是 KMS 的最底层，主要有数据仓库、文档库、关系数据库等组织的内部资源和互联网上的一些外部资源。

6.3.3 丰田公司的供应链知识管理系统

日本丰田公司是优秀的汽车制造商，其建立的供应链知识管理系统也非常具有代表性。从供应链管理角度看，丰田公司具有先进的技术能力、优秀管理能力和强大的市场竞争力。但其成功的主要原因在于其具备完善的供应链知识管理体系。该知识管理体系为丰田提供了组织之间的学习模式和知识的共享机制。

6.3.3.1 组织间的知识共享

丰田公司供应链中组织间的知识共享是通过两种学习过程来实现的。其一是供应链上——供应商联盟中的“问题解决学习”小组和“资源学习”小组展开的学习活动，这两个小组的学习活动可以保证供应商之间实现信息或知识的共享；其二是通过会议学习的方式为供应商的雇员提供培训机会，也为不同企业之间的人员交往和流动创造便利条件。两种学习过程促使供应链成员企业既共享了信息、技能与知识，也了解了相关的“游戏规则”。这里的知识不仅包括能够解决特定问题的显性知识，也包括解决问题的过程知识——隐性知识。例如，丰田生产体系、丰田质量检验标准、汽车配件实时供货制、问题源头解决、形象管理等。

这种组织间的知识共享既合理配置和有效使用了丰田供应链上的知识资源，也增强了企业之间相互了解和信任，培育了它们共同进步、共同生存的意识。同时，这种彼此信任、共同生存的命运意识也促进了信息、技能和知识在组织之间的转移与共享，保证了供应链的良性循环。

6.3.3.2 组织间的知识转移

丰田公司供应链中组织间的知识转移是逐层进行的。首先，丰田公司会将知识传授给第一层供应商，第一层供应商通过“联盟学习”小组或“资源学习”小组的形式消化吸收这些知识；然后再将这部分知识传授给第二层供应商，依此类推，传授下去；最后通过多层供应链网络传给供应链上的每一个成员企业。

为了避免供应链上的节点企业发生“囚徒困境”，丰田公司还制定了一系列的措施保障供应链知识管理有效发挥作用。

A 建立知识共享机制，增强企业对供应链的认同感

丰田公司通过组建供应链协会、咨询/解决问题团队、自愿学习团队等方式增强企业对供应链的认同感。供应链协会促进了成员企业之间的联系，通过供应商联合大会与主题委员会会议为知识共享提供一个平台。前者是对显性知识共享的一个平台，后者是对成本、质量、安全和社会活动等知识的分析；咨询/解决问题团队通过得到、存储与转移有价值的知识提高核心企业与节点企业知识共享的效率；自愿学习团队通过学习新知识、创新新思想、传递新知识来不断修正自己的行为。

B 制定知识保护与价值分配规则

供应链的成员企业都具有一种提供尽量少的自身知识、获取尽量多的成员知识的想法，这种企业的共性要求必须制定一种“游戏规则”来监督与防止这种现象。丰田公司将供应链上所有企业的生产技术集中隶属到供应链网络，同时，为了避免“谋私利”、“搭便车”等现象，丰田免费向知识网络其他节点企业开放自己的经营运作知识和知识储备，但前提是节点企业也要向网络节点开放自己。把供应链看作一个整体，依靠供应链知识水平的提高带动供应链总体利润的提高。

C 建立多样化的知识共享流程

丰田公司通过建立一些促进知识传播或者知识创新的知识共享流程来提高知识共享效率。例如，利用供应链协会提高显性知识的有效传递；利用资源学习小组来提高隐性知识的传递。

D 建立开放式网络结构，利用高效的信息处理系统实现知识数据的分享

供应链企业将自身积累的知识或经验对网络开放，这对企业来说存在一定风险，必须采取必要的措施防范风险，避免供应链知识共享过程中的“囚徒困境”。

丰田公司通过这些知识共享机制与规则，不仅培养了成员企业对知识共享的认同，也巩固了其核心企业的地位。实践证明，供应链中引入知识管理既加强了企业之间的信息交流，也促进了企业的生产水平。利用网络知识共享，企业可以获得更多资源；利用网络技术转移，企业可以获得先进技术；利用网络反应能力，可以提高企业市场意识与运作水平；利用知识管理模式，可以转变企业经营机制等。

本章小结

随着网络技术的迅速发展，管理信息系统也从企业内部发展到企业外部，由物料需求计划（MRP）和制造资源计划（MRPⅡ）发展到企业资源计划（ERP），进而向供应链管理（SCM）和客户关系管理（CRM）方向发展。

SCM利用系统的观点对整个供应链中各企业之间的物流、信息流和资金流进行设计、计划、协调与优化，以寻求链中各成员企业与客户之间的战略合作伙伴关系，最大限度地减少内耗与浪费，达到供应链的最大绩效，满足顾客需求。SCM是一种集成的管理思想和方法，它是通过前馈信息流和反馈信息流将供应商、核心企业和用户连成一个整体的管理模式。SCM系统追求整体的效率和费用的有效性，其目标是提高顾客的满意程度，将顾客所需的正确产品或服务能够在正确的时间内按照正确的状态与包装、正确的数量与质量运

送到正确的地点、正确的用户，并保证总成本达到最小化。

CRM 是利用先进的管理思想和信息技术，整合客户信息资源，实现市场营销、销售、服务等活动的自动化，为客户提供更快捷、更经济的产品与服务，以提高客户满意度、忠诚度和企业的赢利能力为目的的一种管理经营方式。所以，CRM 是一种以客户为中心，以“客户关系一对一理论”为基础的旨在改善企业与客户之间关系的新型管理机制。CRM 系统的中心思想是：通过与每位客户建立联系，了解不同客户的不同需求，满足每位客户的特殊需求，为每位客户提供“一对一”个性化服务。数据统计表明，越来越多的企业利用 CRM 来增加收入、优化赢利性、提高客户满意度。

KMS 是基于信息技术开发的、用于组织知识的创造、存储、检索和重用等管理活动的信息系统。企业利用信息技术建立知识管理系统，可以随时随地获得客户信息，分析客户的购买模式与趋势，理解客户的真实需要。数据挖掘、商业智能、CRM 等技术都是信息技术应用于知识管理进而理解目标市场客户需求的例子。

专业术语

供应链管理（Supply Chain Management，SCM）
客户关系管理（Customer Relationship Management，CRM）
快速反应（Quick Response，QR）
有效客户反应（Efficient Consumer Response，ECR）
商品分类管理（Commodity Classification Management，CCM）
知识管理系统（Knowledge Management System，KMS）

本章参考文献

[1] 曹雄彬．供应链管理[M]．北京：机械工业出版社，2010.
[2] 王道平，鲍新中．供应链管理教程[M]．北京：经济管理出版社，2009.
[3] 严晓燕．商业银行客户服务管理[M]．北京：中国金融出版社，2009.
[4] 郭宁，郑小玲．管理信息系统[M]．北京：人民邮电出版社，2010.
[5] 陈国青，李一军．管理信息系统[M]．北京：高等教育出版社，2006.

习　题

6-1　什么是供应链管理？
6-2　简述供应链管理的基本结构。
6-3　与传统管理方法相比较，供应链管理的特点是什么？
6-4　供应链管理的常用方法有哪些？
6-5　什么是客户关系管理？客户关系管理系统的基本构成是什么？
6-6　简述客户关系管理项目实施的主要步骤。
6-7　什么是知识管理系统？
6-8　从功能角度将知识管理系统进行分类，并简述各类的主要功能。
6-9　按照信息技术的应用可以将知识管理系统划分为哪几层？

第7章　电子商务

案例

开放、协同、繁荣的电子商务生态系统——阿里巴巴

阿里巴巴是全球B2B电子商务的著名品牌，是目前全球最大的商务交流社区和网上交易市场。其超过1700万注册会员，覆盖40多个行业领域，每日浏览量超过4500万页次。杰出的成绩使阿里巴巴受到各界人士的广泛关注。它曾两次被哈佛大学商学院选为MBA案例，在美国学术界掀起研究热潮，连续四次被美国权威财经杂志《福布斯》选为全球最佳B2B站点之一，多次被相关机构评为全球最受欢迎的B2B网站、中国商务类优秀网站、中国百家优秀网站、中国最佳贸易网，被国内外媒体、硅谷和国外风向投资家誉为与Yahoo、Amazon、eBay、AOL比肩的五大互联网商务流派代表之一，确立了公司在全球商人交易网站领域内的绝对领先位置。“良好的定位、稳固的机构、优秀的服务”，“倾听客户的声音，满足客户的需求”是阿里巴巴生存与发展的根基，根据相关的调查显示：阿里巴巴的网上会员近五成是通过口碑相传得知阿里巴巴并使用阿里巴巴，各行业会员通过阿里巴巴商务平台双方达成合作者占总会员比率近五成。在产品与服务方面，阿里巴巴公司为中国优秀的出口型生产企业提供在全球市场的“中国供应商”专业推广服务，“中国供应商”是依托世界级的网上贸易社区，顺应国际采购商网上商务运作的趋势，推荐中国优秀的出口商品供应商，可以获取更多更有价值的国际订单。

淘宝网所提供的是用户对用户的交易模式，其特点类似于现实商务世界中的跳蚤市场。其构成要素，除了买卖双方外，还包括淘宝网所提供的交易平台，即类似于现实中的跳蚤市场场地提供者和管理员。免费、支付宝、阿里旺旺是淘宝C2C电子商务模式的三大亮点，它们很好地协调了买家和卖家的关系，同时，安全的支付平台和即时沟通的工具造就了淘宝网这个成熟的电子商务平台，使得淘宝网C2C走向成功。[1]

7.1　电子商务概述

电子商务始于20世纪90年代，它经历了由局部的、专用网上的电子交易到开放的、基于互联网的电子交易过程。从其发展历程来看，电子商务经历了酝酿起步、迅速膨胀和稳步发展三个阶段。最初，在欧美一些国家出现了电子数据交换，并形成了涌动全球的

[1]资料来源：http：//wenku. baidu. com/view/31d2806b561252d380eb6e39. html

“无纸贸易”热潮。之后，随着网络技术的不断普及，出现了基于互联网的、以银行电子支付和结算为手段、以交易双方为主体、以客户数据为依托的全新商务模式。1996年12月16日，联合国第85次会议颁布了《贸易法委员会电子商务示范法及其颁布指南》，该指南规范了电子商务的各项活动，促进了世界电子商务的发展。进入21世纪，电子商务受网络泡沫影响遭受重大打击，但在总结经验教训后，电子商务构建了以效益为目标的各种商务应用，重新走入了稳步发展阶段。

7.1.1　电子商务的概念

商务是一切涉及买卖商品和为买卖商品服务的相关事务。电子商务则侧重于探索和利用新的商务机会，通过互联网络提高商业交易的效率和执行效果。一般来说，电子商务是指通过计算机等通信技术进行商品和服务买卖的所有活动的统称。它由电子和商务两个概念组成，电子是技术手段，商务是行为，是在分工的基础上人们的等价交易活动。因此，“电子+商务”也就是用电子手段从事商务活动。

英文中，通常用EC（Electronic Commerce）表示狭义的电子商务，它代表以网络营销为中心的交易行为；用EB（Electronic Business）表示广义的电子商务，它包括了利用网络进行电子交易的全部商务活动，涵盖了企业内部的生产、管理、营销、财务等。所以，在电子商务的运作过程中，传统的商业运作方式被电子方式代替，电子商务既不是一个单纯的技术概念也不是一个单纯的商业概念，而是两者的有机结合。

7.1.2　电子商务的特征与支撑技术

尽管电子商务产生时间不长，但其发展很迅速，而且其运行模式正在显著改变着传统贸易活动的内容与形式。电子商务既包含了那些为了获取利润的买卖和交易，也包含了支持其获取利润的活动。它是互联网发展的直接产物，所以互联网本身所具有的全球性、开放性、高效率、低成本等特点也成为电子商务的内在特征。电子商务不仅影响了企业的生产、运营与管理，还影响了整个社会的经济运行模式。其主要特征有：

（1）电子商务过程中将信息流代替了实物流，降低了企业的成本，突破了交易的时间和空间限制，大大提高了商务运行的效率。

（2）开放性和全球性的特点使中小企业也可以享受公共信息资源，为企业创造更多贸易机会，提高了企业的竞争能力。

（3）电子商务减少了中间环节，改变了传统的流通模式，使得生产者和消费者的直接交易成为可能，从而在一定程度上改变了整个社会经济运行的方式和经济结构布局。

（4）互联网的虚拟性与互动性为电子商务贸易双方的交易活动提供了灵活性。一方面，卖方可以利用这些特性制定专门的网站服务，让买方可以享受到个性化的购买服务；另一方面，买方可以按照自己的兴趣主动搜索网站和自己喜欢的商品，进行交易。

电子商务是一项融合了多种信息技术的复杂活动，很多信息技术都为电子商务的快速发展提供了基础环境与平台。我们经常听到的互联网、Web、网络开发技术和EDI等都是与电子商务发展相关的基本技术。此外，数据仓库技术、通信技术、多媒体技术也与电子商务的发展密不可分。

7.1.3 电子商务的类型与模式

电子商务按照不同的标准可划分为不同的类型。如果按照商业活动运作方式来划分，可以分为完全电子商务和不完全电子商务两大类，完全电子商务是整个交易过程完全通过电子商务的方式实现；不完全电子商务是无法完全通过电子商务方式实现和完成整个交易过程的交易。如果按照交易或者商业环节的参与方对电子商务进行分类，可以分为以下五类。

7.1.3.1 企业与消费者之间的电子商务

企业与消费者之间的电子商务（Business-to-Customer，B2C）也称为商业机构对消费者之间的电子商务。目前，互联网上有各种商业中心在提供着各种商品与服务。从技术角度看，B2C模式下企业在网络上面对的是消费者，所以不要求双方使用统一标准的单据传输；从消费者角度看，消费者可以通过搜索工具掌握网上产品的各种信息，通过电子邮件、视频会议等手段实现与企业的沟通，运用在线金融服务工具管理投资事务与个人理财。

7.1.3.2 企业之间的电子商务

企业之间的电子商务（Business-to-Business，B2B）也称为商业机构对商业机构之间的电子商务。商业机构通过网络实现订货、付款和交易。特别是通过增值网络运行的电子数据交换（Electronic Data Interchange，EDI），使得电子商务的应用迅速被推广。随着现代企业信息化程度的提高，B2B电子商务将企业的供应链管理（SCM）、客户关系管理（CRM）、企业资源计划（ERP）、人力资源管理（HRM）、办公自动化（OA）等相对独立的管理环节平滑无缝地集成在企业内部网和互联网上。

7.1.3.3 消费者之间的电子商务

消费者之间的电子商务（Customer-to-Customer，C2C）是个人通过互联网进行产品购买与销售，目前主要是一些拍卖网站和二手货市场。这种模式为买卖双方提供了一个在线交易平台，使卖方可以主动提供商品到网站上拍卖，买方可以自行选择商品进行购买和竞价。C2C电子商务模式主要有两种运作方式：店铺平台运作模式和拍卖平台运作模式。店铺平台运作模式是电子商务网站为买卖双方提供平台，卖家在平台上展示拍卖的商品或服务，买家根据卖家的展示信息进行选择与购买。拍卖平台运作模式是运用多媒体手段，为个人实现在拍卖平台提供拍卖物品，供买家参考和竞价。网站平台既不参与到买卖中，也不需要考虑烦琐的采购、销售和物流业务。

7.1.3.4 企业与政府机构之间的电子商务

企业与政府机构之间的电子商务（Business-to-Government，B2G）是政府机构与企业之间的电子商务，可以涵盖企业与政府间的很多事务，如政府采购、税收、管理条例发布、法规政策颁布、商检等。B2G模式下，企业一方面可以参加政府的采购竞标，另一方面企业也要接受政府的宏观调控、指导计划和监督管理。所以，政府具有双重角色，一是作为消费者从网上招标购买企业提供的产品，二是作为电子商务的管理者，制定电子商务的相关法规并实施监督。

7.1.3.5 消费者与政府机构之间的电子商务

消费者与政府机构之间的电子商务（Customer-to-Government，C2G）的主体是政府，运作方式是政府将政务职能建立在网站上，公众可以在网上完成从前需要到政府机构办理的事务。例如，政府可以通过电子商务发放福利费和进行个人税收的征收等。

此外，如果按照交易范围划分，可以将电子商务划分为本地电子商务、远程国内电子商务和全球电子商务三大类；按照使用网络的类型进行分类，可以分为通过 EDI 进行的电子商务、通过互联网进行的电子商务和通过局域网进行的电子商务。

对企业来讲，目前进行电子商务的主要模式有四种。

（1）在线商店模式：企业通过在互联网上开设虚拟商店宣传和展示自己的产品或服务。

（2）内联网模式：企业有限度地对自己的商业伙伴开放内部计算机网络，实现商业信息的传输与处理的自动化。

（3）中介模式：中介机构将销售商或采购商汇集在一起，企业通过中介机构的网站查询产品及销售商，中介机构向企业收取月租费或按交易笔数收费。

（4）专业服务模式：网上机构通过标准化的网上服务为企业内部管理提供专业化的解决方案，降低企业的运营成本，减少开支，提高信誉。

7.1.4 电子商务对社会、企业和个人的影响

7.1.4.1 电子商务对社会经济的影响

（1）电子商务促进了全球经济的发展。许多政府或国际组织鼓励电子商务公司参与国际贸易竞争，以促进本国经济发展和就业；而且，随着国际电子商务法规的日渐完善，电子商务过程中的语言障碍、运输成本和货款结算都会变得更轻松。

（2）电子商务改变了社会商业体系结构。电子商务打破了供需市场的时间和空间限制，消费者在交易过程中可以主动从网络上获取商品信息，通过自我服务完成交易。商品交易过程中商品的逐级批发与运送将由商品配送中心组织的一次性物流过程替代，电子商务强大的配送系统降低了交易费用和物流成本；电子商务市场准入条件发生了本质变化，即使小规模的企业也可能具有强大的竞争能力。这些变化从根本上改变了整个社会的商业体系结构。

7.1.4.2 电子商务对企业的影响

（1）电子商务改变了企业的生产方式。电子商务使得数字化定制生产成为可能，企业可以准确地、快速地获取客户各类需求信息，并将这种客户需求与环境变化反映到产品的设计、生产、供应与配送各环节。如戴尔公司通过网络与客户建立联系，只生产客户已签单的计算机，大大降低了生产成本。

（2）电子商务改变了企业的营销方式。电子商务实现了以网络信息流为核心、物流为依据、商流为主体的全新运行方式，它可以通过网络进行市场调研，发布商品信息，树立企业形象。如电子商务可以利用网络公开招标法创造更多的贸易机会。

（3）电子商务改变了企业的管理体制，促进了业务流程重组。电子商务网络化、信息化和服务化的特点正影响和改变着企业的体制和管理模式。以前的中层管理者的作用日渐式微，企业内部网络承担运行电子商务，同时还与外部网络连通，使自己的经营理念、企

业状况、产品信息等随时与消费者接触，各种管理软件的使用大大节约了企业的人力与物力，使企业趋向组织结构扁平化、决策分散化、运行虚拟化。

7.1.4.3 电子商务对个人的影响

电子商务的出现提高了人们的生活质量，改变了人们的消费、娱乐方式，人们可以根据自已的需要跨域时间和空间的限制通过互联网找到理想的供应商。人们可以足不出户实现信息的传递、完成工作任务、接收远程教育等。电子商务为人们提供了一个全新的生活、学习和工作方式。

7.1.5 电子商务的发展趋势

时至今日，电子商务已经成为一种符合人类进步趋势并得到大家认同的新事物，它改变了人类社会相互交往的方式，在政府部门管理、民众生活、教育及娱乐等方面得以广泛应用。由于电子商务的出现，传统的经营模式和经营理念发生了巨大的变化，它将市场的空间形态、时间形态和虚拟形态有机结合起来，使市场的物质流、资金流和信息流形成良性循环。

可以肯定，电子商务的发展会促进社会的进步，并对经济的变革产生深远的影响，尤其是对发展中的中国商业来说，通过电子商务来实现飞跃确实是难得的机遇，如果抓住了机会就有可能较快地缩短我国与发达国家的距离。电子商务的发展主要体现在电子商务理论、电子商务技术和电子商务应用的发展三个方面。

A 电子商务理论的发展

伴随电子商务的发展，会出现许多基于电子商务体系的新法律体系、新知识体系、新价值体系和新经济规律等。可以说，电子商务的发展需要新的经济理论和新的法律体系来指导和规范，同时电子商务的发展也推动了新经济理论和新法律体系的产生和建立。电子商务也会引起新的产业革命，伴随这次产业革命的完成，会出现新的电子商务经济学、电子商务法学、电子商务管理学等理论体系。

B 电子商务技术的发展

电子商务的发展将广泛采用计算机协同工作技术，开发面向中小用户的电子商务，启用个性化定制，研制出柔性电子商务系统，用户可以对电子商务系统的应用提出具体要求，建立随时符合用户要求的可伸缩性的电子商务系统。此外，移动嵌入技术的应用可以生成嵌入到企业、部门和个人计算机系统中的小型电子商务系统。促进电子商务向专业化、个性化、国际化发展。

C 电子商务应用的发展

可以肯定电子商务的发展一定会带给我们一个经济更繁荣、社会更进步的影响。随着科技进步和网络的发展，电子商务将向纵深挺进，使产品和服务更贴近用户需求，使网络成为企业资源计划、客户关系管理和供应链管理的中枢神经，并逐步从金融服务业、大型跨国公司、制造企业等扩大到政府部门、医疗部门、军事部门、教育部门等公用事业部门。那些在资源、品牌、客户规模等具备良好基础和发展前景的电子商务企业必然会采取互补性收购政策，结成战略联盟来满足客户的全方位需求。这将引发电子商务网站的兼并热潮。

7.2　电子商务的安全问题

7.2.1　电子商务安全概述

安全问题既是电子商务实施过程中的技术问题也是管理问题，它包括计算机网络安全与商务安全两个方面。计算机网络安全主要指网络系统突然中断，或者网络数据信息被窃取、破坏等；商务安全则是指交易过程中的保密性与防篡改性等，黑客或入侵者可以将网络上传送的数据中途修改后重新发送，也可以假冒合法用户发送虚假信息等。因此，为了保证电子商务免受各种威胁，要求电子商务具有以下几个方面的安全性。

A　真实性

保证交易双方身份的真实性，防止他人假冒。由于电子商务交易系统的特殊性，企业或个人的交易都是在虚拟的网络环境中进行的，所以对企业实体或个人身份的鉴别成为发生有效交易的前提保障。通常鉴别服务由权威的认证机构和证书进行身份认证。

B　保密性

交易过程中的信息一般涉及企业或个人的商业机密，如信用卡账号、客户详细资料等，为了防止信息在存取与传输过程中被他人窃取，需要采用安全技术对信息进行加密，使截取信息者无法解读信息内容。

C　完整性

完整性是防止未授权的数据被篡改，保证数据的一致性。因为加密后数据信息在传输过程中虽然具有了保密性，但却不能保证数据的完整性，入侵者可能会对数据进行删除或增添，所以要求网络传输协议应具有纠错功能，防止数据传输过程中信息的丢失、信息的重复或信息传送的次序差异导致交易双方信息的不同。

D　不可抵赖性

电子商务交易过程中应该建立有效的责任机制，防止交易方可能发生的抵赖行为。在传统交易中，交易双方通过在契约、合同或单据等书面文件上手写签名或印章来鉴别交易伙伴，但在无纸化的电子商务方式下，手写签名或加盖印章已是不可能。所以，要在交易信息的传输过程中同时为参与交易的个人、企业或国家提供可靠的标识以此来建立责任机制，通常借助数字签名技术实现。

E　系统可用性

保证交易系统可以提供稳定可靠的服务，这要求有效控制计算机病毒和网络故障等问题。

F　抵御攻击性

采用防火墙等技术有效抵制入侵者的恶意访问或攻击，保护计算机资源。

7.2.2　电子商务安全技术

7.2.2.1　数据加密技术

数据加密技术也称密码技术，其目的是为了保护信息不被非法用户获知。它是将信息和数据进行编码处理后使之隐蔽的技术。只有掌握正确密钥的合法接收者才可以通过解密过程得到原始数据。

一个密码体制由信息、算法和密钥三个基本要素组成。图7-1显示了一条信息进行加密、解密和传递的过程。

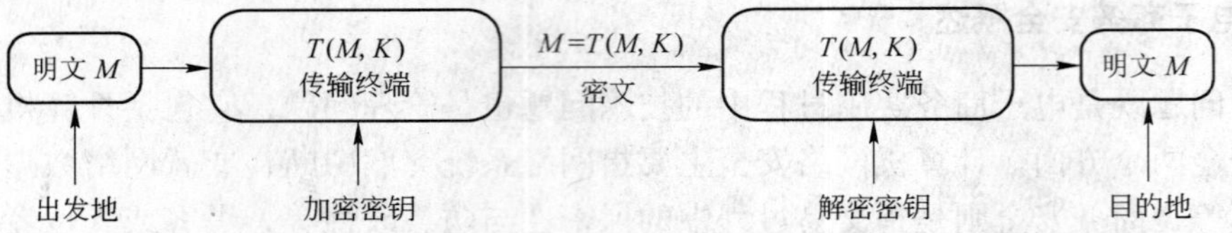

图7-1 一条信息进行加密、解密和传递的过程

其中，*M*代表信息，*T*代表算法，*K*代表密钥。

加密是利用信息变换规则将可懂的信息变为不可懂的信息，这里可懂的信息就是明文，不可懂的信息就是密文，而变换规则称为密码算法。在实际设计加密系统时，密码算法是公开的，真正需要保密的是密钥。所以，根据密码算法所使用的加密密钥和解密密钥是否相同，将密码算法分为对称密码算法（也称单钥密码算法）和非对称密码算法（也称双钥密码算法）。

（1）对称密码算法。对称密码算法的工作原理是：发送方与接收方共享由密钥分发中心分发的密钥，或者说信息的加密与解密都使用相同的密钥。常用的对称密码算法有DES、IDES、RC-5、GOST、CRAB等。

（2）非对称密码算法。非对称密码算法的工作原理是：发送方和接收方各自拥有一对密钥（K_A，K_A^{-1}）和（K_B，K_B^{-1}）。密钥K_A^{-1}和K_B^{-1}分别由发送方和接收方各自保管，而公共密钥K_A和K_B则以证书的形式对外公布。若发送方要将明文消息安全地发送给接收方，首先用接收方的公共密钥K_B加密明文，得到密文$C = EK_B(P)$，其中P是明文；而接收方收到密文C后，用密钥K_B^{-1}解密恢复明文，得到$P = DK_B^{-1}(C) = DK_B^{-1}(EK_B(P))$。常用的非对称密码算法有DSS和RSA等。

7.2.2.2 认证技术

为了保证交易双方身份的确认，我们在互联网上采用认证技术，即交易双方或中介机构事先从一个大家都信任的交易以外的第三方机构获得自己的“数字签名”。通过“数字签名”来确认彼此的身份，而且通过立法，“数字签名”在法律上具有不可抵赖性。现在一些银行机构正在扮演着这种第三方角色，向交易方发放“数字签名”。由第三方发放数字证书克服了密码的安全性和方便性方面的局限，数字证书的格式由CCITTX.509国际标准规定。

数字签名技术是非对称密码算法的一类应用。它的主要方式是：报文的发送方用自己的私钥SKA对散列值*M*进行加密来形成发送方的数字签名Dska(*M*)，然后，这个数字签名将作为报文*M*的附件和报文一起发送给报文的接收方*B*。报文的接收方*B*用发送方的公钥PKA来对报文附加的数字签名进行解密，$M' = \mathrm{Epka}(\mathrm{Dska}(M))$。如果$M' = M$，那么接收方就能确认该数字签名是发送方的。通过数字签名能够实现对原始报文完整性的鉴别和不可抵赖性。

数字签名的加密和解密过程与一般秘密密钥的加密和解密过程虽然都是使用公开密钥

系统，但实现的过程正好相反，使用的密钥对也不同。数字签名使用的是发送方的密钥对，发送方用自己的私有密钥进行加密，接收方用发送方的公开密钥进行解密。这是一个一对多的关系，任何拥有发送方公开密钥的人都可以验证数字签名的正确性。而一般秘密密钥的加密解密则使用的是接收方的密钥对，这是多对一的关系，任何知道接收方公开密钥的人都可以向接收方发送加密信息，只有唯一拥有接收方私有密钥的人才能对信息解密，这是一个复杂但又很有趣的过程。在使用过程中，通常一个用户拥有两个密钥对：一个密钥对用来对数字签名进行加密解密，一个密钥对用来对秘密密钥进行加密解密。这种方式提供了更高的安全性。

7.2.2.3 防火墙技术

防火墙是一个由硬件设备与软件组合成的，介于内部网与外部网之间、专用网与公用网之间的保护屏障。广义上讲，防火墙包括整个网络的安全策略和安全行为；狭义上讲，防火墙是指安装了防火墙软件的主机或路由器系统。如图 7-2 所示，它可以被认为是一种访问控制机制，通过允许、拒绝或重新定向经过防火墙的数据流，实现对进出内部网络的服务和访问的审计与控制。它可以通过读取外来数据的源地址和目标地址来及时拒绝危险站点的访问。

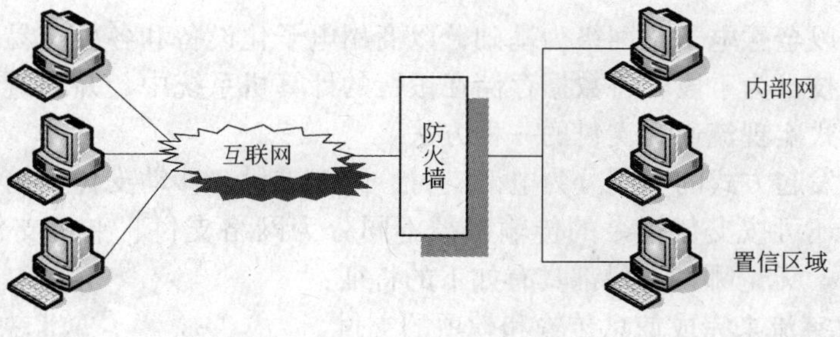

图 7-2 防火墙示意图

防火墙的主要功能是过滤不安全的服务和非法用户，禁止未授权的用户访问受保护的网络。同时允许受保护网络中的一部分主机被外部网访问，而另一部分则被保护起来，也就是控制对特殊站点的访问，集中监视网络安全。

防火墙产品主要有网络卫士防火墙、Checkpoint Firewall-1 等。我们应当知道，防火墙虽然有安全防范的作用，但是它不能防范不经由防火墙的攻击，也不能防范人为因素的攻击，这些攻击通常是由于内部网用户的操作造成的。如一些看似无害的数据被用户拷贝到内部网主机上执行后就会受到数据驱动式的攻击。

7.2.3 电子商务安全管理

尽管电子商务使用安全技术进行防范，但如果没有明智的管理策略，没有合理合法的法律保障，电子商务依然具有不安全的因素。所以，无论是企业还是政府都应当制定相关的安全管理策略来保证电子商务的安全实施。

（1）加强网络中心机房场地安全建设。网络中心机房应具备防电磁干扰、防雷电等设施，同时还应该做好防水、防火等工作。

（2）电源及数据应该有备份。主机房的电源应该具有双回路备份机制，各项数据也应该具有备份，且数据备份的介质最好与计算机中心不在一处。

（3）有专用的网络防火墙。在内外部网络之间建立一个专用的防火墙，杜绝非法用户访问内部网络是一个防范非法入侵的有效方法。

（4）具备高素质的系统管理员。系统管理员应该非常熟悉计算机系统，具有较高的业务水平与责任心。

（5）采用数据加密技术。计算机中的口令、文件和数据都应该采用加密技术，特别是重要的文件更应该选用先进的加密技术进行数据加密。

（6）制定完善的安全管理制度。要严格控制网络的接入管理，为不同的用户设置不同的使用权限，所有进入系统的用户均进行严格的检查并使用口令保密制度；日常工作中要严防网络使用瓶颈，做好系统数据的远程备份工作，及时发现网络使用中的各种隐患。

7.3 电子商务的支付问题

7.3.1 电子支付的概念及特征

电子支付是以金融电子化网络为基础，以商用电子化设备和各类交易卡为媒介，以计算机技术和通信技术为手段，将数据存储在银行的计算机系统中，并通过计算机网络以电子信息传递的形式实现流通和支付的一种方法。

电子支付按发起方式的不同分为电话支付、网上支付、移动支付、销售点终端支付和其他电子支付；还可按支付指令的传输路径不同分为网络支付、卡机支付（银行专用网络）和移动支付。无论哪种支付都具有如下的特征：

（1）通过数字流来完成信息传输和款项的支付。

（2）电子支付基于一个开放的互联网系统平台环境完成工作，且在支付过程中需要借助先进的通信手段。如联网的微型计算机、相关的软件及一些配套设施。

（3）电子支付打破了时空的限制，可以做到足不出户就完成整个支付过程，具有快捷、方便、高效和低成本等优势。据咨询公司 Booz 调查，在美国，一桩通过互联网完成的网上支付结算成本仅为 1 美分，通过 POS 专线支付的成本为 27 美分，而由营业员柜台操作完成结算的成本为 1.07 美元。

（4）电子支付能够提高企业资金管理水平，提升客户的满意度和忠诚度；可以方便地收集、整理客户信息，为企业进行科学决策提供依据，降低经营风险。如美国花旗银行自开展网上支付业务以来，客户的满意度提高了，流失率下降了，反映在具体的数据上是客户账户的资金余额增加了。

7.3.2 电子支付系统的构成与分类

一个电子支付系统主要是由客户、客户开户行、商家、商家开户行、支付网关、金融专用网和认证中心组成，其基本构成如图 7-3 所示。

（1）客户，指与商家有交易关系的并存在未清偿的债权债务的一方。

（2）客户开户行，指客户的发卡银行或者是客户拥有账户的银行，客户开户行为客户

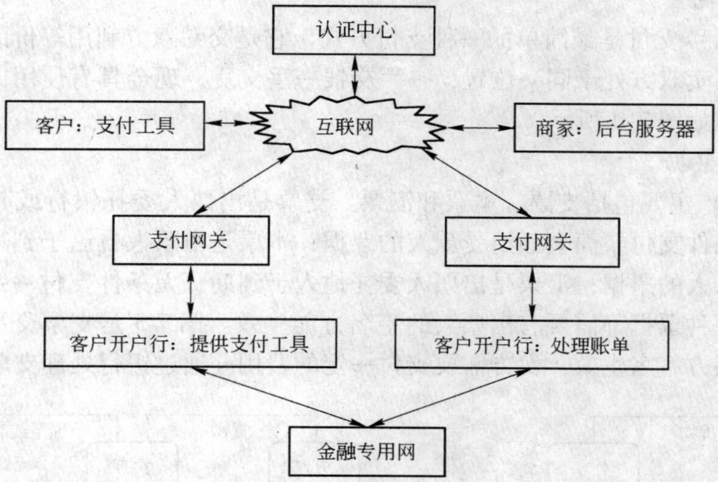

图 7-3　电子商务支付系统的基本构成

提供了支付工具。

（3）商家，指商品交易中拥有债权的一方，它可以按照客户的支付指令请求金融机构给付货币。

（4）商家开户行，又称收单银行，是商家开设账户的银行。

（5）支付网关，指连接传统金融专用网与互联网的一组服务器。它主要完成通信、协议转换和数据加解密功能，起到保护和隔离金融专用网的作用。

（6）金融专用网，指银行内部的通信网络，不对外开放。

（7）认证中心，是为了确认交易各方的真实身份与交易的不可否认性而设置的"安全电子证书"检验。数字证书由认证中心负责发放。

电子支付系统根据不同的分类标准具有不同的类别。如果按照交易中是否有第三方参与来划分，可分为在线电子支付系统和离线电子支付系统；在线电子支付系统的交易过程要求有第三方（如银行）的参与，一般通过第三方来进行授权与认证，适合大额交易；离线电子支付系统不需要第三方的参与，一般适用于小额交易。如果按照交易与支付时间的关系来划分，可分为预支付系统、后支付系统和即时支付系统三类；预支付系统类似在商店买东西，需要先付款之后才能得到购买的产品或服务；后支付系统允许用户获得商品与服务后再付款，信用卡就是一种最普遍的后支付系统；即时支付系统是一种在线网上支付，获得商品或服务的同时，货款也从银行账户转入了卖方，即时支付系统需要有更严格的安全措施做保障。如果按照每次交易支付金额的不同来划分，可以分为大额支付、小额支付和微支付。

7.3.3　电子支付工具

传统的电子支付工具主要有现金、票据和信用卡，但这些支付方式不能实现在线支付，而且缺乏安全性与便利性。随着网络的发展，电子支付的主要形式发展为电子支票、电子现金和电子钱包等形式。

7.3.3.1 现金

现金（Cash）支付是最简单的一种支付方式，它是交易双方利用等价的货币与物品进行实时交换。买卖双方处于同一位置，一手交钱一手交货，现金具有使用方便和灵活的特点，其交易流程如图7-4所示。

7.3.3.2 票据

票据（Bill）主要包括支票、本票和汇票。支票是出票人委托银行或其他法定金融机构于见票时无条件支付票面金额给受款人的票据；本票是出票人自己于到期日无条件支付一定金额给受款人的票据；汇票是出票人委托他人于到期日无条件支付一定金额给受款人的票据。无论哪种票据都需要有出票人的签名方能生效。图7-5是支票交易流程，支付过程中，支票由买方签名生效，卖方需要支付一定的费用并通过银行处理支票、等待提款。

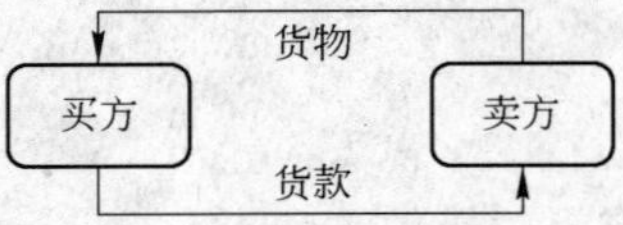

图7-4 现金交易流程

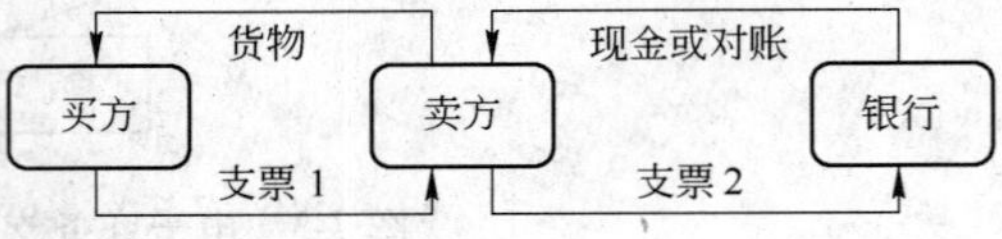

图7-5 支票交易流程

7.3.3.3 信用卡

信用卡（Credit Card）是电子支付中最常见到的，它是建立在金融网基础上的可以实时支付的一种电子支付工具。其重要功能是通存通贷、自动取款、消费结算与代理收费等。按照其结算方式的不同，信用卡可以分为借记卡、贷记卡、复合卡和现金卡。其中，借记卡是指购物结算功能齐全但不具备透支功能的信用卡，办理借记卡时无需担保也不用交纳保证金；贷记卡是具有透支功能的信用卡，办理时需要有担保人提供担保并交纳一定的保证金。按照载体材料的不同，信用卡可以分为塑料卡、磁卡、集成电路卡、复合介质卡和激光卡，现在经常看到的是磁卡类信用卡。

信用卡支付主要有四种类型：无安全措施的信用卡支付、通过第三方代理的信用卡支付、简单加密信用卡支付、安全电子交易（SET）信用卡支付。

图7-6是无安全措施的信用卡支付流程，买方通过网络从商家订货，信用卡信息则通过电话、传真或互联网实现传递，此种方式下，商家完全掌握消费者的信用卡信息，买方承担信用卡信息在传输过程中被盗取及商家获得信用卡信息的风险，商家与银行之间使用各自现有的银行商家专用网络授权来检查信用卡的真伪。

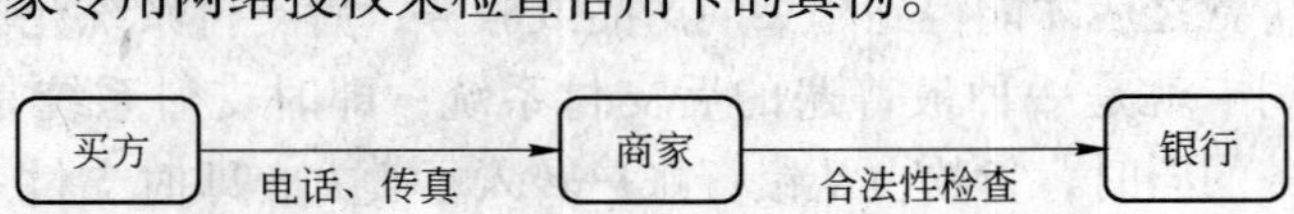

图7-6 无安全措施的信用卡支付流程

为了改善信用卡事务处理的安全性，在买方和商家之间启用了第三方代理，避免商家看到买方信用卡信息和买方信用卡信息在网上公开传输导致信息被窃取。通过第三方代理的信用卡支付流程如图7-7所示，首先买方在第三方经纪人处注册账号、登记信用卡号，然后在网上向商家在线订货，并将账号传送给商家，商家将账号提供给第三方经纪人核实，经纪人核实了商家身份与买方账号后，联系买方并要求买方确认购买与支付，最后将

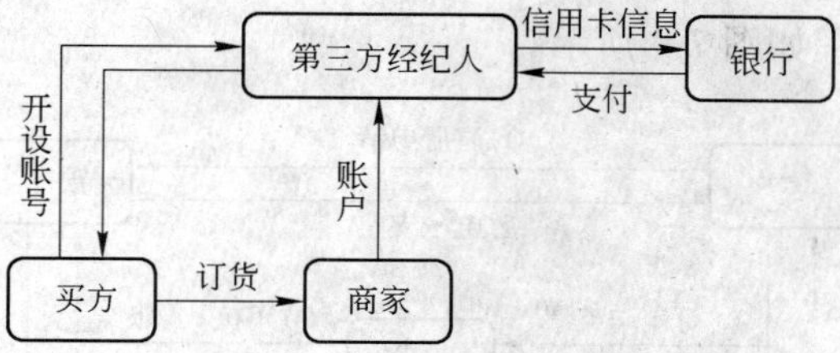

图 7-7 第三方代理的信用卡支付流程

信用卡信息传给银行完成支付过程。

采用简单加密信用卡模式支付时，买方的信用卡信息通过 SSL 或 SHTTP 等加密协议被加密，只有业务提供商或第三方支付处理系统能够识别。这种支付方式增强了买方信用卡信息的安全保障，但是一系列的加密、授权、认证及相关信息的传送提高了交易成本，因此不适合小额交易。图 7-8 是简单加密信用卡支付流程，买方首先要在银行开设一个信用卡账号，然后向商家在线订货，并将加密后的信用卡信息传送给商家服务器，商家服务器验证信息的有效性后将加密的信用卡信息转给业务服务器，业务服务器验证商家身份并对信用卡信息进行解密，通过安全专用网传送到商家银行。商家银行通过普通电子通道与买方联系，证实信用卡信息的有效性并将结果传送给业务服务器，由业务服务器通知商家服务器交易情况。

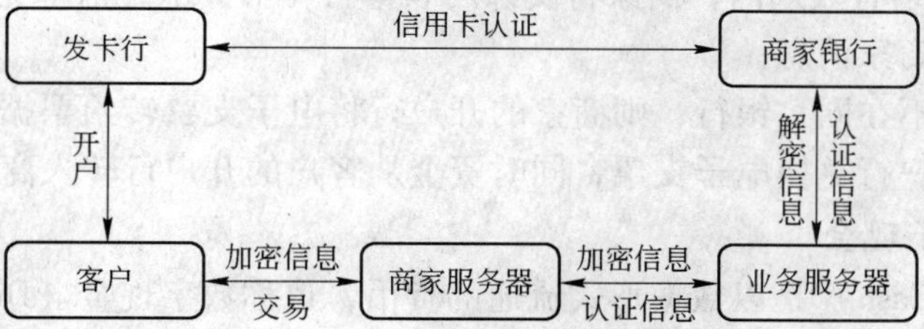

图 7-8 简单加密信用卡支付流程

安全电子交易（Secure Electronic Transaction，SET）信用卡支付是基于安全电子交易协议（SET）和安全套接层协议（SSL）基础上发展而来的。买方通过网络选购商品，并按商家要求给商家发送一个完整的订单及要求付款指令。订单及付款指令由买方进行数字签名，保证商家不能看到买方信用卡信息，商家在接收订单后，通过收单银行的金融专用网向买方的发卡银行请示支付认可。买方的发卡银行经确认批准交易后，将信息返回给商家，商家再将支付信息返给买方，商家为买方提供货物或服务，并同时请求银行将买方的信用卡支付款从其账号转入到商家账号。

7.3.3.4 电子支票

电子支票（Electronic Check）是一种借鉴纸质支票转移支付的优点，利用数字传递将钱款从一个账户转移到另一个账户的电子付款形式。使用者通过信用卡或银行账号到银行注册后生成电子支票，一个电子支票包括支付人姓名、支付人账户名、支付人金融机构名称、被支付人姓名、支票金额等。电子支票也需要通过数字签名，被支付人数字签名背书；金融机构根据签过名和认证过的电子支票把款转入商家的银行账户。

电子支票的支付流程如图7-9所示。

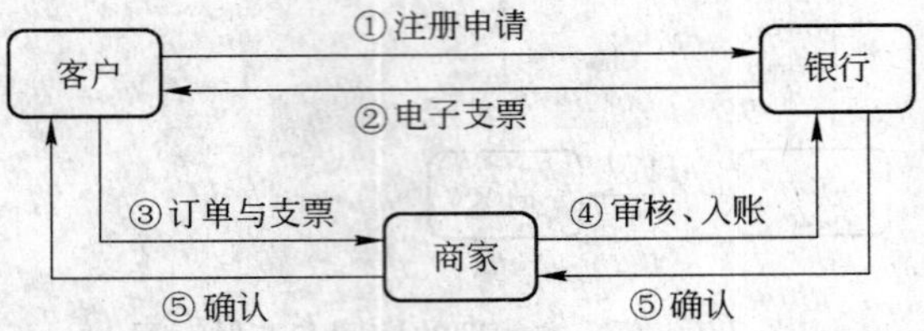

图7-9 电子支票的支付流程

（1）客户在银行申请电子支票账户，存入现金并申请使用电子支票。

（2）开户行审核客户资信情况，确认合格后发给客户电子支票生成软件，此软件可以自动生成包含开户行标志的电子支票。

（3）客户通过网络与产品/服务出售者取得联系，向商家发出订货单选购商品，并利用电子支票生成软件生成一张电子支票用于支付货款，然后将电子支票与订货单一起发送给商家。发送时客户要用自己的私钥在电子支票上进行数字签名，用商家的公钥加密电子支票。

（4）商家收单并通过金融网络验证客户电子支票的有效性，并以此为据为商家入账，同时按客户购买信息将货物送达指定收货人。

（5）在电子支票有效期内，商家将支票向收单行背书提示并请求兑付，收单行确认并接受背书后反馈给商家消息。

如商家与客户不在同一银行，则商家的开户行将电子支票转给票据交换所清算，票据交换所向客户的开户行兑换电子支票，同时资金从客户的开户行转入商家的开户行。

7.3.3.5 电子现金

电子现金（E-Cash）是以数据形式流通的货币，也称数字现金（Digital Cash）或电子货币（E-Money）。它将现金的数值转换成一系列加密序列数，交易是用这些加密的序列数表示现实中各种交易金额的币值。电子现金具有可交换性、可存储性和货币价值的特点，但它对网络系统的安全性要求更高。

电子现金的支付流程如图7-10所示。

客户首先向银行申请开设电子现金账户，存入现金用于购买电子现金；然后通过电子现金终端软件从电子现金银行取出一定数量的电子现金，存储在硬盘上备用；客户使用电子现金支付所购商品的费用，即将所需支付数额的代币通过互联网或者其他设备传输给商家；商家将收到的电子现金发给银行进行鉴别与证实后，收到银行等价的货币，同时向买方发送确认信息并支付商品。每笔电子现金使用后银行都会记录其序列号码，这样可以防止客户重复使用电子现金。商家接收货款后给消费者发送订单确认信息。

7.3.3.6 电子钱包

电子钱包（E-Wallet）是能够储存电子货币并被持有者用来对电子商务活动购买的商品或服务进行支付的常用支付工具，这种支付方式经常用于小额购物上。电子钱包的本质是装载电子货币的“电子容器”，它可以把信用卡信息、电子现金、钱包所有者身份证、

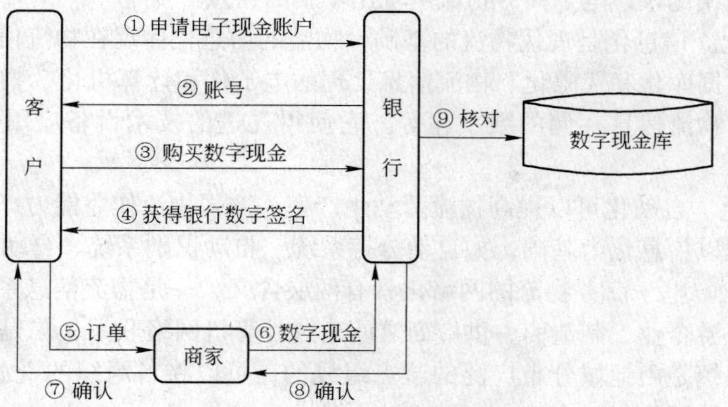

图 7-10 电子现金的支付流程图

地址等客户网上购物的信息集成在一个数据结构里。购物的时候，客户只需点击“钱包图标”就可以把这些信息安全地送给商家网站，提高购物效率。

电子钱包的发展经历了两个阶段，早期的电子钱包与智能卡十分相似，只要把 Mondex 卡插入读卡终端，读卡机将从卡中读到的钱款数额里减去本次交易的花销，几秒钟内数据和卡就会从设备中吐出，完成交易支付。目前的电子钱包是一种基于 Web 浏览器的网上支付工具，需要在电子钱包服务系统中进行，银行或商家应该安装电子钱包服务系统，用户处应该安装电子钱包软件。

利用电子钱包进行网上购物时，客户首先要建立电子钱包，在提供电子钱包服务的金融机构设立账户，设置自己电子钱包的用户名和密码，向自己的电子钱包添加个人身份证信息、地址信息、电子支票、电子现金、电子信用卡等，然后客户可以在网上选购能够进行电子钱包支付的商家的商品后，打开电子钱包，输入用户名和密码，选择电子支票、电子现金或电子信用卡中的一种手段用于支付。电子商务服务器会对此支付形式进行加密，然后发送至相应的金融系统进行支付确认。如果确认客户的支付有效，商家将在客户需要的时间内把客户选购的商品送达客户或指定接收人，完成一次交易；如果商家开户银行发现客户信用卡上钱数不足以支付时，就会拒绝支付结算并不予授权，客户收到通知后可以重新打开电子钱包使用另一种方式支付。

7.4 电子商务与物流系统

7.4.1 电子商务下物流的特点

物流是一体化活动管理的统一，主要包括存货、运输、流通加工、包装、仓储、配送及其他相关活动，它服务的重点是利用有效的战略匹配不同的物流战略来求得效益和效率的统一。所以，现代物流信息系统（Logistics Information System）是利用计算机网络技术，依靠现代科学管理，在计划、管理、控制与作业等环节充分利用信息，为决策提供依据，提高物流效率和优化供应链的信息系统。

与传统物流相比较，电子商务物流呈现出了新的特点。

（1）信息化。信息化是现代物流的基础，物流的信息化体现在物流信息的商品化、物流信息收集的数据库化和代码化、物流信息处理的电子化和计算机化、物流信息传递的标准化和实时化、物流信息存储的数字化等。它使得先进的技术设备应用于物流领域成为可能。

（2）自动化。自动化可以提高物流劳动生产率，增强物流作业能力，减少物流作业的差错等。自动化以信息化为基础，如自动分拣系统、自动识别系统、自动存取系统等。

（3）网络化。电子商务物流的网络化具有两层含义，一是物流信息系统网络化，包括物流中心与上下游企业、制造商、供应商之间通过计算机网络联系；二是物流组织之间的网络化，物流组织是由地域分布广泛的节点组成的，可以将各组织的资源充分利用起来，实现生产与供销的网络化组合。

（4）智能化。电子商务物流的智能化表现为物流信息化和自动化。物流作业过程涉及大量的运筹与决策，如最佳车辆的调度、最优路径选择、自动分拣机的运行、物流配送中心经营管理的决策支持等问题都需要借助大量的知识才能解决。所以，将专家系统、机器人技术应用于电子商务物流成为电子商务发展的一个新趋势。

（5）社会化。建立社会化的配送体系，是现代物流配送与传统物流的主要区别。社会化的配送体系可以充分利用专业化的物流设备、设施与管理经验，将地域上分散的仓库通过网络进行统一的调配与管理，以求得最大的效益。

7.4.2 电子商务的物流模式

高效、快捷的物流运作是电子商务保持成本优势的有力保证，而商流、物流、信息流和资金流是电子商务的四个主要功能。不同规模与不同行业的电子商务采用不同的模式实现物流配送。电子商务主要的物流模式有以下几类。

（1）自营物流。自营物流是电子商务企业自己组建物流系统，管理物流队伍，经营整个物流运作过程。自营物流可以提高企业的服务水平与物流效率，能够及时与供货或顾客密切配合，维护企业与顾客的长期关系。这是目前电子商务企业大多选用的一种模式。

（2）外包物流。外包物流也称为合同物流或第三方物流，它是生产企业将自己的物流活动通过合同的方式委托给专业的物流服务企业完成。同时通过信息系统与物流企业保持密切联系，达到企业对物流全过程的控制与管理。外包物流是社会分工的细化。专业物流可以利用专业设施与物流运作的管理经验，汇集社会物流需求，为客户制订物流计划，促进物流社会化发展。

与自营模式相比，外包物流具有明显的优势，首先生产企业可以专注生产业务，提高企业的核心竞争力；其次，外包物流还可以降低企业的经营成本，将资金投入到能产生高效益、高利润率的业务上去；最后，通过与第三方物流公司进行优化组合，可以缩短产品的流通周期，加快物流配送速度。提高企业的信誉与形象，提高客户的满意度。

（3）物流联盟。物流联盟是介于自营模式与外包模式之间的一种物流模式，它以物流合作为基础建立企业之间的战略联盟，各企业间共担风险、共享收益、互相信任。通过契约实现各企业间的优势互补，降低风险，减少交易过程，节约交易费用。企业之间不完全采取导致自身利益最大化的行为，也不完全采取导致共同利益最大化的行为。

三种电子商务物流模式的优劣势见表7-1。

表7-1　三种物流模式比较

项目	自营模式	外包模式	物流联盟
优势	易于保持供应链的稳定性 对物流有较强的控制能力 易与其他部门实现协调	提高服务质量 降低经营成本 提高企业竞争力	降低经营风险 减少投资 掌握物流技巧与管理方式
劣势	物流基础设施投入大 具备较强的物流管理能力	容易受制于人 我国尚未成熟	难更换物流伙伴

7.4.3　电子商务的物流配送流程

电子商务的物流配送流程为：

（1）订单处理。配送中心的交易始于客户的询价、业务部门的报价，然后是订单的接收。业务部门会根据库存状况、包装能力、装卸货能力、配送负荷等适时协调，以满足客户的需求。此外，业务部门还可以进行历史报价管理，制定报价的计算方式，限定客户订购的最小批量、订购结账方式与订货、取货方式等。

（2）入库作业。入库管理员根据采购单上预订入库日期进行入库作业的调度，完成入库质检、分类处理与入库资料查核。入库有商品入库上架与直接出库两种作业方式。入库上架的商品是为了日后出货销售，所以入库时要根据产品的生命周期等影响因素存放于指定位置并登记管理；直接出库的产品要求入库管理员将其送往指定的出货码头或者暂时存放地点，并调派工作人员进行搬运。

（3）配货运输。订单进入配货流程时，通过自动配货系统完成配货处理作业。配货运输包括商品装车、计划配送区域、安排配送路线与实际配送。装车顺序按照配送路线选用的先后次序来决定。

（4）库房管理。库房管理包括库区管理与库存控制，库区管理主要有产品在库房内的摆放方式、摆放计划、产品出库的选择方式、搬运工具与搬运方式的选择、库存包装器的使用与维护等；库存控制主要是控制出入库的时间、数量、库存盘点方式，清查库存数量等。

（5）补货及拣货作业。当库存数量满足出货量时，可根据订单打印出库拣货单并进行拣货区域的计划布置。出货拣货作业不仅包括拣取作业，还包括补充拣货货架上的商品。

（6）加工。流通加工包括产品的分类、过磅、拆箱重新包装、贴标签与产品的组合包装等。所以加工过程需要对包装容器的选用、加工及调度进行管理。

（7）出库作业。出库作业包括依据订单打印出货交易计划，制订出货调度计划，打印出货批次报表，为出货产品贴标签等。出货时调度人员可以选择集货工具，决定集货方式，调配集货作业人员，并确定运输车辆的数量与大小等。

（8）全程跟踪。系统会对订单的全过程进行跟踪并记录完成时间，并对每一环节制定一标准化的处理时间，对于超时的环节，系统会自动通过报警系统发送给相关工作人员，督促进程的加快。

7.5 戴尔的主营网络直销

7.5.1 网络直销概述

网络直销是生产商不通过中间商，直接借助互联网实现企业与客户之间的信息沟通、产品定制、产品传递等功能，进行商品的销售，实现营销目标。采用网络直销的企业一般拥有网上在线配置系统、订货系统、结算系统和商品配送系统。其中，客户可以通过在线配置系统设计自己所需要的产品或服务，从产品特点、组合价格等多项菜单中进行选择，然后将选择信息发送给供应商的制造系统，从而启动随后的采购、组装等流程。

按不同的方式对网络直销进行划分会有不同的类别。例如，按企业开展网络直销的途径划分，可以将网络直销划分为自建网站直销模式、依托平台直销模式和混合直销模式；按网络直销在企业中的地位划分，可以将网络直销划分为主营网络直销模式、辅助网络直销模式和单一网络直销模式。

每个公司都应当综合考虑公司的目标规模、业务需求和顾客购买状况，分别采取不同的网络直销策略。

（1）产品策略。通过网络调查，了解消费者的需求，允许客户参与产品的设计与开发，让客户通过互联网自行选择产品与服务，实现定制营销。

（2）渠道策略。渠道包括销售渠道与物流渠道，网络营销的销售渠道可以采用网上直销和虚拟市场，物流渠道可以采用组件物流联盟与整体化物流管理系统的方式。

（3）定价策略。网络营销因缺少中间流通环节，所以价格竞争更加激烈。商家通常选用成本定价的方式来满足顾客对价格的需求，但议价也是网络营销产品定价常见的方式。

（4）促销策略。网络广告是网络促销的主要方式，它通过互联网发布产品的特点、功能与价格等信息，客户可以通过网络实时查询相关信息。网络广告的立体化与多方位化改变了过去信息的单向传递，实现了信息的互动交流，同时也宣传了商家，树立了企业的品牌形象。

7.5.2 戴尔的主营网络直销模式

7.5.2.1 基本情况与商业模式

戴尔（Dell）公司创立于1984年，1996年开始网络销售。其销售理念是按照客户要求制造计算机并直接发货给客户。这种商业销售模式省略了中间商的参与，节约了不必要的时间与成本，戴尔公司可以通过网络更直接地了解客户的需要，为消费者定制并提供强大的具有丰富配置的计算机系统。1998年戴尔公司将直销订购模式引入中国。

在戴尔网络直销商务模式中，涉及的利益相关者主要包括零部件供应商、客户服务中心、客户、供应第三方物流、销售第三方物流以及网站，其价值链如图7-11所示。

戴尔通过降低成本、简化信息技术，采用网络直销模式，辅以高效率的生产流程与科学化的成本管理控制实现了成功销售。这种直销模式可以减少库存，提高服务质量，充分利用先进的技术，最大限度地满足客户的要求。戴尔的目标用户主要有企业用户（大型或

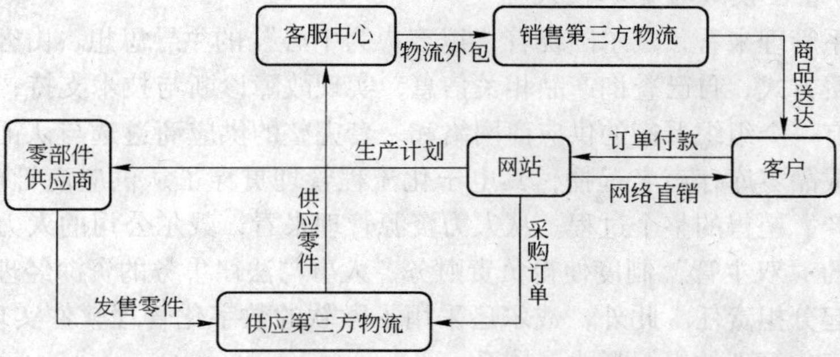

图 7-11 戴尔网络直销价值链

中型企业）、政府机构、小型企业与家庭等。戴尔公司的销售收入 90% 来自企业，10% 来自普通用户。为了吸引用户从网上采购，戴尔公司设置“客户首页”提供个性化服务。通过电子商务的网上平台，客户可以轻松查询资料、服务咨询、提出建议和提交购物单。此外，戴尔还开通了 800 免费服务电话直接与客户接触，接受电话咨询与投诉等。

戴尔直销模式的核心竞争力主要体现在两个方面：一是低成本配件供应与装配运作体系的实施能力，这种能力可以保证消费者低价接受个性化服务。这是戴尔特有的运作实施能力，尽管康柏和 IBM 都曾经模仿其直销模式，但都因成本太高、效率太低而放弃。二是成本控制能力，通过电话或网络直销，戴尔降低了渠道成本，可以通过高效的供应链管理系统为客户迅速提供所需产品或服务。

戴尔的网络直销模式使得传统销售渠道中常见的代理商与零售商间的高额价格差消失，库存成本降低，直销产品的价格低于正常销售渠道产品价格的 15% ~20%。这种模式不仅增加了销售收入，而且还增加了客户价值、挖掘了新的利润源泉。戴尔的网络直销模式采用三种物流方案：第三方物流、与供应商联合、物流共同化计划。通过采用投资少、适用的物流技术和设施设备，或推行物流管理技术，提高物流的效率和效益，降低物流成本来实现新的利润。

7.5.2.2 经营模式与技术模式

戴尔的经营模式主要体现在虚拟经营、按需定制、低价直销、利用第三方物流和电子商务上。戴尔公司通过与许多供应商、生产商及速递公司建立战略联盟，最大限度利用和整合了外部资源，并凭借非一流的技术水平创造了惊人的业绩；戴尔采用“订单式生产”直接从客户手中收取订单，按照客户要求制造不同配置的计算机并直接发货，这样的生产与销售模式不会造成产品积压，还能保持戴尔对市场的敏感与快速反应；戴尔用信息代替库存产品，加速了资金流转速度，降低了成本，实现了价格优势；而分布广泛的第三方物流提供商也降低了物流运作成本，缩短了客户响应时间，使戴尔能够更专注于自己的核心业务。客户可以通过戴尔的网站了解产品及报价、进行网络订购与获得技术支持，不必花费过多的时间通过传统销售渠道购买产品。

戴尔的技术模式体现在两个方面：一是具有强大的呼叫中心系统，方便用户与戴尔直接联系业务；二是具备敏捷的物流模式，无论是供应物流、生产物流还是销售物流，戴尔都可以通过第三方提供的信息管理系统实施监控、跟踪。

7.5.2.3 管理模式与资本模式

从客户关系管理来看，戴尔围绕着“以客户为中心”的主导思想，由客户自己选择计算机配件、付费方式，自己查询产品相关信息，实现故障诊断与技术支持；从供应链管理来看，戴尔拥有一个组织严密的供应商网络和一套完整的供应商遴选与认证制度，戴尔的物料低库存与成品零库存声名远播，其电子化流程管理贯穿了从供应商管理、物料采购、产品开发到生产、销售的整个过程。从人力资源管理来看，戴尔公司的人力资源管理责任分明，其创立的“双主管”制度使得负责财务、人事与法律事务的资深经理与地区产品经理的管理者一起分担责任。此外，戴尔还采用了微软的数字化管理软件实现数字化管理，建立了支持数字化管理的组织形式与体系。

戴尔主要采用两种资本模式获取资金，一是创业时依靠自身的资本，二是发展壮大时依靠美国雄厚的资本市场，通过发行股票获得资金。

综上所述，戴尔的直销模式是一种行之有效的能够创造新价值的经营模式，其成功的主要因素在于：第一，舍弃中间经销商，降低库存，以低成本与低价格按客户需要生产，建立强大的订单处理系统与生产体系；第二，具备先进的信息管理技术与管理模式，能够实现与供应商和第三方物流的战略联盟；第三，设置了优秀的客户服务功能与强大的呼叫处理中心；第四，拥有高效和完整的供应链与第三方物流系统。

7.5.3 戴尔的网络直销流程

图7-12是戴尔电脑中国官方直销网站的首页。目前，戴尔公司在北京、上海、成都、广州、南京、深圳等地均设有办事处，但是其销售的主要途径仍是网络直销。

图7-12 戴尔（Dell）电脑中国官方直销网站

如果客户想订购戴尔的电脑，可以打电话给戴尔公司的中国客户服务中心，通过网络或者电话，戴尔公司的销售代表了解到客户的配置需求，然后利用电子邮件或传真向客户提供报价以供审核。客户确认并授权后，该订单将被输入到信息系统中，以保证按照订单生产的产品能完全符合客户的要求。订单随后被送往工厂，按照订单要求把系统所需的零件都放到一个配件盒中，并用传送带送去组装。整个生产过程中都要进行精确的质量检测，确保产品的最终性能满足客户的订单需求。产品组装完成后经物流公司送到客户手中。戴尔公司订单流程如图 7-13 所示，从图 7-13 中可以看出，戴尔公司通过网络订单的直销模式将各环节紧密衔接，其看似简单的流程却很难被其他公司复制。

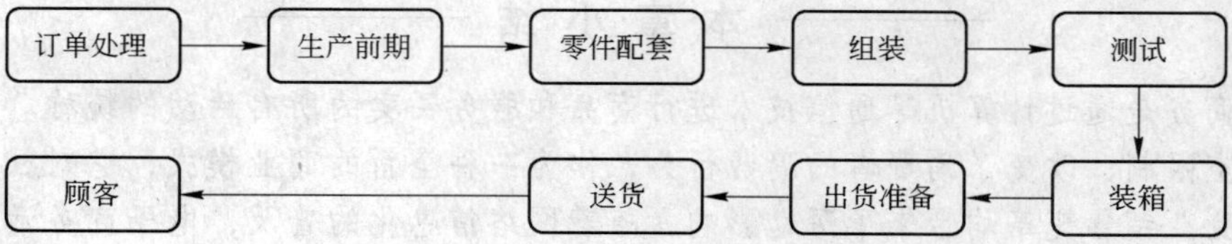

图 7-13 戴尔公司网上订单流程

在戴尔的直销网站上，提供了一个可以查询或者跟踪客户订货状况的接口——订单状态查询，客户可以通过此接口查询到已经订购的商品从发出订单到发货给客户的全过程。戴尔为客户提供定制的销售方式，其物流服务也配合这一销售政策实施。

（1）订单处理。客户可以通过网络浏览戴尔的网上商店，初步搜索出所需产品，查看产品的配置详情，也可以在网上直接自选产品的配置进行个性化配置，所订产品放入购物车以后拨打 800 免费电话进行网上订货。戴尔公司会检查网上的订货单是否填写齐全并考虑订单的付款条件，因订单按照付款条件进行分类，所有采用信用卡支付方式的客户订单将被优先满足。只有那些确认已支付款项的订单才会转入生产数据库中并自动发出零部件的订货需求，订单也会随之转到生产部门。戴尔基于地域和产品类型两条原则分配工厂的订单，按地域分配的原则是使运输的费用降到最低，同时考虑进出口法规的限制以及各国特定的产品需求；按产品类型分配的原则是使同样的产品在同样的生产线上生产，可以降低运输成本，同样尺寸的同类产品包装箱容易组织在同样的货盘上，节省空间也节约成本。

客户订单生效后，客户可以通过网络对产品的生产过程、发货日期甚至运输公司的发货状况等进行跟踪。根据客户发出订单的数量，客户需要填写一份订单状况查询表格，表格中必须填写戴尔的订单号与校验数据。提交表格后戴尔会通过网络将查询结果反馈给客户。

（2）预生产。从接到订单等待零部件到货到进行生产的时间称为预生产。预生产的时间根据客户所订系统或配件的不同而不同。通常情况下，戴尔会在客户进行订货确认的时候告知客户一个订货的前置时间，即等待零部件与送货到客户手中的时间。

（3）配件准备。当订单转到生产部门时，所需的零部件清单也就自动产生，工作人员会将零部件备齐后送到装配线上。只有零部件齐全的订单才会真正进行配件准备，这样可以避免订单在生产线上的等待及库存占用。

（4）生产。工作人员将生产线上传来的零部件组装成计算机等待测试。

（5）测试。组装好的计算机被送往检测部门用特制的监测软件进行测试，通过测试的计算机才能被送到包装车间。

(6) 装箱。通过测试的计算机被放入包装箱中，同时将键盘、鼠标、电源线、说明书等其他附属设备一同装入并运送给物流部门。

(7) 配送准备。物流部门会根据订单的特殊性进行分装以备运输。

(8) 发货。物流供应提供者会将客户所定货物按照订单的日期运输到指定地点。目前，戴尔的中国订单主要由中国邮政和大通来做物流供应的提供者。一般情况下，订货可以在2~5个工作日送到订单上的指定地点，同时提供免费安装与测试服务。

本 章 小 结

电子商务是通过计算机等通信技术进行商品和服务买卖的所有活动的统称。它打破了市场的时空限制，改变了消费者的消费行为，作为一种全新的商业模式，它对社会商业体系结构和企业销售变革均带来了深远影响，随着网络信息化的普及，电子商务活动所占比重日益增加，逐步成为推动全球经济与贸易增长的主流模式。

电子商务的安全问题是经营者谨慎经营的原因之一，所有使用电子商务进行交易的经营者都应该有足够的安全意识和完整的安全管理办法。其支付问题与物流问题也是影响电子商务进一步发展的主要原因。与传统电子支付相比，电子商务的电子支付完全是基于网络系统平台，通过数字流来完成信息传输与款项的支付，具有更方便、快捷和高效的特点。电子商务的物流模式主要有自营模式、外包模式和物流联盟三种形式，与传统物流相比，电子商务物流呈现出信息化、自动化、网络化、智能化和社会化的特点。

专 业 术 语

电子商务（Electronic Commerce，EC）
电子支付（Electronic Payment，EP）
电子支票（Electronic Check，EC）
电子现金（E-cash）
电子钱包（E-Wallet）
网路营销（Internet Marketing，IM）
第三方物流（Third-party Logistics，TL）

本章参考文献

[1] 李一军．电子商务[M]．北京：电子工业出版社，2010.
[2] 司林胜．电子商务案例分析教程[M]．北京：电子工业出版社，2010.
[3] 董铁，张劲珊．电子商务[M]．第2版．北京：清华大学出版社，2010.
[4] 陈德人．电子商务案例及分析[M]．北京：高等教育出版社，2010.

习　题

7-1　电子商务的概念是什么?
7-2　电子商务的主要类别有哪些?
7-3　电子商务对社会经济、企业和个人有哪些影响?
7-4　电子商务的发展趋势及我国电子商务发展面临的挑战是什么?
7-5　电子商务的安全性主要包括哪些内容?

7-6　保证电子商务安全的技术手段有哪些?
7-7　保证电子商务安全的管理措施有哪些?
7-8　什么是电子支付，其主要特征是什么?
7-9　简述电子商务支付系统的基本体系构成。
7-10　简述电子支付的主要形式。
7-11　电子支票与电子现金的支付流程是什么?
7-12　简述电子商务物流的特点与主要物流模式。
7-13　网络直销的定义是什么?
7-14　简述戴尔网络直销的管理模式、技术模式与经营模式。

第 8 章　信息系统的总体规划

案例

企业利用信息技术的风险

福克斯·梅亚公司曾经是美国最大的药品分销商之一，年营业收入超过 50 亿美元。为了改进竞争地位，保持快速增长，这家公司决定采用国际上非常流行的企业资源计划（ERP）系统。其实，简单地说，这一系统就是将公司内外根本没有联系的职能部门用计算机软件捏合在一起，以便使产品的装配和输送更加高效。

由于坚信 ERP 系统的潜在利益，在一家享有盛誉的系统集成商的帮助下，梅亚公司成了早期的 ERP 系统应用者。然而，到了 1997 年，在投入了两年半的时间和 1 亿美元之后，应用 ERP 系统所达到的效果非常不理想，仅仅能够处理 2.4% 的当天订单，而这一目标即使用手工操作的方法也能达到，况且，就是这 2.4% 的业务也常常遭遇到信息处理上的问题。最终，梅亚公司宣告破产，仅以八千万美元被收购。它的托管方至今仍在控告那家 ERP 系统供应商，将公司破产的原因归结为采用了 ERP 系统。

梅亚公司的例子告诉我们，企业应用信息技术实际上也蕴含着巨大的风险。特别是随着 IT 应用日益广泛和深入，系统日趋复杂，实施周期长，还涉及组织变革等方面，整个过程充满不确定性因素。国内外的调查研究表明，企业利用信息技术的风险主要表现在以下几个方面：

（1）企业在 IT 系统设计和实施时，往往“脚踩西瓜皮、溜哪儿算哪儿”，没有合理规划系统建设，所实施的信息系统不能支持组织战略，导致 IT 投资失败。

（2）IT 系统的应用仅仅模仿手工业务流程，并没有进行业务流程的优化和重组，出现“汽车跑牛路”——新技术迎合旧流程的现象，把任务牢固地锁定在系统流程里，造成“高速混乱”。

（3）在选用应用软件时，往往只关心某个单一的核心应用，没有考虑不同的应用系统之间的关系，项目实施也各自为政，导致产生“信息孤岛”。

（4）更为常见的是，随着信息化建设深入，形成纷繁复杂的应用环境——互不兼容的系统、各式各样的设备，导致维护成本居高不下，而且，复杂的应用环境与多种应用系统之间的冲突又形成了一个新的“IT 黑洞”，出现新的“数据处理危机问题”，造成 IT 投入和回报呈现递减效应。[1]

---

[1] 资料来源：http：//www. jrj. com. cn/NewsRead/

8.1 信息系统战略规划概述

现代企业用于信息系统的投资越来越多，如宝钢投资已多达数亿元。由于信息系统建设投资巨大并且历时很长，系统的成败将对企业经营产生重大影响。美国和德国的调查统计结果表明，大约70%的失败的管理信息系统项目是由规划不当造成的。在管理信息系统建设中，如果一个操作错误会造成几万元损失，那么，一个设计错误就会损失几十万元，一个计划错误会损失几百万元，而一个规划错误能损失几千万元甚至上亿元。信息系统规划的损失不仅仅是巨大的，而且还是隐性的、长远的，往往要到系统全面推广实施后才能在实践中慢慢显现出来。所以，我们应该克服那种“重硬、轻软”的片面性，把信息系统的规划摆到重要的战略位置上。

自20世纪60年代起，信息系统规划就受到企业界和学术界的高度重视，许多学者和组织在实践的基础上提出了不同的方法。但是，由于组织的特点、类型和对规划的具体需求的多样性，在信息系统规划的进行过程中经常会遇到各种各样的问题。因此，如何正确应用信息系统规划方法，针对组织的具体特点和需求来进行规划，成为企业信息系统建设的重要问题。

8.1.1 信息系统战略规划的内涵

8.1.1.1 企业战略和信息系统战略的意义

目前，随着信息技术的迅猛发展和普及，世界经济一体化趋势的发展，市场变化速度加快，企业竞争愈加激烈，企业经营战略的实现已经离不开信息技术的支撑，企业信息化建设成为企业生存发展、实现经营战略目标的必然选择。

正因为信息技术对企业经营战略的影响关系重大，因此企业在建设信息系统时应当有正确的战略。企业建设管理信息系统的战略可以以企业的经营战略为基础来制订，也可以与企业经营战略的某些重要部分整合起来，或者完全与企业经营战略合为一体。

企业战略决策层，应在掌握企业战略管理的基础上，认真分析企业经营战略目标对信息系统建设的要求，从战略层次上考虑企业信息系统建设的方向、目标，从而形成企业经营战略目标实现的强有力支撑，共同推动企业走向成功。

8.1.1.2 信息系统战略规划的意义

企业建设管理信息系统必然会引起组织变革，对组织影响很大，涉及企业业务流程再造（Business Process Reengineering，BPR）。再者，运用信息技术强调“整合”，整合不善，往往浪费组织资源，甚至造成系统弃置不用的情形。信息系统的建设是一个巨大的工程，不仅涉及技术方面，而且还涉及经营管理业务，甚至经营管理思想与观念。因此，建设信息系统应该事先作规划，先预估组织可能发生的变化、可能产生的问题以及组织在未来所要实现的目标，并预先考虑各子系统、各种技术之间的整合问题，以及信息科技和组织基础建设，如人力、资本等的整合问题，再进一步制定各项配合工作的日程表并提供所需的财力与人力。这些工作就是信息系统规划的工作。

8.1.1.3 信息系统战略规划的概念

信息系统战略规划是基于企业发展目标与经营战略制定的，面向组织信息化发展远景的、关于企业信息系统的整个建设计划，它既包含战略计划，也包括信息需求分析和资源分配。信息系统战略规划可以帮助组织充分利用信息系统及其潜能来规范组织内部管理，提高组织工作效率和顾客满意度，为组织获取竞争优势，实现组织的宗旨、目标和战略。

信息系统战略规划主要解决四个问题：

（1）如何保证信息系统战略规划同它所服务的组织和总体战略一致？

（2）怎样为该组织设计出一个信息系统总体结构，并在此基础上设置、开发应用系统？

（3）对相互竞争的应用系统，应如何拟定优先开发计划和运营资源的分配计划？

（4）面对前三个阶段的工作，应怎样选择并应用行之有效的设计方法？

8.1.2　信息系统战略规划的目的和内容

8.1.2.1　信息系统战略规划的主要目的

信息系统战略规划的主要目的在于指出企业如何使用信息科技来创造价值，并作为资源分配及控制的基础。信息系统战略规划一般既包含三年或更长的长期规划，也包含一年的短期规划。长期规划部分指明了总的发展方向，而短期规划部分则为确定作业和资金工作的具体责任提供依据。

8.1.2.2　信息系统战略规划的主要内容

（1）信息系统的目标、约束与结构。

（2）信息系统当前的能力状况。包括硬件情况、通用软件情况、应用系统及人员情况、硬件与软件人员及费用的使用情况、项目进展状况及评价等。

（3）对影响计划的信息技术发展的预测。

（4）近期计划。

8.1.3　信息系统战略规划的过程

信息系统战略规划的过程就是应用一定的方法，从企业的发展战略和经营管理需求出发，结合当前信息化的状况，逐步理清企业管理提升和信息系统建设的总体方向；客观分析当前所处的位置，分析当前和未来之间的差距，将先进信息技术与企业发展战略和管理控制手段有机地结合起来，确定企业信息系统建设的总体目标和总体方案；然后根据具体的信息需求，分析数据，建立全局一致信息架构，完善企业数据环境体系；再制定策略、明确原则、给出路线，明确信息系统建设的各项目之间的时序关系和依赖关系，并确定信息系统建设各项目、各阶段的目标。制定信息系统战略规划的总体思路如图 8-1 所示。

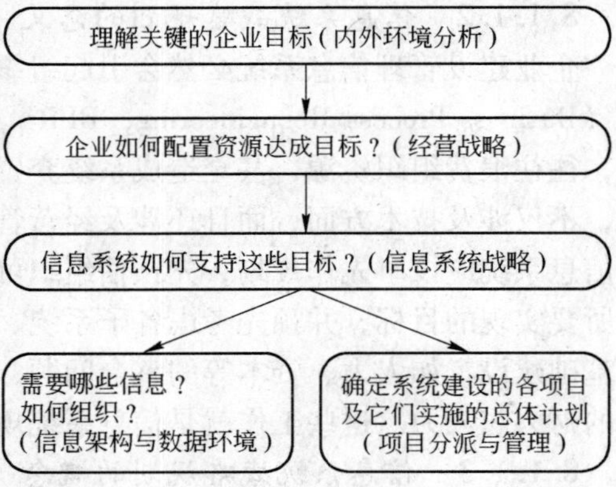

图 8-1　信息系统战略规划的总体思路

信息系统战略规划大致要经过以下几个过程。

8.1.3.1　环境分析

它是信息系统战略规划的依据。在这个

过程中，首先要明确企业的发展目标、发展战略和发展需求。明确为了实现企业级的总目标，企业各个关键部门要做的各种工作。其次要研究整个行业的发展趋势和信息技术产品的发展趋势。不仅分析行业的发展现状、发展特点、发展动力、发展方向以及信息技术在行业发展中起的作用，还要掌握信息技术本身的发展现状、发展特点和发展方向。要了解竞争对手对信息技术的应用情况，包括具体技术、实现功能、应用范围、实施手段以及成果和教训等。最后要认识企业目前的信息化程度和基础条件。信息化程度分析包括现有技术水平、功用、价值、组织、结构、需求、不足和风险等。基础条件分析的内容包括基础设施（如网络系统、存储系统和作业处理系统）、信息技术架构（如数据架构、通信架构和运算架构）、应用系统（如各种应用程序）、作业管理（如方法、开发、实施和管理）、企业员工状况（如技能、经验、知识和创新）。

8.1.3.2 制定战略

根据第一个过程环境分析的结果，来制定和调整企业信息系统建设的指导纲领，争取企业以最适合的规模，最适合的成本，去做最适合的工作。首先，根据企业的战略需求，明确企业信息系统建设的远景和使命，定义企业信息系统建设的发展方向和企业信息系统建设在实现企业战略过程中应起的作用；其次，起草企业信息系统建设的指导纲领，它代表着信息化管理部门在管理和实施工作中要遵循的企业条例，是有效完成信息系统建设使命的保证；最后，制定信息系统建设目标，它是企业在未来几年为了实现远景和使命而要完成的各项任务。

8.1.3.3 设计信息系统总体架构

信息系统总体架构是基于前两个过程而设计的信息系统建设的结构和模块。它以层次化的结构涉及企业信息系统建设的各个领域，每一层次由许多的功能模块组成，每一功能模块又可以分为更细的层次，如图 8-2 所示。

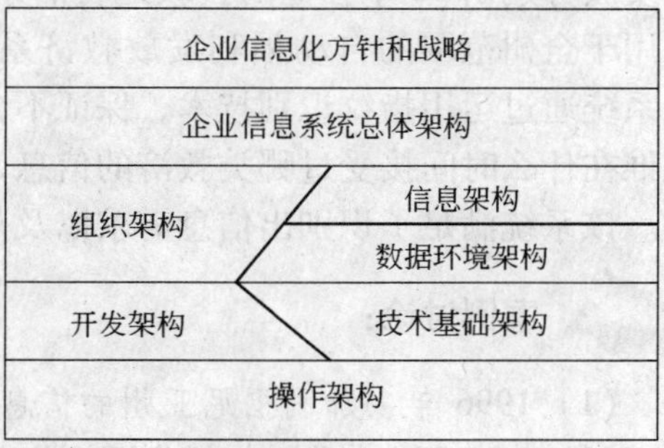

图 8-2 信息系统总体架构

8.1.3.4 拟定信息技术标准

这个过程涉及对具体技术产品、技术方法和技术流程的采用，是对信息系统总体架构的技术支持。通过选择具有工业标准、应用最为广泛、发展最有前景的信息技术作为标准，可以使企业信息系统具有良好的可靠性、兼容性、扩展性、灵活性、协调性和一致性，从而提供安全、先进、有竞争力的服务，并且降低开发成本和时间。

8.1.3.5 项目分派和管理

在以上过程的基础上，首先对信息系统总体架构的每一层次上的各个功能模块以及相应的各项企业信息系统建设的任务进行优先级评定、统筹计划和项目提炼，明确每一项目的责任、要求、原则、标准、预算、范围、程度、时间以及协调和配合；然后，选择每一项目的实施部门或小组；最后，确定对每一项目进行监控与管理的原则、过程和手段。

8.1.4 本节案例：加利福尼亚州信息系统的混乱

1996 年，加利福尼亚州的信息系统建设处于一种混乱无序的状态。

（1）在该州汽车部，利用过时的系统处理各类事务要拖延 32.8% 的时间，顾客往往因等待的人过多而离去，而投资 2500 万美元的新计算机站点却处于闲置状态。

（2）该州的社会服务部因为缺乏检查几个不同县是否存在重复提供救济金的系统，往往要多支付几百万美元的欺骗性救济金。

（3）最棘手的问题发生在生成收益的处理上，即州级的抽彩给奖法。在投资 5600 万美元建立一个新的抽彩给奖法系统的同时，在潜在的彩票收入中，由于拖延而付出的代价超过 1 亿美元。显然，州政府需要制定一个满足全州总体需求的系统规划。

为了保证州政府的目标与新信息系统的目标相一致，州政府设立了一个首席信息主管（CIO）的职位，并聘请 John Flynn 担任这一职务。在加利福尼亚州 Mountain View 的 G2 研究所工作的产业分析家 Megan Cotter 解释说："设立 CIO 职位的作用是为州政府建立一种信息技术的指导战略，这是以前未曾有过的，这显然是州政府首脑直接关心此事而努力的结果。"

首先，州政府必须在战略规划层次上识别和理解自身的需求，然后，制定满足这些需求的信息系统的规划。一种满足这些需求的方法就是着眼于对特殊信息需求的识别上。

在一年时间中，加利福尼亚州的 125 个机构共筹集了 25 亿美元用于信息系统建设。每个机构都有自身的工作重点，并建立了支持这些工作重点的信息系统。作为州级 CIO，John 的工作就是要保证所有这些机构的系统都能帮助州政府实现他们的目标。因此，John 为州政府找出了关键成功因素，如通过消除欺骗性救济金而削减成本。

下一步是识别支持这些关键成功因素的信息需求。加利福尼亚州 IT 预算分委员会前主席 Debra Bowen 说："州内的问题之一是各机构之间的信息不能相互交流。"福利救济金的发放分别由 58 个独立的县级运行的系统单独进行，在此基础上，州政府建立了一套新的用于全州范围的自动福利发放救济系统（Statewide Automated Welfare System，SAWS），该系统通过运用指纹识别技术，保证不会为同一人重复发放救济金。该系统通过与各县交流谁在什么时间接受过哪类救济的信息，为州政府节省几百万美元，并同时消除了欺骗行为。该系统满足了识别出信息需求以及州政府经济目标这两个方面的要求。

案例讨论：

（1）1996 年，加利福尼亚州的信息系统建设为什么处于一种混乱无序的状态？

（2）John Flynn 是如何解决混乱状况的？

（3）信息系统规划进行的过程是什么？

8.2　信息系统规划模型

信息系统战略规划是实施信息系统的关键步骤，以合理的模型与方法作为指导是提高信息系统规划的重要基础。模型刻画了信息系统规划过程中的指导模式，而方法描述了具体实施规划时的步骤。目前使用比较多的信息系统规划模型有诺兰的阶段模型和三阶段模型。而规划方法有很多，信息系统规划的常用方法有企业系统规划法、战略目标集转换法、关键成功因素法等。

这里介绍诺兰阶段模型。

8.2.1　诺兰阶段模型概述

诺兰在1973年首次提出的信息系统发展阶段理论确定了信息系统生长的四个不同阶段，到1980年，诺兰又把该模型扩展成六个阶段，如图8-3所示。

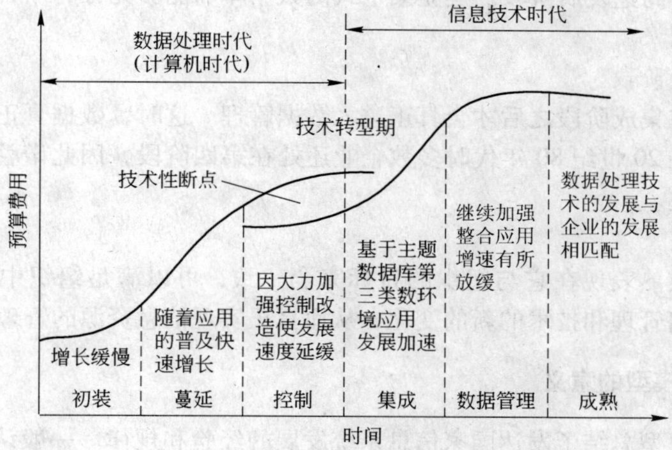

图8-3　诺兰的六阶段模型

这是一种波浪式的发展历程，其前三个阶段具有计算机数据处理时代的特征，后三个阶段则显示出信息技术时代的特点，前后之间的"转折区间"是在整合期中，由于办公自动化机器的普及、终端用户计算环境的进展导致发展的非连续性，这种非连续性又称为"技术性断点"。

诺兰的阶段模型反映了信息系统的发展阶段，并使信息系统的各种特性与系统生长的不同阶段对应起来，从而成为信息系统战略规划工作的框架。根据这个模型，只要一个信息系统存在某些特性，便知其处在哪一阶段，而这一理论的基本思想是一个组织的信息系统在能够转入下阶段之前，必须首先经过系统生长的前几个阶段。因此，如果能够诊断出一个企业的信息系统目前所处的成长阶段，就能够对它的规划提出一系列的限制条件和作出针对性的规划方案。

8.2.2　诺兰阶段模型阶段划分

A　初装阶段

从企业购置第一台计算机开始，一般是在财务部门和统计部门应用。该阶段的特点是组织中只有少数人使用计算机，计算机是分散控制的，没有统一的计划。

B　蔓延阶段

随着计算机的应用初见成效，其应用面迅速扩大，从企业少数部门扩展到各个部门，以至在对信息系统的管理和费用方面都产生了危机。在此阶段，计算机处理能力得到飞速发展，但在组织内部又出现大量数据冗余、数据不一致以及数据无法共享等许多问题。

C　控制阶段

组织开始制定管理方法，控制对计算机的随意使用，使得计算机的使用正规化、制度化，并推行成本-效益分析方法，但这种控制可能影响一些潜在效益的实现。同时，针对已开发的应用系统的不协调和数据冗余等问题，建立统一的计划。

D　集成阶段

经过控制阶段的全面分析，在引入数据库技术、建立数据通信网技术的条件下，数据处理系统进入一个高速发展阶段。建立集中式的数据库和能够充分利用管理组织各种信息资源的系统。

E　数据管理阶段

诺兰认为，在集成阶段之后才会真正进入数据管理。这时，数据真正成为企业的重要资源。由于美国在 20 世纪 80 年代时多数企业还处在第四阶段，因此诺兰对第五阶段还无法给出详细的描述。

F　成熟阶段

信息系统的成熟表现在它与组织的目标完全一致，可以满足组织中各管理层次的要求，能够适应任何管理和技术的新的变化，从而真正实现信息资源的管理。

8.2.3　诺兰阶段模型的意义

诺兰的阶段模型总结了发达国家信息系统发展的经验和规律。一般认为，模型中的各阶段都是不能跳跃的。因此，无论在确定开发管理信息系统的策略，或者在制定管理信息系统规划的时候，都应首先明确本企业当前处于哪一个发展阶段，进而根据该阶段的特征指导信息系统的建设。

诺兰的阶段模型既可以用于诊断当前信息系统处在哪个成长阶段、向什么方向前进、怎样管理对开发最有效，也可以用于对各种变动的安排，进而以一种可行方式转至下一生长阶段。虽然系统成长总体上看是连续的，但各阶段则是离散的。在制定规划过程中，根据各阶段之间的转换和随之而来的各种特性的逐渐出现，运用诺兰的阶段模型辅助规划的制定，将它作为信息系统规划指南是十分有益的。

8.3　信息系统规划方法

用于信息系统规划的方法很多，这里主要介绍关键成功因素法（Critical Success Factors，CSF）和企业系统规划法（Business System Planning，BSP）。

8.3.1　关键成功因素法

8.3.1.1　CSF 方法简介

1970 年，哈佛大学 William Zani 教授在 MIS 模型中用到了关键成功变量，这些变量是确定 MIS 成败的因素。十年之后，麻省理工学院（MIT）的 John Rockart 教授把 CSF 提高成为 MIS 战略。

CSF 方法认为一个组织的信息需求取决于少数管理者的关键性成功因素。CSF 特指某些工作目标，如果这些目标能够达到，那么企业或组织的成功就有了保障。

CSF 是由行业、企业、管理者以及周围环境形成的。CSF 方法的一个重要前提就是有一些易于被管理者识别和信息系统能够作用其上的目标。

8.3.1.2 CSF分析

在CSF分析中使用的主要方法是面谈。通过与一些高层管理者的若干次面谈，辨明其目标及由此而产生的CSF；将这些个人的CSF进行汇总和分析，从而得出企业整体的CSF；然后据此建立能够提供与这些CSF相关的信息系统。图8-4给出了组织中开发CSF的方法。

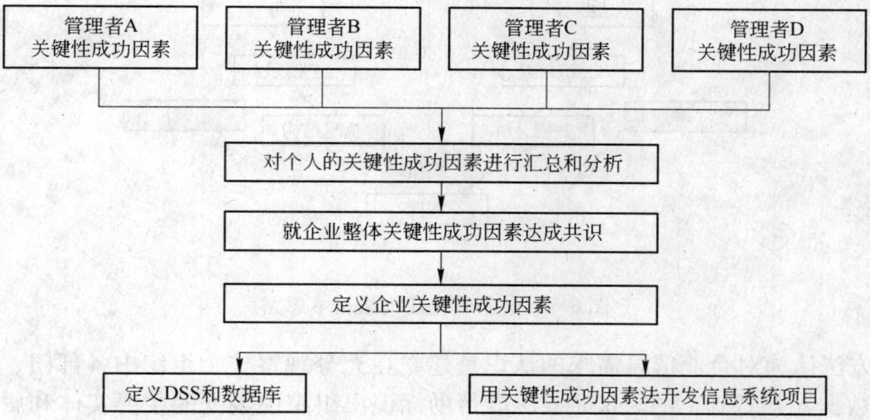

图8-4 用关键性成功因素法开发信息系统

8.3.1.3 CSF方法的优缺点

A 优点

➢ 数据量较小。因为只有高层管理者参与面谈，所以问题也集中在少数几个CSF上，而不是泛泛地调查使用哪些和需要哪些信息。

➢ CSF所独具的优点是，它注意到了组织和管理者必须面对变化的环境。该方法要求管理者要着眼于环境，在对其环境分析的基础上认真考虑如何形成自己的信息要求。

B 缺点

➢ 数据的汇总过程和数据分析都是一种随意的方式，缺乏一种专门、严格的方法将众多个人CSF汇总成一个明确的组织CSF。

➢ 另外，在被访问者中，个人和组织的CSF往往是不一致的，两者的界限有时被混淆。也就是说，有时对管理者个人是关键性的因素，而对组织就未必重要。而且用这种方法由于高层管理者参与面谈，则容易明显地倾向于他们的意见。

➢ 这一方法并不一定能够克服环境或管理变革所带来的影响。由于环境和管理常常迅速发生改变，因此信息系统也必须相应地做出调整，而用CSF方法开发一个信息系统并无法缓解这些因素的影响。

C CSF方法应用中应该注意的问题

➢ 企业战略目标对关键因素确定的影响。

➢ 当CSF解决后，又会出现新的CSF，就必须再重新开发信息系统。

8.3.2 企业系统规划法

8.3.2.1 BSP方法简介

BSP方法是美国IBM公司在20世纪70年代初，用于企业内部信息系统开发的一种方法。这种方法是基于信息支持企业运行的思想，首先是自上而下地识别系统目标、识别企业的过程与识别数据，再自下而上地设计系统目标，如图 8-5 所示，最后把企业的目标转化为信息系统规划的全过程。

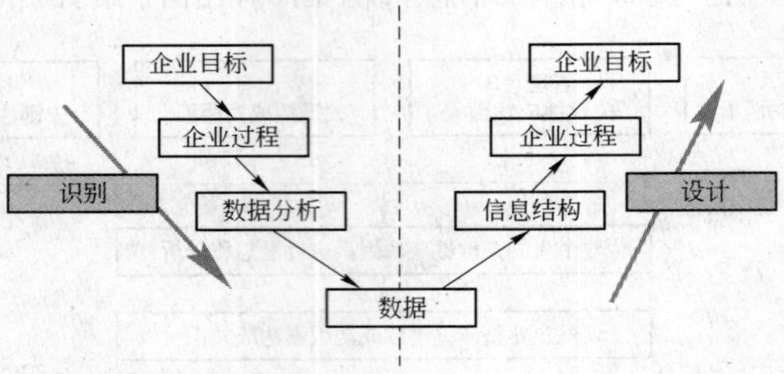

图 8-5　企业系统规划法基本思路

BSP 方法认为对企业信息需求的认识是建立在充分观察整个组织中各部门、职能、工作过程和数据元素基础上的。BSP 方法能帮助标识出组织中数据的主要实体和属性，它源于这样一种思想：只有对组织整体具有彻底地认识，才能明确企业或各部门的信息需求。

BSP 方法的中心环节就是对众多的管理者进行抽样调查，了解他们如何使用信息，信息的来源有哪些，他们处于什么样的环境，以及他们的目标是什么，如何做决策，他们的数据需求是什么。

8.3.2.2　BSP 方法的作用

（1）确定出未来信息系统的总体结构，明确系统的子系统组成和开发子系统的先后顺序。

（2）对数据进行统一规划、管理和控制，明确各子系统之间的数据交换关系，保证信息的一致性。

8.3.2.3　BSP 方法的工作步骤

BSP 方法的工作步骤如图 8-6 所示。

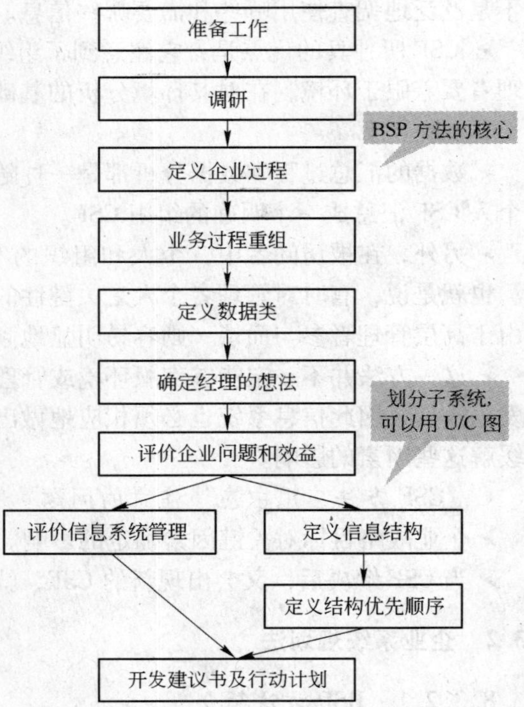

图 8-6　企业系统规划法工作步骤

8.3.2.4　BSP 方法的优缺点

A　优点

➢ BSP 方法的最大优点就是它全面展示了组织状况、系统或数据应用情况以及差距。它尤其适用于刚刚启动或产生重大变化的情况。

➢ BSP 方法的另一优点是可以帮助众多管理者和数据用户形成组织的一致性意见；并通过对管理者们的信息需求调查，来帮助组织找出在信息处理方面应该做些什么。

B 缺点

➢ BSP 方法的缺点是收集数据的成本较高，数据分析难度大，一些有偏见的高层管理者认为这是一项昂贵的技术，数据处理成本高昂。

➢ 采用 BSP 方法的多数调查、会谈只是在高层或中层管理者之间进行，很少从基层工作人员那里收集信息。

➢ 系统问题往往不是集中在主要管理目标上，而是集中在目前被使用的信息上，其结果往往导致信息系统只是一种把现有手工过程实现自动化的翻版。

➢ 在很多情况下，“企业如何经营”可能需要一种全新的方法，而这种需要却没在该方法中反映出来或被提出。

8.3.3 本节案例：用企业系统规划法开发一个企业信息系统

表 8-1 ~ 表 8-3 给出了一个企业信息系统开发的范例。首先将对管理者大量调查的结果汇总到一个表上，见表 8-1。

表 8-1 管理者大量调查结果汇总

主要问题	问题解	价值说明	信息系统要求	过程/组影响	过程/组起因
由于生产计划影响利润	计划机械化	改善利润、改善客户关系、改善服务和供应	生产计划	生产	生产

表 8-2 调查数据分类

问题/过程	市场	销售	工程	生产	材料	财务	人事	经营
市场/客户选择	2	2						2
预测质量	3						4	
产品开发			4			1		1

表 8-3 U/C 矩阵

数据 过程	计划	财务	产品	零件主文件	材料单	卖主	原材料库存	成品库存	设备	过程工作	机器负荷	开列需求	日常工作	顾客	销售领域	订货	成本	雇员
企业计划	C	U	U						U					U			U	U
组织分析	U																	
评价与控制	U	U																
财务计划	C	U								U								U
资本寻求		C																
研究	U		U												U			
预测			U											U	U			
设计开发			C	C	U									U				
成品说明维护			U	C	C	U												
采购						C											U	

续表 8-3

数据 过程	计划	财务	产品	零件主文件	材料单	卖主	原材料库存	成品库存	设备	过程工作	机器负荷	开列需求	日常工作	顾客	销售领域	订货	成本	雇员
接　收						U	U											
库存控制							C	C		U								
工作流图			U						C				U					
调　度			U			U			U	C	C							
能力计划						U			U		C	U	U					
材料需求			U		U	U						C						
运　行										U	U	U	C					
领域管理			U											C		U		
销　售			U											U	C	U		
销售管理															U	U		
订货服务			U											U		C		
运　输			U					U								U		
会计总账		U				U								U				U
成本计划						U										U	C	
预算会计	U	U								U							U	U
人员计划		U																C
招聘发展																		U
赔　偿		U																U

再将调查数据进行分类，任何调查的数据均可以分为三类，即现行系统的问题和解、新系统的需求和解，以及非信息问题。第三类问题虽然不是信息系统所能解决的，但也应充分重视。见表 8-2，表中的数字表示这种问题出现的次数。

下一步是把问题和过程关联起来，可用问题/过程（U/C）矩阵表示。根据信息的产生和使用建立 U/C 矩阵。表 8-3 展示的就是 U/C 矩阵，它描述了要支持某一特定过程都需要哪些信息，由哪个过程产生这些数据，数据的使用者是谁。表 8-3 的每个灰色背景框都标识一个“逻辑应用组”——能够支持相互关联的组织过程的一组数据元素，可以根据信息的产生和使用来划分子系统，它尽量把信息产生的企业过程和使用的企业过程划分在一个子系统中，从而减少了子系统之间的信息交换。在这个案例中，计划数据由企业计划和财务计划过程产生，并供组织分析、评价控制和预测过程使用。

8.3.4　阅读材料：信息化规划的五大平衡问题

A　如何在长远规划与适应变化之间取得平衡

在信息化规划过程中最突出的问题之一是，既要尽可能地保持开放性和长远性，以确保系统的稳定和延续性；同时又因为规划没有变化快，再长远的规划也难以保证能跟上企业环境的变化。解决这一问题没有非常理想的方法。相对有效的做法是，在进行信息化规划时，认真分析企业的战略与 IT 支撑之间的影响度，并合理预测环境变化可能给企业战略带来的偏移，在规划时留有适当的余地，从商务战略到信息战略，做务实的牵引，不要追求大而全。

B 如何在组织流程与系统流程之间取得平衡

信息化推广中一直在争论的话题就是，到底应该是改变企业业务流程来适应软件，还是修改软件来适应企业业务流程？管理咨询公司会毫不迟疑地告诉你是前者，而客户则更愿意坚持后者，供应商的态度则非常微妙，他们往往会取中间路线，如通过修改软件的部分模块或开发接口程序，来迎合用户“以我为主”的心态。

从根本上说，组织采用新技术的方式决定了新技术对组织结构和流程的影响程度，而组织及管理模式也影响着信息技术和信息系统。这就要求信息技术和信息系统在理论和应用上要不断创新，同时要具有适应变化的能力。解决这一问题，通常是基于企业自身的动因，即是出于战略考虑还是出于实际考虑。如果着眼于企业长远发展战略，则倾向于让企业行为和业务流程适应系统；相反，如果着眼于更现实的需求，则可能更乐意让系统适应企业流程。

C 如何在管理变革与技术变革之间取得平衡

企业管理的变革需求往往是信息化建设的一个重要原因，如出于提高管理效率的考虑，需缩短生产周期和交货期，加快资金和存货周转；出于提高管理效益的考虑，需加强成本控制，降低制造成本，集中资金管理；出于提高竞争力的考虑，需改善服务方式，提高投诉响应速度等。技术的变革同样是迫切和必要的，从单主机应用到 C/S 应用，再到 B/S 应用，每一次技术的进步都能带来管理上巨大的变革和更大的想象空间。

那么是不是越先进的技术就越适合企业？答案是不确定的。因为至少有三个方面会导致不同的企业对管理变革有不同的需求。一个是不同行业的企业需求有可能不同，第二个是不同业务流程的企业可能有不同的需求，第三个是不同管理模式的企业可能有不同的需求。不同的管理变革需求必须有不同的解决方案，特别是要有不同的技术方案去满足。

D 如何在信息化规划的各层级之间取得平衡

信息化规划的四个层次之间，同样应该有一个很好的平衡。完整的信息化规划，无疑应具备这四个层次，而且理想的规划应该是分层递进的。然而不同性质、不同规模的企业，也可能采取灵活的方法。如信息化基础空白的企业在准备实施信息化时，就可能有多种选择：不经过信息资源规划，直接进行信息系统规划；或者不经过企业资源规划，就选择最急需的、又容易实施的模块（如 OA、财务等）先上，待见成效后再回头做企业资源规划。

E 如何在信息化规划与建设实施之间取得平衡

信息化规划的目的是为信息化建设和实施提供框架指南。事实上，这二者之间存在天然的断层。原因主要出自于不同的参与者所处立场不同。在信息化规划阶段，通常应该是以第三方专家为主导、业主积极参与配合；而在信息化建设实施阶段，则以供应商为主导、业主参与配合。如何确保信息化规划在后期的实施建设过程中不走样，单纯靠业主去协调和监督，效果往往是不理想的。解决这一问题的最好办法是，让第三方咨询监理进来，由他们来协调业主和供应商之间的步调，站在第三方立场，本着客观公正、忠于信息化规划、忠于系统需求的原则，来全力推动和监控信息化建设实施过程，并对竣工工程进行专业的验收测试。有了第三方的介入，信息化规划才有了刚性约束力，才能确保与信息化建设实施的无缝衔接。

8.4 企业业务流程重组

8.4.1 企业流程与企业信息流

8.4.1.1 流程的概念

流程是为了实现某一共同目标，将一系列单独的活动组合在一起，实现将“输入”经过流程变化为“输出”的全过程。

流程包括四个方面的要素，如图8-7所示。

实例8-1 泡茶的流程

泡茶的流程如图8-8所示。

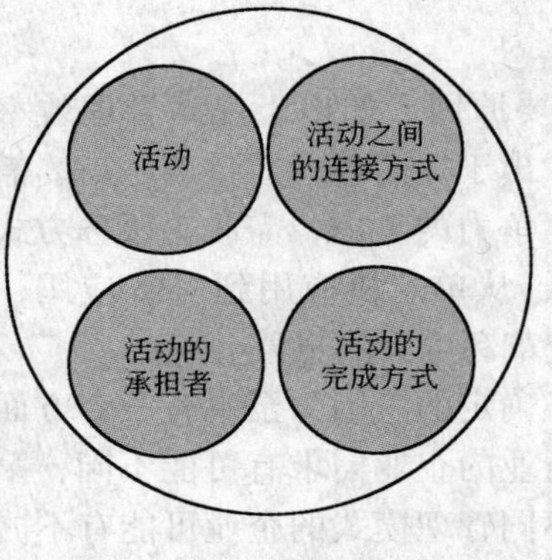

图8-7 流程的要素

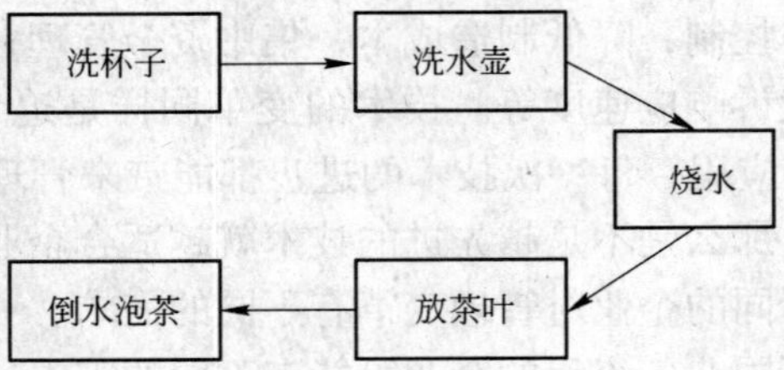

图8-8 泡茶的流程

8.4.1.2 企业流程的概念

企业流程（Business Process，BP）是企业为了完成其业务获得利润的过程，是一组共同为顾客创造价值而相互关联，具有逻辑性、变动性、可分解性、时序性的企业活动。可以用一个六元组来表示企业流程：

$$BP = (Activity, Goal, Object, Relation, Rule, Time)$$

8.4.1.3 企业信息流的概念

企业信息流是企业“物流”、“资金流”和“工作流”的反映。企业管理工作正是通过“企业信息流”得到反映，并且企业管理者通过“信息流”实现对企业的管理和控制，如图8-9所示。

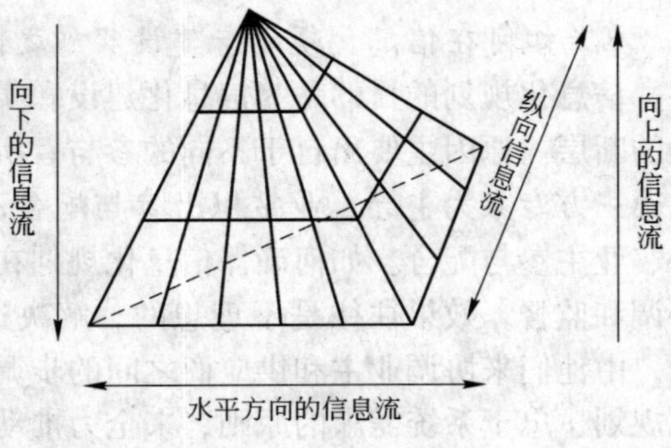

图8-9 企业信息流

由图8-9可以看出企业信息流有以下四种类型：

①向下的信息流；

②向上的信息流；

③水平方向的信息流；
④纵向的信息流。

实例 8-2　财务部门纵向的信息流

财务部门纵向的信息流如图 8-10 所示。

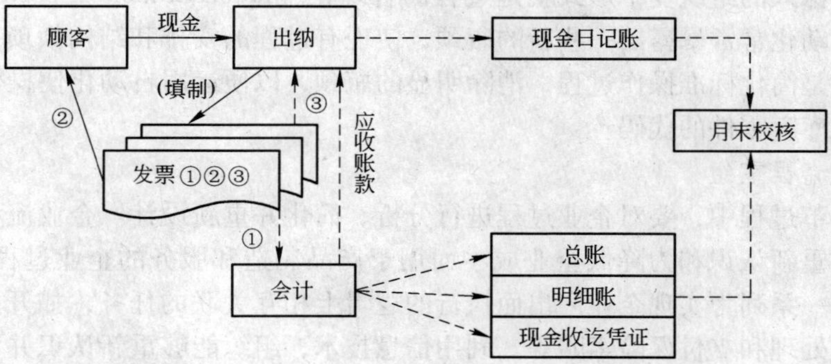

图 8-10　财务部门纵向信息流

8.4.1.4　信息流在企业中的作用

信息流在企业中的作用见表 8-4。

表 8-4　信息流在企业中的作用

信息流的类型	信息流在企业中的作用
向下的信息流	控制着商流、物流、资金流产生的时间、大小、快慢和方向
向上的信息流	反映商流、物流、资金流的速度
水平方向信息流	协调商流、物流、资金流的速度
纵向信息流	加速商流、物流、资金流的速度

8.4.2　企业业务流程重组

8.4.2.1　信息技术和组织变革

新的信息系统可以成为组织变革的强有力手段，使组织重新设计他们的结构、范围、权力关系、工作流程、产品和服务。实际上，信息技术在企业应用的不同深度可以促使组织发生由低到高不同程度的变化。图 8-11 给出了四种信息技术能够予以支持的结构化组织变革方式：自动化、合理化、企业流程重组和立足点转移。上述几种变革所带来的风险和回报各不相同。

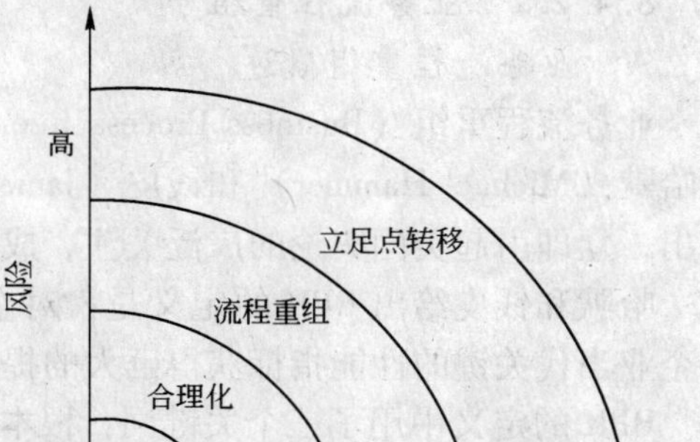

图 8-11　不同程度的组织变革带来的风险和回报

A　自动化

信息技术能够支持组织变革的最常见方式就是自动化（automation）。信息技术最早的应用主要是用于帮助员工提高其工作效率，例如，计算工资单；使银行出纳快速存取顾客存款记录；为航空公司开发一个航空预售票的全国网络等都是早期的自动化应用。自动化就如同为已有的汽车再装上一个更大功率的马达。

B　过程的合理化

一种更为深入的组织变革形式就是过程的合理化（rationalization of procedures）。在生产过程中，自动化常常暴露出一些新的瓶颈，使现有过程的安排和结构烦琐、不方便。过程的合理化就是简化标准操作过程，消除明显的瓶颈，以便运用自动化使操作过程更加高效，如标准化库存零件的代码。

C　企业流程重组

在这一变革过程中，要对企业过程进行分析、简化并重新设计。企业流程重组主要包括对工作流的重新认识和为降低企业成本而用于产品制造和服务的企业过程的重新认识。企业过程是指一系列为实现企业产出而执行的逻辑上相互关联的任务，如开发新产品、向供应商订货或处理和支付保险索赔等。利用信息技术，组织能够重新认识并设计自己的业务过程，以改进效率、服务和质量。企业流程重组对工作流程进行重新组织，可减少浪费并消除重复性工作，比过程的合理化更加雄心勃勃，它需要用一种全新的眼光来对过程进行重新组织。

D　立足点转移

立足点转移（paradigm shift）包括对企业性质及组织自身性质的重新认识。例如，银行可能决定并不对出纳员工作进行自动化、合理化或流程重组，取而代之的是决定取消各支行并力争较为廉价的资金来源（例如国际贷款）；可能还要求零散客户使用国际互联网或专用网进行其所有商业活动。形象地说，立足点转移不仅要求重新认识汽车，还包括交通运输本身。

当然，世上没有不需付出代价的事情。因为要想通过多方面的组织变革来达到预期结果难度相当大，所以立足点转移和企业流程重组的结果常常以失败告终，甚至有些专家认为失败的可能性高达70%。那么为什么还有众多企业对这种根本性变革跃跃欲试呢？因为尽管风险、难度较大，但回报却相当高；而且确实有相当一部分企业通过实施立足点转移和企业流程重组的战略获得了惊人的投资回报，生产率大幅度提高。

8.4.2.2　业务流程重组

A　业务流程重组概述

业务流程重组（Business Process Reengineering，BPR）是20世纪90年代初由美国学者哈默（Michael Hammer）和钱皮（James Champy）等提出的一种概念。BPR的思想一经提出，立即引起美国舆论的广泛关注，成为管理学界的一个重大成就。

哈默和钱皮给出BPR的定义是：对企业过程进行根本的再思考和彻底的再设计，以求企业当代关键的性能指标获得巨大的提高，如成本、质量、服务和速度。

BPR的定义中用了三个关键词：根本的、彻底的和巨大的提高。

➢ “根本的”的意思是指不是枝节的，不是表面的，而是本质的。也就是说它是革命性的，是要对现存系统进行彻底的怀疑。首先认为“现存的均是不合理的”。按照美国的说法是：在管理科学家的眼里，美国现在所有政府和企业的管理均“一无是处”。所有这些均是强调要用敏锐的眼光看出企业的问题。只有看出问题、看透问题，才能更好地解决问题。

➢“彻底的”的意思是要动大手术，是要大破大立，不是一般性的修补。正像我国政府改革那样，先转变职能，再精简组织，只有这样才能彻底。

➢“巨大的提高”是指成十倍成百倍的提高，而不是改组了很长时间，才提高20%～30%。如有的企业人员减到只剩10%，产量提高10倍，总体效益就提高了百倍。有的企业在2～3年内营业额由上亿元猛增到百亿元。这种巨大的提高是在原来线性增长的基础上的一个非线性跳跃，是量变基础上的质变。抓住跃变点对BPR是十分关键的。

实例8-3　福特公司的BPR

福特公司在北美的付账结算机构人数超过500人；而他们发现马自达汽车公司的付账结算机构只有5人。福特公司管理者对公司现有系统进行分析后，发现负责付账结算业务的员工把大量时间都用在订货单与收货记录及发票的核对上，然后才能办理付款。而订货单、收货记录和发票之间的不一致现象极为普遍。因此付账结算业务人员就需要对这些不一致的问题进行调查，从而拖延了付款结算时间，如图8-12所示。

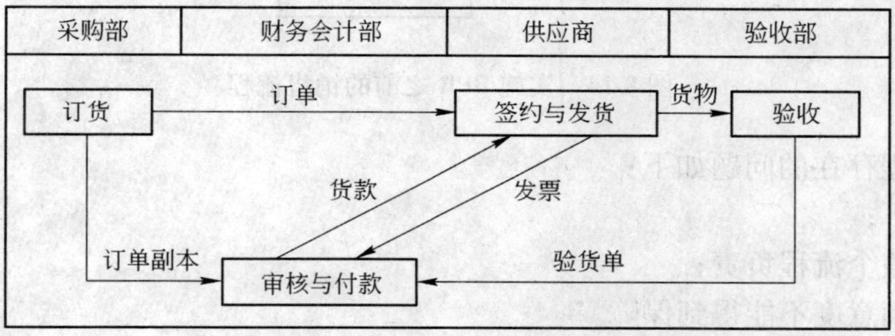

图8-12　传统的财务付款流程

福特公司由此认识到对整个付账结算过程实施流程重组，能够防止不一致现象的发生。于是公司实施了“无票据处理”，即先由采购部门将订货单输入联机数据库，当所订货物送达时，由收货部门对其进行核对，如果收货与订货相符，则系统自动产生一个应付账支票送交供应商，这里不再需要供应商的发货单，如图8-13所示。对应付账过程进行重组后，福特公司的人员编制减少了75%，并产生了更准确的经济信息。

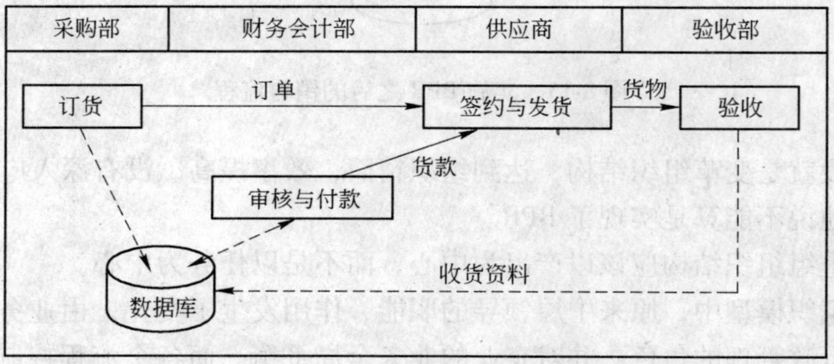

图8-13　再造后的财务付款流程

B　业务流程重组的使能器

BPR 实现的手段是两个使能器（Enabler）：一个是 IT，一个是组织。

BPR 之所以能达到巨大的提高在于充分发挥 IT 的潜能，即利用 IT 改变企业的过程，简化企业过程。

实例 8-4　某化纤公司营销部门流程重组方案

某化纤公司营销部门实施 BPR 之前的销售流程如图 8-14 所示。

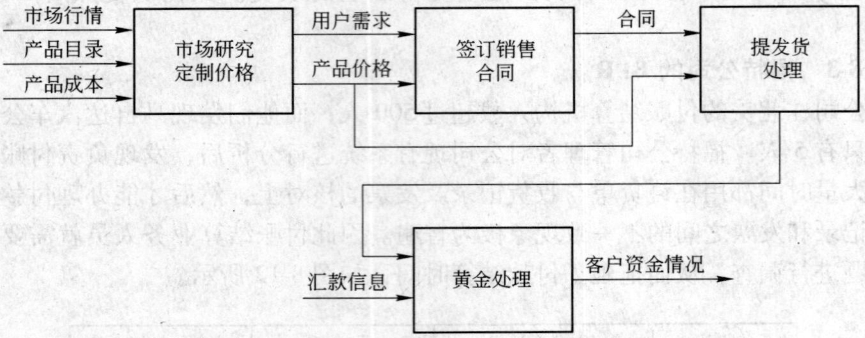

图 8-14　实施 BPR 之前的销售流程

该销售流程存在的问题如下：

- 效率低下；
- 无人对整个流程负责；
- 顾客的满意度不能得到保障。

公司借助 IT 对该部门实施了 BPR。该部门实施 BPR 之后的销售流程如图 8-15 所示。

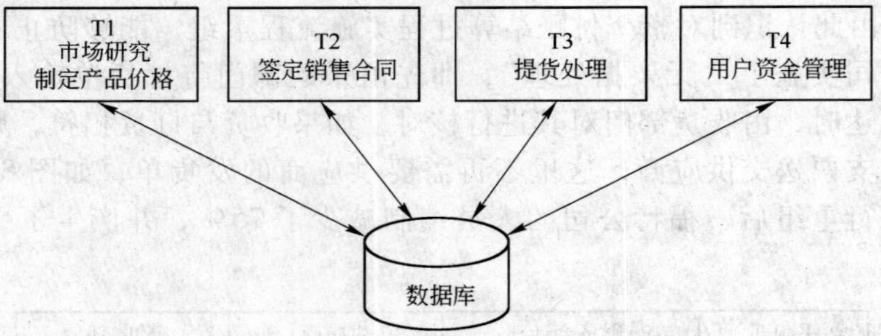

图 8-15　实施 BPR 之后的销售流程

另一个手段就是变革组织结构，达到组织精简，效率提高。没有深入应用 IT，没有改变组织，严格地说不能算是实现了 BPR。

业务流程重组组织结构应该以产出为中心，而不是以任务为中心。

在扁平化组织模型中，原来中层领导的职能、作用发生了变化，由业务负责人转化为监督、训导、行政管理的角色，并对企业的业务全局平衡。而各个流程控制点、负责人实际是对企业的最终流程业务负责，也就是对企业最高领导负责。

实例 8-5 MBL 的 BPR

MBL 是全美第 18 大人寿保险公司。在实施 BPR 之前，从顾客填写保单开始，须经过信用评估、承保直到开具保单等一系列过程。这期间包括 30 个步骤，跨越 5 个部门，须经 19 位员工之手。因此，他们最快也需 24 小时才能完成申请过程，而正常则需 5 到 25 天。这么漫长的时间中究竟有多少是创造附加价值（Value-added）的呢？

有人推算，假设整个过程需要 22 天的话，则真正用于创造价值的只有 17 分钟，还不到 0.05%，而 99.95% 的时间都在从事不创造价值的无用工作。这种僵化的处理程序将大部分时间都耗费在部门间的信息传递上，使本应简单的工作变得复杂。

例如，一位顾客想将自己现有的保单进行现金结算，并同时购买一份新保单。这是他们每天都要遇到的寻常工作，可是在这种流程下，却变得格外复杂，必须先由财务部计算出保单的现金价值，开具发票，然后再经承保部的一系列活动，最后客户才能拿到所需的保单。

公司实施 BPR 前的组织结构如图 8-16 所示。

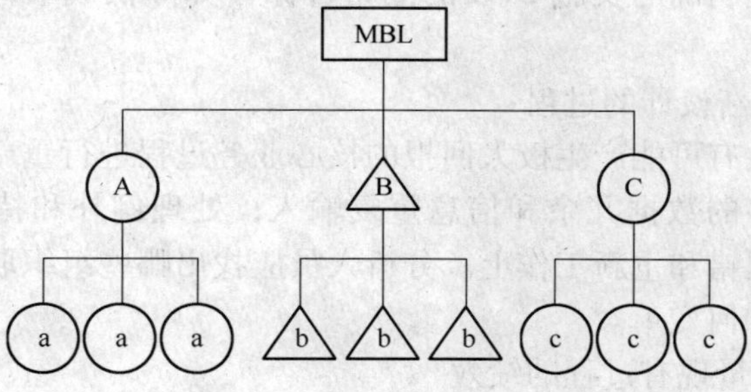

图 8-16 公司实施 BPR 前组织结构

面对上述这种情形，MBL 的总裁提出了将效率提高 60% 的目标。这种野心勃勃的 60% 的目标是不可能通过修补现有流程达到的，唯一方案就是实施 BPR。

MBL 的新做法是扫清原有的工作界限和组织障碍，如图 8-17 所示，设立一个新职位——专案经理（Case Manager），对从接收保单到签发保单的全部过程负有全部责任，也同时具有全部权力。因为有共享数据库、计算机网络以及专家系统的支持，专案经理处理日常工作游刃有余，只有当遇到棘手的问题时，他们才请求专家帮助。

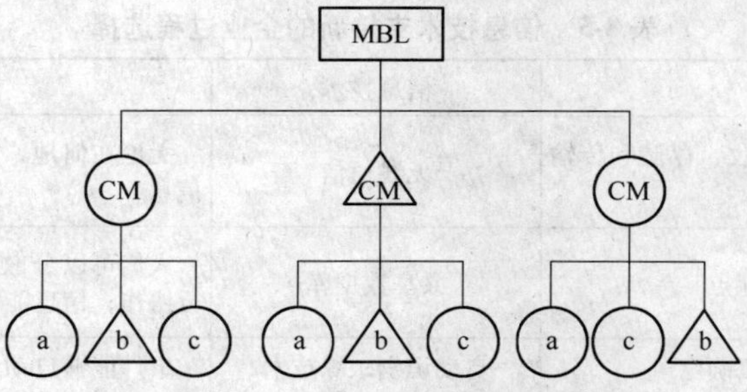

图 8-17 公司实施 BPR 后的组织结构

这种由“专案经理”处理整个流程的做法，不仅压缩了线形序列的工作，而且消除了中间管理层，这种从两个方面同时进行的压缩，取得了惊人的成效。MBL 在削减 100 个原有职位的同时，每天完成的工作量却增加了 1 倍，处理一份保单只需要 4 个小时，即使是较复杂的任务也只需要 2 到 5 天。

除了 IT 和组织这两个使能器，对 BPR 更重要的是企业领导的抱负、知识、意识和艺术。没有企业领导的决心和能力，BPR 是决不能成功的。领导的责任在于克服中层的阻力，改变旧的传统。在当今飞速变化的世界中，经验不再是资产，往往变成负债。在改变经验的培训上的投入将越来越多。领导只有给 BPR 创造一个好的环境，或给 BPR 营造一个好的“势”，BPR 才能得以成功。

C　BPR 的步骤

BPR 必须建立一个企业职能运作的过程模型，分析各业务部门之间的相互关系，减少冗余过程，使业务部门更高效率地运作。流程重组的专家们归纳出企业 BPR 的五个主要步骤。

步骤 1：建立企业目标和过程目的

高层管理者要树立明确的实施 BPR 的战略目标（如降低成本，加速新产品开发，使企业成为行业巨头）。

步骤 2：找出需重新设计的过程

企业应找出几个最有可能产生极大回报的核心业务过程进行重新设计。低效的过程一般具有如下特征：过多的数据冗余和信息重复输入；处理例外和特殊情况需花费较多时间，或大量时间用于纠错和重新工作上。分析人员应找出哪些组织职能和部门与该业务过程有关以及该过程需如何变革。

步骤 3：了解并衡量现有过程的绩效

例如，假设重新设计的过程的目的是减少新产品开发或填写一份订单所需的时间和成本，那么组织就需要测出原有过程所花费的时间和成本。可以采用列表的方式进行 BPR 工程的量化分析。

步骤 4：确定应用 IT 的机遇

设计系统常规的方法是先确定业务职能或过程的信息需求，然后确定如何通过 IT 来支持这些需求。IT 能够创造出新的设计，即帮助组织进行流程重组，它能够应付那些束缚企业实现其长期目标的工作所提出的挑战。表 8-5 给出了一些创新的实例，它已经改变了企业的一些传统过程。BPR 从开始就应该允许 IT 对企业过程设计产生影响。

表 8-5　信息技术支持新的企业过程选择

传统过程	信息技术	新的选择
工作人员只能在办公室接收、存储和传输信息	无线通信	无论在何地，工作人员都能够发送或接收信息
信息只能同时出现在一个地点	共享数据库	人们可以分散在不同地点，就同一项目进行协作；信息能够被需要的地方同时使用
事件发生的位置需要由人去确定	自动识别跟踪技术	事件能够自动地告诉人们它们发生的位置
企业需保持库存以防缺货	电子通信网络与 EDI	即时供货和缺货支持

步骤 5：建立一个新过程的原型

组织应在实验的基础上设计这个新过程，在重新设计的过程获得批准之前，还要进行一系列的修订和改进。

需要说明的是以上步骤只是重新设计企业的一般过程，并不意味着按照这些步骤去做，就一定能保证业务流程重组项目会成功。“业务流程重组”这一术语本身在某种程度上容易使人产生一些误解，认为如果按照已找到的一些原则去做，就一定会达到预期结果。事实上，大多数 BPR 项目不可能在企业绩效上产生突破性结果。迈克尔·哈默是再造工程的主要倡导者之一，他宣称所观察到的70%的再造工程均告失败。其他学者对不成功的 BPR 项目也有相同的评价。BPR 只是大目标中的一部分，这个大目标就是为使组织变革达到最大的效益，而引入包括信息技术在内的所有新的革新方法。对管理的变革既不能简单化也不能凭直觉。一个经过重组的业务过程或一个新的信息系统必然会影响到工作、技能需求、工作流和汇报关系。而由于人们对这种变革的畏惧会形成变革的阻力、混乱，甚至会有意识地去破坏这一变革。

8.4.3 典型案例：邦克万公司的贷款业务流程重组

邦克万公司是美国第十二大银行，邦克万贷款公司是位于美国印第安纳州波利斯市的一家分公司，经过不懈努力，公司有了很大发展。在 1992 年，公司期望将处理贷款的业务从每年 33000 项增加到 300000 项。为防止可能出现的铺天盖地般的书面工作，公司对贷款业务过程进行了重新设计，使处理贷款业务的过程只需较少的步骤并填写少量表格即可完成，同时将处理一项贷款所需的时间缩短到 2 天。图 8-18 描述了邦克万贷款公司是如何对业务过程进行重新设计的。

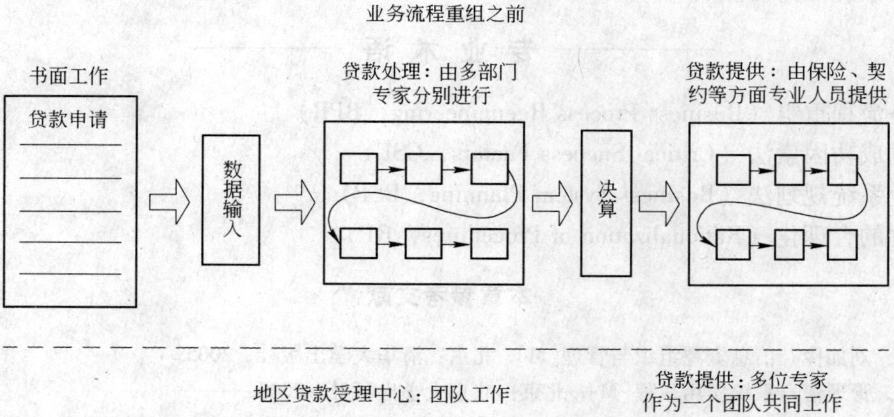

图 8-18 美国邦克万贷款公司实施 BPR 前后的流程对比

过去办理一项贷款申请需先填写书面申请表，然后公司将申请表的内容输入计算机系统；再分别由几个不同部门的信用分析和贷款专家对此申请进行评估；若贷款申请得到批准，则该申请得到筹款安排；最后由公司负责契约保险或基金的专门人员提供贷款。完成这种由“桌面到桌面”的处理过程需要 17 天。

现在，邦克万贷款公司用一种较快的工作小组或团队方法代替了传统的由“桌面到桌面”的顺序处理方法。现在贷款申请人可直接将贷款申请输入到接入互联网的计算机中，计算机软件会自动审查申请表中的信息，以确定其正确性和完整性；信用分析、负责贷款以及其他专家作为一个小组通过网络聚集在一起对该贷款申请进行评审；申请被批准之后，由另一组专业人员负责筹集所需提供的贷款。整个贷款申请过程只需 2 天。实施 BPR 之后不同部门都可能接收贷款申请，贷款信息比以前更容易获得；贷款申请人也可以登录公司的网站，查询有关抵押贷款费用或客户贷款申请审批状况等信息。

邦克万公司通过对整个贷款处理过程的重新设计，工作效率得到明显提高。公司不是简单地对原有贷款处理过程实行自动化，而是对整个贷款申请过程进行了全面的重新考虑。

本章小结

通过本章的学习，应该掌握两个方面的内容：

(1) 信息系统总体规划，包括进行总体规划的必要性，总体规划的内容，进行总体规划的工作步骤和总体规划组织工作。

(2) 信息系统开发中进行总体规划的常用方法：关键成功因素法，战略目标集转化法，企业系统规划法。

专业术语

业务流程重组（Business Process Reengineering，BPR）
关键成功因素法（Critical Success Factors，CSF）
企业系统规划法（Business System Planning，BSP）
过程的合理化（Rationalization of Procedures，RP）

本章参考文献

[1] 陈庄，刘加伶．信息资源组织与管理[M]．北京：清华大学出版社，2005.
[2] 李松．管理信息系统实用教程[M]．北京：北京大学出版社，2008.
[3] 杨月江，修桂华．管理信息系统实用教程[M]．北京：北京大学出版社，2007.
[4] 张彩虹，李宗民．管理信息系统[M]．北京：北京大学出版社，2008.
[5] 钟义信．信息社会：概念，原理，途径[J]．北京邮电大学学报（社会科学版），2004，6(2)：1~7.
[6] 吴忠，夏志杰．管理信息系统理论与应用[M]．北京：北京大学出版社，2009.
[7] 黄梯云，李一军．管理信息系统[M]．北京：高等教育出版社，2009.

习　题

8-1　什么是管理信息系统的总体规划，为什么要进行总体规划？
8-2　管理信息系统的总体规划有哪些内容？

8-3　简述总体规划的工作步骤。

8-4　总体规划的组织中，高层领导有何作用？

8-5　关键成功因素法的主要过程和特点是什么？

8-6　战略目标集转化法有什么特点？

8-7　企业系统规划法的主要过程是什么？

8-8　定义企业过程主要有哪些内容？

8-9　案例分析：快鱼吃慢鱼

"物竞天择，适者生存"。在生物界，弱肉强食，大鱼吃小鱼；在人类社会，这个现象似乎不是那么明显了，弱和强没有明显的分水岭，"河东"、"河西"不断地交换角色，往往在有的时候，小鱼却能吃掉大鱼。

沿着这个现象，我们进一步思考，在进入千禧后的信息社会中，不管是大企业，还是小企业，终归有它们存在的道理和价值，总是有它们施展能力的空间。然而大浪淘沙，为什么我们每天早上翻开报纸时，总是会看到包含"兼并"、"破产"等刺眼文字的头版头条呢？这些新闻的主角中，有"大鱼"，也有"小鱼"。但是一旦睁大了你的双眼，透过新闻的纸面，每一次你都会看到这样的字眼："快鱼吃慢鱼。"

提问：

（1）为什么成本领先等战略失效了？

（2）为什么出现了"快鱼吃慢鱼"的现象？

（3）时间上的浪费是怎样产生的呢？

提示：

（1）传统企业的成功模式："以最低的成本提供最高的价值"；

（2）现代企业的成功模式："在最短的时间内以最低的成本提供最高的价值"；

（3）"流程限制"，如日常审批占用了太多的时间；

（4）"质量问题"，如因设计、操作、检测疏忽等问题造成返工浪费时间；

（5）"组织缺陷"，主要是指因为组织结构不合理导致信息流动和沟通方面的低效率。

第9章　管理信息系统开发

案例

东航江苏公司市场信息及时处理系统的开发

2011年4月14日由中国东方航空江苏有限公司（简称“东航江苏公司”）市场营销部、计算机中心会同南京擎天科技网络公司联合研发的市场信息及时处理系统，在经过了一年多的设计、开发、调试及试运行后，通过公司验收并正式投入航班生产运行。

此次开发应用的市场信息及时处理系统是在原有的散客定座自动应答系统基础上进行了功能升级，原有系统主要承担着Q单元分组、散客自动K位等基础性工作。随着市场竞争对营销工作不断提出更高要求，为了实现公司战略解码中提出的精准营销，更加及时准确地采集市场信息、辅助舱位管理，实现收益更大化，此次项目升级增加了浮动价格式K位、查询统计、特殊舱位管理、舱位跟踪开放、客座率检查、航班比对、集团客户及高端会员信息维护等功能模块，应用覆盖面涉及市场营销部等多个部门。一年来，特别是在设计开发和试运行过程中，市场部收益管理室的相关人员积极主动地与软件公司的开发人员反复探讨研究并测试一些新的功能，根据市场营销的新特点，成功添加了一些航班舱位管理中应用性较强的功能，并在实际运行中对提高收益起到了促进作用。

随着信息智能化在营销工作中的广泛应用，市场营销部将进一步推广和升级该系统，力争在今后的几年中研发形成一套全面、高效的市场信息与舱位自动化管理系统。[1]

一个企业面对大量需要及时处理的管理信息，要想在激烈的市场竞争中取得优势，开发并成功应用一套能切实满足企业需求的管理信息系统是一个很好的选择。但是怎样才能开发出这样一套系统呢？显然，只通过应用信息技术是不够的，如何用好信息技术才是最重要的。因此，在系统开发前、开发过程中，直至运行、维护阶段都有很多工作要做。而且，这些工作不仅需要系统开发的技术人员去做，更离不开组织中相关人员的参与和支持。

9.1　管理信息系统开发概述

9.1.1　管理信息系统开发的任务和特点

信息系统要为企业的管理和决策服务，必须与企业的战略目标相一致。不同类型、规

[1] 资料来源：http：//news. carnoc. com/list/188/188520. html

模的企业，其管理活动有自身的特点。因此，MIS 开发的任务就是根据企业管理的目标、内容、规模、性质等具体情况，从系统的观点出发，运用系统工程的方法，按照系统发展的规律，建立起能够提高企业管理决策的信息系统。这其中最核心的工作，就是为企业设计出一套适合现代管理要求的应用软件系统。

MIS 开发的特点主要体现在以下几个方面。

（1）技术手段复杂。MIS 是现代信息技术与现代管理理论相结合的产物，它涉及计算机技术、通信与网络技术、数据库技术、人工智能技术、各种现代管理技术和决策方法等，掌握这些技术和方法，合理地应用以达到预期效果，是 MIS 建设的主要任务之一。

（2）内容复杂，目标多样。MIS 是面向管理的系统。管理需要的信息量大、形式多样、来源复杂。一个完整的 MIS 要支持各层次各部门的管理，规模大、结构复杂，其复杂程度远远超过一般技术工程。企业各部门和各层次管理人员的信息需求不尽相同，甚至发生冲突，因此协调困难，很难求得各方面都满意的方案。有些管理需求不十分明确，不易表达清楚。MIS 产品与一般工程产品不同，一些问题在投入运行后才能发现，容易造成人力、物力和财力的浪费。

（3）质量要求高。一方面，从 MIS 作为一个软件产品的角度来说，不允许有任何错误，因为任何一个语法错误或语义错误，都会使运行中断或出现错误的处理结果；另一方面，基于计算机的 MIS 产品，不仅要完成原手工系统的全部功能，而且要满足用户提出的一些新的、更高的要求，有创新、有突破，解决手工系统难以完成的管理问题，否则，将会导致系统开发的失败。

（4）环境复杂多变。企业面临的内外环境是不断发展变化的，MIS 必须适应企业环境的变化。系统目标、功能既要适应企业当前的发展水平和能力，又要适应企业管理体制、管理思想、管理方法和手段的变化，从而提高企业的管理水平，增强竞争力，实现管理目标。

9.1.2 管理信息系统开发的基本条件

9.1.2.1 领导重视

MIS 开发周期长，耗资大，而且涉及管理方法的变革，主要领导必须亲自抓才能成功。MIS 的开发是一项庞大的系统工程，它涉及组织日常管理工作的各个方面，需要领导出面组织力量，协调各方面的关系。没有领导的支持，MIS 开发将面临巨大的阻碍，系统的开发很难成功。前苏联提出了“第一把手原则”。欧美等国和我国的实践也证明，系统开发失败的一个重要原因是：领导不是参加者，而是旁观者。

9.1.2.2 业务管理部门的支持

成功的开发 MIS，各业务管理部门的支持是十分重要的。各级业务部门应选派最熟悉本部门业务流程以及信息需求的管理人员参与 MIS 的开发工作，这样他们才能对 MIS 构成和应有的功能提出自己的看法，为真正开发出一个适应部门管理要求的 MIS 打下基础。

9.1.2.3 管理基础工作的规范化

没有一个好的管理基础工作，MIS 是不可能成功开发的。企业 MIS 的开发是“三分技术，七分管理，十二分数据”，只有在合理的管理体制、完善的规章制度、规范化的报表体系、科学的管理方法和可靠完整的数据资料的基础之上，才能有效地开发 MIS。为了适应 MIS 开发的要求，必须完善管理的基础工作，实现基础管理的规范化、管理业务的程序化、指标和定额的科学化、报表文件的统一化、代码名称的标准化。

9.1.2.4　建立一支开发应用队伍

在 MIS 的开发过程中，必须建立一支由既懂计算机又懂管理的计算机技术人员和业务管理人员两方面人员组成的开发队伍，只有计算机技术人员和业务管理人员的紧密配合，才能开发出一个良好的 MIS。缺乏业务管理人员参与开发的 MIS，即使设计、编码工作做得很出色，至多只是代替手工、完成部分手工劳动的系统。因此，这支队伍应该包括下列人员：

（1）系统分析员：负责系统分析；

（2）系统设计员：负责系统设计；

（3）程序员：负责应用程序设计；

（4）操作员：包括硬件操作和数据录入人员；

（5）系统维护人员：负责系统硬件和软件维护；

（6）信息控制人员：负责信息收发、调度和核对；

（7）管理人员：负责系统开发、运行和维护的组织与领导工作。

在 MIS 开发过程中，系统分析员起着举足轻重的作用，他要主持整个系统开发，确定工作目标及确定实现目标的具体方案。系统分析员的知识水平和能力决定了 MIS 的质量，系统分析员必须具备专业技术及组织管理的才能。缺乏称职的系统分析人员是目前制约 MIS 开发的重要原因之一。

9.1.2.5　建立专门的组织机构

建立 MIS 开发的组织机构，也就是成立由企业领导亲自挂帅的系统开发领导小组（信息委员会），它是系统开发的最高决策机构。领导小组的负责人应由企业的主要负责人担任，成员应包括有关部门的负责人、有经验的管理专家、系统分析员。开发领导小组不负责开发的具体技术工作，其主要职责包括：提出和确定新系统的目标、规划和总体策略；对开发项目的目标、预算、进度、工作质量等进行监督和控制；审查和批准系统开发各阶段的工作报告；协调系统开发中有关的各项工作；向上级组织报告系统开发的进展情况；组织对系统的验收；负责主要成员的任用和规定各成员的职责范围等。

系统开发领导小组下设的系统开发小组负责具体的开发技术工作。系统开发小组由系统分析员负责，其任务是根据系统目标和系统开发领导小组的指导开展以下具体工作：系统开发方法的选择；各类调查的设计和实施；调查结果的分析；撰写可行性报告；系统的逻辑设计；系统的物理设计；系统的具体编程和实施；新旧系统的交接方案的制订；监控新系统的运行；协助组织进行新的组织机构变革和新的管理规章制度的制定等。

要开发一个好的 MIS，组织是关键。建立适应 MIS 开发需要的专门组织机构是 MIS 开发成功的保证。

9.1.2.6　具备一定的资金能力

MIS 开发要有一定的物质基础。MIS 开发是一项投资大、风险大的系统工程，企业在 MIS 开发过程中，需要购买机器设备、软件、各种消耗材料，发生人工费用、培训费用以及在开发过程发生的其他各种费用。这些费用对企业来说是一个不小的负担。为了保证 MIS 开发的顺利进行，开发前应有一个总体规划，进行可行性论证，对所需资金应有一个较正确的预算，制订资金筹措计划，保证资金的按期到位，开发过程中要加强资金管理，防止浪费现象的发生。

9.1.3 管理信息系统的开发原则

为了确保 MIS 开发成功，在开发过程中应遵循以下几个原则。

9.1.3.1 整体性原则

系统的整体性，主要体现在功能目标的一致性和系统结构的有机化，在开发过程中应注重系统在功能上和数据上的整体性、系统性。因此，需要从系统总体出发，各子系统的功能要尽可能规范，数据采集要统一，语言描述要一致，信息资源要共享，以达到系统的整体优化。

9.1.3.2 相关性原则

信息系统可分解为多个子系统，子系统同样又可以分解为更低一级的子系统。系统、子系统都有自身的目标、界限、输入、输出和处理内容，同时又相互联系、相互作用。子系统间通过信息流把它们的功能联系起来，如果其中的某个子系统发生了变化，其他子系统也要做相应的改变和调整。因此，在开发过程中不能孤立地看待或设计某一子系统。

9.1.3.3 动态适应性原则

随着组织规模的扩大以及外界环境的变化，会不断出现新的管理内容，旧的管理内容也会有所变化。为了适应以上变化，开发的 MIS 必须具有良好的可扩展性和易维护性。能够经常与外界环境保持最佳适应状态的系统，才是理想的系统；不能适应环境变化的系统是没有生命力的。因而，开发 MIS 必须具有开放性、超前性的眼光，使系统具备较强的动态适应性。在设计 MIS 时，一定要留有充分的余地，如各种编码、记录、文件程序等都要便于变动和增新。这样，当组织管理模式或计算机软硬件等发生变化时，系统才能够容易进行修改和扩充。

9.1.3.4 面向用户原则

开发出来的系统是为用户服务的，满足用户的需求是开发工作的出发点和归宿点。用户是否满意是衡量系统开发质量的首要标准。因此，交付用户使用的系统应该符合用户需求，功能调度灵活，界面友好，操作简便。但是，用户需求一般难以用简单的语言表达，而是随着开发工作的进行而不断明确和具体化的。因此，在系统开发的整个过程中，开发人员应该始终与用户保持密切联系，及时地了解用户的要求和意见，最好是让用户也参与到开发工作中。

9.1.3.5 创新性原则

MIS 不是简单地用计算机模仿或者替代人的劳动，而是要用科学的方法管理企业，辅助决策，提高管理的效率和水平。因此，在建立系统时，要结合先进的管理思想、管理模式，调整组织的结构、管理方法和系统应用方法等，使 MIS 最大限度地发挥作用。

9.1.3.6 规范统一原则

MIS 的开发管理必须采用工程化和标准化的方法，即科学地划分工作阶段，制定阶段性考核标准，分步组织实施，所有的文档和工作成果要按标准存档。这样做的优点是：

(1) 在系统开发时便于沟通，形成文字的东西不容易产生“二义性”；

(2) 系统开发的阶段性成果明显，可以在此基础上继续前进，目的明确；

（3）有案可查，便于未来系统的修改、维护和扩充。

9.2 管理信息系统的开发方式与策略

在MIS开发过程中，采用何种开发方式与策略，是MIS建设能否成功的关键。成功开发一个MIS必须合理选择开发方式与策略。

9.2.1 管理信息系统的开发方式

MIS的开发方式主要有自行开发、委托开发、合作开发和外购软件等，每种方式各有优点和不足，需要根据具体单位的技术力量、资源情况、外部环境等因素进行综合考虑和选择。不论采用哪种方式都必须有本单位的领导和业务人员参加，并在系统开发的整个过程中培养、锻炼本单位的系统开发和维护人员。

9.2.1.1 自行开发

自行开发是指由本单位的人员独立完成系统开发的各项任务。对于拥有系统开发所需人才和技术的单位来说，这是一种较好的选择，如大学、研究所、计算机公司和高科技公司等单位。这种开发方式的优点是易于协调，可以保证进度；易于开发出适合本单位的系统；有利于培养自己的系统开发队伍；方便运行与维护；成本较低。缺点是开发水平较低，因为开发人员不是专业的开发队伍，容易受到各自业务工作的限制，系统整体不够优化；开发周期较长，这主要是由于开发人员一般都是临时从单位的各部门抽调出来的，他们本身都有各自的工作，时间和精力上难以保证。因此，采用这种方式开发系统时，可以向专业的开发人员或公司进行技术咨询，或聘请他们作为开发顾问。

9.2.1.2 委托开发

委托开发是指使用单位将开发项目完全委托给一个具有丰富开发经验的机构，待系统建成后再投入使用。从用户角度看，这种开发方式最省事，但本单位精通业务的管理人员必须参加。这种方式适合于本单位的系统开发力量较弱但资金较为充足的情况。其优点是所交付系统的技术水平较高。缺点是费用高；系统不能完全满足本单位的需求，这主要是由于双方在沟通和对需求理解方面的差异造成的；系统维护与扩展需要开发单位的长期支持；不利于培养本单位的人才。

9.2.1.3 合作开发

合作开发是指由使用单位和外部的开发单位合作，共同完成开发任务。这种方式结合了以上两种方式的优点，实际上是一种半委托性质的开发方式。其优点是比委托开发方式成本低；有利于培养本单位人员熟悉和维护系统；也能借助开发单位的经验，有利于提高系统的水平。缺点是双方合作中沟通上容易出现问题，因此需要双方在开发过程中及时达成共识，进行协调和检查。目前，合作开发方式最适合我国的情况。

9.2.1.4 外购软件

外购软件是指从销售商手中直接购买已开发成功且功能强大的专用软件。这种方式既节省时间，又能保证软件质量，成功率高且购买费用一般都低于自行开发的费用。但有时难以满足企业的特殊需求，存在需要进行二次开发的问题。

总之，不同的开发方式具有不同的特点，需要根据使用单位的实际情况进行选择，也可以综合使用各种开发方式。表 9-1 对以上四种开发方式进行了比较。

表 9-1 四种开发方式的比较

特点比较	开发方式			
	自行开发	委托开发	合作开发	外购软件
分析和设计能力要求	较高	一般	逐渐培养	较低
编程能力的要求	较高	不需要	需要	较低
系统维护的难易程度	容易	较困难	较容易	较困难
开发费用	少	多	较少	较少

9.2.2 管理信息系统的开发策略

一般来说，MIS 的开发有三种策略："自上而下"开发策略、"自下而上"开发策略和综合开发策略。在实际的系统开发中，主要根据项目的业务量大小、系统的复杂程度和用户对系统的期望值高低等因素来选择开发策略。另外，开发策略的选择也受到开发人员的经验、水平和习惯等的影响。

9.2.2.1 "自上而下"开发策略

"自上而下"的开发策略强调从整体上协调和规划，由整体到局部，由长远到近期，逐步建立系统。也就是说，它从整体上对企业的管理进行设计，首先考虑企业的总体目标，逐渐从抽象到具体，从概要设计到详细设计，体现出结构化的设计思想。

通常，"自上而下"策略适合中、大规模的系统开发。建成的系统集成性、规范性、逻辑性强，容易整体协调和管理；但开发难度大、投资大、见效慢。

9.2.2.2 "自下而上"开发策略

"自下而上"的开发策略是从现行系统的业务状况出发，先实现一个个具体的功能，逐步地由低级到高级建立 MIS。也就是说，它从企业或组织的各个基层业务子系统（如物资供应、财务管理、生产管理）的日常业务处理开始进行分析和设计。当下层子系统的分析与设计完成后，再进行上一层子系统的分析与设计，将各自的功能和数据加以综合考虑，然后根据需要逐步增加有关管理控制方面的功能。但由于缺乏从整个系统出发考虑问题，具体子系统在实施时不能很好地考虑系统的总体目标和总体功能，缺乏整体性和协调性，可能会导致功能和数据的冗余、矛盾。

通常，"自下而上"的策略用于小型系统的设计，适用于对开发工作缺乏经验的情况。一些组织在初装和蔓延阶段，各种条件尚不完备，常常采用这种开发策略。

9.2.2.3 综合开发策略

由于"自上而下"的开发策略整体性和逻辑性较强，适用于对系统进行总体规划，而"自下而上"的开发策略适用于对系统进行分析与设计。因此，最好是将它们结合起来使用，以便发挥各自的优点。在总体规划阶段，采用"自上而下"的策略确定新系统的目标和总体方案，而在系统开发的以后各个阶段，就可以在系统目标和总体方案的指导下，采用"自下而上"策略对每个业务子系统进行具体功能和数据的分析、分解。在实践中，对于大型系统可以先"自上而下"地做好系统的战略规划，把企业的管理目标转化为对 MIS 的近期和长远目标，再"自下而上"地逐步实现各子系统的应用开发。

9.3 管理信息系统的开发方法

MIS 的开发是一项长期复杂的系统工程，会受到很多条件的制约。在规划的基础上，采用正确有效的开发方法对于提高工作效率，保证系统开发的成功是非常重要的，但迄今为止还没有一种公认的完美的开发方法。在长期的开发实践中，传统的开发方法有结构化生命周期法、原型法、面向对象开发方法等。本节首先介绍这几种传统开发方法的基本思想、开发过程、特点以及适用范围，然后介绍一种相对于传统开发方法而言的轻型方法，即敏捷开发方法。

9.3.1 结构化生命周期法

结构化生命周期法（Structured Design Life Cycle，SDLC）也称为结构化方法，是一种采用结构化分析与设计方法，按照生命周期的工作步骤来进行 MIS 开发的方法。

9.3.1.1 系统开发的生命周期

如同生命体和产品一样，任何系统均有其产生、发展、成熟、消亡或更新换代的过程，这个系统发展更新的过程称为系统的生命周期。具体来说，系统开发生命周期大致可以分为五个相对独立的阶段，即系统战略规划阶段、系统分析阶段、系统设计阶段、系统实施阶段和系统运行与维护阶段，这五个阶段即系统开发的生命周期，如图 9-1 所示。系统开发生命周期的概念对于复杂系统的建设具有重要的指导意义。在开发过程中，上一阶段的完成就是下一阶段的开始，不可打乱其顺序或略过某些环节，以免给后续工作带来不便。

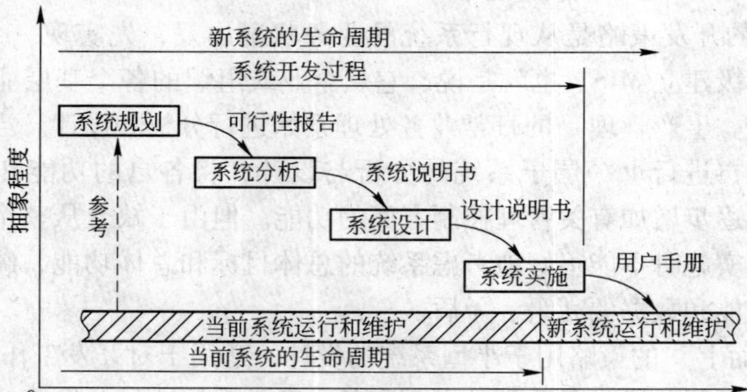

图 9-1 系统开发的生命周期

9.3.1.2 系统开发生命周期各阶段的主要工作

系统开发生命周期每个阶段都有各自的工作任务和内容，如图 9-2 所示。每个阶段内的步骤可以在局部范围内调整顺序，但大部分都有前因后果的关系，必须严格区分。在系统开发的实际工作中，应尽量按照这条思路按部就班地进行，针对具体问题的难易程度和具体情况，可以删除或略过其中的某个环节，但不可打乱其顺序，以保证后续工作的顺利进行。

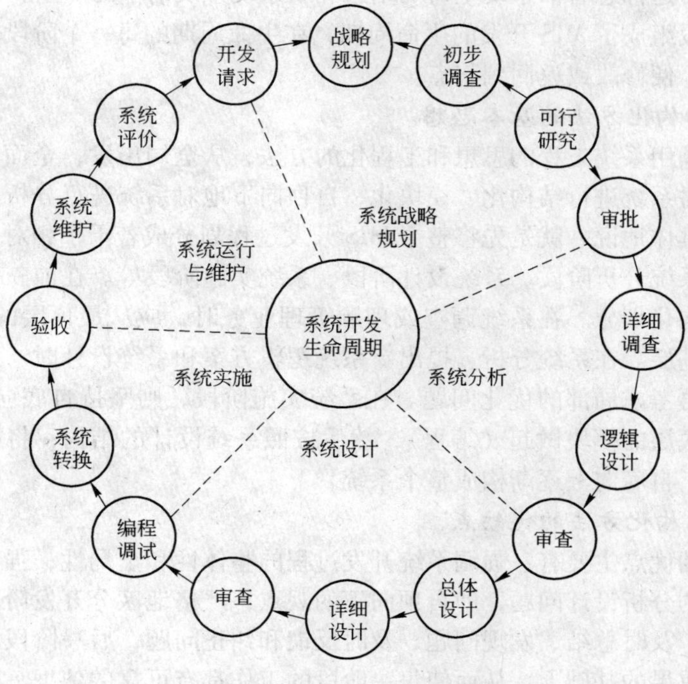

图 9-2　信息系统开发的生命周期

(1) 系统战略规划阶段。系统战略规划是从组织的战略角度出发，对组织中 MIS 近、中、长期的使命和目标实现策略及方法、实施方案等内容所做的统筹安排。在这个阶段，首先要根据用户的系统开发请求，进行初步调查，确定系统目标和总体结构；然后依据系统开发中的限制条件和所需的基本资源，确定分阶段实施进度；最后进行可行性分析，写出可行性分析报告，报告批准后就可进入系统分析阶段。

(2) 系统分析阶段。该阶段以系统战略规划阶段中提出的目标为出发点，详细调查用户的组织结构、业务流程情况，深入了解用户对信息的需求和对开发新系统的具体要求，详细分析新系统的逻辑输入/输出、存储和处理要求，用业务流程图、数据流程图、数据字典和各种处理逻辑表达工具来构造出新系统的逻辑模型，并与文字说明共同组成 MIS 的逻辑设计说明书，以此作为下一个开发阶段的工作基础。

(3) 系统设计阶段。该阶段是在系统分析提出的逻辑模型的基础上设计系统的物理模型，即总体结构设计、详细设计（包括代码设计）、数据库/文件设计、输入/输出设计、模块结构与功能设计等，最终给出系统设计说明书。

(4) 系统实施阶段。按照系统设计说明书的要求，安装新的硬件、软件，编制程序，调试新系统，培训相关人员，完成数据准备和初始化，然后系统投入试运行。

(5) 系统运行与维护阶段。该阶段是系统开发成功后交付用户正式使用并发挥作用的时期，主要进行系统的日常运行管理与维护、系统综合评价及系统开发项目的监理审计等工作。在系统运行的过程中，可能会出现由于环境变化导致系统功能不能满足管理需求，或者开发过程中未能实现功能要求的情况，需要对系统进行修改、维护和局部调整。但是，当系统的运行环境发生了根本性的变化时，会出现不可调和的大问题，用户会提出开发新系统的要求，这标志着旧系统生命的结束和新系统开发请求的产生。

以上五个阶段组成了MIS开发的生命周期，在生命周期的每一个阶段均有小循环，在满足不了要求时，便修改或返回到起点。

9.3.1.3　结构化方法的基本思想

结构化方法是用系统工程的思想和工程化的方法，从全局出发，全面规划分析，按用户至上的原则，对系统进行结构化、模块化，自顶向下地对系统进行分析与设计和自下而上地逐步实施。具体地说，就是先将整个MIS开发过程划分成若干个相对独立的阶段，如系统规划阶段、系统分析阶段、系统设计阶段、系统实施阶段等。在前三个阶段自顶向下地对系统进行结构化划分。在系统调查或理顺管理业务时，应从最顶层的管理业务入手，再逐步深入至最基层。在系统分析、提出新系统逻辑方案和系统设计时，应先考虑系统整体的优化，然后再考虑局部的优化问题。在系统实施阶段，则坚持自底向上地逐步实施，即组织人力从最底层的模块做起（编程），然后按照系统设计的结构，将模块一个个拼接到一起进行调试，自底向上逐渐构成整个系统。

9.3.1.4　结构化方法的优缺点

结构化方法的优点主要有：强调系统开发过程的整体性和全局性；强调在整体优化的前提下考虑具体的分析设计问题，即自顶向下的观点；严格地区分开发阶段，按部就班地进行分析与设计，及时总结、发现问题，及时反馈和纠正问题，后一阶段的工作必须建立在前一阶段工作成果的基础上，从而使每一阶段的工作都有可靠的依据，避免了开发过程混乱无序的状态，减少损失和返工，极大地提高了系统开发的成功率。

结构化方法的缺点主要有：严格的阶段划分和文档要求，误时费事，致使开发周期过长；缺乏灵活性，难以适应迅速变化的环境，由于开发周期长，不能随便变更前一阶段的工作成果，可能导致后一阶段的工作无法及时把环境变化的要求反映到开发方案中来，可能致使最终开发出来的系统脱离现实；起点太低，使用的工具落后，大量的分析设计图表难以利用计算机完成，而必须通过手工绘制，费时费事；有违认识事物的规律，要求系统开发者在调查中充分掌握用户需求、管理状况以及可能预见的变化，这不大符合人们循序渐进地认识事物的规律。

值得注意的是，尽管结构化系统开发方法存在一些缺点，但其严密的理论基础和系统工程方法仍是系统开发中不可缺少的。随着大量开发工具的引入，开发工作的效率将会大大提高，结构化方法的生命力会越来越强。

9.3.1.5　结构化方法的适用范围

结构化系统开发方法适用于那些能够很好的定义其需求、结构化程度比较高的大型MIS或包含复杂技术的系统，不适合开发信息需求不确定的系统以及小型系统。

9.3.2　原型法

9.3.2.1　原型法的基本思想

原型法（Prototyping Approach，PA）是20世纪80年代随着计算机软件技术的发展，特别是在关系数据库系统（RDBS）、第四代程序生成语言（4GL）和各种系统开发生成环境产生的基础上，提出的一种从设计思想、工具、手段都全新的系统开发方法。原型法凭借着系统开发人员对用户需求的理解，在强有力的软件环境支持下，给出一个实实在在的系统模型（或称原型、雏形），这个模型大致表达了系统分析人员对当前用户需求的理解和预计系统实现后所具有的功能，然后系统分析人员和用户一起，再对这个模型进行分析评价，反复协商修改，最终形成实际系统。

9.3.2.2 原型法的开发步骤

原型法的开发过程如图 9-3 所示。

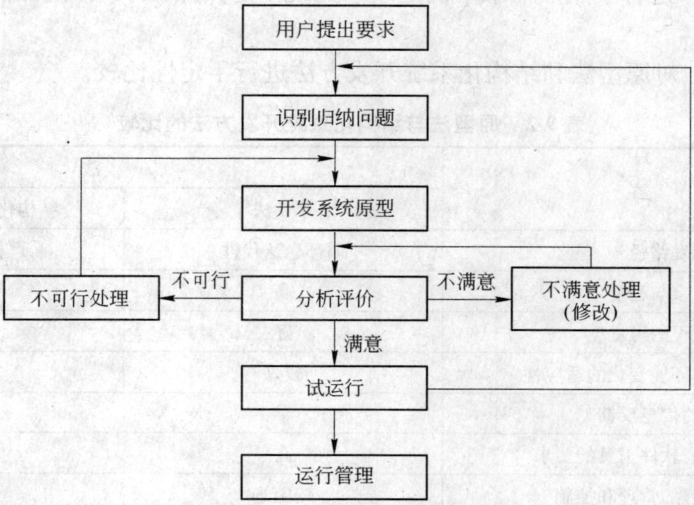

图 9-3 原型法的开发过程

（1）用户提出要求。在这个阶段，首先由用户提出开发要求，这个要求可能是很模糊的；然后系统开发人员进行详细的系统调查，识别出新系统的基本需求，如系统功能、人机界面、输入/输出、运行环境、性能及安全可靠性等需求。

（2）识别归纳问题。开发人员识别和归纳用户要求，结果作为构造原型的依据。

（3）开发系统原型。根据用户的要求，开发人员迅速建立起一个初始原型，该原型是能在计算机上初步实现的 MIS。

（4）分析评价。让用户亲自使用原型，对原型进行检查、评价和测试，指出原型的缺点和不足，提出改进意见和需求。

（5）不可行处理。开发人员根据用户要求，重新建立系统原型。

（6）不满意处理（修改）。开发人员对原型进行修改、扩充和完善，直到用户满意为止。

（7）试运行。

（8）运行管理。

9.3.2.3 原型法的优缺点

原型法的优点主要有：增进了用户和系统开发人员之间的沟通，确保用户的需求得到较好的满足；开发的系统更加贴近实际，易于用户使用，减少对用户的培训时间，用户的满意度高；开发的风险比较低，一定程度上降低了开发成本；充分利用了最新的软件工具，使系统开发的时间、费用减少，效率、技术等方面都得以提高。

原型法的缺点主要有：不适用于大型系统或复杂性高的系统，对于这类系统，直接用原型来进行模拟是很困难的；开发过程管理困难，整个开发过程要经过“修改—评价—再修改”的多次反复，缺乏规范化的文档资料；用户较早看到原型，认为它就是新系统，使用户失去信心；开发人员也很容易用原型取代系统分析；需要自动化工具。

9.3.2.4　原型法的适用范围

原型法适合于开发处理过程简单明确，系统涉及面窄的小型系统；适合于开发大系统的最终用户界面；适合于用户需求不确定或事先说不清具体需求或需求说清楚，但开发者不好把握的系统。

在表 9-2 中，对原型法和结构化系统开发方法进行了定性比较。

表 9-2　原型法与结构化系统开发方法的比较

内　容	方　法	
	原型法	结构化系统开发方法
开发路径	循环、迭代性	严格、顺序型
用户参与程度	高	低
开发过程的可见度	好	差
对功能需求或环境变化的适应性	较好	差
用户的信息反馈	早	迟
对开发环境、软件工具的要求	高	低
对开发过程的管理和控制	较困难	较容易
文档数量	较少	多

9.3.3　面向对象开发方法

前面介绍了目前普遍使用的 MIS 分析和设计技术，但是这些传统的 MIS 分析和设计技术存在许多问题，例如，稳定性、可修改性和可重用性都比较差，开发效率低，这是因为传统的软件开发方法是面向过程的。为了解决这些问题，学者们提出了面向对象（Object Oriented，OO）的系统开发方法，它是从面向对象的程序设计方法基础上逐步发展起来的，以类和对象以及继承、消息等概念描述客观事物及其联系，与传统的面向过程的思想完全不同，为 MIS 开发提供了全新的思维。

9.3.3.1　面向对象开发方法的基本思想

面向对象的开发方法基于类和对象的概念，把客观世界的一切事物都看成是由各种不同的对象组成，每个对象都有各自内部的状态、机制和规律；按照对象的不同特性，可以组成不同的类。不同的对象和类之间的相互联系和相互作用就构成了客观世界中不同的事物和系统。

9.3.3.2　面向对象的基本概念

（1）对象（object）是系统中用来描述客观事物的一个实体，它是构成系统的一个基本单位。对象可以用来描述现实世界要研究的任何事物，它可以是有形的（如一辆汽车），也可以是无形的（如一项计划）。一个对象由一组属性和对这组属性进行操作的一组服务构成。其中，属性是用来描述对象静态特征的一个数据项，服务是用来描述对象动态特征的一个操作序列。从程序设计者的角度看，对象是一个程序模块；从用户角度看，对象为他们提供所希望的行为。

描述对象的主要元素如下：

➢ 名称：即对象的命名，如“生产厂家”。

➢ 属性：用来描述对象的状态特征，如“生产厂家”对象的属性有厂名、厂址、法人代表、联系电话、传真、网址等。

➢ 操作：即对象的行为。操作分为两类，一类是在对象接受外界消息触发后引起的自身操作，这种操作的结果是修改了对象自身的状态；另一类是对象施加于其他对象的操作，即对象将自己产生的输出作为消息向外发送。

➢ 接口：接口是指对象受理外部消息所指定的操作的名称集合。主要指对外接口，用来定义对象与外界的关系和通信方式。

（2）类（class）是具有相同或相似性质的对象的抽象，即类是对一组有相同数据和相同操作的对象的定义，一个类所包含的方法和数据描述一组对象的共同属性和行为。类是在对象之上的抽象，对象则是类的具体化，是类的实例。类具有层次性，可以由一个类派生出多个子类，例如“羊”是一个类，我们称之为“父类”，它可以派生出“山羊”、“绵羊”等多个子类。子类具有父类所有的数据和方法，同时，子类也可以具有自身的方法。

（3）消息（message）是对象之间进行通信的一种数据结构。对象之间通过传递消息进行通信，实现了对象之间的动态联系。消息用来请求对象执行某一处理或提供某些信息的要求，控制流和数据流统一包含在消息中。在对象的操作中，当一个消息发送给某个对象时，消息包含接收对象执行某种操作的信息。发送一条消息至少要包括说明接受消息的对象名、发送给目的对象的消息名。一般还要对参数加以说明，参数可以是认识该消息的对象所知道的变量名，或者是所有对象都知道的全局变量名。

9.3.3.3 面向对象方法的特性

A 抽象性（abstraction）

抽象就是忽略一个主题中与当前目标无关的那些方面，以便更充分地注意与当前目标有关的方面。抽象并不打算了解全部问题，只是选择其中的一部分，而暂时不用其他细节。例如，要设计一个学生成绩管理系统，考查学生这个对象时，只关心他们的班级、学号和成绩等，而不用去关心他的身高、体重这些信息。抽象包括两个方面，一是过程抽象，二是数据抽象。过程抽象是指任何一个明确定义功能的操作都可被使用者作为单个实体看待，尽管这个操作实际上可能由一系列更低级的操作来完成。数据抽象定义了数据类型和施加于该类型对象上的操作，并限定了对象的值只能通过使用这些操作修改和观察。

B 封装性（encapsulation）

封装是一种信息隐蔽技术，就是把对象的属性和行为结合成一个独立的单位，并尽可能隐蔽对象的内部细节。封装使数据和加工该数据的方法（函数）封装为一个整体，以实现独立性很强的模块，使得用户只能见到对象的外特性（对象能接受哪些消息，具有哪些处理能力），而对象的内特性（保存内部状态的私有数据和实现加工能力的算法）对用户是隐蔽的。封装使一个对象形成两个部分：接口部分和实现部分。封装的目的在于把对象的设计者和对象的使用者分开，使用者可以用设计者提供的消息来访问该对象，使用者只需了解对象的接口不必知晓行为实现的细节。

C 继承性（inheritance）

继承是子类自动共享其父类的数据和方法的机制。它由类的派生功能体现，一个子类直接继承其父类的全部描述，同时可修改和扩充。继承体现了一种共享机制。

继承分为单继承（一个子类只有一个父类）和多重继承（一个子类有多个父类）。类的对象是各自封装的，如果没有继承机制，则类对象中数据和方法就会出现大量重复。通过继承还可以实现代码的重用。

D 多态性（polymorphism）

多态性是指一个事物在不同上下文中具有不同意义或用法的能力。同一消息为不同的对象接受时可产生完全不同的行动。利用多态用户可发送一个通用的信息，而将所有的实现细节都留给接受消息的对象自行决定，同一消息可调用不同的方法。

多态的实现受到继承性的支持，利用类继承的层次关系，把具有通用功能的协议存放在类层次中尽可能高的地方，而将实现这一功能的不同方法置于较低层次。这样，在这些低层次上生成的对象就能给通用消息以不同的响应。在面向对象程序设计语言中可通过在派生类中重定义基类函数（定义为重载函数或虚函数）来实现多态机制。多态机制使具有不同内部结构的对象可以共享相同的外部接口，通过这种方式减少代码的复杂度。

9.3.3.4 面向对象方法的开发过程

面向对象方法的开发过程虽然不像结构化方法那样要严格地划分为几个阶段，但按照开发内容和顺序可以将开发过程分为四个阶段：

(1) 面向对象分析（Object Oriented Analysis，OOA），是指根据系统的需求，识别分析对象、类、属性和结构并对其进行描述。

(2) 面向对象设计（Object Oriented Design，OOD），是对分析的结果作进一步地抽象、归类、整理，并最终以范式的形式将它们确定下来，并设计人机界面、数据库及任务管理系统。

(3) 面向对象的程序设计（Object Oriented Programming，OOP），是用面向对象的程序设计语言将上一步整理的范式直接映射（即直接用程序语言来取代）为应用程序软件。

(4) 面向对象测试（Object Oriented Testing，OOT），是指对程序进行集成和测试。

目前，面向对象开发方法开发阶段的划分还未形成统一的认识，这里提供的开发阶段仅仅是一个参考。

9.3.3.5 面向对象开发方法的优缺点

面向对象开发方法的优点主要有：采用全新的面向对象思想，使得系统的描述及信息模型的表示与客观实体相对应，符合人们的思维习惯，有利于开发过程中用户与开发人员的交流和沟通，缩短开发周期，提高系统开发的正确性和效率；系统开发的基础统一在对象之上，各阶段开发工作过渡平滑，避免了许多中间转换环节和多余劳动，加快了系统开发的进程；面向对象技术中的各种概念和特性，如继承、封装、多态性以及消息传递机制等，使软件的一致性、模块的独立性以及程序的共享和重用性大大提高，同时也与分布式处理、多机系统及网络通信等发展相吻合，具有广阔的应用前景；许多新型的软件中，采用或包含了面向对象的概念和有关技术，为面向对象开发方法的应用提供了强大的技术支持。

面向对象开发方法的缺点主要有：必须依靠一定的软件技术支持；对于大型项目的开

发，具有一定的局限性，它必须以结构化系统开发方法的自顶向下的整体性系统调查和分析作为基础，否则同样会存在系统结构不合理、关系不协调的问题。

9.3.3.6 面向对象开发方法的适用范围

面向对象开发方法的适用范围较广，适用于各类 MIS 的开发，但不太适合于大型 MIS 的开发。在大型 MIS 的开发中，面向对象方法必须要和结构化方法相互结合。因为在大型系统开发中，若不进行自顶向下的整体划分，而是一开始就自底向上地采用面向对象方法开发系统，会造成系统结构不合理、各部分关系失调等问题。

9.3.3.7 统一建模语言 UML

统一建模语言 UML（Unified Modeling Language）是面向对象分析与设计的主要表达工具，是在多种面向对象建模方法的基础上发展起来的一种定义良好、易于表达、功能强大且普遍适用的建模语言。它融入了软件工程领域的新思想、新方法和新技术。它的作用域不限于支持面向对象的分析与设计，还支持从需求分析开始的软件开发的全过程。

作为一种建模语言，UML 的定义包括 UML 语义和 UML 表示法两个部分。

（1）UML 语义：描述基于 UML 的精确元模型定义。元模型为 UML 的所有元素在语法和语义上提供了简单、一致、通用的定义性说明，使开发者能在语义上取得一致，消除了因人而异的最佳表达方法所造成的影响。此外 UML 还支持对元模型的扩展定义。

（2）UML 表示法：定义 UML 符号的表示法，开发者或开发工具使用这些图形符号和文本语法为系统建模提供标准。这些图形符号和文字所表达的是应用级的模型，在语义上它是 UML 元模型的实例。

统一建模语言 UML 中包含的图可以归纳为五类：

第一类是用例图，从用户角度描述系统功能，并指出各功能的操作者。

第二类是静态图（static diagram），包括类图、对象图和包图。其中类图描述系统中类的静态结构。它不仅定义系统中的类，表示类之间的联系如关联、依赖、聚合等，也包括类的内部结构（类的属性和操作）。类图描述的是一种静态关系，在系统的整个生命周期都是有效的。对象图是类图的实例，几乎使用与类图完全相同的标识。它们的不同点在于对象图显示类的多个对象实例，而不是实际的类。一个对象图是类图的一个实例。由于对象存在生命周期，因此对象图只能在系统某一时间段存在。包是 UML 中的一种结构，用来将各种建模元素分组组织起来。包图中描绘两个或更多的包以及这些包之间的依赖关系。

第三类是行为图（behavior diagram），描述系统的动态模型和组成对象之间的交互关系，包括状态图和活动图。其中状态图描述类的对象所有可能的状态以及事件发生时状态的转移条件。通常，状态图是对类图的补充。而活动图描述满足用例要求所要进行的活动以及活动间的约束关系，有利于识别并进行活动。

第四类是交互图（interactive diagram），描述对象之间的交互关系，包括顺序图和协作图。其中顺序图显示对象之间的动态合作关系，它强调对象之间消息发送的顺序，同时显示对象之间的交互；协作图描述对象间的协作关系，协作图与顺序图相似，显示对象间的动态合作关系。除显示信息交换外，协作图还显示对象以及它们之间的关系。如果强调时间和顺序，则使用顺序图；如果强调上下级关系，则选择协作图。

第五类是实现图（implementation diagram），包括组件图和部署图。其中组件图描述代码部件的物理结构及各部件之间的依赖关系。一个部件可能是一个资源代码部件、一个二进制部件或一个可执行部件。组件图有助于分析和理解部件之间的相互影响程度。部署图定义系统中软硬件的物理体系结构。它可以显示实际的计算机和设备（用节点表示）以及它们之间的连接关系，也可显示连接的类型及部件之间的依赖性。在节点内部，放置可执行部件和对象以显示节点与可执行软件单元的对应关系。

从应用的角度看，当采用面向对象技术设计系统时，首先是描述需求；其次根据需求建立系统的静态模型，以构造系统的结构；第三步是描述系统的行为。其中，第一步与第二步建立的模型都是静态的，包括用例图、类图（包含包）、对象图、组件图和部署图等图形，是统一建模语言 UML 的静态建模机制；第三步建立的模型或者可以执行，或者表示执行时的时序状态或交互关系，它包括状态图、活动图、顺序图和协作图等图形，是统一建模语言 UML 的动态建模机制。因此，统一建模语言 UML 的主要内容也可以归纳为静态建模机制和动态建模机制两大类。

采用 UML 作为统一的建模语言不仅能消除过去数十种面向对象的建模语言的一些潜在差异，同时也能够通过统一的语义和符号表示，稳定面向对象技术市场，使项目植根于一个成熟的标准建模语言上，从而可以大大拓宽软件系统的适用范围。同时，随着 UML 技术的不断发展和完善，它也越来越被软件开发者所接受。在未来的软件开发过程中，如果能恰当地直接应用 UML 这种可视化的图形建模技术直接解决所遇到的问题，不仅代表了未来面向对象软件开发技术的方向，也具有极大的经济价值。

9.3.4　敏捷开发方法

9.3.4.1　传统开发方法的局限性

瀑布模型是最早出现的系统开发模型，如图 9-4 所示。以“瀑布模型”为代表的传统开发方法，其开发活动严格按照线性方式进行。它的核心思想是按工序将问题化简，将功能的实现与设计分开，便于分工协作，即采用结构化的分析与设计方法将逻辑实现与物理实现分开。将开发工作划分为制订规划、需求分析、系统设计、程序编写、系统测试和运行维护等六个基本活动，并且规定了它们自上而下、相互衔接的固定次序，如同瀑布流

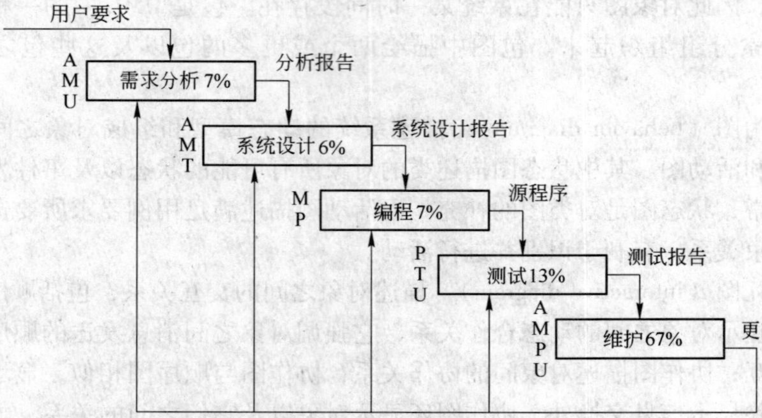

图 9-4　瀑布模型

A—系统分析员；M—项目管理员；P—程序员；T—高级程序员；U—用户

水，逐级下落。

瀑布模型提供了系统开发的基本框架，其中每一项活动的输入都是上一项活动的工作成果，每项活动完成后，都要评审该项活动的实施，若满足要求，则继续下一项活动；否则返回前面，甚至更前面的活动。

对于环境经常变化的项目而言，瀑布模型就显得不太适应。虽然，瀑布模型对于系统开发具有一定的指导意义。但是，在实际开发过程中，用户对自己需求的描述大多是模糊多变的，同时系统应用环境的多变，使传统的瀑布模型很难适应需求多变的系统开发。而且，瀑布模型在开发各个阶段之间极少有反馈，早期的错误可能要等到项目实现后期的测试阶段才能发现，由于只有在项目生命周期的后期才能看到结果，也增加了项目的风险。

后来出现的螺旋模型如图 9-5 所示。它将瀑布模型和快速原型模型结合起来，强调了其他模型所忽视的风险分析，使得开发人员和用户对每个演化层出现的风险有所了解，继而做出应有的反应，进而消除或减少风险的损害。

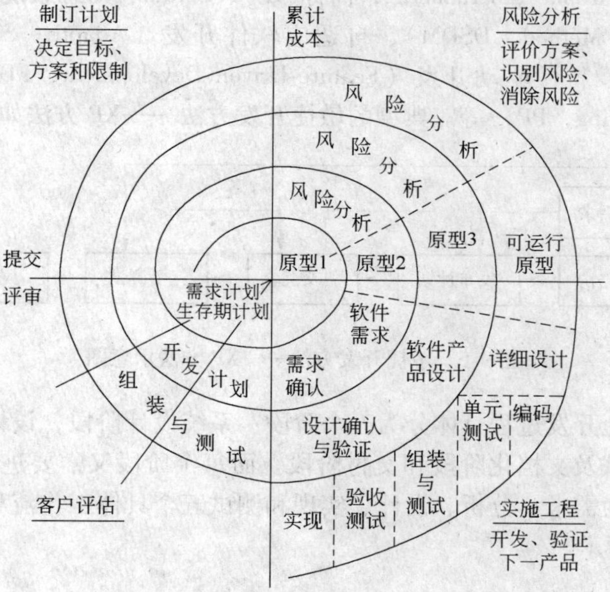

图 9-5 螺旋模型

螺旋模型基本做法是在瀑布模型的每一个开发阶段前引入一个非常严格的风险识别、风险分析和风险控制，它把软件项目分解成一个个小项目。每个小项目都标识一个或多个主要风险，直到所有的主要风险因素都被确定。螺旋模型的 4 个象限代表了以下活动：

（1）制订计划：确定软件目标，选定实施方案，弄清项目开发的限制条件；

（2）风险分析：分析评估所选方案，考虑如何识别和消除风险；

（3）实施工程：实施软件开发和验证；

（4）客户评估：评价开发工作，提出修正建议，制订下一步计划。

由以上介绍可以看出，传统的系统开发方法比较适合大型系统的开发。然而，目前国内很多企业的 MIS 都是中小型的系统，其开发和维护常常面临开发时间紧迫、人手不足、需求不断变化的困难，传统的典型的软件开发方法常常无法应对这样的挑战。

9.3.4.2 敏捷开发方法

敏捷开发方法是一种相对于传统开发方法而言的轻型方法（轻型是指开发过程中，注重交流，而不是关注过多的文档）。“敏捷”的概念已经在企业中被广泛采用，为了适应激烈的市场竞争和生存环境的不断变化，企业通过提高敏捷性和灵活性从不断变化的调整中掌握主动并赢得市场。随着 MIS 在需求和技术上的经常变化，为了适应高效率、高质量和低成本地开发系统的要求，“敏捷”的概念被引入 MIS 开发领域，并逐渐成为 MIS 开发的新模式。敏捷开发方法的代表人之一 Martin Fowler 提出了敏捷方法的核心理念：适应和以人为本。敏捷开发方法主张结合企业实际工作的业务流程，开发自己的软件流程。在敏捷开发方法中，人的因素是被强调的。敏捷开发方法强调开发人员和客户代表之间的密切配合，人与人之间面对面的交谈，经常性交付有价值的已更新的商业软件，紧凑的、自组织的团队，以及回应需求不断变化的开发方式和团队组织方式。具体的敏捷开发方法有很多，如极限编程（Extreme Programming，简称 XP）、Scrum、动态系统开发方法（Dynamic Systems Development Method，DSDM）、自适应软件开发（Adaptive Software Development，ASD）、Crystal 方法、特性驱动开发（Feature-Driven Development，FDD）、实用程序设计（Pragmatic Programming，PP）等。典型的敏捷开发方法——XP 方法如图 9-6 所示。

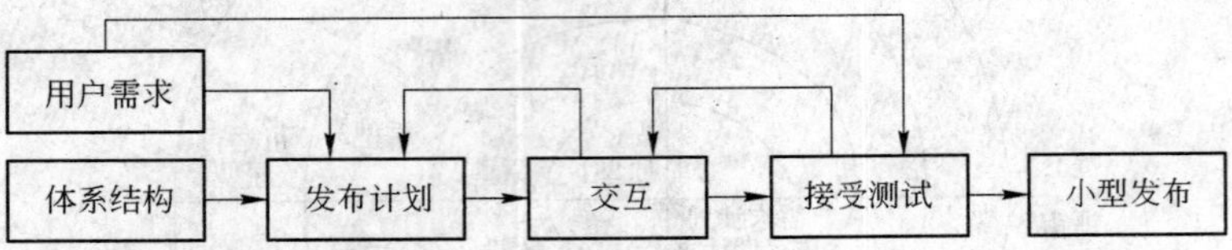

图 9-6 敏捷开发方法——XP 方法示意图

基于复用的敏捷开发过程具体分为五个阶段：系统设计阶段，设计具体化阶段，构件构造整合阶段，测试及文档化阶段和交付阶段。而每个阶段又需要进行多次迭代和循环，每次迭代又可以分为需求、分析、设计、实现和测试五个具体工作流程。基于复用的敏捷开发过程如图 9-7 所示。

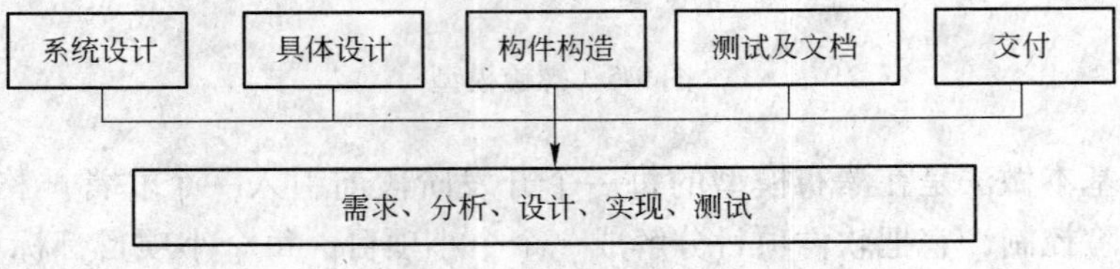

图 9-7 基于复用的敏捷开发过程

敏捷开发方法主要由两方面构成：

（1）由敏捷软件开发价值观和敏捷原则构成了敏捷软件开发方法的高层需求，这个高层需求构成了有效的软件方法的准则。

（2）用于软件开发的实践指导是以敏捷软件过程为基础的敏捷软件开发方法。

敏捷开发方法一般都具有以下几个方面的特征：

（1）依赖人、人与人的交互而不是技术过程和工具。

（2）及时交付可用的软件而不是大量烦琐的文档。

（3）与业务客户合作而不是合同交易。

（4）适应环境变化而不是循规蹈矩。

敏捷开发方法的原则由敏捷软件开发的价值观得来，是敏捷开发方法区别于重型开发过程的特征所在。其内容如下：

（1）优先考虑的是尽早和不断提交有价值的软件，使客户满意。

（2）到了项目开发的后期，也欢迎改变需求；敏捷开发过程利用需求变化来为客户创造竞争优势。

（3）不断地交付可以工作的软件，交付的期限可以从几个星期到几个月，交付的时间间隔越短越好。

（4）由被激励起来的个体来构建项目；给技术人员提供所需的环境和支持，并且信任他们能够完成工作。

（5）在项目团队内部，展开面对面的交谈，这是最有效率的；软件是首要的度量进度的标准；敏捷开发过程需要可持续的开发速度。

（6）项目责任人、技术开发者和业务用户应该能够保持一个长期的、恒定的开发速度。

（7）关注优秀的技能和好的设计会增强敏捷能力。

（8）简单就是最根本和最有效的。

（9）最好的软件构架、技术需求和设计出于自由组织的团队。

（10）每隔一段时间，团队会进行反省，为了更有效地进行工作，对自己的行为进行调整。

采用敏捷软件开发方法的真正含义是：以满足企业客户需要、创造企业客户价值为主要目标，使软件过程容易洞察；适应市场、竞争、技术、需求等环境的变化，并对此做出反应，进行自我调优和完善；在保证产品和服务质量的前提下，对软件交付内容、速度和资源做出正确的权衡，从而实现企业、员工、客户和社会等多方的最大利益。

本章小结

本章重点介绍了MIS开发的方式、策略与方法。MIS比较常用的开发方法有结构化系统开发方法、原型法、面向对象方法，相对于以上开发方法，本章还介绍了一种轻型方法，即敏捷开发方法。通过学习本章可以对MIS开发的全过程、相关方法以及MIS的管理有一个全面的了解，为后面的学习奠定基础。

专业术语

结构化生命周期法（Structured Design Life Cycle，SDLC）

原型法（Prototyping Approach，PA）

对象（Object）

类（Class）

消息（Message）

面向对象分析（Object Oriented Analysis，OOA）
面向对象设计（Object Oriented Design，OOD）
面向对象的程序设计（Object Oriented Programming，OOP）
面向对象测试（Object Oriented Testing，OOT）
统一建模语言 UML（Unified Modeling Language）

本章参考文献

[1] 张维明，戴长华，封孝生．信息系统原理与工程[M]．北京：电子工业出版社，2009.
[2] 左美云，邝孔武．信息系统的开发与管理教程[M]．北京：清华大学出版社，2006.
[3] 张军，张庆来．管理信息系统[M]．兰州：兰州大学出版社，2005.
[4] 王景光．信息系统应用原理[M]．北京：机械工业出版社，2005.
[5] 张小川，别祖杰，李梁．管理信息系统[M]．北京：电子工业出版社，2009.
[6] 徐世伟．管理信息系统[M]．北京：高等教育出版社，2010.
[7] 孙爵萍，王云光，诸敏．敏捷软件过程的研究与实践[J]．计算机工程，2007，33(9)：106～110.
[8] 林海，徐晓飞，潘金贵．敏捷开发方法及一个非典型应用实例[J]．计算机科学，2005，32(2)：125～132.

习　题

9-1　管理信息系统开发的任务和特点是什么？
9-2　管理信息系统开发的基本条件是什么？
9-3　管理信息系统的开发原则是什么？
9-4　管理信息系统的开发方式有哪几种？各有什么优缺点？
9-5　如何选择信息系统的开发策略？
9-6　信息系统有哪几种开发方法？各有什么特点？

第 10 章　信息系统项目管理

案例

信息技术项目的混沌状态

1995 年，权威的咨询公司斯坦迪什咨询集团在美国国内调查了 365 位信息技术高层经理人员和他们管理的 8380 多个不同的信息技术应用项目之后，公布了一项名为"混沌"的研究报告。正像题目所含的意思那样，信息技术项目正处于一个混沌的状态。在 20 世纪 90 年代初期，美国公司每年要在大约 175000 多个信息技术的应用开发项目上花费 2500 多亿美元。其中有主管机动车的州政府部门的新数据库系统开发，新的汽车租赁与旅馆预订系统的开发，银行系统客户服务器结构的设计与实施，等等。调查发现，大型的公司在一个信息技术开发项目上平均要投入 230 万美元；中型公司要花费 130 万美元以上；而小公司也要在 43.4 万美元以上。但是所有信息技术项目的平均成功率只有 16.2%（成功的定义是在计划的时间和预算内实现项目目标）。研究还发现，仅 1995 年一年，有 31% 的信息技术项目在完工之前就被取消了，花掉了美国公司和政府有关部门 810 亿美元的投入。报告的作者坚决认为信息技术业的项目管理有改进的必要。

斯坦迪什公司在 1998 年做的后续研究资料显示，由于项目管理水平的提高，信息技术项目已经有所改进。1998 年失败项目投入从 1995 年的 810 亿美元下降到大约 750 亿美元，成本超支也从 1995 年的 590 亿美元急剧下降到 1998 年的 220 亿美元。最新的研究还表明，有 26% 的信息技术项目成功实现了范围、时间和成本目标。尽管有了这些提高，但仍有 46% 的信息技术项目超出预算和最后期限，另有 28% 的项目没有成功。

以上资料说明，20 世纪 90 年代以来，商业环境比过去几十年要复杂得多。如今，新技术应用对许多企业来说已经成为一个极为重要的成功因素。计算机硬件、软件和网络已经彻底改变了我们的工作环境。这些变化使得现代项目的规模不断加大，投资越来越高，涉及专业越来越广泛，项目内部关系越来越复杂，传统的管理模式已经不能满足运作好一个项目的需要，于是也就增加了对项目进行管理的要求。实际上，如今的公司都已经认识到，要想获得成功，就必须熟悉并能够运用现代项目管理方法。[1]

---

[1] 资料来源：http：//course. onlinesjtu. com

10.1 项目管理概述

10.1.1 项目

10.1.1.1 项目的概念

项目是为完成某一独特的产品或服务所做的一次性努力。项目一般要涉及一些人员，由这些人员完成一些相互关联的活动，项目发起人通常希望能够在最有效地利用资源的基础上，及时、高效地完成项目任务。

10.1.1.2 项目的特点

（1）项目有一个独特的目的；

（2）项目是一次性的；

（3）项目需要使用资源；

（4）项目要有一个主要发起人或客户；

（5）项目含有不确定性；

（6）项目具有冲突性；

（7）一名优秀的项目经理是项目成功的关键。

10.1.2 项目生命周期

项目的生命周期是以时间（进度）或资源（预算）来衡量项目的完成情况，一般分为概念、开发、实施、收尾等阶段。

实施项目如同建造房屋，伴随着许多的讨论和计划编制工作。房屋建造的初期是缓慢的，然后开始施工，进展迅速；当房屋建起来，内部尚未完工时，进展又变慢，所有的油漆工作、所有的修整工作和安装内部装置这些工作似乎没完没了。图10-1所示的就是这种慢—快—慢的进展模式。

过去人们曾认为图10-1所示的S形曲线代表所有项目的生命周期，尽管许多项目确实如此，但是却有一些重要的例外。如电脑软件的生产项目遵循另一种完成模式，与传统的S形曲线完全不同，是一种J形曲线，如图10-2所示。

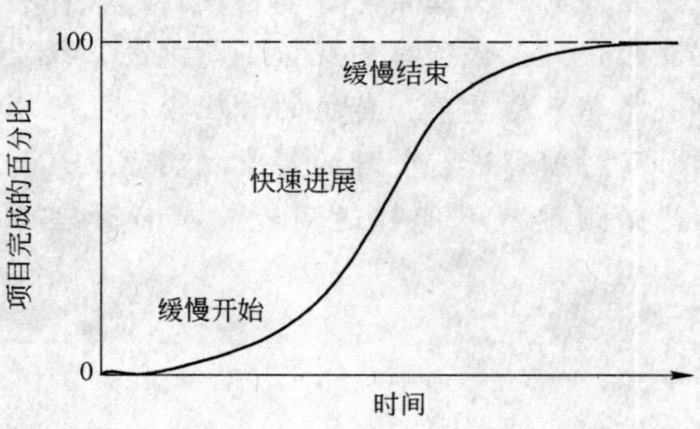

图10-1 项目的进展模式

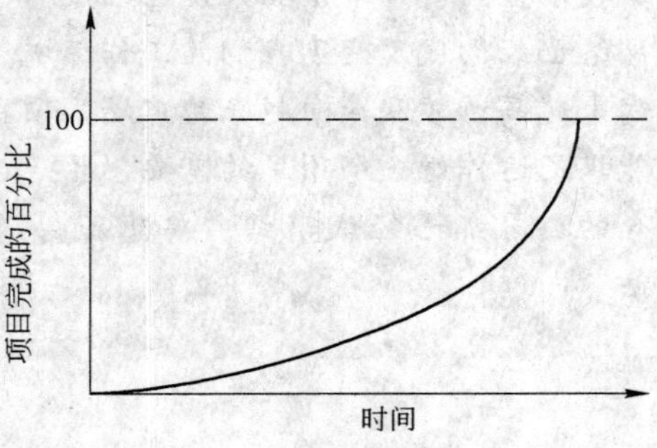

图10-2 软件项目进展模式

10.1.3 项目管理

10.1.3.1 项目管理

项目管理就是以项目为对象的系统管理方法，通过一个临时性的专门的柔性组织，对项目进行高效率的计划、组织、指导和控制，以实现项目全过程的动态管理和项目目标的综合协调与优化。

项目管理贯穿于项目的整个生命周期，它是一种运用既有规律又经济的方法对项目进行高效率的计划、组织、指导和控制的手段，并在时间、费用和技术效果上达到预定目标。

10.1.3.2 项目管理的关键要素

项目管理的关键要素包括项目干系人、项目管理知识领域以及项目管理工具和技术。

（1）项目干系人。指参与项目和受项目活动影响的人，包括项目发起人、项目组、协助人员、顾客、使用者、供应商，甚至是项目的反对人。人们的需要和期望在项目开始直至结束都是非常重要的。

（2）知识领域。指项目经理必须具备的一些重要的知识和能力。其中范围、时间、成本和质量被视做核心知识领域。

（3）项目管理工具和技术。用来帮助项目经理和项目组人员进行范围、时间、成本和质量的管理。另外也有一些工具可以帮助项目经理和项目组人员进行人力资源、沟通、风险、采购等方面的管理以及实现项目整体管理。例如，一些常用的时间管理工具和技术有甘特图、网络图示法和关键路径法等。项目管理软件（如微软公司的 Project）是一种工具，它可以应用到各个知识领域的管理过程中。

10.1.4 信息化项目的特点

10.1.4.1 企业信息化项目的特点

A 信息化项目的目标不精确

信息化项目的目标是不精确的，任务的边界是模糊的，质量要求更多是由项目团队来定义的。

B 信息化项目用户的需求不断被激发

信息化项目在进行过程中，客户的需求会不断被激发，被不断地进一步明确，导致项目的进度、费用等计划不断更改。

C 项目团队决定信息化项目的成败

信息化项目是智力密集、劳动密集型的项目，受人力资源影响最大，项目成员的结构、责任心、能力和稳定性对信息化项目的质量以及是否成功有决定性的影响。

10.1.4.2 信息化项目管理的知识领域

信息化项目管理也涉及项目管理的九个基本知识领域，即整体管理、范围管理、进度管理、成本管理、质量管理、人力资源管理、沟通管理、风险管理和采购管理。

10.2 项目时间管理

从项目管理的角度看，信息系统的规划至此初步完成了任务范围的初步界定和分解的工作，接下来，一个很重要的工作就是对子系统的开发顺序做出安排，对信息系统生命周期各阶段的费用、人力、进度做出相应安排。

为了避免信息系统严重超出预算和拖延进度，信息系统项目应事先编制好各方面的计划，如进度计划、费用计划、人力计划等。除这些与项目密切相关的实质性计划外，为了信息系统建设的顺利进行，还要编制一些保证性计划，如质量保证计划、风险管理计划等。

10.2.1　项目进度计划的重要性

从达到项目范围、时间和成本预测方面来看，许多 IT 项目是失败的。管理者们经常说，按时交付项目是他们最大的挑战之一。

根据不完全统计，失败的 IT 项目平均超出时间大约是原始估计的 222%。这个数字意味着，计划一年完成的项目最后要耗费 2.2 年完成。

实例 10.1　某大学在线注册系统开发项目的进度计划

苏珊是一家咨询公司的项目经理，该公司已签订合同，向一所当地大学提供一个新的在线注册系统。该套系统必须在 5 月 1 日前能够运行，这样学生就能够用它在秋季学期进行注册。如果到那时系统还不能运行，她的公司要受到严厉的合同惩罚条款的制裁；如果工作完成得漂亮，苏珊和她的团队就会得到一笔丰厚的奖金。苏珊知道达到进度要求和控制范围、成本和质量是她的责任。她和她的团队制订了一套详细的进度计划和网络图，以帮助组织项目。

制订进度计划容易，使项目沿着既定轨道前进则要困难得多。管理人的问题以及解决进度计划的冲突，是两个最大的挑战。该客户的许多雇员临时休假，因此错过了一些项目评审会议，或者重新设定了一些项目评审会议的时间。

因为苏珊的团队在系统开发生命周期的各个阶段，都需要有来自客户的结束指令，所以上述变更使苏珊和她的团队难以按原进度进行。苏珊团队中的一位高级程序员退出了，她知道要想找到一个新人且跟得上大家的速度，又将占用额外的时间。时间到了 3 月 15 日，再过一个半月新的在线注册系统就要启用，此时项目进展仍是一片混乱。苏珊认为她能处理好所有在项目进行过程中出现的冲突，并且她很自负，不向其上司或大学校长承认事情进展得不顺利。她花了大量的时间来准备详细的项目进度计划，并且她认为自己的项目管理软件使用得很好，可以跟上项目的状态。事实上，项目中有五位主要的程序员都使用一种方法，使自己的任务在软件上每周自动更新，并说一切按预定计划进行。他们很少注意实际的计划，而且憎恨填写状态信息。苏珊并没有核实他们所做的大部分工作，以检查他们是不是真正完成了任务。另外，注册办公室主任对项目不感兴趣，而且将结束指令责任授权给他的一个文员，而该文员对整个注册过程并不理解。当苏珊和她的团队开始测试新系统时，她才发现她的队员们使用的是去年的课程数据。由于大学在秋季将从过去的学期制转向半学年制，因此使用去年的课程数据会导致一些额外的问题。他们怎么能把这个要求漏掉呢？当苏珊为了寻求帮助而和她的经理一起步入会议厅时，她害羞地低垂着脑袋。她通过惨痛的教训知道了保持计划按进度进行是多么的困难。为了核实关键可交付成果是否已满足了客户的需求，苏珊真希望她能多花一些时间与关键的项目干系人进行面对面的沟通，尤其是她这边的程序员与校方注册办公室的代表之间的沟通。

此实例说明进度问题的产生非常普遍，部分原因也许是由于时间最易于测量。人们经常比较计划的与实际的项目完成时间，而比较时却不考虑项目中已被批准的变更时间也是一个最缺乏灵活性的变量。

10.2.2 项目时间管理

进行项目时间管理，就是要确保项目准时完成。项目时间管理中涉及的主要过程包括：

（1）活动定义。涉及确定项目团队成员和项目干系人为完成项目可交付成果而必须完成的具体活动。

（2）活动排序。涉及确定项目活动之间的关系，并形成相应的文档。

（3）活动历时估算。涉及估计完成具体活动所需要的工作时段数。

（4）制订进度计划。涉及分析活动顺序、活动历时估算和资源要求。

（5）进度计划控制。涉及控制和管理项目进度计划的变更。

通过执行这些过程、使用一些基本的项目管理工具和技术，可以改善时间管理。

10.2.3 活动定义——工作分解结构

工作分解结构（Work Breakdown Structure，WBS）主要是将一个项目分解成易于操作和管理的单位或细目，以便确保找出完成项目工作范围所需的所有工作要素。

WBS 的形式与项目组织结构图类似，它通常是围绕项目产品或项目阶段展开的。人们可以通过它看到整个项目结构以及每一个主要的组成部分。

实例 10.2 某个企业内联网建设项目的部分 WBS

图 10-3 是按项目产品设计某个企业内联网建设项目的部分 WBS。这里的产品内容为该 WBS 设计的结构基础。在这个实例中，WBS 有一项是进行网络站点的设计，同样还有企业内部网的主页、市场部的网页以及销售部的网页的设计。

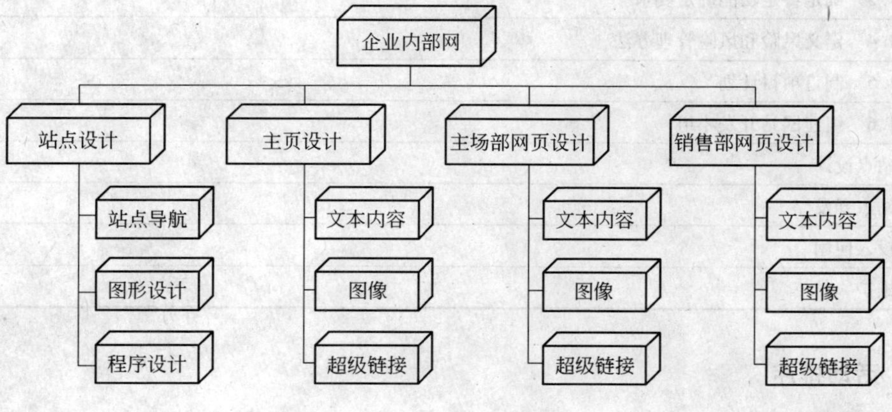

图 10-3 按项目产品设计企业网络项目 WBS

该项目的部分 WBS 还可以按照项目阶段来设计，如图 10-4 所示。这里项目概念阶段、站点设计、站点开发、投入运行、维护等为 WBS 设计的结构基础。

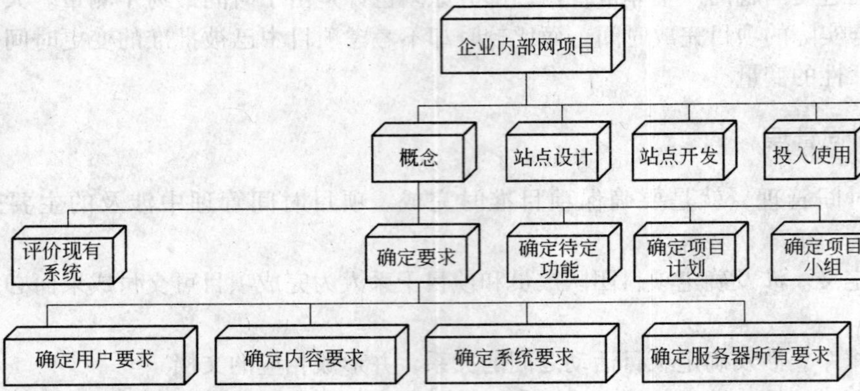

图 10-4　按项目阶段设计企业网络项目 WBS

我们还可以给出与图 10-4 所示网络项目的部分 WBS 相应的表格形式，见表 10-1。其中各项内容没有变化，而由序号以及任务项的缩进表示该 WBS 的结构。这种表格形式应用很广泛。

表 10-1　企业网络项目 WBS 的表格形式

1.0	概念
1.1	评价现有系统
1.2	确定要求
1.2.1	确定用户要求
1.2.2	确定内容要求
1.2.3	确定系统要求
1.2.4	确定服务器所有人的要求
1.3	确定特定功能确定要求
1.4	定义风险和风险管理办法
1.5	制订项目计划
1.6	组建网站开发小组
2.0	站点设计
3.0	站点开发
4.0	投入使用
5.0	维护

10.2.4　活动排序

10.2.4.1　确定活动之间的关系

活动排序涉及审查详细 WBS 中的活动、详细的产品说明书、假设和约束条件，以决定活动之间的相互关系。它也涉及评价活动之间依赖关系的原因及各种依赖关系。活动之间的关系或依赖关系反映了项目活动或任务的顺序。

确定活动之间的这些关系或依赖关系，对制订并控制项目进度计划有很重要的影响。

活动之间有以下三种依赖关系：

（1）强制依赖关系是项目工作固有的特性，有时也被称为硬逻辑关系。

（2）自由依赖关系是由项目团队来定义的。例如，一个项目团队可能遵守一些好的做法，只有当用户对所有分析工作都发出结束指令，才开始新信息系统的详细设计。自由依赖关系有时也被称为软逻辑关系。

（3）外部依赖关系涉及项目与非项目活动之间的关系。新操作系统与其他软件的安装，可能会依赖于外部供应商对新硬件的交货。

10.2.4.2 项目网络图

项目网络图是一种显示活动顺序的技术。项目网络图是项目活动之间的逻辑关系或排序的图形显示。

某项目的网络图如图10-5所示，该图使用的是箭线图法（ADM）或双代号网络图法（AOA）。双代号网络图法是用带箭头线表示活动，用一种被称为节点的连接点反映活动顺序的网络制图技术。

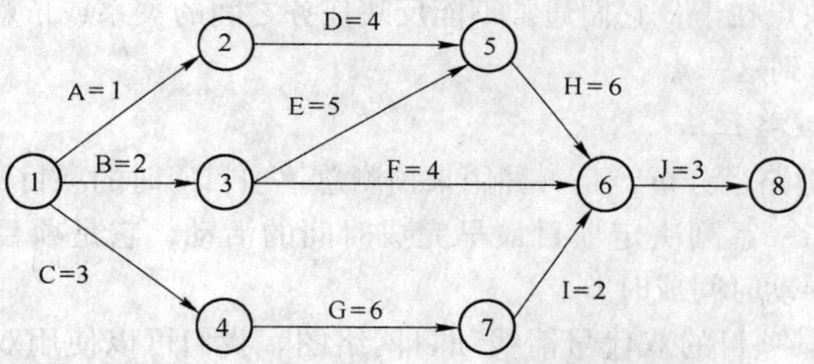

图10-5 某项目的双代号网络图法

双代号网络图的主要组成要素有字幕、数字和带箭头线。图10.5中字母A～J代表了项目中需要进行的活动，这些活动来自工作分解结构和活动定义过程。带箭头线则表示活动排序或任务之间的关系。例如，活动A必须在活动D之前完成；活动D必须在活动H之前完成等。带箭头线上的数字表示相应活动的活动历时，例如，A=1表示活动A历时为1单位时间。节点中的数字反映了活动顺序。

10.2.5 活动历时估算

活动定义与活动排序之后，项目时间管理的下一个过程是估计活动历时。历时包括一项活动所消耗的实际工作时间加上间歇时间。

活动历时估算的输入包括：详细活动列表及排序提供了估算的基础；考查与估算有关的约束条件和假设也是很重要的；历史信息资料也很有用；进行活动历时估算最重要的一个因素是资源的可获得性，尤其是人力资源。

活动历时估算的输出包括各项活动的历时估算值、说明估计基础的文件、更新的工作分解结构。如果根据活动历时估算，项目团队成员认为某些活动应该被进一步分解，那么就应该进行工作分解结构的更新。

10.2.6 制订进度计划

进度计划的制订是利用前面所做工作的结果，来决定项目的开始日期和完成日期。制订进度计划的最终目标是建立一个现实的项目进度计划，为监控项目的时间进展情况提供一个基础。

制订进度计划的工具有甘特图、计划评审技术（Project Evaluation and Review Technique，PERT）分析、关键路径法（Critical Path Method，CPM）。

甘特图是显示项目信息最常用的工具；PERT 分析是评价项目进度风险的一种手段；关键路径分析是制订和控制项目进度计划的一种很重要的工具。

10.2.6.1 甘特图

甘特图通过日历形式列出项目活动及其相应的开始和结束日期，为反映项目进度信息提供了一种标准格式。

甘特图的最大优点在于，它为显示计划的与实际的项目进度信息提供了一种标准格式。另外，他们易于创建与理解。

甘特图的主要缺点在于，它们通常不能反映任务之间的关系或依赖关系。相反，网络图或 PERT 图可以做到这一点。

10.2.6.2 关键路径法

CPM 也称为关键路径分析，是一种用来预测总体项目历时的项目网络分析技术。一个项目的关键路径是指一系列决定项目最早完成时间的活动，它是项目网络图中最长的路径，并且有最少的浮动时间或时差。

图 10-5 所示为某项目的双代号箭线项目网络图。我们可以使用双代号箭线图法来确定项目的关键路径，也可以使用 PDM 法来确定项目的关键路径。图 10-5 显示出项目网络图从头至尾的所有 4 条路径。每条路径从第一个节点①开始、在最后一个节点⑧结束。图 10-5 也显示出每条路径在项目网络图上的长度或总历时。通过将路径上各个活动的历时求和，就可以计算出每条路径的长度。由于路径 2（B—E—H—J）有最长的历时——16 天，所以这条路径是项目的关键路径。这里假设所有历时都以天计。

路径 1（A—D—H—J）长度 =1 +4 +6 +3 =14 天

路径 2（B—E—H—J）长度 =2 +5 +6 +3 =16 天

路径 3（B—F—J）长度 =2 +4 +3 =9 天

路径 4（C—G—I—J）长度 =3 +6 +2 +3 =14 天

由于关键路径是整个网络图中最长的路径。故路径 2（B—E—H—J）是项目的关键路径。

10.2.6.3 计划评审技术

项目时间管理的另一项技术是 PERT，即当具体活动历时估算存在很大的不确定性时用来估计项目历时的网络分析技术。PERT 将关键路径法应用于加权平均历时估算。

PERT 采用概率时间估计，根据乐观的、最可能的、悲观的活动历时估计进行项目历时估计的方法，代替了具体的、离散的历时估算。

采用 PERT 法，利用式（10-1）计算每个项目活动历时估计值的加权平均：

$$\text{PERT 加权平均} = \frac{\text{乐观时间} + 4 \times \text{最可能时间} + \text{悲观时间}}{6} \tag{10-1}$$

假设实例 10-1 中苏珊的项目团队采用 PERT 法来决定在线注册系统项目的进度。他们需要为项目每项活动收集乐观的、最可能的和悲观的历时估算。假设有一项活动是设计系统的输入界面，也许有人估计这项活动要花费 2 周即 10 个工作日的时间。如果不用 PERT 法，该项活动的历时估算为 10 个工作日。如果采用 PERT 法，项目团队还需要估计完成该项活动的乐观时间和悲观时间。假设一种乐观的估计是用 8 个工作日可以设计完输入界面，而一种悲观的估计是 24 天。

应用式（10-1），则会得到：

$$\text{PERT 加权平均} = \frac{8\text{ 个工作日} + 4 \times 10\text{ 个工作日} + 24\text{ 个工作日}}{6} = 12\text{ 个工作日}$$

所以项目团队在进行关键路径分析时，会采用该项活动 12 个工作日的估计历时，而不使用 10 个工作日的最可能的历时估计值。

PERT 法的最大优点在于，它试图将风险与历时的估计联系起来。PERT 法有三个缺点：第一，由于它需要几个历时估计值，所以使工作量加大；第二，在评估风险方面有很多更好的概率方法；第三，它在实践中很少使用。实际上，由于网络图常被称为 PERT 图表，所以许多人将 PERT 与项目网络图混为一谈。

10.3 项目质量管理

由于在信息系统生命周期的各个阶段，对上一阶段的理解和本阶段的设计与实现上都存在着这样那样的问题，要想顺利解决每一个问题并不太容易。并且，根据一些软件公司的统计资料，在后期引入一个变动比在早期引入相同的变动所需付出的代价高 2 ~ 3 个数量级，因此要从信息系统开发的一开始就进行质量控制，以便尽量在早期发现错误，及早更正。

实例 10.3 某公司行政信息系统的质量问题

一家大型医疗仪器公司刚雇佣了一家著名咨询公司的资深顾问斯考特·丹尼尔，来帮助解决公司新开发的行政信息系统（EIS）存在的质量问题。EIS 是由公司内部程序员、分析员以及公司的几位行政官员共同开发的。许多以前从未使用过计算机的行政管理人员也被 EIS 所吸引，EIS 能够使他们便捷地跟踪按照不同产品、国家、医院和销售代理商分类的各种医疗仪器的销售情况，这个系统非常便于用户使用。

EIS 系统在几个行政部门测试成功后，公司决定把 EIS 推广应用到公司的各个管理层。不幸的是，在经过几个月的运行之后，新的 EIS 产生了诸多质量问题，人们抱怨他们不能登录系统。这个系统一个月出几次故障，据说反应速度也在变慢；用户在几秒钟之内得不到所需信息，就开始抱怨；有几个人总忘记如何输入指令进入系统，因而增加了向咨询台打电话求助的次数；有人抱怨系统中的有些报告输出的信息不一致。显示合计数的总结报告与详细报告对相同信息的反映怎么会不一致呢？EIS 的行政负责人希望这问题能够获得快速准确地解决，所以他决定从公司外部聘请有类似项目经验的质量专家斯考特·丹尼尔。斯考特的工作是领导由医疗仪器公司和他的咨询公司的人员共同组成的工作小组，识别并解决 EIS 中存在的质量问题，制订一项计划，以防止未来 IT 项目质量问题的发生。

斯考特组建了一个团体来确认和解决 EIS 的相关质量问题，并设计了一项计划来帮助这家医疗设备公司避免将来发生质量问题。斯考特的团队做的第一件事是分析研究 EIS 存在的问题。他们绘制了鱼刺图，还绘制了一张帕累托图来帮助分析服务台得到的诸多报怨和有关 EIS 的书面材料。在进一步调查之后，斯考特和他的团队弄清楚了许多使用此系统的管理者在使用计算机系统方面是没有经验的。在系统设计中，系统自动地产生一个包括字母和数字的用户密码，但许多管理者在收到系统自动产生的密码后，却不知道如何将它们改成他们能记住的或让系统保存的密码。斯考特还了解到一些刚收到密码的人把他们密码中的数字 1 误解成小写字母 i。EIS 的硬件或用户的个人电脑不存在大的问题。有关报告中数据不一致的抱怨全部来自一名管理者，实际上，是他读错了报告，而与软件设计没有任何联系。除了培训存在问题外，整个项目的质量给斯考特留下了深刻印象。斯考特向 EIS 的发起人报告了他的团队的发现，发起人宽心地发现质量问题根本不像许多人担心的那样严重。

10.3.1 项目质量管理

项目质量管理的主要目的是确保项目满足它所应满足的需求。项目质量管理包括三个主要过程：

（1）质量计划编制。包括确认与项目有关的质量标准以及实现方式。

（2）质量保证。包括对整体项目绩效进行预先的评估以确保项目能够满足相关的质量标准。

（3）质量控制。包括监控特定的项目结果，确保它们遵循了相关质量标准，并识别提高整体质量的途径。

10.3.2 质量计划编制

确保项目质量管理的第一步就是质量计划编制。质量计划编制暗示了预计形势和准备采取能产生希望结果的措施的能力。在项目质量的计划编制中，重要的是确定每个独特项目的相关质量标准，把质量规划到项目的产品和管理项目所涉及的过程之中。

在信息系统项目中编制质量计划时要考虑的影响质量的因素有功能性和特色、系统输出、性能、可靠性和可维护性。

（1）功能性是一个系统执行其预定功能的程度；特色是引起使用者兴趣的特性。明确系统的哪些功能和特色是必须具备的，哪些功能和特色是可选的，非常重要。

（2）系统输出是系统产生的界面和报告。对于一个系统来说，明确界定其界面和报告是很重要的。

（3）性能是一个产品或服务如何有效执行顾客的预期用途。为了设计一个高性能系统，项目干系人必须阐明许多问题。

（4）可靠性指一个产品或服务保证在正常条件下如预期那样运行而不出现任何不可接受性缺陷的能力。

（5）可维护性说明进行产品维护的容易程度。大部分信息技术产品不能达到 100% 的可靠性，但干系人必须说明他们的期望是什么。

10.3.3 质量保证

制订质量计划后，还要确保实际交付的信息系统是高质量的，那么就要开展质量保证工作。质量保证包括与满足一个项目相关的质量标准有关的所有活动。质量保证的另一个目标是不断地改进质量。

上级管理部门和项目经理做好质量保证工作，可以对项目质量产生最重要的影响。领导在提高信息系统项目质量上也占据重要地位。

进行质量保证的工具主要有以下三种：

（1）质量计划编制中的试验设计，同样也能用来帮助保证和提高产品质量。

（2）基准比较分析法。它是将具体项目实践或产品特性与那些在项目执行组织内部或外部的其他项目或产品的相应特性进行比较，从而产生质量改进的思想。例如，如果一个竞争者的 EIS 具有平均每星期仅 1 小时的停机时间，那么这可能是一个为之奋斗的基准。通过鱼刺图或石川图可以发现质量问题的根本原因，从而有助于保证和提高质量。

（3）质量审计。质量审计是对特定质量管理活动的结构化审查，找出教训，改进现在或将来项目的执行。质量审计可以是定期的，也可以是随时的，可由公司内的稽查员或在特定领域有专门知识的第三方执行。质量审计常常由行业工程师执行，他们通常为一个项目定义特定的质量尺度，并在整个项目过程中运用和分析这些质量尺度。

10.3.4 质量控制

10.3.4.1 质量控制

质量控制的一个主要目标也是提高质量，但这个过程的主要输入是接受决策、返工和过程调整。

A 接受决策

接受决策是指决定作为项目一部分而生产的产品或服务是否被接受或拒绝。

如果项目干系人拒绝接受作为项目一部分而生产的产品或服务，则一定要返工。例如，在实例 10.3 中发起 EIS 开发项目的行政部门显然不满意这个系统，于是就聘请一个咨询顾问斯考特・丹尼尔来领导一个团队解决和纠正存在的质量问题。

B 返工

返工是指采取行动，使拒收事项达到和满足产品需求或规范或干系人的其他期望。返工非常昂贵，所以项目经理必须努力做好质量计划编制和质量保证工作以避免返工。

例如，在实例 10.3 中，既然 EIS 没有满足所有干系人对质量的期望，医疗仪器公司不得不付出高昂成本来返工。

C 过程调整

过程调整是在质量控制度量的基础上，纠正或防止进一步质量问题的发生。

例如，实例 10.3 中的顾问斯考特・丹尼尔，可能会建议医疗仪器公司为 EIS 购买一个更快的服务器以纠正响应时间迟缓的问题。聘请他也是为了开发一个计划，来帮助预防未来的 IT 项目质量问题。

10.3.4.2　质量控制工具

A　鱼刺图

鱼刺图也称为石川图。图 10-6 提供了一个鱼刺图的例子。

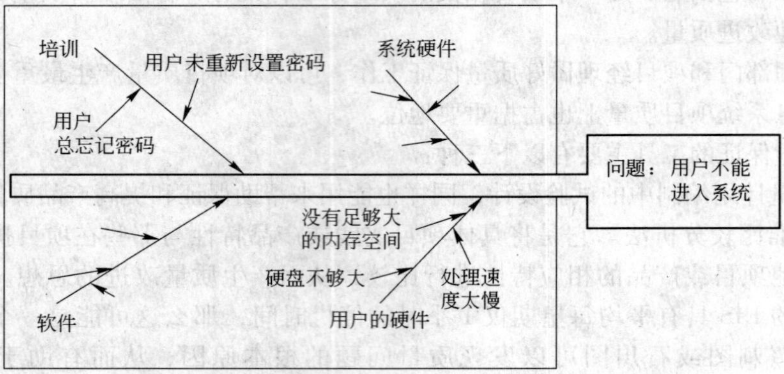

图 10-6　鱼刺图示例

以实例 10.3 为例，图 10-6 中列出了可能成为问题原因的主要区域：EIS 的系统硬件、用户的硬件、软件或培训。其中用户的硬件和培训两个区域，在图 10-6 中描述得更具体。问题的根本原因将对解决问题所采取的行为产生重大影响。如果许多用户不能进入系统是因为计算机没有足够的内存，解决的方法是提高这些计算机的内存。如果许多用户不能进入系统是因为他们忘记了密码，那么解决起来可能更快、更廉价。

B　帕累托分析

帕累托分析指确认造成系统质量问题的诸多因素中最为重要的几个因素，它有时称为 100-20 法则，即 100% 的问题经常是由于 20% 的原因引起的。帕累托图是用于帮助确认问题和对问题进行排序的柱状图，柱状图描述的变量根据发生频率排序。

假定在实例 10.3 的描述中有一段关于对 EIS 用户抱怨的历史记录。大部分组织会记录用户的抱怨，但他们中许多人并不知道如何分析这些记录。帕累托图是用来分析用户抱怨并帮助项目经理决定解决问题优先次序的有效工具。图 10-7 是用于 EIS 项目、按用户抱怨种类设计的帕累托图。直方柱代表每种抱怨的数量，曲线表明了抱怨的累积百分比。图

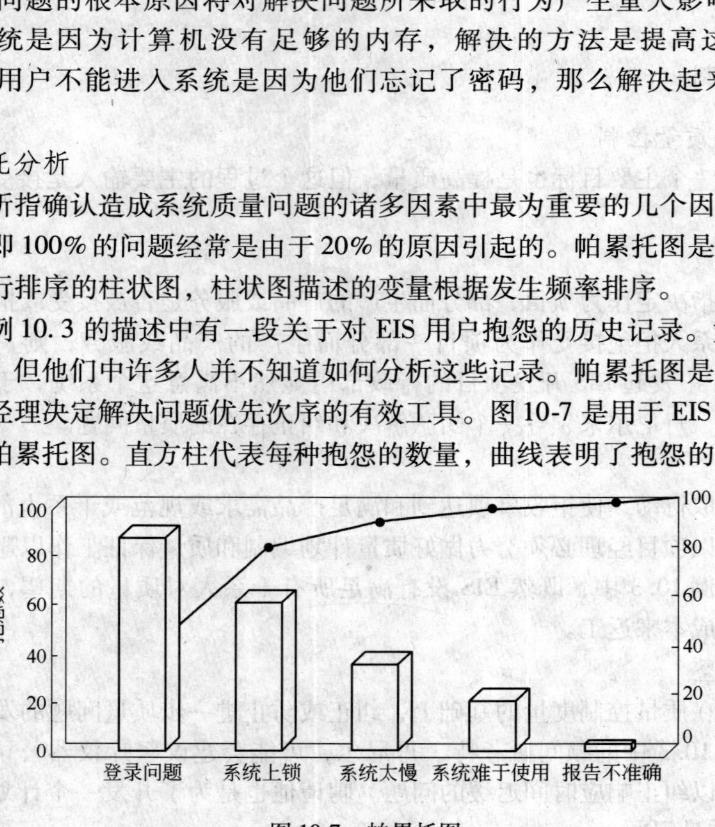

图 10-7　帕累托图

10-7 中最频繁的用户抱怨是无法登录问题，接下来依次是系统上锁、系统太慢、系统难于使用和报告不准确等问题。第一个抱怨占总抱怨的 55%。第一个和第二个抱怨的累积的百分比接近 100%，意味着这两个区域占抱怨的 100%。既然大多数抱怨属于这个种类，公司应当集中力量解决系统登录问题，以提高质量；同时应当致力于解决系统上锁问题。因为不准确报告的问题发生频率极小，在致力于解决潜在的重要问题之前项目经理应当首先调查谁提出了这一抱怨。另外，项目经理也应当弄清楚有关系统太慢的抱怨是否是由于用户不能登录或系统上锁。

C 测试

实际上，在系统开发生命周期的每个阶段中几乎都需要测试，而不仅仅是在系统交付给顾客之前。

图 10-8 描述了系统开发项目的生命周期，从图中可以看到一个系统开发项目中包含的 17 个主要阶段及各阶段之间的联系。例如，每个项目应当由项目启动开始，然后做一个可行性研究，然后执行项目计划编制。图 10-8 表明，系统详细需求分析和系统构造的工作可以同时展开，图中椭圆代表我们应当进行测试的部分，以确保系统开发项目质量。

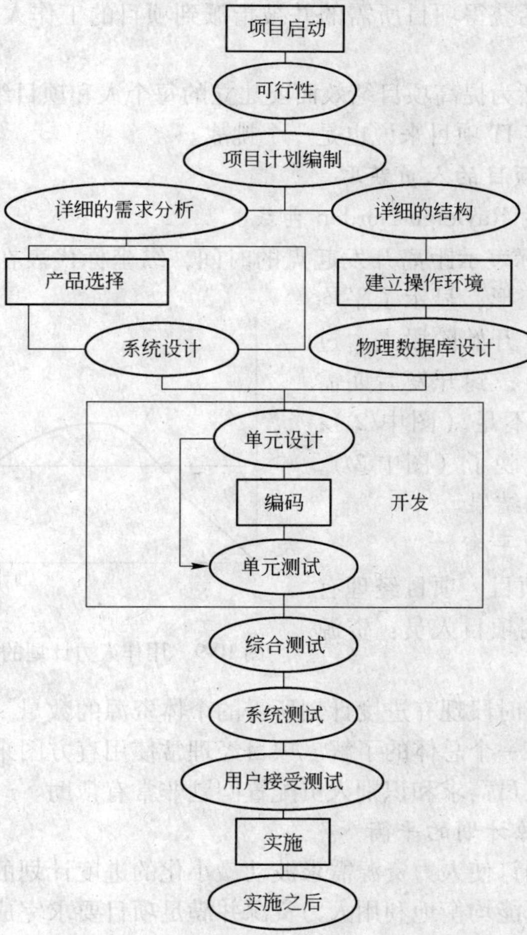

图 10-8 系统开发生命周期的测试工作

10.4　项目人力资源管理

项目人力资源管理是项目管理中至关重要的组成部分，尤其是在信息技术领域，因为在信息技术领域往往很难找到合适的人才。

10.4.1　信息化项目的人力资源管理

10.4.1.1　项目人力资源管理的主要内容

项目人力资源管理就是要有效地发挥所有项目干系人作用的过程。它包括以下内容：

（1）组织计划编制。包括对项目角色、职责以及报告关系进行识别、分配和归档。

（2）当项目经理和项目组将工作分解为可管理的要素后，项目经理就可以根据哪个部门做某项工作比较合适，从而将工作分配到各个部门单位，并定义项目干系人的角色和职责。

（3）组织计划编制的另一个输出结果是人员配置管理计划。它描述了项目组何时以及如何增加和减少人员。

（4）人员获取。包括获得项目所需的并被指派到项目的工作人员。获取人员是 IT 项目中最关键的挑战之一。

（5）团队建设。包括为提高项目绩效而要建立的每个人和项目组的技能。建立每个人和项目组的技能对于许多 IT 项目来说也是一个挑战。

10.4.1.2　信息化项目的人员获取

A　用作人力计划的 Rayleigh-Norden 曲线

图 10-9 中，以横坐标表示距离开发起点的时间，纵坐标代表在不同时间点需要的人力。图中用虚线画出的矩形，显示了平均使用人力所造成的问题：开始阶段人力过剩，造成浪费（图中①）；到开发后期需要人力时，又显得人手不足（图中②）；以后再来补偿，已为时过晚了（图中③），甚至可能导致越帮越忙的结果。

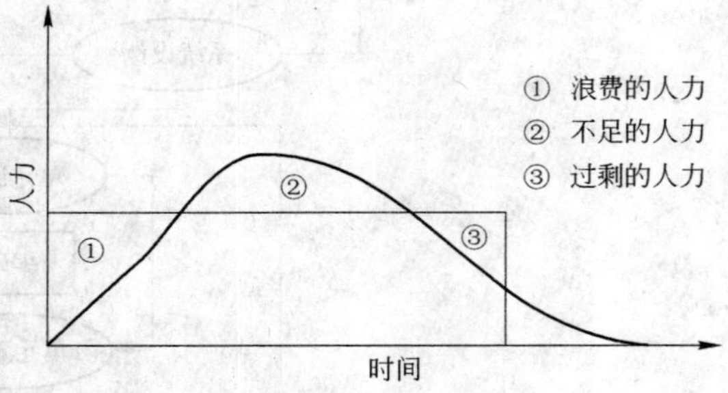

图 10-9　用作人力计划的 Rayleigh-Norden 曲线

B　资源负荷和资源平衡

一旦把人员分配到项目，项目经理有两种方法来最有效地使用项目人员：资源负荷和资源平衡。

资源负荷是指在特定时段现有进度计划所需的个体资源的数量。这个方法有助于项目经理对项目所需的资源有一个总体的了解。项目经理常使用直方图来描绘不同时段所需的资源，直方图对于确定人员需求和识别人员配置问题非常有帮助。

10.4.1.3　人力资源计划的平衡

人力资源平衡法是制订使人力资源需求波动最小化的进度计划的一种方法。这种平衡人力资源的方法是为尽可能均衡地利用人力资源并满足项目要求完成的进度，在不延长项目完工时间的情况下建立人力资源均衡利用的进度计划。

下面通过实例来说明人力资源计划平衡的方法。

实例 10.4 学籍信息管理系统的人力资源平衡

一个学籍信息管理系统已经立项，由于系统较小，准备采用原型法开发，并拟定了一个带有活动工期和人力需求的网络图，如图 10-10 所示。为了讨论的方便，假设参加这个项目的所有成员都是多面手，也就是说，项目成员之间是可以相互替代的。试对该系统进行人力资源平衡。

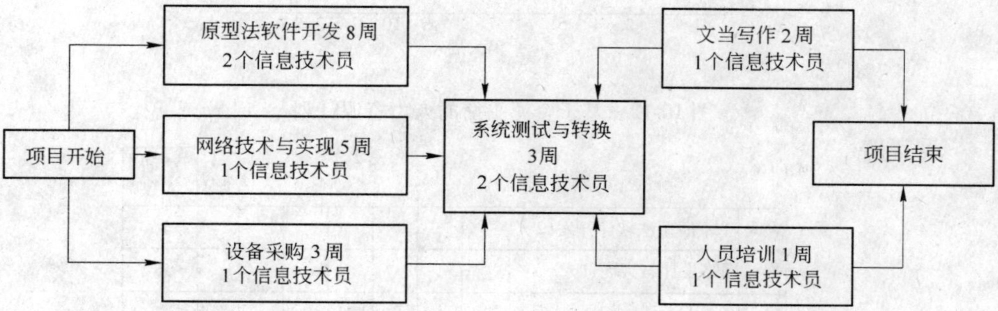

图 10-10 反映学籍 MIS 项目人力资源需求的网络图

如果不采用人力资源平衡的思想，一般人们都会希望各项活动尽可能早开始、尽可能早结束。现在假设网络图中每一项活动在其最早开始时间执行，基于此，可以绘制相应的人力资源分配图，如图 10-11 所示。

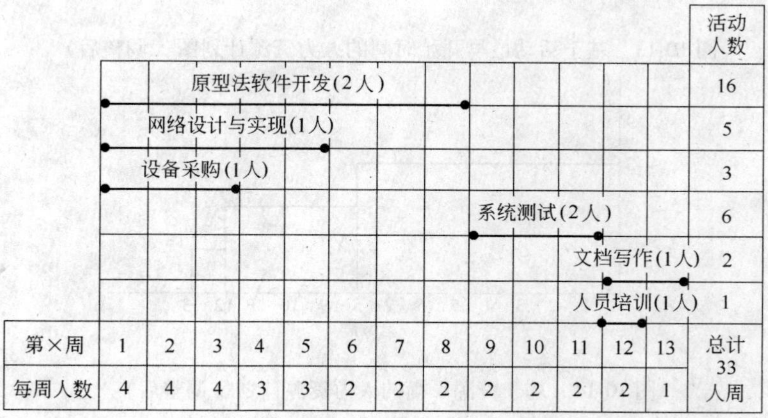

图 10-11 基于活动最早开始时间的人力资源计划图

从图 10-11 可以看出，学籍信息管理系统项目总共需要 13 周的时间，总的工作量为 33 人周；从图 10-12 可以看出，前 3 周需要 4 个开发人员，第 4、5 周需要 3 个开发人员，第 6～12 周只需要 2 个开发人员，第 13 周需要一个开发人员。显然，该项目的人力需求波动较大。

为了使人力资源尽可能地平衡，我们来考察该项目的网络图。从开始的人力资源网络图中可以看出，该项目的关键路径是原型法软件开发、系统测试与转换、文档写作三个活动。而其他三个活动处于非关键路径上，可以将设备采购活动推迟在第 6 周开始，这样，得到调整后的人力资源分配图如图 10-13、图 10-14 所示。

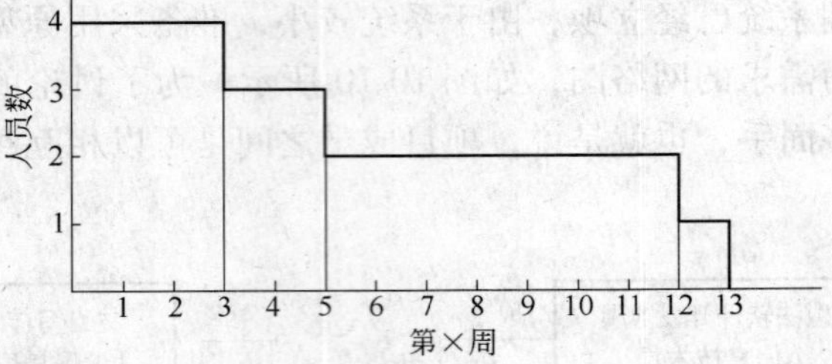

图 10-12　基于资源平衡的人力资源计划

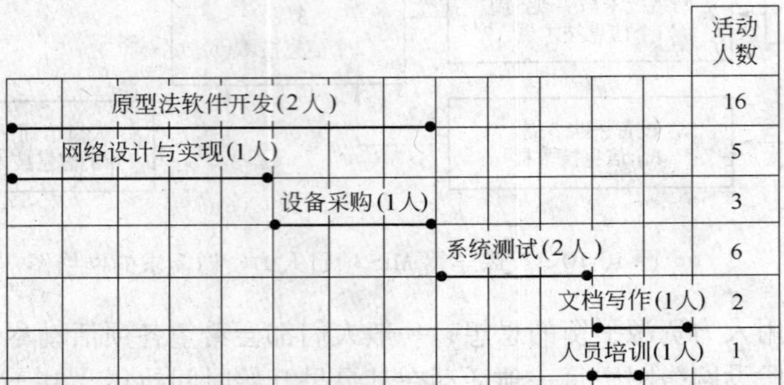

第×周	1	2	3	4	5	6	7	8	9	10	11	12	13	总计
每周人数	4	4	4	3	3	2	2	2	2	2	2	2	1	33 人周

图 10-13　基于活动最早开始时间的人力资源计划图（调整后）

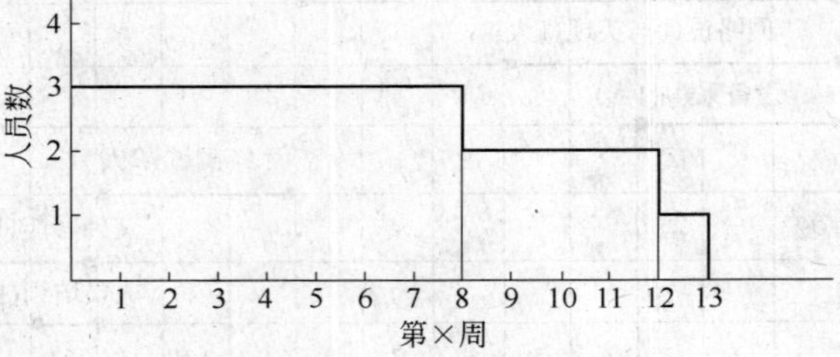

图 10-14　基于资源平衡的人力资源计划（调整后）

从图 10-13 可以看出，学籍信息管理系统项目总共还是需要 13 周的时间，总的工作量仍为 33 人周，也就是说虽然调整了人力资源的分配，但并未影响进度；从图 10-14 可以看出，前 8 周需要 3 个开发人员，第 9 ~ 12 周只需要 2 个开发人员，第 13 周需要一个开发人员。显然，相对图 10-12 来讲，调整后该项目的人力需求波动较小。

10. 4. 2　项目经理的角色和职责

实例 10. 5　项目经理的作用

作为某项目的项目经理，拉尔夫是一个严厉的老板，他要求严格遵循他的指示，强调使用正式和非正式的控制方法。当两年前他首次被项目管理咨询公司任命为项目经理时，项目团队中产生了大量不满的声音。在他任期的头六个月中，由于对他的管理方式的不满，14 个工地管理、工程和技术人员中有 10 个相继转到公司别的项目组或离开公司。然而，正当项目管理分部的主管约翰考虑将拉尔夫调走时，紧张的局势缓和下来，项目组中留下来的人以及拉尔夫任命的人都接受了他的领导方式。尽管拉尔夫在项目的计划阶段鼓励下属参与，一旦他在过程和进度上作了决策，他希望项目组成员严格执行。

在他作为项目经理的任期中，拉尔夫减少了 10% 的项目建设成本；同时，项目完成的进度达到了项目管理分部主管、客户和建筑师的要求。拉尔夫对项目运作的管理紧张而有效。主要是因为这个业绩，他在建筑行业中另一家竞争企业中得到了一个被他称为是难以抗拒的管理机会，在得到这一机会 4 周之后，他离开公司，接受了这一职位。

开始约翰准备在项目组中提拔一个项目经理。但他发现没有人真正是拉尔夫的助手或可代替的人，而且项目组中没有人对进入管理层有特别的兴趣。2 周之后，约翰安排首席测量员汤姆来填补这一空缺。汤姆让他的下属接管了测量分部的管理。汤姆被认为是极有竞争力的经理人员。尽管这次变动对他来说并没有升职，但他把这看成是获取大量经验的一个机会。

汤姆是一个目标管理的强烈支持者。他主张用目标的方式来定义所有的工作任务，然后让下面相关的人来制定必要的过程和方法。工作问题可以找他咨询，但项目组中的人发现他不愿意涉及工作的细节。汤姆当了一个月项目经理之后，约翰发现情况明显不妙。两个项目任务没法按时刻表完成，一两个阶段的进度有可能滞后。分部主管走访了项目现场，和项目组中的两三个核心成员交谈后，得知项目组一致认为汤姆不清楚他要监督的工作，没有担当好经理人员的角色。汤姆拒绝明晰目标是如何完成的，在特定的任务没有完成时，让员工个人来承担责任。因此，员工对缺乏指导感到很沮丧，而且怀疑汤姆的能力——即使他愿意提供指导。

实例 10.5 说明项目经理在组织中扮演何种角色关系着项目的成败。项目经理有多项职能，但最重要的职能就是保证组织的成功。

10.4.2.1 项目经理的角色

A 协调者

项目的地位在所在组织中通常不是明确确定的，看起来与任何一个职能部门的工作都不完全匹配，因此项目经理的地位也不是明确确定的。项目是跨专业的，项目经理很少具有与项目相关的数种技术中的一种或两种以上的技术专长。因此，项目经理也不是一个称职的监督者，他具有不同的角色，他是一个协调者。

B 沟通者

项目经理必须是一个负责任的人。他要对项目团队、高级管理层、客户及任何可能与项目的绩效和成果有关的人负责。

图 10-15 显示了项目经理的位置，突出了在任何一个项目管理中都存在的沟通问题。实线表示项目经理的沟通渠道，虚线表示项目中利益相关方的沟通路径。当某方传播可能会误导其他方的信息，或传播与系统中的其他信息直接冲突的信息时，问题就产生了。项目经理有责任在这种沟通混乱中引入一些秩序。

10.4.2.2 项目经理应具备的技能

决定信息技术项目成功最重要的三个方面是用户参与程度、高级管理层的支持和明确的需求说明。要在这三个方面有上乘表现，就需要项目经理具备扎实的管理技能、极强的

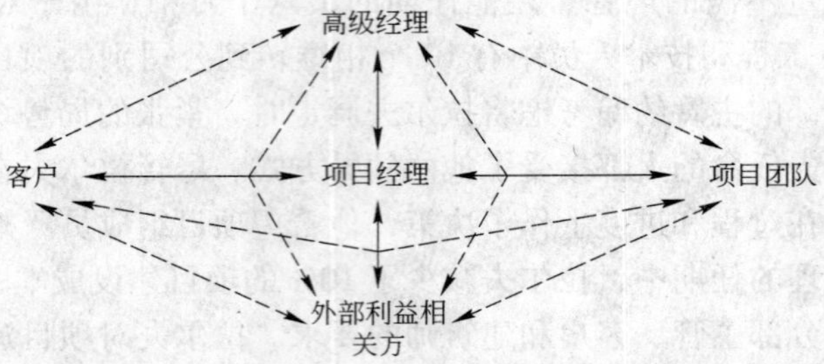

图 10-15　项目利益相关方的沟通路径

沟通能力和领导能力以及政治技巧。项目经理同样还要在组织、团队、应对与技术的有效应用等方面具备一定的能力。

本章小结

本章以信息系统开发项目为主要研究对象，结合信息系统开发项目的特点，以项目管理的知识体系为研究的理论基础，以信息系统项目的生命期为管理过程，以项目管理的目标为管理重点，为信息系统项目开发管理人员提供现代的项目管理思维与理念、系统而科学的项目管理知识，以及实用的项目管理工具和方法。

专业术语

工作分解结构（Work Breakdown Structure，WBS）
关键路径法（Critical Path Method，CPM）
计划评审技术（Project Evaluation and Review Technique，PERT）

本章参考文献

[1] 陈庄，刘加伶. 信息资源组织与管理[M]. 北京：清华大学出版社，2005.
[2] 李松. 管理信息系统实用教程[M]. 北京：北京大学出版社，2008.
[3] 杨月江，修桂华. 管理信息系统实用教程[M]. 北京：北京大学出版社，2007.
[4] 张彩虹，李宗民. 管理信息系统[M]. 北京：北京大学出版社，2008.
[5] 钟义信. 信息社会：概念，原理，途径[J]. 北京邮电大学学报（社会科学版），2004，6(2):1~7.
[6] 吴忠，夏志杰. 管理信息系统理论与应用[M]. 北京：北京大学出版社，2009.
[7] 黄梯云，李一军. 管理信息系统[M]. 北京：高等教育出版社，2009.
[8] 陈德良. 管理信息系统[M]. 北京：人民邮电出版社，2009.
[9] 薛华成. 管理信息系统[M]. 北京：清华大学出版社，2007.

习　题

10-1　什么是项目干系人？
10-2　什么是信息化项目的人力资源管理？
10-3　关键路径法（CPM）的内容是什么？
10-4　项目的特点是什么？
10-5　企业信息化项目的特点是什么？

第11章　信息系统外包项目管理

案例

中国软件外包的精品案例——文思与仁科BOT项目

2004年4月，北京文思创意软件公司通过竞标，赢得了美国仁科公司BOT模式软件外包项目。此项目的发包方美国仁科公司是行业领先企业，具有极高的国际知名度；项目规模大，项目模式具有开创性，项目的启动将是中国软件外包行业的一件大事，是欧美企业对华软件外包的一个大手笔。

A　文思-仁科BOT项目情况

文思公司是仁科公司在华传统的软件外包战略伙伴，2000年开始为仁科公司提供软件外包服务，2001年至今一直是仁科公司在华唯一的技术供应商。本次项目招标于2004年3月26日发出标书邀请，招标的命题为“仁科公司在华开发中心和合作伙伴”，项目核心内容是为仁科公司在华建设并运营一个成功的开发中心。经过若干家软件外包企业竞标，仁科公司进行了实地考察和两阶段遴选，以及招投标双方谈判，于2004年5月底结束，并正式启动外包项目。在文思公司国际化团队的努力之下，文思公司成为仁科公司最终选中的唯一一家服务提供商。

B　软件外包中的BOT模式

BOT(Build-Operate-Transfer)模式，即建设—运行—交付模式，又称交钥匙工程，是国际贸易术语，常见于路、桥、水库、场馆等大型公用工程的国际招标建设。其主要特点为承包者来开发、融资、建设公共项目，运作使之盈利，并在其运转良好阶段将其交付给公共团体。

在不断演进过程中，BOT模式已经突破了传统行业的国际贸易，也不仅限于公共事业领域的项目。国际企业在全球化经营中，常常发现当地服务商通过本土优势，提供硬件、软件、人力资源以及运营的一揽子服务能缩短本土化周期并降低风险，而这样的一种方式，正是BOT模式的精华所在。出于不同战略意图和不同外包国家市场的考虑，近年来欧美企业纷纷开始在软件外包领域尝试BOT模式。发包商通常要求承包企业根据预算在指定的期限内建立项目所需的技术团队及相应办公设施，使之正常运行并盈利。此后，承包企业将运行良好的整个团队以双方商定的合适的价格转卖给发包商。当然，最后是否或何时履行交付的环节一般可以由合作双方根据实际情况调整决定。

这种方式不仅降低了发包商的运作成本，而且为其提供了足够的时间了解当地市场以及文化状况，使之更快适应在该地区的项目运作方式。此种创新模式在欧美企业软件对印度、俄罗斯等国的外包实践中已有成功的经验。然而，在中国，在软件外包尚属新兴行业的环境之下，BOT 模式是没有先例的。此次文思-仁科 BOT 项目的签订是中国软件外包行业开拓的里程碑，它将迅速提升其综合技术管理水平，渐次使文思创意公司成为国际软件外包产业的一员而最终参与国际竞争。

C　文思创意软件公司

文思创意软件公司是中国软件外包行业的领先企业，主营软件本地化和软件测试业务。自 1995 年成立以来发展迅速，至 2004 年第二季度，已拥有近 600 名高素质员工。公司总部设在北京，在中国上海、武汉、深圳、大连、香港，美国、日本设有办事处。文思创意软件公司凭借良好的企业运行机制，稳定的人才队伍，科学的管理手段，高效的工作作风，踏实负责的工作态度，丰富的跨文化沟通经验，已成为 IBM、Microsoft、HP、SUN、Oracle、EPSON、Fuji Xerox、SGI 等国际知名的 IT 企业的软件外包服务提供商，是中国最大的软件外包企业之一。❶

11.1　IT 服务外包的概念与分类

外包（Outsourcing），是指企业利用外部的专业资源为己服务，从而达到降低成本、提高效率、充分发挥自身核心竞争力乃至增强自身应变能力的一种管理模式。关于对外包概念的理解，主要包含以下两层意思：

（1）外包是一种合作协议，组织将 IT 部门的部分或全部职能交由一个外部组织执行，并支付费用，签约方根据合同所签订的服务级别协议，提供资源和专业技能，交付相应的服务。

（2）外包是指企业利用外部的专业资源为已服务，从而优化资源配置，降低成本，提高组织机能和效率，充分发挥自身核心竞争力并增强自身应变能力的一种管理模式。

IT 服务外包（IT Service Outsourcing），是业务外包的一个组成部分，是指用户在规定的服务水平基础上，将一部分信息系统业务通过合同委托给第三方组织，通过支付一定的费用，在一段时间内，由第三方组织管理并提供用户所需的信息技术服务。它包括软硬件维护修理与支持，技术培训，数据中心托管，客户服务器、网络、桌面系统运营和管理，系统集成，应用开发与实施，电子商务，管理咨询与重构，安全服务外包，以及 IT 培训等。

从 IT 服务的外包方式上看，IT 服务外包可分为两种：委外服务（Outsourcing）和运维外包（Outtasking）。二者的主要区别见表 11-1。

表 11-1　两种外包方式的区别

项　目	委 外 服 务	运 维 外 包
设　备	外包方所有	客户所有
控制权	外包方拥有较大的控制权管理服务级别	客户拥有较大的控制权管理服务级别、变更、流程
投　入	外包方有前期投入	外包方无前期投入

❶资料来源：http：//home. donews. com/donews/article/7/77404. html

从外包的范围上分，可以划分为以下几类：

（1）整体外包。整体外包将绝大部分的提供信息服务的设备、员工和职责移交给外包商。如果组织外包的职能占信息系统预算的80%以上，则成为整体外包。在该服务类型下，在双方同意的价格水平、一定的时间期限、双方认可的服务级别下，组织与在IS/IT领域内提供专业服务的外包商签订合同，后者将提供全套的IT运行、维护和发展的服务和支持。例如，某公司可以将现有的IS/IT的人员及设施一次性全部外包给专业公司3～5年，让后者去管理这些人员、设施以及运行。这样公司就可以只保留极少数内部核心人员去管理和控制业务，以及规划未来的发展方向。

（2）多项/选择性外包。选择性外包是指有选择性地将一个或几个具体的信息系统职能或者服务移交给外包商。这种情况适合于当组织与几个供应商都有协议时，可以创建一个框架性的合同，根据自身的竞争优势，有选择地选取一个或多个IT服务供给商，将相应的一些设施和服务委托给他们，公司自身仍然保持主要的IS/IT人员组织结构。

（3）合资/战略资源联盟。组织也可以通过与某供应商设立合资公司来运行IS/IT服务，这种形式是建立在风险和收益共担的基础上，并且是出于某种特别目的。例如，经常性的软件或零部件开发，且这些软件和零部件将在全公司范围内被应用。这种情况下，原公司通常仍保持自己内部的IS/IT功能。

（4）买入式外包。这种情况是组织买进相关的管理和技术，目标是使公司内部的IS发展得更好，提升IS服务的功能。在这种情况下，由外包商提供资源，以满足短期需要，而内部IT部门仍保留集中化的IS/IT功能。例如，某公司提出系统的需求和规格标准，然后与供应商签订合同，让他们去编写一套新的应用系统程序。

11.2 外包战略和策略

11.2.1 评审外包可行性

评审是合同评审和交付能力评审的总称，即对市场部签订的合同的条款、约定产品特性和市场前景、自身设计能力、生产能力和制造成本进行综合分析。评审是决定是否外包，以及如何外包的基础。评审工作一般由市场、采购、设计、生产和品质等部门的专家约6～15人组成的评审小组来完成。评审不仅仅只是外包可行性分析，而且要形成系统性文件，具备可操作性，如设计方案工序控制要点、关键参数检测方法、外包进程表及相关责任人等。

就流行产品而言，外包不仅是“赶潮”的捷径，也是开发市场的试金石，相应评审工作也很简单。如果合约产品工艺比较成熟，那么还是委托加工和代料加工更容易操作。这样做虽然利润薄，但涉资少，资金周转快。

新产品的评审工作就显得复杂得多，甚至还要邀请多个潜在服务供应商代表参与讨论。三种可供选择的方案包括：一是自建或改造生产线，自行设计和制造；二是自己完成设计后委任合同制造厂家；三是根据与需求方达成的验收标准，全过程外包。至于采用哪种方案，还要看产品的市场前景和自身的交付能力。在信息产业界，一般系统整机类产品的市场寿命最多不过两年，有的甚至还要更短。由此可见，第二种方案对一些年轻的中国企业来说不失为上策，既发挥了自身的人才优势，控制了上游资源，又利用了老企业制造工艺成熟的长处，而且资金占用率也比较低。

11.2.2　外包策略

外包策略设计的目的是要达到企业内部和外部在功能、活动、过程和服务等方面的优化平衡，并在风险最低的情况下保证企业实现其经营业务的战略目标。

大多数企业都认识到，要完成其业务目标并不需要企业完全具备所有的 IT 职能。他们迫切需要外部服务供应商（ESP）为其集成 IT 技术服务，作为企业不完全具备 IT 职能的弥补。然而，企业同 ESP 的关系却很难处理，更不用说是管理好这种关系了。大多数企业都宣称拥有自己的外包策略，但它们的外包决策通常没有在划定的“健康”的框架之内采取行动，常常流于权宜之计。这里提供一个简单的外包策略框架，该框架由六个问题组成，通过它们可以评估企业的外包策略及其真正的价值所在。

11.2.2.1　制定切实外包策略

就外包策略的含义而言，外包的决策不仅仅意味着做决定，还意味着包括外包的基本体系的管理或应用服务等含义。正确的外包策略要求所有的外包决策都必须按照以下五种要素进行评估：

（1）给定时间内（通常 2 ~4 年）的企业战略目标。

（2）内部能力，由分析当前状况评定。其分析内容包括评价基准、核心和非核心专业评估、达到战略目标的差距，以及转变和提升核心活动能力的计划。

（3）外部市场能力，由技术认知、项目和 ESP 所能提供的可用或可期望的服务评定，而且外部市场能力应足以在可接受的风险下为企业提供确实价值。

（4）外包选择和模式，包括针对各服务领域最适当外包模式和最能实现企业战略目标的外包选择的评估。

（5）外包控制，包括变化管理、雇佣和为提高或建立控制能力所需要的再培训活动。如果企业还没有制定出合适的外包策略，那么必须评定企业的当前状况，之后设法修订其外包策略。坚持战术性的外包操作途径只会增加业务战略目标无法实现的风险，在最糟糕的情况下甚至会导致外包关系的彻底失败。

11.2.2.2　提供简单的路线图

外包策略应该能在 15 分钟的时间内得到简明扼要的解释，从而保证能够回答一些不可避免的尖锐问题：

（1）外包策略是不是太危险而且过于复杂？

（2）如何知道外包策略可以起作用？

（3）为什么必须有这些变化？

（4）目前状况为什么不能继续下去？

因为外包管理极其复杂，所以其策略需要足够简单。复杂或不清楚的外包策略最终只会导致外包失败。简单而清楚的外包策略令各种复杂性能在外包生命周期的后续期间受到管理（如 ESP 选择、合同谈判和连续的外包管理控制等）。

如果外包策略无法提供简单清晰的路线图，那么应该重新考察外包策略。过分复杂或脆弱的策略都可能导致冗长或失败的谈判，或者产生具有有限或者无风险转移的模糊合同。复杂而不清楚的策略将在外包过程的各个阶段增加失败的风险；同时，管理外包过程，以及在障碍增加的情况下设法恢复外包策略也随之变得更为困难。

11.3 供应商管理

11.3.1 寻找供应商

建立一个选择供应商的标准非常重要。这个标准应该全面考虑，包括供应商的知名度、响应状况、外包协议种类是否多样、价格、经验、规模和历史等因素。

同样，确保评估小组接受这个标准并按照它去选择供应商也非常重要。对于标准的接受可以减少来自小组内部或企业内部对外包服务的抵触心理。

企业寻找供应商，需要大量的信息。在收集信息的过程中，企业应该：

（1）建立筛选供应商的标准；

（2）选择供应商；

（3）确定信息来源及可靠性；

（4）确定所需要的信息范围（如财务或者市场价值）；

（5）采用一个统一的方法来避免“坏”的信息。

在汇总信息的过程中，企业应该：

（1）把信息汇总成方便阅读、易于理解的形式（如表格形式等）；

（2）不要忽略任何重要的信息。

11.3.2 选择服务供应商

企业应该如何按照自己特定需求选择最合适的外包服务提供商呢？

企业应该评估一下自己处于哪个水平，改进内部流程，发展可重复的、恰当的评估方法来完成这一重要的工作。Gartner 的资源生命周期是帮助企业做出更好、更富有战略意义的资源决定的一个工具模型，其生命周期中的四个阶段是资源策略、供应商的评估和选择、交易发展和资源管理。

这里主要介绍第二个阶段——供应商的评估和选择。它包括选择能够实现企业商业目标的最好的供应商的所有步骤。虽然大部分企业在这个阶段还处在反应式评估的水平，Gartner 还是发现一些谨慎的企业在评估和选择的过程中，达到了更高、更富有战略意义的水平。随着企业选择水平提高到更高的水平，他们将会做出更有战略意义的资源决策，他们寻求发展，使用并且不断地更新他们的知识、方法和技能，这使得他们在外包服务提供商评估过程中能够做得更好，并获得更大的收益。对供应商的评估按级别可分为以下四类：

（1）1 级：反应式评估。当一个企业处于反应模式评估外包服务提供商，通常是由于有需要马上解决的问题。评估委员会通常面临着要马上解决问题，减轻相关的痛苦压力的问题。反应式评估通常发生在那些和服务提供商关系不佳的公司，或者内部流程有问题的公司。评估委员会只用很少的方法来选择服务供应商，而这往往会在将来引起更多的问题。

（2）2 级：意识式评估。在意识式评估中，企业已经认识到正确的方法和正式的评估标准可以帮助他们在供应商选择时做出更好的判断。但是，迫于内部急切需求的压力，企业往往会在评估流程中绕开主要的股票持有人。这些企业通常把评估过程用文件记录下来，并对将来的服务有一个基本的标准。这种评估方式与战略资源计划毫无共同之处，也不能够给股票持有人带来附加的价值。

（3）3 级：转型阶段。处于转型水平的企业会用文件记录评估服务提供商的整个流程。这个水平的评估和前面两种模式的不同之一是企业会把评估、选择看成一个整体的过程，而不是一个独立的决定。企业会有一个标准化的流程，而且知道按照这样一个流程来进行操作可以带来额外的价值。但是，企业并不能够总是遵守自己指定的流程。处于转型水平的企业倾向于在能够显著提高收入的大的项目上采用整体流程。当企业发现这样做能够在财务上带来明显的收益时，他们就会坚持这样做下去。

（4）4 级：专家级。在专家级水平，评估和选择方法通常被整合成为可扩展、可回收的模块。整个企业都会应用这些模块来进行外包服务提供商的评估。与每个股票持有人切身相关的利益都得到了最大的保障。正确的决策做得越多，公司高级管理层的态度就会越支持。

随着外包越来越普及，可重复、恰当的评估方法可以使评估过程时间缩短，工作强度下降。而更重要的是，采用这些方法有助于企业选择最好的外包服务提供商，从而使外包服务能够成功。对于企业来说，弄清楚自己现在处于哪个水平非常重要，然后就应该提高评估水平，把重要的资源工作完成得更好。

选择外包服务提供商的类别和特征见表 11-2。

表 11-2　选择外包服务提供商的类别和特征

评价类别	评价过程特征
1 级：反应式评估	对于马上需要解决的问题做出的反应；很少或者完全没有正确的流程；时有发生，一位高级管理人员指示要选择某个特定的提供商；专注于提供战术决策
2 级：意识式评估	有一些可重复的方法；商务和技术结合；评估团队由于没有基础的方法而去寻求行业内最好的经验来寻找处理方法；有一些战略考虑，但是在决策时依然偏重于战术
3 级：转型阶段	结构化的评估方法；在理论上被接受，但是在实际操作中却不总能够被采用；有模板和指导方针，但是并不能够坚持采用；能够为股票持有人带来价值；开始在外包服务提供商选择中创造战略价值
4 级：专家级	在企业内有可重复的恰当的评估方法；为每一位股票持有人创造价值；所有的决策都和战略资源计划紧密联系，选择产生了战略价值；与外包服务提供商关系较佳

11.3.3　服务供应商评估

服务供应商是外包的载体。服务供应商评估是外包管理中最关键的一个环节。评估工作通常由工厂评审、制造能力评审和样品认证三部分组成。

（1）工厂评审是对潜在服务供应商的品质管理体系和技术能力进行现场考评。潜在服务供应商指有合作意向和具备一定供应能力的生产厂家。审核工作一般由采购部组织品质管理及工程等部门的专家共 3 ~ 4 人组成。审核的依据是本公司的管理要求。审核的主要内容包括品质管理体系、环境与安全体系、工序控制、生产计划系统、员工士气及教育培训等。审核结果应形成书面报告，作为是否继续进行制造能力评审的依据。

（2）制造能力评审是评估的另一环节。这一项很重要，但却往往被大多数厂家忽略。实际上外包中的服务供应商相当于供方制造车间的角色。制造能力评审从本质上讲，就是将上一步有关外包产品的评审结果，如设计要求、关键工序要求、关键材料要求、验收标准、交付条约等，与服务供应商方面的相关人员进行讨论，以确保服务供应商完全满足合同要求。如达不到要求，可考虑在不影响产品性能的基础上，适当放宽公差或其他加工/制造条件。评审结果应形成文件，注明全过程质量控制措施、质控文件的编号、关键参数测量方法及所使用仪器仪表名称等。制造能力是服务供应商综合实力的标志。例如，三和公司在选择片式电容器服务供应商时，产品品质和生产规模是两个首先必须考核的项目，两者缺一不可。

(3) 样品认证是服务供应商评估的最后一个环节。当然，这里的样品也可能仅是类比产品而已，但它至少是服务供应商生产能力的一个缩影。这里有两点值得注意：第一，服务供应商在提交样品的同时应附带自己检测合格的报告，注明所采用标准的代号，因为对方在检查时要参考或类比服务供应商提交的报告；第二，采购商不应因某个产品或某个产品的某项性能不合格而就此淘汰该服务供应商，而应让其重新调试或重新送样，直到所有项目全部合格为止。服务供应商送样时提交自检报告不仅方便了采购商，也反映了提交者的管理水平、责任心和自信心。

11.4　外包服务的相关法律法规

11.4.1　知识产权

外包建立的实际是一种委托关系，委托开发的软件涉及的法律问题主要是知识产权归属问题。《计算机软件保护条例》第十一条规定：由两个以上的单位、公民合作开发的软件，除另有协议外，其软件著作权由各合作开发者共同享有。合作开发者对软件著作权的行使按照事前的书面协议进行。如无书面协议，而合作开发的软件可以分割使用的，开发者对各自开发的部分可以单独享有著作权，但行使著作权时不得扩展到合作开发的软件整体的著作权。合作开发的软件不能分割使用的，由合作开发者协商一致行使。如不能协商一致，又无正当理由，任何一方不得阻止他方行使除转让权以外的其他权利，但所得收益应合理分配给所有合作开发者。第十二条规定：受他人委托开发的软件，其著作权的归属由委托者与受委托者签订书面协议，如无书面协议或者在协议中未做明确约定，其著作权属于受委托者。

11.4.2　外包合同管理

外包合同管理是外包服务管理的一个重要组成部分。由于外包项目经常涉及巨大的交易金额，而且外包服务对于组织的高效运营非常关键，因此需要专业的法律文件作为支撑。

由于在谈判的过程中外包商与客户之间的关系较为脆弱，在探讨关键性问题时难免为各自利益考虑而引起冲突，双方发生在一些有争议问题时可以参见合同，以合同条款作为调解纠纷的主要依据。

由此可见，合同应该灵活而又能解决交易过程中的问题，使客户与外包商双方均受到保护，能对价值的创造和风险的管理起到支持作用。

11.4.2.1　外包合同类型

根据外包关系的类型，可以将合同类型划分为三种：市场型关系合同、中间型关系合同和伙伴型关系合同。这三种类型所牵涉的客户与外包商的关系不同，合同要点也各自有所侧重，具体内容见表 11-3。

表 11-3　三种外包关系类型下的外包条款

外包关系类型	适 应 情 况	合 同 要 点
市场型关系	外包需求明确，无歧义；合同期内没有需求变化；外包商绩效可以明确监控和测评，没有续约的必要；不存在资产专用性	深入全面了解需求；采用第三方工具理解的、可计量的、可监控的方式表达需求；促使外包商之间竞争，择优录取；合同完善，无异议；规定外包商完成任务的条款；采取有利于客户方的定价机制
中间型关系	某些需求无法事先确定；需求在合同期内可能发生变化；客户对外包商工作的信息不完备；组织对合作关系进行人力、物力等的专门投资	采取符合外包关系的条件和战略的定价机制；采取变动定价协议使双方共同承担风险；将外包商的报酬与经营绩效挂钩；明确终止条款
伙伴型关系	不确定性很高；资产专用性高；续约的可能性高	对不可预知事件的合同修订办法；共担风险共享收益的定价办法；利润分配条款；争端与分歧解决机制；变更合同条款的权利说明

11.4.2.2　外包合同条款

外包合同一般为 5 年、10 年。外包条款是外包服务中最重要的环节，合同条款制定的详细程度和明确性直接影响合同的履行。合同条款涵盖的内容非常全面，包括：合同的适用范围和预期客户资源需求，合同条件、基准及衡量办法、有效期、终止原因、知识产权、合同转让、关键项目实施人员及补救办法、未来价格灵活性、未来服务的灵活性、付款方式和时间、风险管理，以及其他法律规定的合同必备条款。好的外包合同条款对合同中的工作有清楚地界定，能够在双方出现分歧时成为解决争端的依据。表 11-4 列出了外包合同条款中通常涉及的主要内容。

表 11-4　外包合同条款中通常涉及的主要内容

合同主要方面	合 同 条 款 具 体 内 容
外包关系	外包商为帮助客户实现业务目标的绩效目标；外包商执行和管理外包工作的人员数量、类型、资质；阐明外包管理关系时各方的责任；双方外包关系的主要负责人；承担税收和保险义务的单位
服务需求	界定服务内容和水平；采取明确的、可度量的词语来描述每种需求功能的具体标准；关键环节的时间要求；工作和资源的进度表；外包方提供人员的服务要求；服务变更程序、时间、支付办法
人员	客户对外包职能人员的控制权说明；外包人员提供服务的最低时间要求；外包商工作连续性计划；人员工资、福利、就业保证的规定；人员移交计划和实施过程的有关规定；外包商为客户提供的培训；合同终止后的人员分配；外包商提供的工作时间、假期、加班等规定
价格和费用	外包服务的支付方式；额外工作的支付方式和计价；由于违约引起的相应的赔偿金；需求未得到满足的惩罚条款；对于特定交易的类型和数量的计费；关于税收、保险的说明；过渡时期软件、硬件、人员移交的费用；合同期内价格变动的调整方法；日常开支的补偿办法
数量和资源	客户数据的保密信息；业务数据、财务信息数据等的保密条款；客户对计算机资源的访问权限；灾难恢复和数据备份；硬件的租赁、维护清单；软件许可、软件移交时间；资源的移交计划
合同终止	因为诉讼、破产等原因导致的合同终止说明；由于违约导致合同的终止说明；合同终止后的职能过渡期限；保留收回外包职能的权利；移交技术、人员、软硬件服务的规定；对外包商协助过渡的责任进行规定

对表 11-4 中合同条款做以下几点补充说明：

（1）关于外包商。从外包商的角度看，合同中的决定性问题是责任的有限性条款。外包商必须对此条款仔细谈判并规定准确，以确保在遭受重大灾难打击时，不致遭到致命打击。另一个决定性问题是要对外包工作有精确的界定，如果外包工作定义模糊，许多未来的相关服务被客户认为包括在合同中，而实际上外包商在合同订立之初未将这些服务考虑在内。

（2）关于客户。从客户方角度看，合同的关键问题是支付问题。支付安排应对客户方认为应该得到的服务予以精确定义。如果支付安排不精确，未来的一些服务可能会被当做新的或增加的服务而额外收取费用。另一个关键因素是外包商的服务人员的水平。如果雇员是从客户方移交到外包商，那决定性因素就是人力资源计划。

（3）关于服务需求。在制定合同之前，应该对相关服务需求进行充分分析，了解业务、组织和技术的变化带来的需求变化。需求是对外包商的服务进行清晰的界定，以及对服务质量的条款进行说明。需求在合同中应该得到明确的说明，避免使用语义含糊和具有二义性的词语。需求可以用业务条款的方式制定。需求的内容包括：

➢ 工作和资源进度表。如果需求有具体进度表，应该将这些进度表写入合同，要求外包商按照这个进度表执行合同。为使进度表有足够的灵活性，以适应其他因素引起的进度变化，可以增加补充性条款，能够保证在发生问题时可以修改项目进度。

➢ 变更程序。合同中应该规定变更通知程序——变更的申请人、变更的前提条件、变更的权限、变更的授权等事宜。如果组织的变更是由于执行政府和法律部门的规定，则应该在合同中规定通知外包商的条款，包括变更需求的确定，实施变更的时间表，以及确定的方法、额外工作的支付方式。

➢ 升级和绩效变更条款。在合同执行期内，外包商可能会对软硬件的变更进行收费。因此，在合同中应该对合同条款进行详细检查和说明，对额外收费的条款进行规定。例如，合同中可以这样规定：外包商提供的新设备和软件提高了运行质量和功能，关于此类服务的变更未经客户同意不得收取任何费用。

➢ 额外工作。由于情况变化可能要求外包商做一些原始合同中没有规定的额外工作。在合同中应该增加一些相应条款。例如，如果外包商确认有额外工作，合同应该规定如何通知客户的外包经理；只有得到客户外包经理的书面授权后才能去做额外的工作；如果额外工作难以预测，则合同应该规定计价谈判方法；确定每一个特定类型额外工作单位的计价方法。

➢ 惩罚条款。主要针对需求得不到满足时的规定。例如，合同中可以规定当外包商不能满足客户的要求时，客户有权要求外包商更换人员，通过改变人员的数量或质量来保证合同的完成。

➢ 安全。安全主要是保证项目中信息的安全，对外包服务中接触到的核心系统和数据进行保密规定。

➢ 故障恢复。备份和故障恢复条款主要对可以接受的最低限度和故障的恢复时间限度进行明确说明，从故障中恢复服务的条款也要写进合同。

外包服务中如果是以系统开发为主的服务，那么合同中应该对系统开发的整个过程进行说明，合同中关于系统开发的条款主要包括：

➢ 系统范围和要求；

➢ 开发进度；

➢ 原型和中间结果的递交方式；

➢ 测试环境和测试方法；

➢ 验收标准和期限；
➢ 总体的资料要求，以及培训；
➢ 实施场所、标准、时间表、责任说明；
➢ 外包方法，以及与现有系统兼容要求；
➢ 需求变更控制声明；
➢ 对于人员的激励；
➢ 资源的调度；
➢ 转换与运行维护的费用和责任；
➢ 系统开发、完成、交付后各方的责任；
➢ 维护与实施引起的所有权变更；
➢ 系统运行、租赁许可的有效性、分包商的绩效；
➢ 系统绩效度量。

（4）关于价格、费用和支付。合同中每一种服务的说明都应包含服务的计价条款。定价主要有两种方法：

1）固定价格合同。规定工作完成之后支付确定的价格。

2）计时、计料或单位计价合同。这种合同规定支付给外包商的服务费是按照完成工作所需要的或者需要使用的劳动力工时、CPU 时、单位磁盘空间或者其他工作单位计算的。

采用哪种定价策略由外包基本动因决定。如果外包主要是为了节约成本和控制成本，那么固定价格更具有吸引力。如果需要保持灵活性，则采取单位计价合同。两种定价方法的特点比较见表 11-5。

表 11-5　两种计价方法的优缺点比较

定价方法	固定计划	单位计价
优　点	控制成本	灵　活
缺　点	实际服务水平可能低于预期水平	服务数量易受外包商掌控

实际定价时可以对这两种方法进行改变，通常其中一部分采用固定定价方法，另一部分采用单位定价方法，整个合同采用的是混合定价方法。例如，可以对一定水平内的服务采用固定价格，超出基本水平的部分另外计价。如果服务达不到一定水平就扣除一定比例。单位计价可以规定外包商可得到一定的固定金额或者比例作为利润。

合同中的价格条款要避免过于宽松。例如，如果合同规定提供额外服务，则额外服务定价应该在书面的支付申请、批准，以及证明工作完成后才能予以支付。合同中还应该就如何处理税收和税收变化进行说明。以工作量定价时，工作量应该采取双方认可的测量手段和方法，这些方法对外包商而言应易于使用，对客户而言应易于审核。

（5）关于外包合同终止。外包关系可能在合同到期以正常的方式结束，也可能会提前终止。可见，在合同中应该提防由于提前终止外包关系而导致的不良后果。通常，合同中应规定在如下情况下，组织有终止合同的权利：

1）合同终止的通知应该提前一定时间提出。

2）外包商无法提供满足合同要求的外包服务。

3）由于外包商环境发生变化而影响对本公司的服务。

4）本公司被收购或兼并或者业务发生拆分。

5）外包商陷入财务危机或财务失灵。

在合同中应该为双方都保留终止合同的权利，如果双方关系已经无法持续，保持平稳过渡也符合双方的共同利益。合同中还应该就以下条款做出规定：

1）要求过渡期内外包商仍有义务继续为客户提供外包服务，并应该与客户保持良好的合作以保证过渡的顺利实现。外包商必须对外包功能的过渡给予协助。包括外包商协助搬迁、变更、转换、培训等。

2）外包商也要求客户继续支付他们已完成工作的费用，不能因为双方有争议而影响费用的支付。

3）在合同终止前应该仔细考虑收回外包商职能再移交其他外包商的工作程序和所需成本。在过渡到另一外包商时应该保留本公司对财产和核心资源的使用权和访问权。

4）对需要移交的软硬件、人员、设备、文档，以及有关技术服务做出相应的规定。

5）规定允许本公司将原来移交给外包商的某些关键人员收回本公司。如果合同终止时，必须将外包功能收回或者交给别的外包商。这些在合同中都应该做出相应规定。

6）如果外包商雇佣了分包商或从第三方获得了软件许可，则本公司需要与他们接触或需要他们提供相应的信息及版本纠纷的处理方法。

11.5 软件外包的风险管理

毋庸置疑，企业信息技术资源外包能使企业关注核心业务，节省人、财、物投入，优化资源配置，提高信息化水平，顺利实施企业战略，最终提高企业在市场上的竞争力。然而，实施外包并不轻松。如果盲目追随潮流，忽视其间的风险分析及防范，则不仅无法给企业带来预期的优势和效益，反而会让企业蒙受损失。由此可见，对企业信息技术资源外包进行风险分析十分重要。

11.5.1 企业信息技术资源外包风险分析的意义

信息技术资源外包的风险研究，对外包市场的促进及供求双方都具有特别意义，主要表现在：需求方可以借助风险分析，强化管理层的风险意识，正确指导企业信息技术资源外包战略的制定、实施、控制及管理，从而将该战略的积极作用发挥到极致。从大的方面看，还可以通过外包，尽快缩小与国际先进企业在信息技术应用及管理方面的差距，推动信息技术在企业中发展，加快企业信息化建设的步伐。

外包服务商可以站在需求方的角度，重视风险分析与控制，从而规范自身的服务，配合服务购买方的需求，双方共同建立起双赢的合作关系。在这里需要指出的是，在国内能够提供外包服务的企业还有很多，不单单是专业性的服务商、系统集成商，还可以是大企业、大部委闲置的信息技术力量。通过承揽外包可以使企业资源得到充分利用。其间，风险分析对于指导他们的行为也有着不可忽视的作用。

总而言之，风险分析及控制将对推动信息技术资源外包市场的发展、加速与国际先进水平的接轨、推动中国企业的信息化建设乃至提高市场竞争力方面，都能起到很好的借鉴及指导作用。

11.5.2　企业实施信息技术资源外包的主要风险问题

11.5.2.1　企业实施信息技术资源外包的主要风险框架

在这里，风险是指一个事件或一个行动对一个组织实现其商业目标或成功实施其战略能力产生的负面影响。其特性实际上是一种不确定性。众所周知，商业竞争的复杂性及其惊人的发展，连同企业日益增长的对信息技术的依赖性，一方面促进了各种资源和经营管理新方案的诞生；另一方面，也使得新类型、新层次风险的出现成为可能。信息技术外包作为其中的一种战略选择，是帮助企业将注意力更多地投入到商业管理而非信息技术管理、投入到追求核心竞争力的一条途径。由于企业在实施信息技术资源外包过程中通常面临着很多不确定性，始终处于风险环境中，因此，企业对风险的把握，直接决定着信息技术资源外包的成功与否。

简单地说，一个企业要成功地实施信息技术资源外包，通常必须经历如下阶段：战略制定（企业内部分析和评估、界定需求），选择适合的服务商，以协议形式固定双方合作关系，对合同进行实施、管理与监控。在以上阶段中，无不充斥着来自企业内外环境的风险，例如，界定外包范围是否恰当；供应商的选择是否合适；协议的签署是否具有灵活性；外包协议是否得到有效的执行和控制等诸如此类的问题。缺乏风险意识及防范措施——单纯地赶时髦，不从企业的实际情况出发开展信息技术资源外包，将会导致截然相反的恶果。例如，受制于服务商，对外包的内容控制有限，过度依赖服务商，对服务资源失去控制，失去信息技术应用方面的能力，丧失组织内部的信息技术专家，人员不稳定性增加，灵活性降低，对客户的响应性降低，差强人意的服务水平，对于变化的响应和敏感性降低，缺乏对服务的控制性，放弃责任的危险，对商业的理解在沟通上的缓慢，合同的可发展性低，缺乏对企业运转和需求的理解，双方均存在控制力度差及责任义务不明确的现象，磨合期过长，服务费用不随技术成本的降低而变化，企业各组织部门缺乏一致性，信息的安全性受到威胁等。由此可见，企业必须树立风险意识并加强风险管理，从而最大限度发挥信息技术资源外包给企业带来的积极作用。

11.5.2.2　信息不对称情况下的风险问题

从实质上看，外包所体现的是一种供应链企业之间的合作关系，“委托—代理”关系便是企业和外包服务商之间关系的写照，我们有必要对该模式下的相关风险问题进行重点分析。

“委托—代理”在现代市场经济中普遍存在。一般而言，由于存在信息不对称，委托人往往比代理人处于一个更不利的位置，实施信息技术资源外包的企业（委托人）与外包服务商（代理人）之间的关系也是如此。在企业和外包服务商的交易中，当交易的一方掌握有另一方所不知的信息时，交易便处在不对称信息结构中。

信息的不对称可以从两个角度划分：一是不对称发生的时间，二是不对称信息的内容。从不对称发生的时间看，不对称可能发生在当事人签约之前，也可能发生在签约之后，分别称为事前不对称和事后不对称。从不对称信息的内容看，不对称信息可能是指某些参与人的行动，也可能是指某些参与人的知识和信息，分别称为隐藏行动和隐藏信息。由于信息不对称现象在企业实施信息技术资源外包的活动中无处不在，因此有必要对其进行深刻理解。下面，我们从“委托—代理”关系中的两种基本类型出发，对企业实施信息技术资源外包的风险进行初步分析。

A 隐蔽信息

它对应于“委托—代理”模型中另一个及其重要的概念——“逆向选择”。它是指签订契约之前，代理人就已经掌握了一些委托人所不知道的信息，而这些信息可能对委托人是不利的。代理人因此与委托人签订了对自己有利的契约，而委托人因处于信息劣势，使得自己的利益极易受到损害。这是契约签订阶段的一种机会主义行为。隐蔽信息的问题在企业选择外包服务商的过程中非常具有普遍性。由于信息不对称，服务商比企业更了解自己的资源和信誉、真实的技术实力、人员实力，并向企业提供不充分或不真实的信息。同时在企业方面，一是由于项目经理没有能力或没有严格设计和遵照招标规程去了解服务商的实际运作情况、背景、主导产品与核心业务情况，也没有对服务商的财务状况、非财务状况、稳定性等进行认真核查及分析，从而无法把握来自于服务商的风险；二是由于直接项目负责人存在个人倾向性，导致其虽然了解来自服务方的信息，但没有充分地向后台决策层反馈，后台决策层缺乏充分有效的信息来支持决策。这种信息不对称导致了逆向选择——企业错选了不适合自身实际情况的服务商。

B 隐蔽行动

它对应于“委托—代理”模型中另一个极其重要的概念——“败德行为”。它是指：假设委托人和代理人在签订契约时各自拥有的信息基本上可视为对称，但达成契约后，委托人无法观察到代理人的某些行为，或者外部环境的变化仅为代理人所观察到，在这种情况下代理人有在契约实施阶段的机会主义行为。隐蔽行动的问题在企业对合同进行管理的过程中也非常具有普遍性。一旦外包服务商和企业之间的关系以契约形式加以固定后，企业就不可能像原先那样全面、细致地了解外包部门的运作全过程。当内部的信息技术业务或资源交由外部的服务商管理之后，企业无法对外包的内容进行直接控制，也得不到来自外包商服务人员的直接报告，加之合同中双方权利义务的界定不清，失控的风险显而易见。例如，服务质量、提供效率、对服务需求变化的灵活性掌握、费用控制、企业的商业秘密和内部资讯，乃至知识产权等方面都有可能存在风险。同时在服务商方面，一是由于缺乏可操作的而且严格的监控措施，服务商有可能不履行先前的承诺，服务资源也存在级别被降低的风险；二是由于技术更新的速度非常快，技术成本随着时间的推移而降低，但因服务商缺乏来自企业的激励，为赚取更多利益反而闲置了新技术的应用，从而存在着与企业想要分享信息技术进步、增强成本控制的初衷背道而驰的风险。这种隐藏行动导致了“败德行为”——外包服务商降低服务水准，增加潜在费用。

实施信息技术资源外包的企业和外包服务商之间的合作，因信息不对称、信息扭曲、外包市场的成熟度、竞争环境的不确定性、技术更新、政治、经济、法律等因素的影响，而引发了各种风险的存在。为了使企业和外包服务商的合作达到双赢的目的，双方应采取一定的措施规避风险，例如信息共享、优化合同、建立监控机制等，尤其是在双方合作的各个阶段通过激励机制的运行使管理更加有效。鉴于此，企业和外包服务商在合作过程中的风险防范和构建激励机制运作过程的理论框架的构建具有重要意义。

11.5.3 外包风险种类

风险是指损失发生的不确定性。IT 外包风险，从经济学角度分析则是指 IT 外包工程实施结果相对于预期结果的变动程度，即企业 IT 外包预期收益的变动程度。IT 外包风险是由许多不确定因素造成的。其中可能涉及配合外包服务提供商的需求进行一些额外工作，包括协调成本、签约金和监督外包商进展的支出，这些导致实际成本可能远高于预期成本。再者，如果外包商开发出来的软件达不到要求，企业还得再次委托其他外包商或自行开发，这些风险所造成的损失均不容企业有任何的马虎。另外，还存在合同风险——在与外包商签订合同时，如果有条款描述不明确或重要条款被遗漏，也都可能给企业带来巨大的损失。

外包风险包括信息系统项目实施与运营通常会遇到的风险，以及由外包商完成的这些工作而造成的风险。

IT 项目风险主要有：缺少战略方向；缺少开发标准；缺少正规开发规程；组织的环境差；资源可用性差；缺少最终用户的参与；缺少管理者的承诺；项目开发工作量评估偏差过大；项目规模风险；开发人员经验水平达不到要求；采用的新硬件、软件、基础架构尚缺少成功案例；由于最终用户的知识和经验方面的欠缺而导致的需求不明确。

外包过程中的风险主要有：成本超出客户预算；由于职责不明，外包商在项目推进过程中逐渐失去对项目的控制权；外包商自身经营管理不善倒闭；使用的产品种类受限制；难以对外包方的职能与安排进行控制；形成对外包商的依赖；战略信息泄露；外包商的文化与人员素质达不到要求；合同过于死板。

11.5.4　外包风险管理

风险管理可以分为下面几个步骤。

11.5.4.1　风险识别

风险识别阶段的主要任务是识别并评估出潜在的风险领域。首先，需要识别出对组织运营起关键作用的要素，然后查找和定位风险，确定风险的来源和产生条件，然后对需要保护的信息资源进行鉴别和分类。

风险识别是一个连续性的、持续的过程。对风险的成因进行分析的目的在于认清风险的源头，对引起风险的各因素进行全面的剖析和细化，为风险评估的量化提供基础数据。

11.5.4.2　风险分析

在找出所有的风险源头后，接下来的任务就是对可能产生的风险进行量化分析。其意义在于真正理解风险，以正确评估其发生概率及其对业务的影响。例如，不同的外包类型，其产生的风险也有所不同，同样的风险名称，在不同的项目中，其风险的高低都可能不一样。

针对已认知的风险，分析风险的根源或深层原因，将成因进一步分解。对风险发生的概率，风险可能造成的影响进行量化分析，然后进行风险的排序。风险度是综合考虑风险造成的影响，以及其发生的概率的重要指标，式（11-1）用来计算风险度：

$$风险度 = 风险造成的影响 \times 发生的概率 \tag{11-1}$$

其中，风险造成的影响包括风险引发的成本、风险可能造成的损失和延误等。可以采用具体的数量指标，如损失金额等；发生概率通常用百分比来计算。风险度的划分可以根据二者的乘积综合计算。如果用数字表示风险度，以及风险管理成本，那么在成本收益分析中，可以把这些估计值计入到成本中。表 11-6 列出了一个简单的风险计算模型。

表 11-6 风险计算模型

风险项	发生概率	影响 高（7）中（5）低（3）	风险分值
规模估计过低	0.3	5	1.5
交付期太紧	0.2	6	1.2
用户需求变化频繁	0.5	5	2.5
质量保证实施不力	0.3	3	0.9
软件体系结构不合理	0.2	2	0.4
人员流动	0.6	2	1.2

其中，对影响的度量划分成三个等级：高（7 分），中（5 分），低（3 分）等几挡，事件发生的概率在 0～1 之间，则产生的风险分值在 0～7 之间。此外，如果用 1～100 之间的数值来表示风险影响值，则计算的风险分值在 0～100 之间。不论采取哪种量度，过程都是一样的，通过风险度量可以为组织确定风险并提供足够详细的数据说明。

11.5.4.3 风险排序

在进行了风险度的计算之后，还要综合考虑一些其他因素。例如，风险度的时间特征；某些风险在外包过程中有时候很低或为零，而有时候又会很高。风险度会随着风险发生的概率及其可能造成的影响的范围的变化而变化。如果风险度随着时间的推移而发生了变化，则应当估计它的时间特征。为了更好地理解风险，可以绘制风险度随时间变化的简单示意图，如图 11-1 所示。

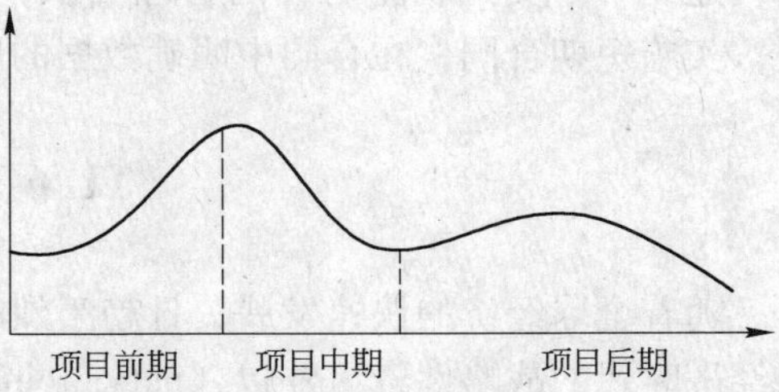

图 11-1 风险度的时间特征

对风险进行排序时，需要舍弃那些无足轻重的风险，然后从最重要的开始对每一种风险的成功管理及相应成本做出合理的预测。如果可以通过采取预防措施来防止风险的发生或降低风险发生的概率，应在成本分析中加入这些管理成本。如果可以通过管理来监测风险的发生，并采取行动使风险的影响降至最低，则应当重新分析风险，以及相应风险度的大小。

此外，实施有效的风险管理需要与外包商进行更紧密、更审慎的合作，要将增加管理外包关系的成本，考虑到其在外包协议生效期间所发生的风险管理费用之中。如果风险分析显示出组织与外包商之间的协调成本十分巨大，这时组织应该重新考虑究竟哪种外包关系类型更适合于本组织。如果在风险分析中发现了以前没有发现的不确定因素，则应当回到起点重新考虑支持外包所必须的关系类型。如果改变了外包关系的类型，就要修改成本分析以反映这一变化。

11.5.4.4 风险控制

在认知了外包的相关风险之后，应当考虑采用什么样的方法对它们进行管理与控制，风险控制包括：

（1）风险控制规划。在制定完对组织管理者有用的风险排序后，还要制定与其相匹配的风险控制规划。风险控制规划是规划和设计如何进行风险控制的过程。该过程包括风险管理的行动方案、方式，选择合适的风险管理方法，确定风险判断的依据等。

风险控制规划的主要依据有：系统规划中包括或涉及的有关内容，例如系统目标、规模、利益相关者情况、项目复杂程度、所需资源、时间段、约束条件及假设前提等可作为规划的依据；组织及个人所经历和积累的风险管理经验及实践；决策者、责任方及授权情况；项目利益相关者对项目风险的敏感程度及可承受能力；可获取的数据及管理系统情况；风险控制模板，以使风险管理标准化、程序化。

风险控制规划一般通过规划会议的形式制定，内容包括方法、人员、时间周期、类型级别及说明、基准、汇报形式、跟踪。

（2）规避和降低风险。有些风险可以通过一定的措施规避或者减少，如通过需求建议书和合同的规定。当风险不能够消除但可以预测时，可以将风险分散给客户或外包商。例如，可以通过将外包工作进行分解，交给不同的外包商实施，通过这种组合方式来降低成本，或者在合同中制定风险共担机制。有些风险无法规避，那么可以将风险转移。例如，转移给外包商，但是要综合权衡转移风险的成本以及后果或收益。

（3）风险监控。为了保证更好的管理风险，需要对风险进行有效的控制。控制风险的方式主要包括：建立各方可度量和实施的共享目标和回报；引入多个供应商作为激励机制；建立一个交叉职能的合同管理团队；建立绩效矩阵；执行定期竞争性评估和基准检查；实施短期合同；在合同中明确数据的所有权。

11.6　数据外包

随着全球经济的快速发展，日趋激烈的市场竞争促使工业时代的全球化协作生产向知识经济时代的战略性资源外包（outsourcing）管理演变，外包这种新型的管理模式被越来越多的组织接受。当组织拥有的数据规模越来越大，数据处理工作涉及的技术越来越复杂，大多数组织在管理其大规模生产、销售、科研等数据时显得力不从心；另一方面，计算机网络等信息技术的发展与进步使得外包数据库和本地数据库的应用性能差异变得越来越小，也为微观数据外包管理从理论走向实践提供了技术支撑。近年来的实践表明，提出微观数据外包管理请求的组织将数据管理任务委托给专业外包企业后，可以集中精力从事其核心业务，既降低了运行成本，又可以提高组织运行效率；提供数据外包管理服务的企业则可以通过获得大量数据外包业务的类似订单，对不同客户提供类似的服务，减小开支，取得规模经济，获取利润。

11.6.1　数据外包概论

11.6.1.1　数据外包概念

微观数据外包管理概念首先由美国 California 大学的 Hacigumus 等人于 2002 年提出，亦称为作为服务的数据库（Database as Service）、外包数据库（Outsourced Database）。这种数据管理方式提供一种在第三方服务器上创建、存储和访问数据的无缝机制，避免组织购买大量昂贵的软硬件设备、更新数据库软件产品、雇佣数据管理专业人员，而将主要精力集中于自己的核心业务，达到优化资源配置，降低成本，充分发挥自身核心竞争力并增强自身应变能力的目的。

外包数据库系统构建于互联网之上，充分利用了网络提供的远程访问服务。系统由三部分组成：数据拥有者、数据库服务提供者、数据库用户。其基本结构如图 11-2 所示。

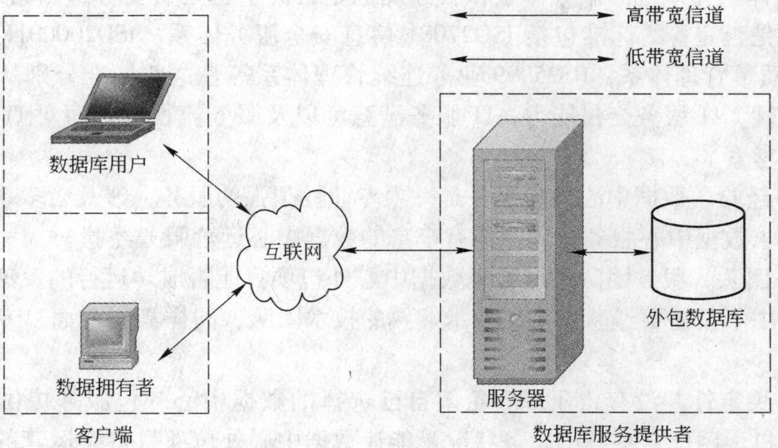

图 11-2　外包数据库系统的基本结构

对于外包数据库系统，由于数据库服务器不可信，同时由于网络、操作系统及应用系统安全漏洞的客观存在，如果缺乏对数据库内容的安全保护措施，一旦出现对数据库的恶意篡改，而又无法证明数据的真伪，往往会造成严重后果。因此，在外包数据库系统中，对数据库查询内容是否真实有效进行验证成为重要的安全需求。

外包数据库的查询模式分为三类：①统一客户端模式（Unified Client Model）：数据拥有者与数据库查询用户为同一个实体。单一的客户端创建、更新和查询数据库，既是数据拥有者，也是数据库查询用户。②多查询用户模式（Multi-ouerier Model）：数据拥有者为单一实体，而数据库查询用户为多个实体。这种模式包括两类客户端：数据拥有者和一般查询用户。数据拥有者对数据库进行增、删、改等更新操作，而一般查询用户仅具有只读查询的访问权限。③多主模式（Multi-owner Model）：数据拥有者和数据库查询用户均为多个实体。这种模式与“多查询用户模式”的主要区别在于数据拥有者分布于多个客户端。根据数据库数据更新频度的不同，又可以把外包数据库的查询验证机制分为对静态数据（也称为数据发布模式）的验证及对动态数据的验证。显然，对动态数据的验证要比对静态数据的验证更为复杂。

11.6.1.2　数据外包九大衡量要素

为了保证数据中心外包项目的成功，企业 CIO 需要在考察数据中心本身安全的同时，考察数据中心外包服务提供商是否具有专业的服务团队、完善的服务能力和规范的运营服务管理体系，是否具有成功的服务经验，最后才是服务价格，只有这样才能使数据中心外包项目达到降低成本，获得高质量、高可用的按需服务能力，保障业务持续、高效、安全运行的目的。

以下为数据外包的九大衡量要素：

（1）数据中心本身的安全。第三方数据中心建筑物本身的物理安全和周边的环境安全是企业 CIO 选择数据中心外包时优先考虑的第一要素。其中，考察的要素包括建筑物的结构设计是否合理，抗震、耐火、防水、防雷、防磁等是否达标，周边环境是否存在地震、海啸、台风等重大风险，是否具有相应的应对措施等。

（2）服务体系和规范。服务体系和服务规范是否健全也是重要考量因素之一，目前，检验服务体系是否完善的标准包括 ISO27001 信息安全服务体系、ISO20000IT 服务管理体系、ISO9001 质量管理体系，BS25999 业务连续管理体系等。这些标准分别从数据中心的安全性、可靠性，IT 服务交付能力，IT 服务满意度以及服务流程等方面对 IT 服务提供商进行了全方位考察。

（3）服务经验。数据中心外包服务是一项专业性很强的服务，涉及诸多系统、流程和部门，因此要求数据中心服务提供商具有丰富的数据中心运营服务经验。

（4）服务团队。服务团队的能力是数据中心外包项目能否成功运行的关键，数据中心外包服务过程中不仅需要经验丰富、技术娴熟的技术团队，同样需要全面、专业的运维服务团队。

（5）财务稳定性。没有企业 CIO 希望自己选择的数据中心外包服务提供商突然停业或陷入财务危机。因此，良好的财务状况是能让数据中心外包项目持续运营的保障。在决定将企业 IT 系统迁入第三方数据中心之前，应先审核服务提供商的财务状况。

（6）专业服务能力。从数据中心建设和运营管理经验来看，数据中心服务提供商的专业服务能力不是一朝一夕就能形成的，必须经过长时间的服务经验积累和服务体系完善才能逐步建立。

（7）绿色环保。数据中心运营的成本中电费是非常高的，对于这一开支，不管数据中心是否外包，都会由企业自己买单。因此，需要重点考察第三方数据中心的规划、设计、运营是否合理，耗电量是否比较低，是否采用虚拟化、水冷等绿色节能措施。

（8）高可用性。外包后，企业的服务器、关键系统和应用数据都位于第三方的数据中心内，因此，选择高可用性的数据中心非常重要，否则一旦产生系统错误或遇到突发灾难导致系统中断，后果不堪设想。从这个角度而言，第三方数据中心应当配备冗余的电力供给、制冷系统以及网络系统。

（9）服务价格。聪明的 CIO 会从服务的可用性，服务经验、服务质量、服务能力、服务水平、服务体系等多方面来衡量价格是否合理，并最终有所取舍。

11.6.1.3 数据外包的质量控制

外包数据的质量控制更是新工作方式的重中之重，基础数据质量的高低不仅影响数据后期规范化处理和统计产品的可靠性，还直接影响数据库对外服务水平。如与各类资源的融合度、开放链接服务水平等，直接关系到数据库的生存和发展。数据外包的质量控制对行业内的企业有以下要求。

第一，选择适合的外包服务公司，签订职责明确的合同与协议。数据外包公司的服务质量直接决定数据质量。在对数据外包公司的选择上，应着重考虑以下几个方面：首先，要求外包公司具备相应资质和信誉，重点考察其相关工作的经历和业绩；其次，考虑外包服务的成本是否合理；最后，考虑到外包服务是初级阶段，只将非核心业务外包，积累对数据外包工作的管理经验。综合以上几点，相关人员可以拟定业务外包实施方案，经主管部门批准后，遵循公开、公平、公正的原则，采取对外公开招投标，由专家组成的评标委员会评标，择优选择合适的外包数据服务公司。在选定了外包公司之后，与中标公司签订详细、明确的委托外包合同，包括合同期限、工作目标、合作范畴、运作方式、责任划分、赔偿问题等。在与外包公司签订详尽的工作协议时，应围绕数据特点，尽可能考虑周全，将数据提交格式、质量标准、数量标准、任务完成期限、人员流动控制及违约的惩罚措施，解决突发问题的应急对策等可能出现的问题逐一进行约定，尽最大可能保障外包数据质量。

第二，实施过程中数据质量控制对策。数据质量体现在对数据加工的全过程的把控，因此，数据加工各环节质量控制对策尤为重要。在外包数据的质量控制中，相关业务人员可主要根据美国质量管理专家戴明的 PDCA 全程循环质量控制理论，制定数据质量的全程控制模式。PDCA 是一套广泛用于质量管理的标准化、科学化循环系统，它将工作流程具体分为四个阶段：计划（Plan）、实施（Do）、检查（Check）、处理（Action），流程执行实施一遍后，要对出现的问题和不足进行完善和改进，并在此基础上，再一次进行 PDCA 的循环，从而提升质量控制水平。在实践中，不能机械地把四个内容从时间上划分前后阶段，而应把质量控制 PDCA 四项内容贯穿到数据加工的各个环节和时段，围绕这四项内容，展开相互交融的全面的数据质量控制管理（图 11-3）。

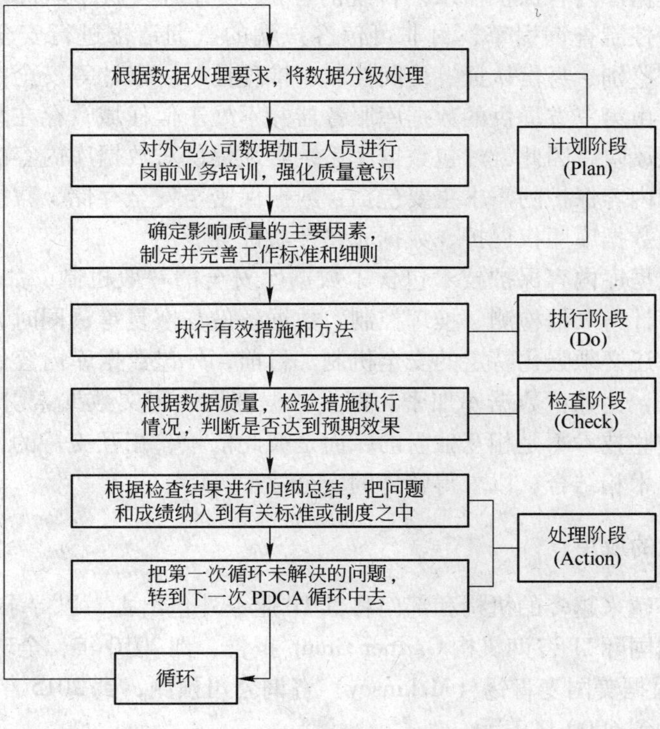

图 11-3　数据质量控制管理流程图

11.6.2　数据外包的保护

第一，基于信任域的数据库安全体系分类。根据数据库系统不同应用场合中信任域

（trust domains）的不同，数据库安全体系可分为四类，分别对应四种应用场合——单用户数据库、客户/服务器数据库、外包数据库及数据发布。单用户数据库系统中，数据拥有者也是数据查询的执行者，整个系统都处于数据拥有者的信任域，这种应用场合下的安全问题一般无碍大局；客户/服务器数据库系统是网络环境下的典型应用，其安全问题讨论最多，安全机制也最为丰富。这种体系结构下，数据库服务器处于信任域，控制查询引擎，对非可信客户端的查询请求进行安全性分析并执行查询，同时进行用户鉴别、身份认证、访问控制、审计等安全控制。

第二，外包数据库系统的基本结构。外包数据库系统构建于互联网上，充分利用了网络提供的远程访问服务。系统由三部分组成：数据拥有者、数据库服务提供者、数据库用户。数据库服务提供者提供服务器硬件，运行标准的数据库管理系统（DBMS）软件，负责存储数据拥有者的数据，并提供数据库查询、更新与维护等服务。数据库用户向数据库服务器发送数据查询请求并接受查询结果。在实际应用中，用户终端包括各种固定或移动的办公设备，如 PC 机、手机、无线 PDA 等。数据拥有者是拥有管理权限的数据库用户，与外包数据库服务器宽带连接，远程创建、更新和维护数据库，也发布查询请求和接受查询结果。

第三，外包数据库内容保护需求。传统的客户/服务器数据库运行模式下，数据库服务器处于信任域，控制查询引擎，对非可信客户端的查询请求进行安全性分析并执行查询，同时进行用户鉴别、身份认证、访问控制、推理控制、审计等安全控制。而在外包数据库运行模式下，由第三方提供的数据库服务器并不处于信任域，存在数据文件盗版、数据内容篡改等安全风险，因此，外包数据库系统必须提供对数据库内容的安全保护。归纳起来，外包数据库内容保护的需求主要包括：数据保密与安全存储、数据库访问控制、数据内容隐私保护、数据库版权保护、数据完整性验证等。

另外，外包数据库内容保护技术包含了数据库安全的一般机制，如身份鉴别与认证、用户访问控制、审计与入侵检测、推理控制、数据备份与恢复等，同时，根据外包数据库系统的结构特点，还必须强化特定的安全机制。目前，外包数据库内容保护技术的研究已经取得了一些成果，比如：数据库加密、密文数据查询、密文数据索引及保密信息检索。需要说明的是，这些技术不是相互独立的，而是彼此依赖、相互支持的，并且，需要和传统的数据库安全技术相结合，以求得整体的安全性。

11.6.3　数据外包的应用

近年来，国外越来越多的机构和部门将其 IT 业务外包出去，以寻求优质的专业服务，提高工作效率。据国际 IT 咨询机构 Gartner Group 报告，到 2010 年，全球的 IT 职位外包比例已超过 25%。另据美国麦肯锡（Mckinsey）咨询公司预测，到 2015 年，全球的 IT 服务外包市场规模将达到 6000 亿美元。

在国内，随着 SaaS（Software as a Service）概念的兴起，信息系统外包服务发展迅猛。2005 年 8 月，国家发展与改革委员会和信息产业部共同宣布组织实施“中小企业信息化推进工程”，各大电信运营商充分利用自己的网络资源优势推出了“企业信息化公共服务平台”，使中小企业无需投资软硬件系统及配置专业的 IT 技术人才，只要通过网络登录平台，就可以完成各种信息化管理工作，包括网站自助生成、供求信息发布、供应链管理、网络即时通信等。目前，神州数码、阿里巴巴等公司均启动了大规模的 SaaS 开发项目，开拓信息系统外包服务市场。

数据外包在我国城市建设和企业建设中应用的典型示例为大庆石油外包产业园区建设。大庆石油依托本地的石油石化产业基础、市场资源和人力资源优势，石油石化服务外包领域形成特色。金桥公司的实时数据库及监控软件、流程行业控制及生产管理软件等打破国外垄断，占据国内60%的市场份额，驰名化工领域。华创公司研发的减少二氧化硫排放，硫黄回收装置先进控制系统应用于大庆石化公司炼油厂硫黄回收装置，使排放低于国家标准 1/3 以下，每年向大气中减少排硫量 165t、节约蒸汽 4000t，取得良好的社会效益和经济效益。锦华联电子公司的油田智能化生产管理系统和物联网、明达维尔公司的录井解释软件、中环电控公司的油井智能控制系统、德瑞克软件公司的勘探开发绘图软件、拓普公司的油藏描述软件、百米马公司和强生爱尔公司的油田测试仪器等在油田广泛应用，受到用户青睐，提升了油田智能化水平。

大庆石油依托本地成本优势和品牌优势，以金融数据、保险数据、石油数据、地理数据、农业数据和对日数据为主的数据处理业务发展势头强劲。龙头企业华拓数码公司被国际外包协会评为“全球服务外包百强企业”、国家商务部评为“服务外包千百十工程典型示范企业”和中国服务外包联盟评为“中国 BPO 十强企业”，已为中行、建行、交行、广发、中信、光大、深圳发展、中国人寿、太平洋保险等 15 家银行总行、保险公司总部及 AC 尼尔森、EDM、TNT 等 41 家国外客户提供数据处理服务。以石油数据为主的艾斯蓝特公司、以地理数据为主的广维测绘公司、以农业数据为主的黑农数据公司、以对日数据处理为主的中锡慧科技、大诚科技、康柏科技等公司奋起直追，发展势头强劲。

此外，数据外包也广泛应用于图书馆的管理工作中。如提供图书的粗加工、编目数据，甚至到馆全面加工、数据外包等。特别对于中小型图书馆，在工作人员少、流通紧张的情况下，图书编目时充分利用外部数据源，不仅能降低编目难度，提高工作效率，优化编目工作程，还节省了人力。

数据外包对图书馆工作的影响：1）数据外包对编目工作的影响。书商数据的来源有两种，一是购买数据，就是书商向大型图书馆、编目中心批量套录数据；二是自编数据，就是书商自行招聘人员进行数据编目。在使用书商提供的数据时，往往会出现以下情况：分类标引的问题，著录格式的问题，查重的问题。2）数据外包对验收工作的影响。随着数据的外包，到馆的图书是编目、加工都已经完成可以直接上架的图书，验收是在编目工作完成后进行的，验收采取 3 个步骤：第一，拆包时根据随书清单人工验收核对。第二，根据总送书清单在计算机上进行计算机验收，并与编目数据核对。第三，将人工验收的单包送书清单与总送书清单进行核对无误后，再与编目条码数核实所有编目到图书馆。

11.6.4 数据外包存在的问题

由于数据的外包将数据完全暴露给半可信的服务提供商，使得数据脱离了数据所有者的掌控，数据隐私存在着被泄露的可能。比如：谷歌的 Docs 系统于 2009 年被未授权用户访问，造成数据泄露；云提供商 MediaMax 在 2008 年丢失了 45% 的客户数据；2007 年云服务提供商 Salesforce. com 被犯罪分子盗取大量的客户邮件信息。因此，对于数据拥有者来讲，安全已成为选择云服务提供商的重要依据。一般来讲，安全主要指机密性、完整性和可用性。

（1）数据库的机密性。数据库的保密性是指不允许未经授权的用户存取数据。一般要求对用户的身份进行标识与鉴别，并采取相应的访问控制策略以保证用户仅能访问授权数据，同一组数据的不同用户可以被赋予不同的存取权限。同时，还应能够对用户的访问操作进行跟踪和审计。此外，还应该控制用户通过推理的方式从经过授权的已知数据获取未经授权的数据，造成信息泄露。

（2）数据库的完整性。数据库系统的完整性主要包括物理完整性和逻辑完整性。物理完整性是指保证数据库的数据不受物理故障（如硬件故障、掉电等）的影响，并有可能在灾难性毁坏时重建和恢复数据库。逻辑完整性是指对数据库逻辑结构的保护，包括数据的语义完整性与操作完整性。前者主要指数据存取在逻辑上满足完整性约束，后者主要指在并发事务中保证数据的逻辑一致性。

（3）数据库的可用性。数据库的可用性是指不应拒绝授权用户对数据库的正常操作，同时保证系统的运行效率并提供用户友好的人机交互。

当数据所有者把作为其重要资产的微观数据外包给第三方外包服务器时，由于外包服务提供者本身并非完全可信，意味着敏感微观数据将存储在不受数据所有者控制的外部系统中，这将会带来一系列安全问题，主要有数据机密性保护、查询验证、隐私保护、数据库版权保护等。

（1）机密性保护，指在微观数据外包系统中数据所有者将数据管理任务交由非完全可信第三方外包服务器管理时，如何防止非法用户在没有授权情况下对外包数据实施访问的问题。

（2）查询验证，数据存储在外包服务器上有时可能被攻击者或恶意服务器窜改并重新发布，如果缺乏有效的安全措施，一旦出现对数据的恶意窜改，而用户又无法证明其真伪，往往会造成严重的后果。因此，必须在客户端提供有效机制，对外包数据的查询结果进行验证。

（3）隐私保护，微观数据外包应用系统中的隐私保护包括两层含义：1）推理隐私信息保护。2）用户访问行为模式隐私保护。因此，在数据外包应用系统中，不但要防范来自系统外部的恶意攻击，而且还要防范来自外包服务器的恶意操作。

（4）数据库版权保护，由于电子数据物理文件可以轻易地被拷贝而造成资源盗用，所以数据所有者对外包数据实施版权保护的需求日益迫切。利用数字水印实现对外包数据库的版权保护，具有较高的研究和应用价值。由于外包应用系统中数据具有量大、更新频繁等特点，难以直接采用一般的多媒体版权保护技术来保障外包数据库的版权。

由于数据外包之后的用户类型变得更加复杂，所以需要研究根据数据敏感程度、重要性的不同，对不同的数据内容采取不同等级访问控制保护措施，研究更加灵活的适用于外包场合的访问控制策略。

本章小结

本章主要论述了信息系统外包项目管理涉及的一些主要内容，包括 IT 服务外包的分类及优势、外包战略和策略、供应商管理、外包的执行和监督、外包服务的相关法律法规、软件外包的风险管理及外包关系管理。

专业术语

外包（Outsourcing）

IT 服务外包（IT Service Outsourcing）

本章参考文献

[1] 张友生，田俊国，殷建民，封孝生．信息系统项目管理师辅导教程[M]．北京：电子工业出版社，2005.

[2] 毛基业，郭迅华，朱岩．管理信息系统——基础、应用与方法[M]．北京：清华大学出版社，2011.

习　题

11-1 某市电力公司准备在其市区及各县实施远程抄表系统，代替人工抄表。经过考察，电力公司指定了国外的 S 公司作为远程无线抄表系统的无线模块提供商，并选定本市 F 智能电气公司作为项目总包单位，负责购买相应的无线模块，开发与目前电力运营系统的接口，进行全面的项目管理和系统集成工作。F 公司的杨经理是该项目的项目经理。

在初步了解用户的需求后，F 公司立即着手系统的开发与集成工作。5 个月后，整套系统安装完成，通过初步调试后就交付用户使用。但从系统运行之日起，不断有问题暴露，电力公司要求 F 公司负责解决。可其中很多问题，比如数据实时采集时间过长、无线传输时数据丢失，甚至有关技术指标不符合国家电表标准等，均涉及无线模块。于是杨经理同 S 公司联系并要求解决相关技术问题，而此时 S 公司因内部原因退出中国大陆市场。因此，系统不得不面临改造。

（1）请用 300 字以内文字指出 F 公司项目执行过程中有何不妥。

（2）风险识别是风险管理的重要活动。请简要说明风险识别的主要内容并指出选用 S 公司无线模块存在哪些风险。

（3）请用 400 字以内文字说明项目经理应采取哪些办法解决上述案例中的问题。

11-2 某市电子政务信息系统工程，总投资额约 500 万元，主要包括网络平台建设和业务办公应用系统开发，通过公开招标，确定工程的承建单位是 A 公司，按照《合同法》的要求与 A 公司签订了工程建设合同，并在合同中规定 A 公司可以将机房工程这样的非主体、非关键性子工程分包给具备相关资质的专业公司 B，B 公司将子工程转手给了 C 公司。

在随后的应用系统建设过程中，监理工程师发现 A 公司提交的需求规格说明书质量较差，要求 A 公司进行整改。此外，机房工程装修不符合要求，要求 A 公司进行整改。

A 公司项目经理小丁在接到监理工程师的通知后，对于第二个问题拒绝了监理工程师的要求，理由是机房工程由 B 公司承建，且 B 公司经过了建设方的认可，要求追究 B 公司的责任，而不是自己公司的责任。对于第一个问题，小丁把任务分派给程序员老张进行修改，此时系统设计工作已经在进行中，程序员老张独自修改了已进入基线的程序，小丁默许了他的操作。老张在修改了需求规格说明书以后采用邮件通知了系统设计人员。

合同生效后，小丁开始进行项目计划的编制，启动项目。由于工期紧张，甲方要求提前完工，总经理比较关心该项目，询问项目的一些进展情况，在项目汇报会议上，小丁向总经理递交了进度计划，公司总经理在阅读进度计划以后，对项目经理小丁指出任务之间的关联不是很清晰，要求小丁重新处理一下。

新的计划出来了，在计划实施过程中，由于甲方的特殊要求，需要项目提前 2 周完工，小丁更改了项目进度计划，项目最终按时完工。

（1）请用 400 字以内的文字，描述小丁在合同生效后进行的项目计划编制的工作。

(2) 请用 400 字以内的文字，描述小丁在处理监理工程师提出的问题时是否正确？如果你作为项目经理，该如何处理？

(3) 在项目执行过程中，由于程序员老张独自修改了已进入基线的程序，小丁默许了他的操作。请用 200 字以内文字评论小丁的处理方式是否正确，如果你是项目经理，你将如何处理上述的事情。

(4) 假设你被任命为本项目的项目经理，请问你对本项目的管理有何想法，本项目有哪些地方需要改进？

11-3　A 公司是一家专业的应用系统集成公司。老张为 A 公司工作了 8 年，一直做到了高级软件工程师，向软件部经理负责，由于他从事过多种项目工作，在公司里备受尊重，有期望成为项目经理。不久，A 公司获得一个 1500 万元的合同。老张与职能经理一起为这一项目配备了现有最好的人员，他们大多数是亲密的伙伴，以前与老张一起在项目中工作。因为老张被提升为项目经理，高级技术经理这一职位空缺，但公司又难以抽调相应人选，于是，总经理招聘了一位新员工小丁，他是从公司的竞争对手那里挖过来的软件工程博士，有 20 年的工作经验，薪水标准很高，比老张的还高，他被委派到老张的项目中专任技术经理。

老张对小丁的工作给予了特别的关注，并提出与他会谈。然而这个会谈几乎由老张一个人说，他建议怎样设计，完全不理会小丁的说法。最后小丁质问老张为什么检查他的工作比检查项目中其他工程师的时间多得多。老张说："我不必去检查他们的工作，我了解他们的工作方式，我和他们在其他项目中一起工作过。你是新来的，我想让你理解我们这里的工作方法，这也许与你以前工作的方法不一样。"

另一次，小丁向老张表示他有一个创新的设计方案，可以使系统成本降低。老张告诉他："尽管我没有博士头衔，我也知道这个方案没有意义，不要故作高深，要踏实做好基本的工程设计。"小邓是另一位分配到项目中的工程师，他认识老张已经 6 年了。在与小邓出差旅行中，小丁说他为老张对待他的方式感到苦恼：老张在项目中的作用，与其说是项目经理，倒不如说是软件工程师。另外，对于软件设计，我忘记的比他知道的还多，他的软件设计方法早已过时。他还说，他打算向职能经理反映这一情况，他要是早知道这个样子，绝不会来 A 公司工作。

(1) 请用 500 字以内的文字对老张和小丁在项目中的行为进行点评？老张是否能够胜任项目经理？

(2) 请用 400 字以内的文字从项目沟通管理的角度描述项目中沟通的问题？并分析产生上述问题的原因。

(3) 请用 400 字以内的文字描述，如果你是项目经理，你将如何处理上述事情。

第 12 章　信息系统的运行和维护

案例

国家电网公司信息化系统的运行与维护

国家电网公司信息化 SG186 工程的竣工，标志着全球规模最大、用户和服务客户最多的一体化集团企业级信息系统全面投入应用。随着信息系统建设完成上线投运，系统复杂程度越来越高，各业务系统间的耦合关系日趋紧密。为了保障信息系统安全、稳定、高效运行，提高用户满意度，信息系统的运行和维护非常重要。在国家电网公司实施信息系统运行维护标准化管理初期，构建初始化知识库，可能不如传统的运行维护方式便捷，维护人员个人的工作效率可能有所降低，但随着各项记录的积累，知识库内容的不断丰富，运行数据分析后进行的改进，带来的收益将不仅是维护人员技术能力的提高，事件处理效率的加快，还能从根本上降低信息系统故障率、杜绝系统隐患、提高信息系统性能，从而提升运维效率与运维水平，增强信息系统稳定性。系统采用科学的用户满意度调查，便于找出用户对信息系统运行维护存在的不满和改进建议，通过分析识别根本原因并加以改进，从而提高了用户满意度。由于坚持对信息系统的巡检监控及运行分析，因此可以提前发现系统隐患，减少设备及系统故障发生次数，提高信息系统性能。通过执行信息系统计划检修管理，可以提高信息系统运行率，消除信息系统的潜在隐患，提升信息系统的安全可靠运行水平。❶

信息系统与其他任何系统一样，需要进行科学的组织与管理。没有科学的管理，系统不会自动地为管理工作提供高质量的信息服务，而且信息系统本身也会瓦解。

作为一个复杂的、面向社会的人机系统，作为一个软件，信息系统的维护和管理具有特别重要的意义。由于软件本身存在可靠性问题，所以，计算机应用系统在使用中必然要边用边改。正如一些专家指出的，软件产品的特点是“样品即产品”。目前，也还没有可供实际操作的程序可靠性的证明方法。因此，在发现错误时及时进行修改，就成为系统投入运行以后的一项经常性的任务。作为人机系统，由于使用人员的变更，使用方式的变化，系统的状态处于经常的变动之中，不像某些完全由机械组成的系统那么稳定，所以更需要科学的管理。由于系统面向复杂多变的社会环境，系统必然会遇到各种各样的意外情况及变化情况，需要妥善地及时地加以处理，所有这些都使信息系统面临繁重的维护任务。

---

❶资料来源：http：//www. cpite. cn/2011/0218/2042. html

信息系统的管理工作不能与机器本身的管理工作等同起来。计算机应用系统的任务是为管理工作服务，它的管理工作是以向一个组织提供必要的信息为目标，是以能够满足管理工作人员的信息需求为标准。机器本身的维护工作只是这一工作的一小部分，只是提供了硬件的保证，真正做到向管理人员提供信息还需要做许多软件操作、数据收集、成果提供等工作。因此，信息系统应该由专人负责管理。这里说的专人，不应该是只管理硬件设备的硬件人员，而应该是了解系统功能及目标的、与管理人员直接接触的信息管理人员。

管理和维护工作是系统开发工作的继续，其任务包括以下三个方面：

（1）日常运行的管理；

（2）对系统进行维护；

（3）对系统的运行情况进行检查与评价。

以上这些工作做好了，信息系统就能够如预期的目标那样，为管理工作提供所需的信息。反之，系统就不能如预期的那样发挥作用，而且系统本身也会崩溃而无法使用。

12.1　系统运行管理

信息系统运行管理不仅仅是对机房环境和设施的管理，更主要的是对系统每天的运行状况、数据输入和输出情况以及对系统的安全性与完备性进行及时如实地记录和处理。这些工作主要由系统管理员完成。

12.1.1　系统运行日常管理的主要内容

12.1.1.1　系统运行的日常维护

日常维护包括数据收集、数据整理、数据录入及处理结果的整理与分发，还包括简单的硬件管理和设施管理。

A　新数据的录入或存储数据的更新

例如，在库存管理工作中，进货出货的业务处理，每天的业务数据都应该及时、准确地收集起来并且录入计算机。这里的任务包括收集、校验及录入。

➢ 收集工作常常是由分散在各业务部门的工作人员完成的，因此，其组织工作往往是比较难以进行的。然而，如果这一工作不做好，整个系统的工作就缺乏良好的基础。

➢ 校验的工作，在较小的系统中，往往是由系统主管人员自己来完成；在较大的系统中，一般需要设立专职人员来完成这一任务，国外称为数据控制人员。需要指出的是，对于担负数据校验工作的人员，对其业务要求是比较高的。因为，对于信息系统来说，最重要的资源是数据，一切硬件、软件及其他资源，都是为了保证数据的及时、完整及准确，整个系统的效率或对外的形象都依赖于它所保存的数据。无论多么先进的硬件设备，无论多么完善的加工功能，如果没有及时、完整、准确的数据，都不能发挥系统实际的效益。在数据由手工处理方式转变到计算机处理的过程中，要把好关是不容易的。一方面，校验者必须对系统所处理的业务有足够的了解。许多数据的正确或错误是不能只从数据本身字面上来判断的，往往需要对数据本身的逻辑含义的理解，甚至需要相当的实际经验，对于系统所处理的业务一无所知是不可能做好校验工作的。另一方面，校验者需要确切了解计算机系统对数据的要求（包括格式、范围、平衡关系等）。

➢ 录入工作是比较简单的，其要求是迅速与准确。录入人员的责任在于把经过校验的数据送入计算机，他们应严格地把收到的数据及时准确地录入计算机系统。他们并不对数据在逻辑上、具体业务中的含义进行考虑与承担责任，这一责任是由校验人员承担的，录入人员只需要保证送入计算机的数据与纸面上的数据严格一致。因此，不能由录入人员代替校验人员，这是由录入人员和校验人员的职责决定的。当然，这两项工作也不是截然分开的，某些校验工作就是在录入之前完成的。另外，还需要用事先准备好的程序来检验录入工作的质量。在许多系统中，为了保证重要数据的安全，常常在录入或更新数据时，先把新录入的数据存放在临时的工作文件之中，而不让录入人员直接接触重要的数据文件本身。待经过检验确实无误之后，再由系统管理人员或负责数据检验的人员，运行专门的程序，存入数据或进行更新。总之，必须由系统主管人员本人或比较熟悉系统的专职人员把关，以确保数据的安全。这方面的工作，局外人并不直接了解，但却是整个系统有效工作的基础。

B 信息处理和信息服务

在保证基本数据的完整、及时和准确的前提下，系统应完成例行的信息处理及信息服务工作。常见的工作包括例行的数据更新、统计分析、报表生成、数据的复制及保存、与外界的定期数据交流等。这些工作，一般来说都是按照一定的规程，定期或不定期地运行某些事先编制好的程序，这是由软件操作人员来完成的。这些工作的规程，应该是在系统研制中已经详细决定好了的，操作人员也应经过严格的培训，清楚地了解各项操作规则，了解各种情况的处理办法。这些工作是在系统已有的各种资源的基础上，直接向领导、管理人员及其他使用者提供信息服务，当然，这里只包括例行的服务。组织软件操作人员，完成这些例行的信息处理及信息服务工作，是系统主管人员又一项经常性任务。

C 运行与维护

为了完成前面所列的数据录入及例行服务工作，要求各种设备始终处于正常运行的状态之下，为此，需要有一定的硬件工作人员，负责计算机本身的运行与维护。对于大型计算机，这一工作需要有较多的专职人员来完成；对于微型计算机，则不要求那么多的人员。然而，这并不是说，微型计算机没有硬件运行及维护工作要做；相反，如果没有人对硬件设备的运行维护负责，设备就很容易损坏，从而使整个系统的正常运行失去物质基础，这种情况已经在许多单位多次发生。这里所说的运行和维护工作包括设备的使用管理、定期检修、备品配件的准备及使用、各种消耗性材料（如软盘、打印纸等）的使用及管理、电源及工作环境的管理等。

12.1.1.2 系统运行情况的记录

在完成上述各项日常管理工作的同时，应该对系统的工作情况进行详细的记录。这个问题常常容易被忽视，因此在这里作进一步的强调和说明。

系统的运行情况是十分重要和宝贵的资料。人们对于信息系统的专门研究，还只是刚刚开始，许多问题都处于探索之中。即使对某一部门或某一单位来说，也需要从实践中摸索和总结经验，进一步提高信息处理工作的水平。而一些单位却缺乏系统运行情况的基本数据，只停留在一般的印象上，无法进一步提高信息系统的工作水平，这是十分可惜的。信息系统的主管人员应该从系统运行的一开始就注意积累系统运行情况的详细材料。

在信息系统的运行过程中，需要收集和积累的资料包括以下几个方面。

(1) 工作的数量。例如，开机的时间，每天、每周、每月新提供的报表的数量及录入数据的数量，系统中积累的数据量，修改程序的数量，数据使用的频率，满足用户临时要求的数量等。这些数量反映了系统的工作负担及所提供的信息服务的规模，这是反映计算机应用系统功能的最基本的数据。

(2) 工作的效率。即系统为了完成所规定的工作，占用了多少人力、物力和时间。例如，完成一次年度报表的编制用了多长时间和多少人力。又如，使用者提出一个临时的查询要求，系统用了多长时间给出所要的数据。此外，系统在日常运行中，例行的操作所花费的人力是多少，消耗性材料的使用情况如何等。随着经济体制的改革，各级领导越来越多地注意经营管理。任何新技术的采用，如果不注意经济效益是不可能得到广泛应用的。

(3) 系统提供的信息服务的质量。信息服务和其他服务一样，不能只看数量，不看质量。如果一个信息系统生成的报表，并不是管理工作所需要的，管理人员使用起来并不方便，那么这样的报表生成再多再快也是没有意义的。同样，使用者对于提供的方式是否满意，所提供信息的精确程度是否符合要求，信息提供是否及时，临时提供的信息需求能否得到满足等，也都属于信息服务的质量范围之内。

(4) 系统的维护修改情况。系统中的数据、软件和硬件都有一定的更新、维护和检修的工作规程。这些工作都要有详细、及时的记载，包括维护工作的内容、情况、时间、执行人员等。这不仅是为了保证系统的安全和正常运行，而且有利于系统的评价和进一步扩充。

(5) 系统的故障情况。无论大小故障，都应该及时地记录以下这些情况：故障的发生时间、故障的现象、故障发生时的工作环境、处理的方法、处理的结果、处理人员、善后措施、原因分析。这里要注意的是，我们所说的故障不只是指计算机本身的故障，而是对整个信息系统来说的。例如，由于数据收集的不及时，使年度报表的生成未能按期完成，这是整个信息系统的故障，但并不是计算机的故障。同样，收集来的原始数据有错，这也不是计算机的故障，然而这些错误的类型、数量等统计数据是非常有用的资料，其中包含了许多有益的信息，对于整个系统的扩充与发展具有重要的意义。

在以上提到的五个方面中，前面列举的那些在正常情况下的运行数据是比较容易被忽视的。因为发生故障时，人们往往比较重视对有关的情况加以及时的记载，而在系统正常运行时，则不那么注意。事实上，要全面地了解信息系统的情况，必须十分重视正常运行时的情况记录。例如，打印机发生了故障，我们需要考察它是在累计工作了多长时间之后发生的故障。如果这时没有平时的工作记录，就无从了解这一情况。在可靠性方面，人们常常需要平均无故障时间这一重要指标，如果没有日常的工作记录，这一指标也就无法计算。

对于信息系统来说，以上这些信息主要靠手工方式记录。大型计算机一般都有自动记载自身运行情况的功能。不过，即使是大型计算机也需要有手工记录作为补充手段，因为某些情况是无法用计算机记录的。例如，使用者的满意程度，生成的报表的使用频率都只能用手工方式收集和记录。而且，当计算机本身发生故障时，它当然无法详细记录自身的故障情况了。因此，不论在哪种信息系统中，都必须有严格的记录制度，并且要求有关人员严格遵守，认真执行。

为了信息记载得完整准确，一方面，要强调在事情发生的当时当地，由当事人记录，而绝不能代填（这是许多地方信息收集不准确的原因之一）；另一方面，尽量采用固定的表格或本册进行登记，而不要使用自然语言含糊地表达。这些表格或登记簿的编制应该使填写者容易填写，节省时间；同时，需要填写的内容应该含义明确，用词确切，并且尽量给予定量的描述；对于不易量化的内容，则可以采取分类、分级的办法，让填写者选择打勾。总之，要努力通过各种手段，详尽准确地记录系统运行的情况。

对于信息系统来说，各种工作人员都应该担负起记载运行信息的责任。硬件操作人员应该记录硬件的运行及维护情况，软件操作人员应该记录各种程序的运行及维护情况，负责数据校验的人员应该记录数据收集的情况，包括各类错误的数量及分类，录入人员应该记录录入的速度、数量、出错率等。当然，系统主管人员自身应该记录整个系统的情况。要通过严格的制度和经常的教育，使所有工作人员都把记录运行情况作为自己的重要任务。

另外，有些情况不是在本系统运行中记录下来的。例如，生成的表格的使用率，使用者对例行报表的意见等。对于这些信息应该通过访问或发调查表等方式向使用者征集，这是由信息系统的服务性质所决定的。这种工作，可以定期进行。例如，结合季度、半年或一年的工作总结进行，也可以根据系统运行的情况，不定期地进行。不论哪种方式，信息系统的主管人员都必须亲自动手，因为这是对是否已达到系统目标的检验，也是对整个系统工作最根本的检验。企业或组织的领导人也应以此作为对计算机应用系统工作情况进行评价的标准。

12.1.2 系统运行管理制度

要做到信息系统的正确和安全运行，就必须建立和健全信息系统的运行制度，不断提高各类人员的素质，有效地利用运行日志等信息对系统施行监督和控制。

这里要强调的是提高组织中各类用户的素质，防止员工因操作失误给组织带来损失。例如，在销售订货系统的应用文件中输错了一种很受欢迎的产品的价格时，其结果要么大大影响利润，要么大大影响销售量；又如，一个被设计用来实施市场预测的表格产生了一个360万美元的错误预测，其原因是把所有小数都四舍五入成了整数，这样1.04的通货膨胀率就从计算机中被排除了。

管理规范的组织对每一项具体的业务都有一套科学的运行制度。信息系统也不例外，同样需要一套管理制度，来确保信息系统的正确和安全运行。

12.1.2.1 组织的信息管理制度

信息管理制度是对员工在信息处理方面的要求和约束，它应该在信息系统的运行过程中不断完善。具体的信息管理制度包括：

（1）信息收集整理制度。在确定岗位职责时，应该明确每一个员工应该负责收集哪方面的信息，并对其进行分类整理，辨别真伪，保证其质量，将信息收集的质量放入考核体系之中。

（2）信息录入制度。制度中要明确规定录入人员的权限和要求，包括正确性、及时性和可靠性，以及奖惩措施。

（3）信息更新制度。组织根据自己的需要，设立专人或由兼职人员对于组织中的已经过时的、失效的或者暂时没用的信息进行定期或不定期的更新，保证信息的有效性和一致性。

（4）信息共享制度。信息系统的最重要的目标是让组织员工能够更多地分享相关的信息，从而提高他们自我管理和决策的水平，因此组织应该明确规定信息共享的范围和程度，并建立相关的激励和考核措施，以保证这一制度。

（5）信息报告制度。信息报告制度是指组织的每一个员工都有责任对组织内在的隐患，以及竞争对手的新举措等报告给高层领导人，员工对公司发展的建议也有渠道上传给高层负责人，对于积极提出建议和报告的员工应有相应的奖励措施，以提高员工对组织事务的参与感。在内部网建成之后，也可以设立员工信箱，网上传递上述信息。对于员工的建议，高层应及时给予答复和反馈。

（6）信息人才培养制度。组织要大力引进和培养既懂经营管理又懂信息化的复合型管理人才。对在组织信息化建设中起重要作用的关键人才，要加大收入分配方面的激励。加强全员培训，提高全员信息化意识和运用信息技术的能力。

12.1.2.2　各类机房安全运行管理制度

信息系统的运行制度，首先表现为物理意义上的机房必须处于监控之中。机房安全运行制度应该包括如下内容：

（1）身份登记与验证出入。

（2）带入带出物品检查。

（3）参观中心机房必须经过审查。

（4）专人负责启动、关闭计算机系统。

（5）对系统运行状况进行监视，跟踪并详细记录运行信息。

（6）对系统进行定期保养和维护。

12.1.2.3　信息系统的其他管理制度

信息系统的运行制度，还表现为软件、数据、信息等其他要素必须处于监控之中。信息系统的其他管理制度主要包括如下内容：

（1）必须有重要的系统软件、应用软件管理制度，如系统软件的更新维护、应用软件的源程序与目标程序分离等。

（2）必须有密码口令管理制度，做到口令专管专用，定期更改并在失密后立即报告。

（3）必须有网络通信安全管理制度，实行网络电子公告系统的用户登记和对外信息交流的管理制度。

（4）必须有病毒的防治管理制度。及时检测、清除计算机病毒，并备有检测、清除的记录。

（5）建立安全培训制度，进行计算机安全法律教育、职业道德教育和计算机安全技术教育。

（6）建立合作制度。加强与相关单位的合作，及时获得必要的信息和技术支持。

12.1.3　系统运行管理的组织与人员

要对系统的运行进行有效的管理，需要有相应的组织机构来保证，并将信息系统的运行纳入整个企业的日常工作。系统运行组织的建立是与信息系统在企业中的地位分不开的。国内企业组织中负责系统运行的大多是信息中心、计算中心或信息处等信息管理职能部门。随着人们认识的提高，信息系统在企业中的地位也逐步提高，信息系统的管理部门也越来越受到重视。

人员的管理包括三个方面。首先，明确规定其任务及职权范围，尽可能确切地规定各类人员在各项业务活动中应负的责任、应做的事情、办事的方式、工作的次序。简单地说，要有明确的授权。其次，对于所委托的工作要进行定期的检查和评价，为此，对每种工作都要有一定的评价指标。这些指标应该尽可能有定量的尺度，以便检查与比较。这些指标应该有一定的客观的衡量办法，并且要真正按这些标准去衡量各类工作人员的工作，即必须有检查和评价。最后，要在工作中对工作人员进行培训，以使他们的工作能力不断提高，工作质量不断改善，从而提高整个系统的效率。

以信息主管为首的信息系统部门具有以下一些职责：

(1) 制定系统规划。对管理信息系统的开发、管理维护和使用、资金计划、人员安排和培训等做出统一规划。

(2) 负责信息处理的全过程。与企业领导一起，确定合理、统一的信息流程，按照流程协调各个有关部门在信息处理方面的关系，同时负责对各个部门每时每刻产生的信息收集、整理、加工、存储，确保信息的准确性和一致性。

(3) 信息的综合开发。对各方面的信息进行综合处理和分析，得到对全局更为重要的信息，提供给各个管理部门，尤其是决策层，并由系统以适当的形式发布；共同做好系统信息编码等标准化工作。

(4) 负责系统的运行和维护。系统必要的日常技术性工作包括系统硬件软件维护、数据库管理、检查数据录入情况、机房日常管理、用户服务等。

12.1.4 系统切换

系统切换是指系统开发完成后新旧系统之间的转换。系统切换有三种方式：

(1) 直接切换。直接切换就是在确定新系统运行准确无误时，立刻启用新系统，终止旧系统运行。这种方式可节省人员、设备费用。这种方式一般适用于一些处理过程不太复杂，数据不很重要的场合。

(2) 并行切换。这种切换方式是新旧系统并行工作一段时间，经过一段时间的考验以后，新系统正式替代旧系统，对于处理较复杂的大型系统，它提供了一个与旧系统运行结果进行比较的机会，可以对新旧两个系统的时间要求、出错次数和工作效率给以公正的评价。由于与旧系统并行工作，消除了使用者尚未认识新系统之前的惊慌与不安。在银行、财务和一些企业的核心系统中，这是一种经常使用的切换方式。它的主要特点是安全、可靠。但费用和工作量都很大，因为在相当长的时间内系统要两套班子并行工作。

(3) 分段切换。又称向导切换，这种切换方式实际上是以上两种切换方式的结合。在新系统正式运行前，一部分一部分地替代旧系统。一般在切换过程中没有正式运行的那部分，可以在一个模拟环境中进行考验。这种方式既保证了可靠性，又不至于费用太大。但是这种分段切换对系统的设计和实现都有一定的要求，否则是无法实现这种分段切换设想的。

12.2 系 统 维 护

信息系统投入使用后，日常系统维护工作是相当繁重的。下面简单地列举需要完成的各项任务。

12.2.1　硬件维护

硬件维护是指对硬件系统的日常维护和故障维护。日常维护是指防水、防磁、防潮、防尘等，按期对设备进行例行检查保养。故障维护则必须由专职人员或设备供应商完成。为保证系统有一个安全、可靠的运行环境，日常维护要制度化，也就是建立软硬件维护管理制度。

12.2.2　软件维护

软件维护是指对软件功能的扩充、升级和故障的维护，其工作有以下四个方面。

12.2.2.1　纠错性维护

系统在使用的过程中，不断地出现错误是可以理解的，这是由于在系统调试、测试时，不可能发现系统中所有的逻辑错误。但是用户、企业对此有时不理解，甚至对系统开发人员的能力产生怀疑。若系统的维护人员不能及时解决这类问题，则可能导致系统结果不理想。诊断并改正这些错误的过程称为纠错性维护。引起纠错性维护的错误在很大的情况下隐含在一些使用频率较低的功能或者是罕见的数据中，因此这类错误在系统调试、测试中难以被发现并解决。

纠错性维护可能是一个较长的过程，尤其是对采用自行开发、合作开发和委托开发的系统来说更是如此，因此，无论作为系统的开发者还是使用者，都应该认识到纠错性维护的长期性。随着系统使用时间的推移，这类维护的工作量将不断减少，系统将趋于稳定。

12.2.2.2　适应性维护

为适应用户外部环境、内部条件变化对系统提出的新的要求而进行的修改，被称为适应性维护。例如，为适应操作系统版本更新、新的硬件系统出现和应用范围扩大等变化，信息系统需要进行适应性维护。

12.2.2.3　完善性维护

在系统投入使用和正常运行的过程中，用户还会不断地提出增加新功能、修改现有功能以及一般性的改进要求和建议等。为了满足这些要求而进行的相应软件的开发，称为完善性维护。从所需要资源的多少来分析，有的完善性维护可能属于日常维护，有的完善性维护则可能属于一个新系统开发。对于前者，系统维护人员应该尽快解决。随着时间的推移，由于系统趋于不稳定，这类维护的工作量可能不断增加。

12.2.2.4　预防性维护

预防性维护是为减少或避免以后需要进行的上述三类维护而进行的维护，是一种主动性的预防措施，主要是对一些寿命较长、目前尚能正常运行但可能要发生变化的部分进行维护，以适应将来的修改或调整。

12.2.3　数据维护

由于应用环境在不断变化，系统运行过程中数据的物理存储也会不断变化，因而需要不断地调整、修改数据库的设计，以确保存储的正常使用，保证现行系统安全、可靠地运行，为不断开发新的应用软件提供数据支撑，从而增强系统的生命力，延长系统的生命周期。

数据库是数据维护的重点，数据维护主要有以下三个方面的内容。

A 数据库的备份、转储和恢复

数据库的备份、转储和恢复是系统正式运行后最重要的维护工作之一。数据库的备份就是针对不同时期需求，制订不同的转储计划，定期对数据库和日志文件进行备份；数据库的转储就是将备份的数据库和日志文件转移到其他介质和设备上去，以防物理灾害发生导致备份的数据库和日志文件丢失；数据库的恢复是指一旦数据库发生故障，能够利用数据库备份及日志文件备份，尽快将数据库恢复到某种已知的正确状态，并尽可能减少对数据库的破坏。

B 数据库的安全性控制和完整性控制

保护数据库的安全就是防止恶意的破坏和非法使用数据库。在数据库运行期间，由于应用环境的变化，对安全性的要求也会变化，因此需要根据不同用户的实际需要修改他们的操作权限或密级。

完整性控制是防止数据库中存在的不合语义的数据和错误的输入/输出造成无效操作和错误结果。在数据库运行阶段往往需要增加新的完整性约束条件或修改旧的完整性约束条件，以满足用户要求。

C 数据库的重组和重构

数据库运行一段时间后，由于记录的不断增、删、改，会产生大量的指针链和存储垃圾，降低数据库存储空间的利用率和数据的存取效率，使数据库的性能下降，因此需要进行数据库的重组。数据库管理系统一般都提供重组用的实用程序，按照原设计要求重新安排记录的存储位置，回收垃圾，减少指针链，调整数据区和溢出区等。数据库的重组不改变原设计的数据逻辑结构和物理结构。

当数据库反映的现实世界发生了变化，如增加了新的应用或实体，原设计不能很好地满足新的需求时，就需要重构数据库。部分修改原数据库的模式称为数据库的重构，如增加新的数据项、增加或删除索引等。数据库管理系统一般也提供修改数据库结构的功能。数据库重构的程度是有限的，只能部分修改或调整。

12.3 系统的评价

信息系统投入使用之后，是否切实发挥了其为管理服务的作用，是否实现了使用者提出的目标，这就需要进行全面的检验和分析，这种评价工作称为审计。

审计的目的在于全面检查信息系统的工作情况，根据使用者的反映及运行情况的记录，对系统的目前状况给予客观的评价，从而指出系统改进和扩充的方向。

审计的内容基本上就是对本章前面各节所述的工作情况进行检查，考察这个系统是否在各方面、各个环节上充分发挥了信息系统保证的作用，是否为使用者提供了所需要的信息。为了便于考虑，可以从两个方面进行了解和分析。一方面，从信息服务的质量和数量进行考查。如系统为使用者提供了哪些信息服务，包括查询、加工、报表生成等，还包括例行的信息服务，也包括临时性的信息需求的满足，这些都应该，也可以得到定量的数字。在质量方面，可以通过了解使用者的反映，调查所提供信息的使用频率及实际作用等方式，作出客观的评价。另一方面，可以从资源的利用效率来进行考查。如为了完成目前所做的信息处理工作占用了多少人力、物力，花费了多少资金，用了多少时间，与所提供的信息服务产生的经济或社会效益来比较，是否合算，有没有浪费，有没有可以改善的地方等。显然，如果没有日常的大量的记录信息工作，审计工作就很难顺利进行。当然，也可以采用研制系统时采用的调查研究的方法去收集所需要的信息，但是那样要花费的资源就要多得多了。如果系统平时运行情况有详细的记录，情况就会好得多。因此，在日常运行管理中做好记录是十分重要的。

审计的具体方法及考察范围应根据系统的具体目标与环境而定。下面给出考察步骤的一般性建议。

12.3.1 系统运行的一般情况检查

这是指从系统建立的目标及其用户接口方面提出并考察某一特定的信息系统。具体问题包括：

（1）作为建立系统的目标而提及的各项业务，是否按所要求的质量与速度完成；

（2）完成上述各项任务，用户需要付出的资源（人力、物力、时间）是否控制在预定的界限之内；

（3）从系统运行的记录来分析系统各项资源（人力、设备、软件）的利用率如何；

（4）询问最终用户，了解他们对系统工作情况（提供的材料质量、响应时间、使用方式等）是否满意，或满意的程度如何。

12.3.2 从计算机技术方面进行检查

这是指对计算机资源的利用状况进行审查，其中最常见的问题是：

（1）主机运行时间中有效部分的比例如何，即检查系统开销是否过大；

（2）数据传送的速度与数据加工的速度是否相互匹配；

（3）外存是否够用，磁盘占用率有没有过高或过低的现象；

（4）各类外围设备的利用率如何，是否比较均衡；

（5）系统的响应时间是否符合使用者的要求。

12.3.3 从使用效果方面检查

这是指从提供的信息服务的有效性来考察系统。其主要问题包括：

（1）所提供的信息中，哪些被用户认为是非常有用的，哪些则是无用的；

（2）所提供的信息中，哪些是需要及时提供的，哪些信息的提供时间不能满足使用者的需要，目前系统能够做到什么程度；

（3）所提供的报表有用率如何，报表上的信息有多少是使用者用不着的。

12.3.4 从经济方面考察系统

在这方面应该考虑：

（1）系统的运行费用是多少；

（2）系统对加强管理工作发挥了哪些作用；

（3）系统的工作人员的负担状况如何；

（4）系统的维护费用（包括备用配件及软件修改费用）是多少。

关于审计工作，还有许多具体问题需要讨论，如质量保障的组织措施、用户自己研制新的模块时的质量保障措施、审计组的组成及分工等，这些都需要具体地安排与考虑。

审计工作可以由信息系统的主管人员自己动手进行，也可以是由系统之外的人员（如上级）来进行。审计工作可以定期进行（半年或一年一次），也可以不定期地根据需要进行。但是，不管采用哪种方式，进行审计的人员，应该是比较了解计算机应用系统的。如果没有实际工作的体验，就很难对系统的质量做出客观的评价。在这里，实际经验十分重要。为了做好审计工作，可以聘请外单位从事类似系统的研制和管理的人员来参加，这样做有助于系统的进一步完善及扩充。

审计的结果是对信息系统的功能及效率做出评价，同时指出不足之处或者有待改进之处。十全十美的系统是没有的，问题是建议修改之处有多少，工作量有多大。如果修改的工作量很大，从经济上来看，还不如重新开发一个新系统，那么，原系统就应该报废，一个新的计算机应用系统又开始开发。

本章小结

管理信息系统的系统实施、运行管理与评价是管理信息系统建设的最后一步也是非常关键的一步。本章主要分析了系统实施期间的工作任务以及内容，并给出了可以参考的系统实施的流程步骤；讲述了管理信息系统新旧系统转换的三种方式，并对三种方式进行了对比，得出了各自的优缺点及适用范围。而信息系统实施完毕仅仅是“万里长征”的开始，因为之后紧接着的是管理信息系统的维护以及有关的评价。本章对有关维护的内容作了详细的介绍，为管理信息系统应用水平的不断完善提高奠定了良好的基础。

专业术语

系统实施（system implement）

系统运行（system running）

系统维护（system conserve）

本章参考文献

[1] 张维明，戴长华，封孝生．信息系统原理与工程[M]．北京：电子工业出版社，2009.

[2] 姜旭平．信息系统开发方法[M]．北京：清华大学出版社，1997.

[3] 李东．管理信息系统的理论与应用[M]．北京：北京大学出版社，1998.

[4] 左美云，邝孔武．信息系统的开发与管理教程[M]．北京：清华大学出版社，2006.

[5] Meredith and Mantel. Project Management：A Managerial Approach[M]. John Wiley，2005.

习　题

12-1　系统投入运行后，哪些原因要求系统人员对系统进行维护？

12-2　系统投入运行后，系统维护工作包括哪些内容？

第 13 章　信息管理前沿问题与重要管理专题

案例

IBM 的数据服务支持企业发展

新世纪，中国的企业正面临着前所未有的转型，国际浪潮以及市场化经济的冲击迎面而来，信息技术（IT）部门担当起越来越重要的战略角色，而作为 IBM 企业整个 IT 系统的核心信息交换和控制中心——数据中心在其中起着举足轻重的作用，当然，也面临着众多的挑战和机遇。

IBM 的智慧数据中心致力于将数据中心的基础设施资源管理与信息管理有机结合起来，可以根据业务的发展变化，灵活管理数据；也可以对各种突发事件进行快速反应、监控报警并进行灾难备份，对 IT 资产的能耗等也能进行监控和预警。

目前，云计算成为助力企业转型的核心驱动力，不但让 IBM 的 IT 基础架构管理焕然一新，还为企业带来了更加智慧的运算方式。作为一种 IT 资源的服务获得和交付模型，云计算可以帮助 IBM 改进业务绩效，并提供 IT 资源成本。通过这种简化的方式，不仅能够满足企业的业务需求，更能够以无限伸缩和不同层次的服务，促进企业的快速创新和明智决策。可以说，云计算在经济、性能以及整合层面都体现着无与伦比的优势。实际上，云计算服务带来的改变绝不仅仅局限于 IBM 的 IT 系统。面对变幻莫测的业务需求、国内外的竞争压力，智慧的云不但为 IBM 注入更多潜能和活力，还在运营、安全、创新和服务层面，提供着前所未有的革新方案。IBM 可以利用它拓展全新的市场，并开创更为广阔的利润空间，以及智能化的商业服务。同时，智慧的云也凭借着自身巨大的优势，改变着 IBM 自身，甚至是整个商业的运行方式。[1]

13.1　云计算技术与发展

13.1.1　云计算基本含义

云计算（Cloud Computing），是分布式计算技术的一种，是分布式处理（Distributed Computing）、并行处理（Parallel Computing）和网格计算（Grid Computing）的发展，其通过网络将庞大的计算处理程序自动分拆成无数个较小的子程序，交给由多部服务器组成的

---

[1] 资料来源：http：//www-935. ibm. com/services/cn/c-suite

庞大系统，经搜索、计算、分析之后再将处理结果回传给用户。稍早之前的大规模分布式计算技术即为“云计算”的概念起源。但由于所处工作环境、工作性质、关注热点、思维角度等不同，至今关于云计算没有统一的定义。下面给出一些定义供参考。

中国网格计算、云计算专家刘鹏给出如下定义：“云计算将计算任务分布在大量计算机构成的资源池上，使各种应用系统能够根据需要获取计算力、存储空间和各种软件服务。”

狭义的云计算是指厂商通过分布式计算和虚拟化技术搭建数据中心或超级计算机，以免费或按需租用方式向技术开发者或者企业客户提供数据存储、分析以及科学计算等服务。

广义的云计算是指厂商通过建立网络服务器集群，向各种不同类型客户提供在线软件服务、硬件租借、数据存储、计算分析等不同类型的服务。广义的云计算包括了更多的厂商和服务类型，如国内用友、金蝶等管理软件厂商推出的在线财务软件，谷歌发布的Google 应用程序套装等。

一般理解是，云计算的“云”就是存在于互联网上的服务器集群上的资源，它包括硬件资源（如服务器、存储器、CPU 等）和软件资源（如应用软件、集成开发环境等），本地计算机只需要通过互联网发送一个需求信息，远端就会有成千上万的计算机为你提供需要的资源并将结果返回到本地计算机，这样，本地计算机几乎不需要做什么（典型的瘦客户机），所有的处理都由云计算提供商所提供的计算机群来完成，其工作原理如图 13-1 所示。

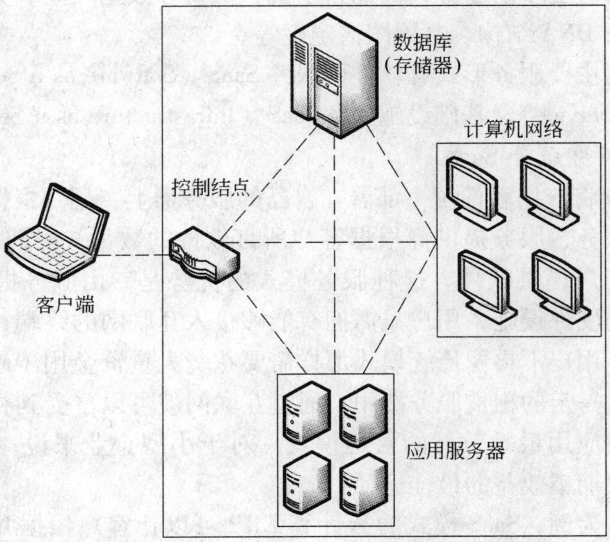

图 13-1　云计算工作原理

云计算借用了量子物理中的“电子云”（Electron Cloud）的名称，强调说明计算的弥漫性、无所不在的分布性和社会性特征。通过这项技术，网络服务提供者可以在数秒之内，达成处理数以千万计甚至亿计的信息，达到和“超级计算机”同样强大效能的网络服务。

传统模式下，企业建立一套信息管理系统不仅需要购买硬件等基础设施，还要购买软件的使用许可或自主开发，更需要专门的人员维护，企业的规模扩大时仍要继续升级各种软硬件设施以满足持续发展的企业需求。对企业而言，计算机等硬件和软件本身并非他们真正需要的，仅仅是完成工作、提供效率的工具而已。对个人来说，希望通过少量的付费，获得需要的数据、软件和服务，以节省更多资金。

云计算的最终目标是将计算、服务和应用作为一种公共设施提供给公众，使人们能够像使用日常生活中各种方便设施，如水、电、煤气和电话那样使用网络资源。

众所周知，网格计算是针对特定的需求，采用分布式计算的模式来处理用户请求，在短时间内做出响应，且结果不依赖于单个参与计算的计算机，甚至可处理复杂的内容，如 DNA 结构等。而云计算可以在任何时间、任何地点，通过云下的协商、付费之后，就可以获得相应的资源，来解决任何需求。如果需求量增加了，不需其他手段，只需额外的付费即可获得额外的资源来处理需求，即费用和使用的资源成正比，对人们生活方式的影响可以说包含了方方面面。也就是说，云计算可以解决任何需要，从特定软件的使用权，到数据的存储、公司的管理等。

13.1.2　云计算的主要服务形式与典型应用

云计算代表了一个时代需求，反映了市场关系的变化，谁拥有更为庞大的数据规模，谁就可以提供更广更深的信息服务，而特定软件和硬件的影响相对缩小。简单的云计算技术在网络服务中，如搜索引擎、网络信箱等，使用者只要输入简单指令即能得到大量信息。云计算的未来会有更多的服务，例如，手机、GPS 等数据收集、分析功能，或提供高级性能分析，如分析 DNA 结构、基因图谱定序等。

目前，云计算的主要服务形式有软件即服务 SaaS（Software as a Service），平台即服务 PaaS（Platform as a Service），基础设施服务 IaaS（Infrastructure as a Service）。

13.1.2.1　软件即服务 SaaS

SaaS 服务提供商将应用软件统一部署在自己的服务器上，用户根据需求通过互联网向厂商订购应用软件服务，服务提供商根据客户所订软件的数量、时间的长短等因素收费，并且通过浏览器向用户提供软件。这种服务模式的优势是，由服务提供商维护和管理软件，提供软件运行的硬件设施，用户只需拥有能够接入互联网的终端，即可随时随地使用软件。这种模式下，用户不再像传统模式那样需要花费大量资金用于硬件、软件、维护等方面，而只需要支付一定的租赁服务费用，通过互联网就可以享受到相应的硬件、软件和维护服务，这是网络应用最具效益的营运模式。对于小型企业来说，SaaS 是采用先进技术、以较低成本获得期望效益的最佳途径。

以企业管理软件为例，SaaS 模式的云计算 ERP 可以让客户根据并发用户数量、所用功能多少、数据存储容量、使用时间长短等因素的不同组合按需支付服务费用，既不用支付软件许可费用，也不用支付采购服务器等硬件设备费用；既不需要支付购买操作系统、数据库等平台软件费用，也不需要承担软件项目定制、开发、实施费用，更不需要承担 IT 维护部门开支费用。实际上云计算 ERP 正是继承了开源 ERP 免许可费用只收服务费用的最重要特征，是突出了服务的 ERP 产品。目前，Google Docs 和 Google Apps 属于这类服务。

GoogleDocs 是最早推出的云计算应用，是软件即服务思想的典型应用。它是类似于微软的 Office 在线办公软件。它可以处理和搜索文档、表格、幻灯片，可以通过网络和他人分享并设置共享权限。Google 文件是基于网络的文字处理和电子表格程序，可提高协作效率，多名用户可同时在线更改文件，并可以实时看到其他成员所作的编辑。用户只需一台接入互联网的计算机和可以使用 Google 文件的标准浏览器即可在线完成创建和管理、实时协作、权限管理、共享、搜索、修订历史记录功能，以及随时随地访问，这就大大提高了文件操作的共享和协同能力。

GoogleApps 是 Google 企业应用套件，使用户能够处理日渐庞大的信息，随时随地保持联系，并可与其他同事、客户和合作伙伴进行沟通、共享和协作。它集成了 Gmail、GoogleTalk、Google 日历、GoogleDocs、最新推出的云应用 GoogleSites、API 扩展以及一些管理功能，包含了通信、协作与发布、管理服务三方面的应用，并且拥有着云计算的特性，能够更好地实现随时随地协同共享。另外，它还具有低成本的优势和托管的便捷，用户无需自己维护和管理搭建的协同共享平台。

13.1.2.2 平台即服务 PaaS

PaaS 是把开发环境作为一种服务来提供。这是一种分布式平台服务，厂商提供开发环境、服务器平台、硬件资源等服务给客户，用户在其平台基础上定制开发自己的应用程序并通过其服务器和互联网传递给其他客户。PaaS 能够给企业或个人提供研发的中间件平台，提供应用程序开发、数据库、应用服务器、试验、托管及应用服务。以 Google App Engine 为例，它是一个由 python 应用服务器群、BigTable 数据库及 GFS 组成的平台，为开发者提供一体化主机服务器及可自动升级的在线应用服务。用户编写应用程序并在 Google 的基础架构上运行就可以为互联网用户提供服务，Google 提供应用运行及维护所需要的平台资源。

13.1.2.3 基础设施即服务 IaaS

IaaS 是把厂商的由多台服务器组成的“云端”基础设施，作为计量服务提供给客户。它将内存、I/O 设备、存储和计算能力整合成一个虚拟的资源池为整个业界提供所需要的存储资源和虚拟化服务器等服务。这是一种托管型硬件方式，用户付费使用厂商的硬件设施。例如，Amazon Web 服务（AWS），IBM 的 BlueCloud 等均是将基础设施作为服务出租。

IaaS 的优点是用户只需低成本硬件，按需租用相应计算能力和存储能力，大大降低了用户在硬件上的开销。

目前，以 Google 云应用最具代表性，如 GoogleDocs、GoogleApps、Googlesites 和云计算应用平台 GoogleApp Engine。

13.1.3 云计算关键技术

云计算是分布式处理、并行计算和网格计算等概念的发展和商业实现，其技术实质是计算、存储、服务器、应用软件等 IT 软硬件资源的虚拟化，云计算在虚拟化、数据存储、数据管理、编程模式等方面具有自身独特的技术。云计算的关键技术包括以下几方面。

13.1.3.1 虚拟化技术

通过虚拟化技术可实现软件应用与底层硬件相隔离，它包括将单个资源划分成多个虚拟资源的裂分模式，也包括将多个资源整合成一个虚拟资源的聚合模式。虚拟化技术根据对象可分成存储虚拟化、计算虚拟化、网络虚拟化等，计算虚拟化又可分为系统级虚拟化、应用级虚拟化和桌面虚拟化。虚拟机，即服务器虚拟化是云计算底层架构的重要基石。在服务器虚拟化中，虚拟化软件需要实现对硬件的抽象，资源的分配、调度和管理，以及虚拟机与宿主操作系统及多个虚拟机间的隔离等功能。通过虚拟机在不同物理节点上的动态迁移，迁移了整体的虚拟运行环境，可以获得与应用无关的负载平衡性能。

13.1.3.2　数据存储技术

云计算系统需要同时满足大量用户的需求，并行地为大量用户提供服务。因此，云计算的数据存储技术必须具有分布式、高吞吐率和高传输率的特点。云计算系统由大量服务器组成，同时为大量用户服务，因此云计算系统采用分布式存储的方式存储数据，用冗余存储的方式保证数据的可靠性。云计算系统用户与主服务器的交换只限于对元数据的操作，所有数据方面的通信都直接与专用数据服务器联系，这大大提高了系统的效率，防止主服务器负载过重。

13.1.3.3　数据管理技术

云计算的特点是对海量的数据存储读取后进行大量的分析，如何提高数据的更新速率以及进一步提高随机读取速率是未来的数据管理技术必须解决的问题。

13.1.3.4　分布式编程与计算

为了使用户能更轻松地享受云计算带来的服务，让用户能利用该编程模型编写简单的程序来实现特定的目的，云计算上的编程模型必须十分简单，必须保证后台复杂的并行执行和任务调度对用户和编程人员透明。

MapReduce 是 Google 开发的 java、Python、C++编程模型，它是一种简化的分布式编程模型和高效的任务调度模型，用于大规模数据集（大于 1TB）的并行运算。严格的编程模型使云计算环境下的编程十分简单。MapReduce 模型的思想是将要执行的问题分解成 Map（映射）和 Reduce（化简）的方式，先通过 Map 程序将数据切割成不相关的区块，分配（调度）给大量计算机处理，达到分布式运算的效果，再通过 Reduce 程序将结果汇总输出。

13.1.3.5　平台管理技术

云计算资源规模庞大，服务器数量众多并分布在不同的地点，同时运行着数百种甚至更多的应用，如何有效地管理这些服务器及相应的服务，从而保证整个系统提供不间断的服务是巨大的挑战。

云平台使用数据多副本拷贝容错、计算节点同构可互换技术来保障服务的高可用性，能够使大量的服务器协同工作，方便地进行业务部署和开通。任何单点物理故障发生，云平台都能快速发现故障和恢复系统运行，在用户完全不知情的情况下，通过自动化、智能化的手段动态地将服务转移到其他物理资源或物理节点上继续运行，无须停止运行在虚拟机平台上的应用程序，其进程迁移方法更加灵活，以此来实现大规模系统的可靠运营。可见，使用云计算比使用其他计算手段的可用性更高。

13.1.3.6　虚拟资源的管理与调度

云计算区别于单机虚拟化技术的重要特征是通过整合物理资源形成资源池，并通过资源管理层（管理中间件）实现对资源池中虚拟资源的调度。云计算的资源管理需要负责资源管理、任务管理、用户管理和安全管理等工作，实现节点故障的屏蔽、资源状况监视、用户任务调度、用户身份管理等多重功能。

13.1.3.7 云计算的业务接口

为了方便用户业务由传统 IT 系统向云计算环境的迁移，云计算应对用户提供统一的业务接口。业务接口的统一不仅方便用户业务向云端的迁移，也会使用户业务在云与云之间的迁移更加容易。

13.1.3.8 云计算相关的安全技术

云计算模式也会带来一系列的安全问题，包括用户隐私的保护、用户数据的备份、云计算基础设施的防护等，这些问题都需要更强的技术手段，乃至法律手段去解决。

作为先进的数据计算方式，云计算技术除了确实需要在安全问题领域引起重视并落实相应的措施，也应该看到其为安全带来的益处：

(1) 数据集中存储。可以减少数据泄露，并通过对数据的统一管理，负责资源的分配、负载的均衡、软件的部署、安全的控制，并拥有更可靠的安全实时监测。

(2) 事件快速反应。新型网络许可模式使取证准备更容易更充分，同时云计算也使取证更有针对性、取证时间更短，隐藏了取证痕迹，缩短存取受保护数据时间，由于服务器的分布广，也降低了服务器出错概率，获得了更准确的数据。

(3) 密码强度可靠。使用密码破解工具定期对密码强度进行测试，减少密码破解时间，并更能保证密码强度的可靠性。与之相对，设立密码破解专用机器，既可以提高工作效率，又可以减少敏感数据外泄和工作超负荷的发生。

(4) 日志无限记录。云计算日益完善日志索引机制，并扩展日志记录，其计费方式采用无限期记录和按次数收费两种方式。

(5) 提升安全软件。云计算突破了处理器的限制，带来了安全产品的整体提升。

(6) 可靠机制构造。

13.1.4 云计算发展面临的主要问题与挑战

尽管云计算模式具有许多优点，云计算技术的发展面临一系列的挑战。例如，使用云计算来完成任务能够获得哪些优势；可以实施哪些策略、做法或立法来支持或限制云计算的采用；如何提供有效的计算和提高存储资源的利用率；对云计算和传输中的数据以及静止状态的数据，将有哪些独特的限制；安全需求有哪些；提供可信环境都需要些什么。另外，如数据隐私问题、安全等问题，也日益受到关注。以下是云计算面临的主要问题与挑战：

(1) 数据隐私问题。如何保证存放在云服务提供商的数据隐私不被非法利用，这不仅需要技术的改进，也需要法律的进一步完善。

(2) 数据安全性。有些数据是企业的商业机密，数据的安全性关系到企业的生存和发展。云计算数据的安全性问题解决不了会影响云计算在企业中的应用。

(3) 用户使用习惯。如何改变用户的使用习惯，使用户适应网络化的软硬件应用是长期而艰巨的挑战。

(4) 网络传输问题。云计算服务依赖网络，目前网速低且不稳定，使云应用的性能不高，云计算的普及依赖网络技术的发展。

由此可以看到，云计算虽然给企业和个人用户提供了创造更好应用和服务的机会，但同时也带来了风险和挑战。例如，低成本的准入，使黑客能以极少的投入成本，就能获得极大的网络计算能力，一旦这些“云”被用来破译各类密码、进行各种攻击，将会给用户的数据安全带来极大的危险。所以，在安全问题和危险因素被有效控制之前，云计算很难得到彻底的应用和接受。

13.1.5　云计算的发展趋势

云计算将对互联网应用、产品应用模式和 IT 产品开发方向产生深远的影响。云计算技术是未来技术的发展趋势，也是互联网企业前进的动力和方向，未来主要朝以下三个方向发展：

（1）手机云计算。云计算技术提出后，对客户终端的要求大大降低，瘦客户机将成为今后计算机的发展趋势。瘦客户机通过云计算系统可以实现目前超级计算机的功能，而手机就是一种典型的瘦客户机，云计算技术和手机的结合将实现随时、随地、随身的高性能计算。

（2）云计算资源的融合。云计算最重要的创新是将软件、硬件和服务共同纳入资源池，三者紧密地结合起来融合为一个不可分割的整体，并通过网络向用户提供恰当的服务。网络带宽的提高为这种资源融合的应用方式提供了可能。

（3）云计算的商业发展。最终人们可能会像缴纳水、电、天然气费那样去为自己得到的计算机服务缴费。这种使用计算机的方式对于诸如软件开发企业、服务外包企业、科研单位等对大数据量计算存在需求的用户来说无疑具有相当大的诱惑力。

因此，作为信息系统的主要应用，可以借助云计算，来实施数据的采集、分析、计算等系统信息支撑工作，甚至辅助完成对管理和业务的再造，信息系统根据云计算的数据结果可以实施决策分析、业务管理、市场定位、服务拓展等工作。

13.2　信息管理理论前沿

13.2.1　信息服务

13.2.1.1　信息服务的含义

信息服务（Information Service）主要指对于分布在不同介质、不同结构类型、不同组织的数据进行处理并有效管理与监控，从而形成不同社会角色所需的信息、知识和决策，使服务成为更高效、更规范、更有序、更具有事务或商务应用价值的形式。其中，数据处理的细节包括很多内容，如采集、加工、整理、分析、评价、选择、计划、分解、组织、实施、计算、优化、存储、传递、检索、更新、研究。

13.2.1.2　信息服务的服务内容

（1）信息检索服务。将信息按一定的方式组织和存储起来，采取恰当的信息检索技术或方法，快速、准确地检索用户具体的需求信息及相关资源。

（2）信息发布服务。通过信息采集、加工、整理、评价、分析、选择、发布等工作，满足用户信息需求。

（3）信息咨询服务。实现用户信息导向性需求的服务，即，针对用户的具体需求，以专门或专业的知识、信息、技术、技能和经验为资源，对项目做分析论证，对信息进行处理，提供解决方案、策略、建议、意见、规划或措施，以期降低组织运营风险，提高收益水平。

（4）信息决策服务。依据行业、专业、环境不同，实施具体需求的信息提取和发掘，提供合适的决策方案，供用户选择、确定。

（5）信息安全服务。适应各类组织机构安全管理的需要，为其提供从高端的全面安全体系到细节的技术解决措施的全面或部分信息安全解决方案的服务，提供有针对性的、个性化的、模块化的、可供任意选择的、周全的安全服务体系。信息安全服务目前主要的几个重点服务方向包括安全咨询服务、等级测评服务、风险评估服务、安全审计服务、运营维护服务、安全培训服务等。

（6）信息过程服务/跟踪服务。全程跟踪信息来源、传播途径、目的，满足用户对过程信息监控与利用的需求。例如，针对政务信息公开的内容进行跟踪、审计、评估。

（7）信息增值服务。提供纵横两个方向的信息增值服务，即依据用户需求提供信息的二次、三次……深度开发，并在相应开发环节改进信息的组织利用方式，以更专业化、精细化的服务使信息得到更充分、更有效的综合性利用。

（8）信息渠道服务。为用户提供信息服务时对所使用的渠道做出决策，如采用分销渠道，由多级中间服务单位分解信息任务、分担责任与风险，并突破地域性服务界限；采用直销渠道，将信息产品及服务直接提供给终端用户，提供低成本信息、个性化服务、及时的信息反馈。渠道服务形式采用如下方式：信息服务代理、信息产品代销、信息经纪。

（9）信息容量服务。充分利用网络资源，提供大容量信息和有效性服务。

（10）信息技术服务。提供实用的、先进的、高效的技术培训、技术支持、技术外包等。

（11）信息平衡（信息对称）服务。采用的方式、方法有很多。例如，与信息交互双方签订事务或商务必要内容的细则保密合同，此外的所有信息无障碍公开，并予以实时监督、跟踪、检查，保证各方实施信息处理时，在一定程度上信息地位对等。

（12）信息资源整合服务。对各组织机构信息资源和服务进行整合，作为统一入口，依托网络通信平台和组织机构信息资源的共享运行机制，整合、管理各类资源，并致力于为信息资源的采集、整理、分析、贮存、管理、开发利用，营造一个更为良好的商务和事务运行环境，其实质是在系统内实现对这些多源异构数据的统一管理，以实现综合、融合、整合信息资源的目的。

（13）信息个性化服务。针对各类客户的具体需求，提供适合的服务内容，做好个性化定制、设计、实施、服务等一系列工作，提高客户的满意度。

13.2.2 信息管理

13.2.2.1 信息管理思想

所谓信息管理（Information Management，IM），是指对人类社会信息活动的各种相关因素（主要是人、信息、技术和机构）进行科学的计划、组织、控制和协调，以实现信息资源的合理开发与有效利用的过程。它既包括微观上对信息内容的管理——信息的组织、检索、加工、服务等，又包括宏观上对信息机构和信息系统的管理。因此，信息管理是在整个管理过程中，人们收集、加工和输入、输出信息的总称。信息管理的过程包括信息收集、信息传输、信息加工和信息储存。

通过制定完善的信息管理制度，采用现代化的信息技术，保证信息系统有效运转的工作过程，既有静态管理，又有动态管理，但更重要的是动态管理。它不仅要保证信息资料的完整状态，而且还要保证信息系统在“信息输入→信息处理→信息输出”的循环中正常运行。

信息管理是人类为了收集、处理和利用信息而进行的社会活动，它是科学技术发展、社会环境变迁、人类思想进步的必然结果和必然趋势。

13.2.2.2　信息管理模式

根据对众多组织信息应用和开发历史进行研究的结论，总结出四种典型的信息管理模式：

（1）信息独占。指信息特权集中在少数人手里。尽管少数高级经理人能够得到一些有用的信息，但常常需要通过昂贵的信息系统——经理信息系统 EIS，才能获取。

（2）信息混乱。即信息的无政府状态，人人都可以构建自己的信息系统，处于混乱状态。信息无政府状态源于个人或部门把所需的信息均纳入自己的掌握之中，其结果是各自为政的数据“领地”或“地下”数据库的迅速产生。由于这些“地下”数据库建立在互不兼容的软硬件平台和应用基础上，根本无法连通。这种无政府状态下固有的混乱等缺点对内部沟通和企业赢利造成了严重的破坏。

（3）信息民主。信息流可以自由流动，但处于可控状态；通过向员工提高准确的信息，下放决策权而赋予企业更快更敏捷的行动能力。民主化和授权的程度越高，信息的价值也就越大。而越倾向于打破机构界限，信息的价值也就越大。

（4）信息联盟。信息联盟超出了单个机构的范围，它使信息更加民主化，在企业边界建立了信息公共沟通机构，通过外网延伸到客户、供应商和合作伙伴的战略联盟，走一体化、智能化信息管理道路。企业外的用户，可以获取、分析和共享信息，这些能够利用增值信息提升其产品和服务的公司将能够向客户提供更有价值的建议，并最终赢得客户忠诚。

13.2.2.3　现代信息管理方式

随着信息技术的日新月异，除了传统的口口相传、书面文字传播、媒体报道之外，融入了计算机技术、高性能计算与存储技术、远程通信技术、多媒体技术等的信息管理与服务方式也在发生着剧烈的变迁，几种典型的方式如下：

（1）交互式信息服务。通过用户平台（传媒设备、计算机、移动设备等交流平台）与用户交互，实现个性需求导向服务。

（2）嵌入式信息服务。建立以用户为中心，将资源嵌入到用户的工作环境，实现各种服务无缝式链接的服务模式。为用户提供准确、方便、快捷的服务，最终满足用户需求。

（3）云服务。以公开的标准和服务为基础，以互联网为中心，提供安全、快速、便捷的数据存储和网络计算服务，使互联网成为数据中心和计算中心，从而体现互联网的自由、平等和分享精神。

（4）虚拟化服务链体系。将各类相关资源和服务按一定方式组织起来，形成一个具有核心运营与服务理念、开放的客户群和资源、需求最大化的网络价值链。

(5) 移动数字图书馆服务。移动用户通过移动终端设备，以无线接入方式获取数据图书资料，功能上拓展数字化图书馆。

(6) 信息中介/代理服务。改革传统的中介/代理服务机制，着重于信息资源的整合、分析、优化、共享，平衡信息各方的需求，追求尽可能的公开、公平、公正。下面对这一服务模式做较详细的介绍。

13.2.2.4 信息服务中介/代理

大力发展信息服务中介或代理（Information Service Agency）性质的信息管理机构，对于信息的有效利用、监管具有积极的意义，通过中介/代理性质的组织机构及相关功能，可以在一定程度上提高信息资源利用的效能。

在信息服务中介/代理的发展过程中，需要秉承如下的建设思路：

(1) 行业自律。加大同行业中介实体合作力度，积极发挥行业协会的职能，制定并实施行规，加强信息服务行业的自律。

(2) 权威合作。加强与政府机构或行业权威机构的合作，为信息服务与管理中介提供良好的外部环境和支持，也有利于提高中介的信用度和权威性。

(3) 业务拓展。加强与各类组织的联系，拓展业务范围、拓宽市场与经营渠道、开发潜在客户巩固已有客户群，提高服务质量和客户忠诚度。

(4) 市场培育、协作交流。在政府的引导和相关组织机构的协作下，大力培育信息专业化服务市场，加强行业内相互间的交流与沟通，建立平等竞争机制及相关行规。

(5) 人才优化。注重培养相关信息服务专业人才，不断优化人才结构，提高人员素质与技能，鼓励人员的自我充实，提供人才价值实现机遇与发展空间。

(6) 项目带动、特色发展。加大项目引资和项目培育力度，发展区域性、特色性项目，支持地方事务与经济发展。

(7) 品牌引进。以项目为平台，地方发展为动力，引进国内外知名的相关信息服务中介机构的成功经验，加强理念与技术、服务与质量、效能与合作等的开发力度。

(8) 重点扶持。对管理规范、机制完善、运营健康、发展良好的中介服务机构采取重点扶持，尤其对于有地方特色的重点行业，逐步打造成地方品牌，使其能够切实地结合地方事务与经济实际，同时做好信息中介的培育发展、政策优惠与工作支持。

(9) 技术支撑。引进（即购买）、独立或合作开发强大且实用的信息处理技术及工具，并实现技术的应用、改造、升级，为信息服务提供可靠的技术保障。

(10) 安全为重。信息安全与保障技术、机制的不断更新，对于信息服务管理有着特殊的意义，在其提供的内容服务和质量保障方面，起着重要的作用。

(11) 同质优化。同质化并优化同类产品或服务信息，搭建信息服务的专业平台，更科学、更规范、更专业地提升服务质量和行业竞争力。

(12) 异质特化。异质化并个性化信息决策方案的提出与实现，能够根据信息服务各方的发展特点提供有针对性的服务。

(13) 思维创新。创新信息服务的模式、方法、内容、理念与管理机制，使信息服务与管理中介符合社会发展潮流，构建高质量、先进性、国际化的思维。

(14) 服务对称。信息的对称/对等/平衡服务，是信息服务中介矢志不渝的工作，只有在一定程度上有对称（不是绝对的对等），相应的信息服务才有价值，才能较为真实地反映实际的事务或商务活动过程，才能为信息交互各方所接受。

（15）专业运营。采用专业化运营模式，使提供的服务更有专业水准，更具有规范性、可操作性和质量保证，避免非专业性导致的各类损失。

（16）多元发展。针对组织机构的具体需求，从内容到范围逐步实现专业化、规范化，向技术、管理和工程等多元方向发展。

13.3　信息道德体系

目前，有关信息的法律、道德、伦理问题受到越来越多的重视。最初，信息道德问题多发生于计算机应用过程中，表现为个人隐私、商业秘密和部门事务性内容的侵权、盗窃、销毁、恶意破坏等行为，会引起巨额损失和社会混乱。随着社会信息化建设进程的深入，信息道德也就突破了原来的界限，向着更危险的方向发展。信息技术与信息系统的利弊，很大程度上取决于使用者的道德行为。

因此，我们应当清楚什么是道德的、合乎伦理的和合法的行为，了解信息化可能带来的负面危害。作为组织机构的高层领导者，在企业中更应注重建设信息道德文化，明确信息服务与管理人员应履行的职责和任务，并注重信息伦理建设，对员工和相关合作者进行信息道德素质培养。

13.3.1　信息系统与商业伦理

13.3.1.1　道德、法律与伦理

道德是关于对或错的信念习惯，是人类社会特有的一种现象，是历史的习俗，是调节人类行为的最基本手段，是一种普遍的社会行为准则，它由一系列规则组成。这些信念、观念和习俗是通过不断地学习和积累获得的。作为一种思想意识，它是由社会的生产方式和社会制度所决定的，同时又受一个国家的历史文化的影响。

法律是引导行为的至高无上的正式规则，它是由政府强行制定、强力机关保障实施的。由于计算机是新事物，而且自身还在不断地演变，因而至今关于计算机的法律还很少。

伦理是一个社会的道德规范系统，是指引信念、标准、理想的框架，赋予人们在动机或行为上的是非善恶判断之基准，它渗透个人、群组或社会。和道德不同，伦理可能因不同地区或国家而有很大的差异。商业伦理（Business Ethics）是一种规则、标准、规范或原则，它提供了组织经济活动中的正常行为准则。对于信息系统的使用者、开发者、系统分析师，以及信息政策制定者来说，不仅需要有商业伦理的素养，同时也要有专业的伦理观念，这些规范信息系统相关人员的道德系统，就称为信息系统伦理。信息化衍生出许多如隐私权、信息存取权、智能财产权以及信息错误责任归属等各种因利益冲突所带来的伦理议题。

随着信息化的建设与发展，信息产品不仅使得一些原本就存在的伦理议题慢慢地在社会中发酵、扩散，同时它也带来一些新的伦理议题，其产生的主要原因包括：

（1）网络通信与计算机的使用会改变人与人之间的关系，使得人际间的接触降低，并且因沟通的速度太快以至于信息人员没有足够的时间去辨别道德行为，并防止不道德行为

的出现。

(2) 当信息以电子形态存在时，便比以纸张的形态来得“脆弱”，因为它容易被篡改，易招致未授权的存取。

(3) 在保护信息的整体性、机密性及可用性上所做的努力常与信息共享的好处之间存在冲突，“鱼与熊掌”兼得往往是不现实的。

(4) 在缺乏授权与认证工具的情况下，信息技术的应用常引起不道德的行为。而电子交易、电子认证、电子授权等，对于绝大多数使用者来说，对其并不是十分了解。因此，于懵懂之中甚至完全不明真相中，有可能触犯、陷入、游走于道德伦理底线之中。

13.3.1.2 信息道德

由于信息技术对社会产生影响，从而产生了许多伦理、道德问题。主要的有隐私问题、犯罪问题、健康问题、工作条件问题、个性问题、雇用问题等。在所有这些方面，信息技术均有有利一面和不利一面。例如，生产过程的信息化能改善工作条件，提高职工满意度，但又面对如何保证产品高质量和降低成本的问题，作为部门负责人，应当考虑技术和非技术因素，使负面影响最小，而使受益尽可能大。因此，信息技术与信息系统应用于个人、组织和社会的过程中，信息道德、伦理和立法起着很大的作用。信息道德、法律、伦理的教育、观念与素质培养工作势在必行，这是关系到信息化环境和信息化效益的重大问题。

信息道德（Information Morality）是指在信息的采集、加工、存贮、传播和利用等信息活动各个环节中，用来规范其间产生的各种社会关系的道德意识、道德规范和道德行为的总和。它通过社会舆论、传统习俗等，使人们形成一定的信念、价值观和习惯，从而使人们自觉地通过自己的判断来规范自己的信息行为。

信息道德作为信息管理的一种手段，与信息政策、信息法律有着密切的关系，它们各自从不同的角度实现对信息及信息行为的规范和管理。信息道德以其巨大的约束力在潜移默化中规范人们的信息行为，而信息政策和信息法律的制定和实施则必须考虑现实社会的道德基础。所以说，信息道德是信息政策和信息法律建立和发挥作用的基础；而在自觉、自发的道德约束无法涉及的领域，以法制手段调节信息活动中的各种关系的信息政策和信息法律则能够发挥充分的作用；信息政策弥补了信息法律滞后的不足，其形式较为灵活，有较强的适应性，而信息法律则将相应的信息政策、信息道德固化为成文的法律、规定、条例等形式，从而使信息政策和信息道德的实施具有一定的强制性，更加有法可依。信息道德、信息政策和信息法律三者相互补充、相辅相成，共同促进各种信息活动的正常进行。

信息道德主要涉及隐私问题、正确性问题、产权问题和存取权问题等方面，具体如下：

(1) 隐私问题。即要树立标准，规定在合适的安全保障条件下，关于个人或单位的信息内容的知情权、发布权等，包括什么信息必须由他们自己发布，什么样的信息他们自己可以保存，可以不被强迫发布。

(2) 正确性问题。明确信息管理责权，以保证信息的权威性、可信性和正确性，统计错误并予以解决。

(3) 产权问题。它涉及信息与传输信息的渠道的拥有权、信息交换的公平价值，以及如何分配这些稀有的资源等问题。

（4）存取权问题。即信息的保存、获取对于不同岗位人员的权限，以及相应的安全保障。

需要指出的是，法律问题需要通过法律观念教育、法律条文限制和严格执法，来达到规范或约束人们行为的目的，而道德问题不能通过行政命令、强制手段予以解决，只能通过长期的潜移默化的教育，往往是在道德问题形成一致观念和成为社会普适准则后，再以法律形式固定下来。在处理信息技术及信息系统所带来的道德问题时，有四项基本的信息道德原则需要遵守：

（1）优势原则。收益大于风险，且信息技术应用、信息系统开发、信息伦理建设的综合设计方案是优选的解决方案，具有不可替代性。

（2）获许原则。对新技术的影响应当事先知道，使用适当的技术或理论评测，验证并同意接受可能遭遇的风险及损失。

（3）公正原则。必须公平、公正、公开地分配技术带来的收益和负担。责权利明确，风险与收益并存。

（4）风险最小原则。即使以上原则均被接受，通过适当的前期模拟，技术的实现也应尽可能避免不必要的风险。

道德上的公正也有利于法律的执行。考虑信息道德问题对决策的影响，是每个企业领导者责无旁贷的任务。通过形式多样的道德文化形式，组织建立良好的道德文化秩序，就要涉及组织的各管理层次的所有员工的行为、价值、观念、理念、思想，这其中也存在着一般性规律可作为信息道德的借鉴。

（1）主体思想或意志。主体思想或意志即信条，是反映组织价值观的简明、精练的语言。目的是使组织内外部的人员和组织，清楚了解公司的价值观、运营理念。它又反映在各个方面，例如，对消费者的承诺和服务、对员工的承诺和责任、对社会的承诺和义务等。

（2）道德活动程序。有一些活动主要用来进行道德精神教育，例如，员工职操培训、新员工入岗培训等，还有道德审计，审核各部门如何落实公司信条等。

（3）道德法典。在公司法典中划出一部分专门用来规定道德标准。有些专业的信息组织也规定了这些道德准则。

13.3.1.3　信息系统伦理

目前最重要的信息系统伦理问题，包括信息技术产品知识产权、隐私权、机密、信息技术专业质量、公平性、责任、软件风险、利益冲突及授权存取等。具体内容如下：

（1）信息技术产品知识产权。信息技术产品知识产权是指信息资源的拥有者具有对该信息资源持有、处置及使用的权力，信息系统相关人员应该避免盗用别人的软件与抄袭别人的设计理念。

（2）隐私权。隐私权是对个人信息的一种保密，电子监听、偷窥别人电子邮件或贩卖客户信息等行为都可能侵犯隐私权。信息系统相关人员在搜集、储存、处理及传送信息时应该重视信息所有权人的隐私权。

（3）机密。机密指的是信息系统相关人员对信息的保护。

（4）信息技术专业质量。信息技术专业质量指的是信息系统相关人员应致力于提升信息系统的工作质量。

（5）公平性。公平性指的是信息系统相关人员应该以公平、诚实、客观的观点来提供专业服务，不应该有歧视的行为。

（6）责任。责任指的是信息系统相关人员应该了解及遵守现存专业相关的法令，并接受个人工作上的责任，未经完整测试的信息产品不可交付给使用者。

（7）软件风险。软件风险指的是信息系统相关人员对于对计算机系统的冲击应有完整的了解及详细的评估，特别是风险上的分析，避免让计算机系统产生不良的后果。

（8）利益冲突。利益冲突指的是信息系统相关人员应该在责任及权利中取得平衡，在产品的设计、开发和应用中不能伤害大众的利益；

（9）授权存取。授权存取指的是只有在授权下才能使用计算机及通信资源。

在组织中，应当制定适当的信息系统伦理守则，对上述各个方面的信息系统伦理问题加以管理。信息系统相关人员应当培养起自觉的伦理意识，遵守信息系统伦理守则。

13.3.2 信息系统分析员的道德修养与素质要求

13.3.2.1 信息分析人员的基本修养

信息系统的开发和运营是依靠一支专业队伍来完成的。这支队伍包括信息系统分析员、高级程序员、计算机技术专家（硬件或软件系统专家）、业务员、信息录入人员等。其中，信息系统分析员是带头者，因此在后续的表述中，将以信息系统分析员作为典型的代表，其他信息系统成员的道德修养及素质能力要求可以借鉴。

信息系统分析员是技术和管理之间的桥梁，是领导和员工之间的沟通渠道，是不同思想的高级翻译/交流人员，更是组织机构管理、业务、技术变革的先驱和信息系统应用的实际主持者。信息系统分析员在系统开发过程中需要不断地充实自己，学习并掌握先进技术、先进管理模式、先进运营理念，从而把握管理和技术的发展趋势。信息系统分析员是现实的革新者，他们应能提出变革现实的方案，而且要善于处理矛盾，因势利导，组织实施。他们不仅要懂管理，而且要懂技术；他们要善于沟通、协调与组织，尤其是处在不同的管理角色或层次的人员。通过他们把技术与管理、领导与群众结合起来。

被赋予如此重要的使命，因而要求信息系统分析员应具有系统而深入的专业知识，实用广泛的社会知识，要有计划、沟通、协调、组织、控制和监督的工作能力，更要具备良好的道德素养，以便使系统有较好的道德基础，不至于引起相关的道德风险。

信息系统分析员最基本的修养是有高尚的信息道德，包括以下几方面。

A 心存远大的理想和正确的信念

这是正确的世界观、价值观或人生观。符合科学的观点和观念就是正确的，就应积极支持，努力贯彻；不符合科学的，就要努力把它变成科学的。相信科学也就是相信真理，相信真理最终一定能战胜谬误。科学发展观基础巩固的人，就绝不会弄虚作假，欺上瞒下。

远大的理想就是对未来有美好的憧憬，就是有美好的愿景。愿景就是长远要达到的美好的目标。心里怀着大目标，做事的方向就不会偏差或错误，百折而不悔，披荆斩棘，最终就会达到目的；否则，很可能一事无成。

B　要有不断进取和勇于奉献的精神

信息化事业是未来化事业，是走在时间前面的事业。面对未知的世界，我们需要不断进取和勇于探索，而不是墨守成规、稳步甚至停滞不前。信息系统分析员要有超前意识，要去触摸信息系统项目相关领域的前沿和未知，感受、试探、试验各类变革思想和技术。

最高尚的道德首先表现为奉献，无论社会制度如何，无论从古至今，被推崇为道德高尚者，最重要之点均在于奉献。作为一个社会人，尤其是一个系统分析员，在组织开发信息系统时，要有为组织机构发展做奉献的精神，这样才能融入到组织中，深入了解组织的相关业务、管理等，甚至企业文化，只有如此，所开发的信息系统才能更符合组织机构的实际需求。

C　要有顾全大局和团结协作的精神

任何一项信息系统的工作都是一项团队工作，不是一个人能够完成的。作为项目的组织者、策划者，信息系统分析员要以身作则并教导项目成员树立团队意识，摒弃小团体意识，即成员能识大体、顾大局，事事处处想着集体，想着项目。

D　要有助人为乐和乐观热情的精神

经常助人为乐，就能树立良好的形象，可以获得更多的信息，营造良好的系统开发环境。信息系统分析员推行信息化，是帮助组织以低成本、高效率、高质量地完成工作任务，并辅助组织完成人员分流、人员价值增值。

13.3.2.2　信息系统分析员的能力素质要求

在信息系统开发过程中，信息系统分析员要实施计划、组织、指挥、协调和控制等管理职能，他们不是程序员，也有别于企业的具体业务部门管理者，他们应该是信息项目及相关人员的计划者、组织者、指挥者、协调人员和监控者，因此，他们需要具备如下能力：

（1）宏观项目的掌控能力。即信息系统分析员要有抓住整体目标的能力，要能认识到目标的重要性、关键性、可达性等，要具备一种需要与可能的综合判断能力。系统分析员要善于根据环境状况、资源状况、企业文化状况做出综合判断。

（2）信息技术开发与项目管理能力。即掌握主流系统开发技术，具备数据的采集、整理、加工、分析、决策等技能，要有一定的项目管理经验。这些要求也是系统分析员在技术和管理方面的必备素质。

（3）资源组织能力。它是根据目标系统的需要估计和收集相关资源的能力，这些资源包括管理资源、经济资源、技术资源、人力资源、社会资源等。信息系统分析员应能掌控资源的供应、交流、沟通渠道及后备资源的储备，以保证当用到某种资源时，资源能及时到达，或有可替代资源，做到资源可用可取、准时供应。

（4）动员能力，或造势能力。就是要求信息系统分析员能做好思想动员，做好舆论准备，在项目可行的前提下，争取绝大多数的人同意、支持这个项目，心往一处想，劲往一处使，同心同德，同舟共济；另外，动员领导出面参与、支持和发起信息系统建设是信息系统分析员的一种基本功；领导的行政资源是信息系统的基本保证，在领导的支持下，才能协调各类资源，并获得资金与技术支持。

（5）计划与控制的能力。计划是将已有的资源针对目标安排好，排出进程。在进程实施中，信息系统分析员对关键点和关键应时刻进行检测并纠正，同时制定相应的激励和奖惩机制。需要注意的是，安排计划要有冗余度，以备必要的和非必要的偏差，一旦进入状态，就不断加速，一气呵成，完成得干净利落。而最后的扫尾工作不要拖，要做好信息系统的说明和鉴定等。

13.3.2.3　信息系统分析员的知识结构

信息系统分析员的知识结构包括企业基础知识、信息系统基础知识、信息系统理论、信息技术等。其知识能力可以用模型表示，如图 13-2 所示。

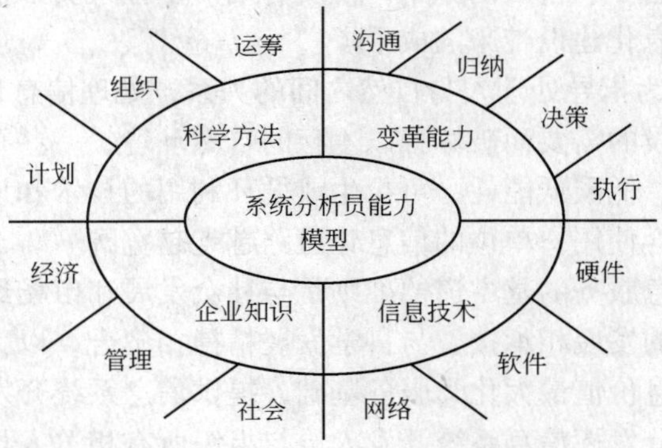

图 13-2　系统分析员的知识能力结构

信息系统分析员具体行为的基本功如下：

（1）敏于分析。分析针对组织的各类数据，包括流程、管理功能、报表数据、生产原始数据、客户信息等。

（2）勤于倾听，乐于纳谏。无论意见是否正确、良苦、正反，学会并善于分析传达有价值的信息。

（3）善于表达。和不同角色的人员，采用合适的表达方式、简单易懂的语言进行交流和沟通。能抓住重点，条理性逻辑性强，而且要有鼓动性、趣味性、艺术性。系统分析员还要有很强的反馈能力，根据听者的情绪不断调整自己的内容。

（4）美于表示。在系统开发过程中，需要编制诸如课题申请报告、需求调查报告、系统分析报告、设计说明书、使用说明书、系统运行报告、鉴定验收报告等，这些报告要客观、真实、确切、详尽、简练，同时也要不落俗套、推陈出新，以各种新颖的表达方式和内容与各方面进行沟通。

13.3.3　信息系统职业道德

13.3.3.1　信息服务的道德准则

从社会功能属性看，道德是一种调节人与人、人与社会集体、人与自然三层利益关系的行为规范，道德准则是指那种含有一种具体道德要求的规范。我们在分析信息基本道德准则时，必须以现实信息时代为背景，信息管理模式为依据，以这三个层面的相互关系为切入点来展开。

（1）以信息系统建设和信息决策服务为核心，将为客户服务的理念贯穿于基本道德准则和规范体系之中。这就要求为客户服务，解决客户的需求，为客户提供有价值、实时的决策技术支持、系统解决方案、系统实施计划，甚至包括管理与业务的变革建议。不能弃客户于不顾，完全以自我为中心，不考虑客户实际。

（2）以系统开发人员的基本职业道德规范为基础处理与客户之间的关系。要谨守职业操守，热情服务客户，提供信息保障、决策支持、系统运营服务。

（3）以维护用户单位的整体利益为原则，处理系统开发人员与用户单位的关系。系统开发人员应协调、维护用户单位的整体利益，而不是单位某些领导或个人的私利。所以，信息支持要秉承公开、公平、公正的原则，使所有用户单位人员都能在一定程度上享有与其工作性质相适应的信息化建设带来的成果。

（4）以科学发展观为指导处理人与自然之间的关系，处理信息化与环境、自然的协调发展，不因为信息化建设的需要而破坏赖以生存的自然环境，一些重污染、高耗能、低效能的设备要被清洁环保、低碳低能耗、可再生或循环利用的技术和设备取代，实施可持续的、科学的信息化建设会使用户单位的信息化道路越走越宽阔。

综上所述，当代信息服务的基本道德准则是与社会发展和市场经济相适应、与法律规范相协调、与组织文化的发展相承接、与科学发展精神相契合，以为客户服务为核心、维护用户整体为原则、信息价值最大化为服务基础，提供信息系统开发与建设服务和信息技术支持为基本内容，充分发挥信息系统开发人员与组织所有相关人员的主动性，体现平等友爱、公正无私、和谐发展的职业道德。

这样的道德规范体系，其核心理念概括为：强调信息服务权利与义务的统一、自由与规范的统一；坚持维护个人合法利益、集体公共利益与积极承担社会服务责任的统一；坚持公平公正公开与合作互信、团结互助的统一；坚持追求经济价值与组织文化的统一。

在制定具体准则时，例如，信息系统建设人员要“严守商业机密，不经用户的审核通过，不得泄露任何有关的信息化建设内容”；“信息系统开发过程中，必须严格按照规范的设备安装、程序开发、服务维护等要求和规程进行项目建设”；“相关人员要保持不恃才傲人、尊重他人劳动成果的正确交往态度和品格”等，可结合信息服务领域制定并实施具体的准则。

13.3.3.2　信息系统职业道德范畴与规范

道德范畴是那些含有一类道德要求的规范，道德范畴一方面要服从道德原则，是比道德原则要小、要次要的道德规范；另一方面，道德范畴又是包含并能派生多种具体道德准则的道德规范，比道德准则要大、要重要。例如，信息系统建设人员要“严谨”、“公正”、“进取”、“敬业”等。

规范是人类社会生活中普遍存在的现象，是一种标准、一种准则，常见的规范就是法律规范和道德规范。道德规范不同于法律规范，是人们在日常生活中逐渐形成的，靠社会舆论和个人良心来起作用，具有非制度性和非强制性的特点。在其形成之初，与图腾、禁忌、风俗、礼仪是混杂的，随着人类社会的发展，道德规范则发展成为约束人们行为和内心的一种准则。

道德规范之所以具有道德命令的成分，之所以具有约束他人的效用，是因为道德规范首先具有他律性。道德的他律性就是指道德主体赖以行动的道德标准或动机，表现为一种外在约束力，受外在的支配和节制。此外，道德规范还具有一种外在导向功能，即对道德主体的行为具有引导作用，告诉人们不能做什么或能做什么。道德规范的约束性和导向性是统一的，约束性是从不应当的角度来理解道德规范，而导向性是从应当的角度来理解道德规范。

信息系统的道德范畴及规范内容，可依据所处具体行业及业务领域，切实制定符合自身发展需求的要求、约束及相应遵守的道德条款，在这里不做具体描述。

13.3.3.3 信息系统道德原则

道德原则是含有根本性道德要求的规范。所谓“根本性道德要求”，就是比其他所有道德要求都更基本、更重要的道德要求。在信息系统道德建设中，道德原则适用于所有的信息系统建设与信息管理活动中的事务，而上面提及的道德准则或道德范畴则只适用于具体信息服务活动的某一项事务或一类事务。

在信息系统道德规范体系中，道德原则均处于最基础的地位，即“基本道德规范”或“基本规范”，而信息系统内的其他所有道德规范，不论是处于表层具体描述信息道德职业操守的道德准则（具体的条款），还是处于中层关于信息系统行业领域共同遵守的道德范畴，都从属于道德原则，既要以道德原则为根据，又要服从道德原则，并与道德原则保持一致，否则就会被从道德体系内剔除掉。所以，信息道德原则就是信息系统道德规范体系中创构并决定其他所有道德规范的规范，类似于宪法与其他法律的关系。例如，价值功利论的“经济利益至上”原则和社会本位论的“社会价值至上”等。

13.3.3.4 信息社会的权利与义务

权利与义务是一对紧密相连的概念。提到权利，就会想到义务，反之亦然。权利的内涵十分广泛而模糊，很难下一个确切的定义。权利与义务既是法律规范中一对重要的范畴，是法律关系的内容，也是道德规范中的一对重要的范畴。

前面提及的道德规范，其他律性直接表现的就是道德义务。由于道德义务包含着最明白无误的道德命令，所以对人们具有无可置疑的外在约束力和外在导向性。道德义务是生活在某一社会中的人们所时常感受到的对社会、对他人的一种职责，可以表现为对国家的义务、对家庭的道德义务、对朋友的道德义务等，而信息道德义务则表现为对所开发信息系统的责任和用户单位的义务。与法律义务不同的是，道德义务及信息道德义务是无偿的，是相关人员必须无条件做的。

道德规范的内容中包含了权利，道德权利就是依据道德应该得到的东西，是作为道德主体的人应享有的道德自由、利益和对待。道德主体在履行一定道德义务、做出具有无偿性动机的高尚行为后，也应该享有相应的道德权利，例如，受到他人的尊敬和赞誉。从社会和他人而言，则应对这种奉献精神给予褒奖、肯定，使尽义务的人、奉献者得到社会和他人公正的评价、报答。从而，道德主体因其行为动机高尚和社会的公正评价而产生生命崇高感，产生被尊重的愉悦和满足感。因此道德义务的无偿性、道德行为的非功利动机性、自我牺牲精神，不应成为否认甚至剥夺道德权利的口实。

这里我们提及的权利与义务，主要基于信息社会这个大背景来讨论。在信息社会，尤其是实施信息化建设的组织机构中，根据组织机构自身的规章制度、行为规范、操作规程、人员分工等，支持不同岗位的人员享有相应的信息化建设成果，包括信息权利和需要履行的信息建设支持责任与义务，使各享其应所得、各尽其应负责。

13.3.3.5 数字知识产权与保护

数字知识产权（信息产品知识产权）是权利人对其信息化智力成果所享有的人身权和

财产权的总称，具有专有性和不可侵犯性。信息的网络传播与信息产品知识产权的保护之间存在一定的矛盾。网络是全球性的，人们可以利用互联网进行信息交流和资源共享，其公开、公用、大容量、快捷的特点，与使用信息知识产权产品的申请流程繁杂、多道使用需求审核、时效性差、权利人的授权许可等特性相背离。因此，权利人的专有权受到网络高度发展的制约，从而削弱了信息产品知识产权的专有性、及时性、有效性。如何处理好信息化建设中所涉及的知识产权问题，对数字知识产权的建设和发展至关重要。

信息资源数字化及相关服务过程中，会涉及信息产品的数字化使用、版权及其使用的授权问题。信息产品的信息化，是组织机构的管理机制变革、业务流程再造、信息技术实用、人才资源梳理等方面的系统综合反映，是组织智慧的创新，而不仅仅是原有组织系统的一个复制行为；是所有相关人员的集体劳动成果，而不仅仅是组织机构的某些个人行为。知识产权法律及相关规定保护产权所有人对其智力创造成果所有权的同时，也保护其成果许可使用后获取报酬的权利。

因此，根据国家版权局及相关产品认证规定，组织机构享有专有财产权，未经所有相关人员的许可或授权，其他组织机构或个人不得擅自通过各种方式获得其使用权，甚至窃取其所有权，若如此，需要承担侵权责任和受到法律处罚。

显然，对于信息系统及相关产品的使用，在授权的状态下是合法的，但如果对这些信息资源的过多扩大使用或无限制地无偿使用，会使产权人的利益受到损害，从而会使信息资源产品、服务等生产活动的积极性受到抑制，那么，信息资源的数字化过程就具有侵犯著作权的嫌疑。

如何进行有效的知识产权保护，可从以下方面考虑：

（1）充分行使相关法律中的“法定许可”、“合理使用”权。法定许可是指在法律规定的范围内，可以不经过版权所有人的许可而使用其作品，但应向版权人支付报酬的一种制度，也是版权制度下的一种权利限制。通过“法定许可”合理使用，可以解决部分信息化建设中信息产品的知识产权问题。对于公共信息资源部分，若是可以公开的内容，是基于服务并且无任何营利目的，应属于合理使用，例如，某组织机构信息系统开发方案的部分规划和设计内容，信息技术解决方案的设备资源配备及设计方案。这些合理使用的权限许可，为使用各类信息资源提供了一定法律上的依据和保障，要充分行使这项权利。值得注意的是，在利用合理使用权利的同时，一定要把握好尺度，与版权人做良好的沟通，遵循合理使用的范围和权限，避免在信息复制、打印、租用等过程中发生侵犯知识产权的行为。

（2）健全和完善信息产品知识产权法律。促进数字化建设，保障相关各方获取信息的权利。我国应结合目前的实际情况，在参考国外有关法律的基础上，不断完善知识产权法规。例如，国家在立法时，在保护知识产权的原则前提下，可以适当放宽“合理使用”的范围；在法律修订时，应对部分公共性、公益性、普及性的信息化内容，制定专门的宽松条款，以利于促进信息化建设的推广和可持续发展。这样既可以保护权利人对信息产品的所有权，又能使信息化成果得到社会的广泛认同，推进社会信息建设的步伐，从而达到繁荣社会科技、文化事业和促进经济发展的目的。

（3）充分利用先进技术加强对信息产品知识产权保护的技术支持。在信息化产品版权立法尚不完善的情况下，采用新技术手段保护信息资源、产品和知识产权是必不可少的，例如权限设置、加密和数字签名技术、数字水印技术、认证技术等。目前，这些技术措施已在众多行业广泛使用，较为有效地对信息化建设、开发与商业运作过程进行了控制，维护了信息产品权利人的合法权益。当然，还有很多不尽如人意的地方，需要全社会的共同努力，来改造、革新相关的技术手段和方法。

13.3.3.6 信息系统的责任与控制

信息系统责任是指组织机构经过信息化的建设与实施，信息系统不能仅仅以帮助组织机构获取利润为唯一目的，还应考虑到包括员工、终端用户/消费者、供应链联盟成员机构、内外部环境及整个社会的利益，即信息系统应该为其影响到其他实体、社会和环境的所有行为负有责任。

随着经济与社会的高速发展，以及人们生活质量、受教育水平与文明程度的不断提高，用户已经从仅关心物质需求的满足，进一步发展到了关心精神文明、信息交流与沟通、社会整体的进步发展及长远利益，他们要求社会及组织在逐利的同时，还应承担一定的社会责任、环境责任。其中，作为信息时代的产品，信息系统（含信息技术）也应该在创造财富与服务社会的同时，积极承担一定的社会责任，这样也有利于信息产品在信息用户心目中树立良好的形象，形成较高的信誉度，有利于开发与利用信息系统，巩固和拓展信息市场，增强组织与社会机构的决策能力与凝聚力，提高其核心竞争力。

随着组织的生存与发展，信息系统需要通过组织内部控制的完善来梳理和真正履行其经济与社会责任。而信息系统积极履行社会责任是一种可以带来正效应的重要资源，信息系统对社会责任的担当虽然在短期内会对组织机构的利润实现造成一些影响，但是从长远来看，有利于达到用户对信息系统的认同、信任、忠诚和依赖。由此，信息系统通过信息技术的应用、信息决策的支持以及信息系统同盟资源的共享，将能够争取更大的发展空间，获取更大的利润，取得更大的社会价值。

本章小结

本章首先介绍了云计算的基本含义、主要服务形式、典型应用，并解释了部分关键技术，最后介绍了其发展过程中面临的主要问题、挑战和发展趋势。

针对信息管理这一重要专题，本章主要探讨了信息服务及服务管理方式和主要形式，以此作为对信息管理及服务的初步了解。

由于社会繁杂的道德问题，作为时代发展的前沿问题——信息系统及信息技术，不可避免会涉及道德伦理、原则、规范、准则、权利、义务等内容，在本章也作了简要介绍，希望能对从事信息相关事务开发的人员有所帮助。

专业术语

云计算（Cloud Computing）
软件即服务（Software as a Service）
平台即服务 PaaS（Platform as a Service）
基础设施服务 IaaS（Infrastructure as a Service）
信息服务（Information Service）
信息管理（Information Management）

信息服务中介/代理（Information Service Agency）
商业伦理（Business Ethics）
信息道德（Information Morality）

本章参考文献

[1] 薛华成．管理信息系统[M]．第五版．北京：清华大学出版社，2007.
[2] 杜栋．信息管理学教程[M]．第三版．北京：清华大学出版社，2007.

习　题

13-1　简述云计算的基本含义。
13-2　云计算的关键技术有哪些?
13-3　简述信息服务及信息服务的服务内容。
13-4　常见的现代信息管理方式有哪些?
13-5　信息服务中介/代理的发展过程中，有怎样的发展思路?
13-6　道德、法律与伦理的基本含义是什么?
13-7　在处理信息技术及信息系统所带来的道德问题时，应遵循怎样的道德原则?
13-8　信息系统伦理包含哪些具体内容?
13-9　信息分析人员的基本修养包含哪些内容?信息系统分析员需要具备哪些能力素质?

第14章 大 数 据

案例

大连智慧城市建设

A 案例背景

2010年，大连城市化水平达到62%。在全域城市化战略推动下，2015年有望达到75%。城市化水平的提高对城市公共管理与服务的要求也必然提高。智能化是城市信息化、数字化的高级阶段，也是包括大连在内的先进城市进一步发展的必然选择。大连市深入推进电子政务建设，进行了全市城域网、党政专网基础设施及应用系统建设，市政府一站式服务部分实现了在线办公，开通了公共企事业单位办事公开网、大连民意网等。同时，在城市交通、基础设施、卫生医疗、民政民生、环保、商住小区等领域也进行了智能化项目试点。在智能交通方面，初步建立了可以对15万辆公交车、特种车的智能监控与调度系统。2012年，市政府为民办16件实事中提出要完成智能交通诱导系统一期建设，并开始对出租车建立智能监控与调度系统。

B 相关概念

智慧城市也称智能城市，即利用物联网、云计算以及大数据等新一代信息技术，以系统的方式智能化管理城市，实现城市各功能协调运作，使城市高效运转，为城市中的企业提供良好发展空间，为市民提供更高的生活品质。智慧城市具有感知、自动反应、主动服务、辅助决策等特征，但以人为本、强调应用是核心，三网融合、物联网、云计算等只是技术手段。

C 机遇挑战

但是，大连市在智慧城市建设试点中还存在一些障碍：一是市场需求尚待开拓。二是成本投入居高不下。三是核心技术受制于人。四是协同机制尚待加强，包含以下两个方面内容：其一，有些相关政府部门协同较难，城市信息资源共享不足；其二，企业层面也存在缺乏协同问题。因此，大连智慧城市建设还应当做出如下改进：①制定建设总体规划。②成立推进领导小组。③确定重点建设领域。④实施分类扶持政策。⑤加快物联网产业发展。[1]

---

[1] 资料来源：http：//www. dlxww. com/newscenter/content/2012-10/18/content_431041. htm

14.1 什么是大数据

2012年11月7日，奥巴马在美国总统大选中成功连任，在奥巴马获胜几小时后，《时代》杂志刊发报道《Inside the Secret World of the Data Crunchers Who Helped Obama Win》，揭示了奥巴马的一个数据分析与挖掘团队的部分运作情况。作者迈克尔·谢勒（Michael Scherer）在文中提到，该团队每天用计算机运行大约6.6万次的模拟选举，并得出数据处理结果，告诉竞选团队赢得支持的机会在哪里，从而进行更有效的资源分配。同时，每天得出的数据也帮助竞选团队将竞选广告合理地购买与投放，电视广告效率提高了14%。谢勒表示，数据驱动的决策对奥巴马的连任起到了巨大作用，数量分析专家与电脑程序员可以在大数据中洞察更深层次的信息。谢勒在最后指出："在政治领域，大数据的时代已经到来。"

数据量常用的数据单位有：Byte（字节）、KB（千字节）、GB（吉字节）等。近年来，随着计算机存储器容量的提高和计算机存储数据量的不断增加，如今数据存储容量的单位已经扩展到TB、PB、EB、ZB、YB等单位。它们之间的换算关系如下（从K到Y）：

K	Kilo	$1KB = 2^{10}B = 1024B$
M	Meg	$1MB = 2^{10}KB = 2^{20}B$
G	Giga	$1GB = 2^{10}MB = 2^{30}B$
T	Tera	$1TB = 2^{10}GB = 2^{40}B$
P	Peta	$1PB = 2^{10}TB = 2^{50}B$
E	Exa	$1EB = 2^{10}PB = 2^{60}B$
Z	Zetta	$1ZB = 2^{10}EB = 2^{70}B$
Y	Yotta	$1YB = 2^{10}ZB = 2^{80}B$

近年来，美国各级政府已经开始面对由数据的种类、数量和产生速度剧增所引发的改革浪潮。例如，2011年全球产生的数据量达1.8ZB，并且预计将每年翻番。这一数据量相当于2000亿部时长2小时的高清电影，一个人要连续看4700万年才能看完。这种现象是企业和政府以及社会各阶层必须面对、无法回避的。同时，这些数据的规模和复杂程度超越了传统技术手段所能处理的范围，并给学术界和业界带来了一系列新兴的研究主题和研究背景。

14.1.1 大数据的概念

大数据（Big Data）是一个抽象的概念，不同的研究机构与学者对其有不同的定义。

全球最具权威的IT研究与顾问咨询公司研究机构高德纳（The Gartner Group）认为，大数据是指需要新处理模式才能具有更强的决策力、洞察发现力和流程优化能力的海量、高增长率和多样化的信息资产。并且高德纳断言，到2015年，世界500强的组织中85%的财富将无法利用大数据作为竞争优势。

维基百科将大数据定义为：大数据是所涉及的资料量规模巨大到无法通过目前主流软

件工具，在合理时间内达到撷取、管理、处理并整理成为帮助企业经营决策目的的资讯。

全球最大的战略咨询公司麦肯锡的定义：大数据是指无法在一定时间内用传统数据库软件工具对其内容进行采集、存储、管理和分析的数据集合。

大数据是基于多源异构、跨域关联的海量数据分析所产生的决策流程、商业模式、科学范式、生活方式和观念形态上的颠覆性变化的总和。

我国一些专家认为，“大数据”是指对海量数据进行智慧化处理和决策，这不仅是技术层面的问题，还涉及管理层面、互信机制等问题。建议在专门机构领导下，寻找“大数据”研究切入点，应对信息时代挑战。

总的来说，大数据的概念应包含以下几个方面的内容。

14.1.1.1 具有战略性的智慧化数据处理和决策

据有关专家介绍，“大数据”是一个战略层面的概念，相较于其他数据分析、处理和研究，“大数据”具有战略导向性，具有更高的应用价值。

第一，“大数据”不是指数据量大或不大，而是处理数据的能力与所能获得的数据量之间的差距。

汪斌强指出：“假如我一天可以处理两三个PB，产生的数据量只有几十兆，那么数据量再大也不算‘大数据’，因为尽在掌握之中。”“大数据”技术手段相对以往的数据处理有根本性突破。以往通常是设置关键词，在海量数据库中搜索，然后请数据分析团队分析，通过人脑进行判断和预测。这种方法的问题在于，用来分析的数据来自关键词搜索，难以达到完备性。而“大数据”采取反向思路，控制数据采集的源头，剔除掉数据库中的无用信息，屏蔽没有战略价值的数据，这是“大数据”处理跟目前大海捞针式数据处理方式的本质不同。

第二，“大数据”意味着数据处理从智能走向智慧。国内某专家介绍说，以前的海量数据处理，仅仅是信息资料收集过程，最终的决策和判断由另外的系统负责；而“大数据”的数据搜索和处理是一体化即时处理，需要数据可随时再找。同时，“大数据”技术将促成数据智慧化的决策和判断。当前的数据收集工作基本是不经分析过滤全部导入数据库，没有数据分析系统，由于数据库容量有限，并且信息冗杂，有效信息获得难度较高。

以乌鲁木齐“7·5”事件为例，如果该地区原先发邮件的只有几个人，某个时段突然数量激增，说明存在异常。“大数据”智慧化的即时计算技术能够做到预警。

14.1.1.2 “大数据”产业链的各环节面临发展机遇

“大数据”一经问世，便快速成为计算机行业的热门概念，也引起了金融界高度关注。随着互联网技术的不断发展，业界已经形成“数据本身即是资产”的共识。最早提出“大数据”时代已经到来的麦肯锡公司认为，数据已经渗透到每个行业和业务职能领域，逐渐成为重要的生产因素。

全球多家互联网巨头都意识到“大数据”时代来临的重要意义。惠普、IBM、微软等纷纷通过收购“大数据”相关厂商来实现技术整合。美国政府更是发布《大数据研究和发展倡议》，把“大数据”研究上升为国家意志。

“大数据”产业链有很多环节，未来都可能面临较大发展机遇。如信息数据的产生环节，公众每天使用的互联网和无线通信、即时通信、微博、手机、短信、彩信甚至是每一个互联网点击，都是数据的产生，企业依靠这些数据，可以进行自我分析提升效率，也可以出售数据给专业分析机构。同样，信息数据的存储和采集整理环节也不容忽视。而信息数据的分析产出作为整个“大数据”产业链的最末端，将成为具有技术含量和产业附加值的子行业。

14.1.1.3　既是技术问题也是管理问题

目前在中国，“大数据”尚未直接以专有名词被政府提出，不过在政府会议过程中，一些媒体会以文本数据挖掘的方式分析各级政府的材料进行大数据解析。工业和信息化部发布的物联网“十二五”规划中，也把信息处理技术作为四项关键技术创新工程之一提出来，其中包括海量数据存储、数据挖掘、图像视频智能分析，这都是“大数据”的重要组成部分。

中国发展研究“大数据”需重视以下几个问题：

一是“大数据”的研究和发展工作可由国家层面主导，成立核心研究团队，提供合适的研究环境。

二是积极应对“大数据”挑战。研究“大数据”不单是技术层面的问题，更是管理层面、互信机制的建立问题，要在顶层设计指导下分重点解决。

三是找准切入点。在信息时代，如何精简庞大的数据，把价值密度低的数据库滤掉水分，是研究的关键。

四是关注数据安全和保密。一些专家认为，美国是通过星球大战使苏联解体的；2005年又提出“控域”概念，号召发展物联网。美国的信息智能化存储容量和采集水平是我国的两倍，在如此繁杂的数据中搜索出有用数据非常困难，要有高端的技术与装备。因此，有关专家特别强调说，我们必须重视“大数据”研究过程中的安全性。

14.1.2　大数据的特征

由于在学界对于大数据的定义尚不统一，所以认识“大数据”需要从它的特征入手。业界将大数据的特征概括为“4V”，也就是数量（Volume）、速度（Velocity）、多样性（Variety）和价值密度（Value）。

14.1.2.1　数量（Volume）

大数据通常指10TB（1TB = 1024GB）规模以上的数据量。大数据的体量很大，数据集合的规模不断扩大，已从GB到TB再到PB级，甚至开始以EB和ZB来计数。市场调研机构互联网数据中心（Internet Data Center，IDC）的研究报告称，未来10年全球大数据将增加50倍，管理数据仓库的服务器数量将增加10倍。产生如此巨大数据量的原因，一是由于各种仪器的使用，使我们能够感知到更多事物，这些事物的部分甚至全部数据就可以被存储；二是由于通信工具的使用，使人们能够全时段的联系，机器—机器（M2M）方式的出现，使得交流的数据量成倍增长；三是由于集成电路价格降低，使很多东西都有了智能的成分。

14.1.2.2　速度（Velocity）

通常对速度的理解是数据的获取、存储以及挖掘有效信息的速度，但当处理的数据由PB级代替了TB级，及“超大规模数据”和“海量数据”具有的规模大的特点，大数据往往以数据流的形式动态、快速地产生，具有很强的时效性，用户只有把握好对数据流的掌控才能有效利用这些数据。另外，数据自身的状态与价值也往往发生演变，数据的涌现特征明显，用传统的系统根本难以处理大数据流动的速度。

14.1.2.3 多样性（Variety）

随着传感器种类的增多以及智能设备、社交网络等的流行，数据类型也变得更加复杂，不仅包括传统的关系数据类型，也包括以网页、视频、音频、图片、地理位置信息、e-mail 等形式存在的未加工的、半结构化的和非结构化的数据。

现代互联网应用呈现出非结构化数据大幅增长的特点。

14.1.2.4 价值密度（Value）

大数据的价值密度是比较低的。数据量呈指数增长的同时，隐藏在海量数据的有用信息却没有呈相应比例增长，反而使我们获取有用信息的难度加大。以视频为例，连续不间断监控过程中，有用的数据可能仅仅一两秒。

大数据的“4V”特征对数据挖掘、数据存储、数据检索、数据共享、数据分析、数据监管以及数据的可视化等领域带来了巨大的冲击和挑战。从信息资源开发和利用的角度，大数据推动了信息、技术、用户和组织的协同和融合。大数据的“4V”特征表明其不仅仅是数据海量，对于大数据的分析将更加复杂、更追求速度、更注重实效。

14.1.3 大数据的起源与发展

大数据是近年来学术界和业界共同关注的焦点领域，国际上的诸多 IT 巨头，如 IBM、微软、Oracle 等公司纷纷投身于大数据业务，旨在推动整个行业的发展和进步。

早在 1980 年，著名未来学家阿尔文·托夫勒便在《第三次浪潮》一书中，将大数据热情地赞颂为“第三次浪潮的华彩乐章”。不过，大约从 2009 年开始，“大数据”才成为互联网信息技术行业的流行词汇。美国互联网数据中心指出，互联网上的数据每年将增长 50%，每两年便将翻一番，目前世界上 90% 以上的数据是最近几年才产生的。

14.1.3.1 国外的起源与发展

1989 年在美国底特律召开的第 11 届国际人工智能联合会议专题讨论会（International Joint Conference on Artificial Intelligence，IJCAI）上，学术界首次提出了数据库中的知识发现（Knowledge Discovery in Database，KDD）的概念。

1995 年召开了第一届知识发现与数据挖掘国际学术会议（International Conference on Knowledge Discovery and Data Mining），随着与会人员的增多，KDD 国际会议发展为年会。

1998 年在美国纽约举行了第四届知识发现与数据挖掘国际学术会议，不仅进行了学术讨论，而且有 30 多家软件公司展示了自己的产品。比如，IBM 公司研制的 Intelligent Miner（智能挖掘），用来提供数据挖掘的解决方案；SPSS 股份公司开发了基于决策树的数据挖掘软件 Clementine；Oracle 公司开发的 Darwin 数据挖掘套件，另外还有 SAS 公司的 Enterprise 和 SGI 公司的 Mine Set 等。

经济利益成为大数据与数据挖掘发展的主要推动力，IBM、Oracle、微软、谷歌、亚马逊、Facebook、Teradata、EMC、惠普等跨国巨头也因大数据技术的发展而更加具有竞争力。

2005 年以来，IBM 投资 160 亿美元进行 30 多次与大数据相关的收购，使业绩稳定高速增长。

2007 年以来，eBay 通过数据挖掘精确计算出广告中每个关键字带来的回报，广告费降低了99%，同时顶级卖家占总销售额的百分比上升至32%。

2009年一年，Google公司通过大数据业务对美国经济贡献540亿美元。

2011年，Facebook首次公开新数据处理分析平台PUMA，通过对数据多处理环节区分优化，相比之前单纯采用Hadoop和Hive进行处理的技术，数据分析周期从2天降到10秒以内，效率提高数万倍。

2011年5月，麦肯锡咨询公司（McKinsey & Company）发布研究报告“Big data：The next frontier for innovation，competition，and productivity”，详尽地分析了大数据对社会的影响以及相关技术与应用领域。报告的结论认为，人们对于海量数据的运用，预示着新一波生产率增长和消费者盈余浪潮的到来。

2012年3月，美国奥巴马政府宣布启动“大数据研究和发展计划”，其中6个联邦和政府机构将投资2亿美元资助相关的研究工作，从而将大数据技术从市场行业行为正式提升到美国的国家科技战略层面。

14.1.3.2 国内的起源与发展

与国外相比，大数据在国内起步稍晚，尚未形成整体力量，企业使用数据挖掘技术尚不普遍，但近几年出现了蓬勃发展的态势。电子科技大学管理科学博士周涛在对中国对大数据的投资数据分析之后，得出“中国大数据投资，落后国外一年半，且泡沫更多”的结论。

我国国家自然科学基金于1993年首次支持对数据挖掘领域的研究项目。

1999年，在北京召开第三届亚太地区知识发现与数据挖掘国际会议（PAKDD），收到论文158篇。

2011年，第十五届PAKDD在深圳举办，会议就数据挖掘、知识发现、人工智能、机器学习等相关领域的主题进行交流讨论，反响热烈。

2012年6月9日，中国计算机学会常务理事会决定成立大数据专家委员会。

2012年10月，成立了首个专门研究大数据应用和发展的学术咨询组织——中国通信学会大数据专家委员会，推动了我国大数据的科研与发展。

2012年11月，“Hadoop与大数据技术大会”以“大数据共享与开放技术”为主题，总结了8个热点问题：数据科学与大数据的学科边界、数据计算的基本模式与范式、大数据的作用力和变换反应、大数据特性与数据态、大数据安全和隐私问题、大数据对IT技术架构的挑战、大数据的生态环境问题以及大数据的应用及产业链。大会还成立了“大数据共享联盟”，旨在搜集大数据、展示大数据、促进大数据的研究与开发。

国家重点基础研究发展计划（973计划）重点加大对大数据处理、智能分析、信息安全等物联网基础性理论和技术的支持。

2013年8月，住建部办公厅下发了关于公布2013年度国家智慧城市试点名单的通知，103个城市（区、县、镇）成为2013年度国家智慧城市试点。事实上，“智慧城市”正是云计算和物联网以及大数据真正应用的成果。

2013年10月，工信部发布“物联网发展专项行动计划”，提出了“到2015年突破智能传感器、物联网大数据处理与智能信息管理、行业应用软件等方面的关键技术”的总体目标，并指出将“推动物联网与移动互联网、云计算、大数据等新兴业态的融合发展”作为“计划”的重点任务之一。

目前，国内相关技术主要集中于数据挖掘相关算法、实际应用及有关理论方面的研究，涉及行业比较广泛，包括金融业、电信业、网络相关行业、零售业、制造业、医疗保健、制药业及科学领域，单位集中在部分高等院校、研究所和公司，特别是在IT等新兴领域，华为、阿里巴巴、百度等企业对技术进步起到了很大的推动作用。

14.2　大数据研究相关理论

大数据是近几年的时髦词汇，正受到越来越多人的关注和谈论。在学术界主要是数据仓库与数据挖掘的相关理论与研究算法，更有学者与政府提倡将大数据与云计算、物联网等相关内容融合进行研究，以探讨市场经济条件下促进经济社会全面快速发展的策略等问题。在未来，大数据将是能源、环境、人口、经济、金融、政治、科技等各个学科、行业的交叉综合性学科。在云计算、物联网依旧被业界津津乐道的今天，大数据的出现，宛如一匹黑马，成为当今世界讨论问题的主流。

14.2.1　数据仓库

数据仓库（Data Warehouse，DW）是信息技术领域和企业界最新、最热门的流行词汇和概念之一。提高顾客满意度、不断增加市场份额和利润、增强企业的市场竞争力等所有与企业历史信息相关的重大战略决策都需要数据仓库技术的支持。

14.2.1.1　数据仓库的概念

维基百科对数据仓库的定义有如下描述：数据仓库是一种资讯系统的资料储存理论，此理论强调利用某些特殊资料储存方式，让所包含的资料，特别有利于分析处理，以产生有价值的资讯并依此作决策。利用数据仓库方式存放的资料，具有一旦存入，便不随时间而更动的特性，同时存入的资料必定包含时间属性，通常一个数据仓库会含有大量的历史性资料，并可利用特定分析方式，自其中发掘出特定资讯。

著名数据仓库专家W. H. Inmon在其著作《Building the Data Warehouse》一书中给出如下定义：数据仓库是一个面向主题的、集成的、稳定的且随时间变化的数据集合，用来支持管理人员的决策。

根据以上概念，数据仓库具有以下4个基本特征。

A　面向主题（Subject-Oriented）

一个数据仓库是根据某些企业关心的主题来建立的。面向主题意味着关于数据内容的选择以及信息详细程度的选择，应将与决策问题无关的数据排除在数据仓库之外。

陈广宇认为，操作型数据库的数据组织面向特定业务的日常处理任务，各个业务系统之间相互分离，分析和决策所需的相关数据可能分散在不同的业务数据库中，而数据仓库中的数据则是按照一定的主题域进行组织的。主题是一个抽象的概念，是指用户使用数据仓库进行分析和决策时所关心的重点方面，并且一个主题通常与多个业务系统相关。如客户、保险单、索赔信息分属于不同对象。

B　集成的（Integrated）

面向事务处理的操作型数据库通常只与某些特定的应用相关，数据库之间相互独立，并且往往是不一致的、异构的。而数据仓库中的数据则是在对原有的分散的数据库数据进行抽取、转换、清理、装载的基础上，经过系统加工、汇总和整理得到的消除了源数据中的噪声和不一致性，从而保证数据仓库中的信息是关于整个企业的一致的全局信息。

源数据来源于行业内各企业各自的联机事务处理系统（On-Line Transaction Processing，OLTP），在数据仓库中是集成过且一致的。具体表现为：名字转换的一致性，变量度量的一致性，结构编码的一致性，数据物理属性的一致性。

C 时间差异性（Time-Variant）

资料的变动，在数据仓库中是能够被记录并追踪其变化的，能反映出随着时间变化的资料轨迹。具体表现在以下三个方面：

第一，数据仓库中的数据是在一个很长的时间上表现的数据。而在操作型数据环境中，数据的时间轴较短。

第二，数据仓库具有键结构（Key Structure）。每一个数据仓库的键结构中都包含一个时间因素——可能是显式的，也可能是隐式的。

第三，数据仓库中的概括数据是与时间有关的，概括数据需要按照时间进行综合，按照时间进行抽取。数据仓库中的概括数据必须随着时间的变化而重新进行概括处理。

D 不变动性（Nonvolatile）

操作型数据库中的数据库通常需要实时更新，数据根据需要被插入、删除、修改等，及时发生变化。而数据仓库中的数据资料一旦确认写入后是不会被取代或删除的，即使资料是错误的也一样。因为这些数据主要提供企业的决策分析之用，所涉及的数据只是历史数据，数据操作主要是查询操作。

14.2.1.2 *数据仓库的结构*

数据仓库提供了一种使信息可用于决策制定的方法。一个有效的数据仓库战略必须能处理现代企业的复杂事件，每个事务处理系统都会产生数据，并且存放在不同的数据库中，用户需要随时随地访问数据，以满足其需求。

数据仓库由后置处理、中间处理、前置处理等多个模块构成。数据仓库允许用户对现有数据进行复杂的分析：为适应特别指标而摘录的、聚集的和汇总的数据，用来获取新数据的数据，为取消不想要和不必要的数据而重新格式化或过滤的数据，和其他数据源集成在一起的数据。

数据仓库管理系统能把网络中不同岛的业务数据集中到一起，存储在一个单一的集成的数据库中，并提供各种手段对数据进行统计、分析，允许各个业务系统共享数据，为用户更快、更好地做出商业决策提供更加准确、完整的信息。利用数据仓库技术，可以使原本分散、孤立的信息相互之间建立良好的联系，并根据决策目标处理转换成集中统一的、随时可用的信息。与传统的以数据库系统业务处理为主的 OLTP 应用相比，数据仓库管理系统是适应分析处理要求、面向以分析处理为主的 OLAP 应用。图 14-1 所示为一个数据仓库管理系统的层次结构。

14.2.2 数据挖掘

大数据时代，数据挖掘（Data Mining）是最关键的工作。在第 4 章我们已经详细介绍了数据挖掘的过程以及数据挖掘技术的算法等研究内容。

从技术角度来讲，数据挖掘是一种决策支持过程，它主要基于人工智能、机器学习、

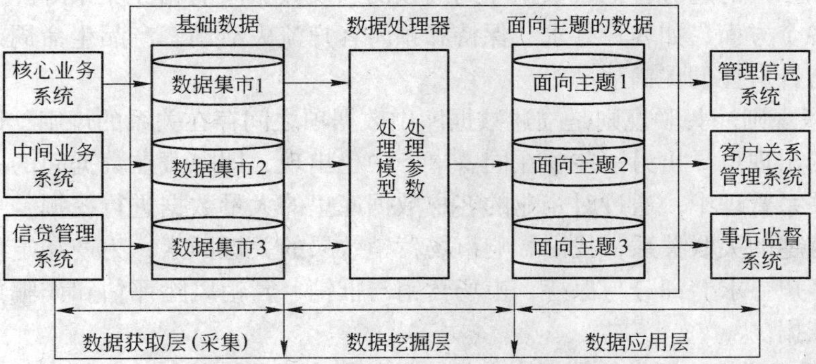

图 14-1 数据仓库的层次结构图

模式识别、统计学、数据库、可视化技术等，从大量的、不完全的、有噪声的、模糊的、随机的实际应用数据中，高度自动化地分析企业的数据，提取隐含在其中的、人们事先不知道的、但又是潜在有用的信息和知识的过程，进而帮助决策者做出归纳性的推理，从中挖掘出潜在的模式，帮助决策者调整市场策略，减少风险，做出正确的决策。这个定义包括好几层含义：数据源必须是真实的、大量的、含噪声的；发现的是用户感兴趣的知识；发现的知识要可接受、可理解、可运用。

从商业的角度看，数据挖掘是一种新的商业信息处理技术，其主要特点是对商业数据进行抽取、转换、分析和模型化处理，从中提取辅助商业决策的关键性数据。简而言之，数据挖掘其实是一类深层次的数据分析方法。现在，由于各行业实现了业务自动化，商业领域产生了大量的不再以分析为目的业务数据，分析这些数据更主要是为商业决策提供有价值的信息，进而获得利润。但所有企业面临的一个共同问题是：企业数据量非常大，而其中真正有价值的信息却很少。可从大量的数据中经过深层分析，获得有利于商业运作、提高竞争力的信息，数据挖掘即因此而得名。

14.2.2.1 数据挖掘常用的方法

利用数据挖掘进行数据分析常用的方法主要有分类、回归分析、聚类、关联规则、特征、变化和偏差分析、Web 页挖掘等，它们分别从不同的角度对数据进行挖掘。

（1）分类。分类是找出数据库中一组数据对象的共同特点并按照分类模式将其划分为不同的类，其目的是通过分类模型，将数据库中的数据项映射到某个给定的类别。它可以应用到客户的分类、客户的属性和特征分析、客户满意度分析、客户的购买趋势预测等，如一个汽车零售商将客户按照对汽车的喜好划分成不同的类，这样营销人员就可以将新型汽车的广告手册直接邮寄到有这种喜好的客户手中，从而大大增加了商业机会。

（2）聚类。聚类分析是把一组数据按照相似性和差异性分为几个类别，其目的是使得属于同一类别的数据间的相似性尽可能大，不同类别中的数据间的相似性尽可能小。它可以应用到客户群体的分类、客户背景分析、客户购买趋势预测、市场的细分等。注意聚类与分类的区别。

（3）回归分析。回归分析方法反映的是事务数据库中属性值在时间上的特征，产生一个将数据项映射到一个实值预测变量的函数，发现变量或属性间的依赖关系，其主要研究问题包括数据序列的趋势特征、数据序列的预测以及数据间的相关关系等。它可以应用到市场营销的各个方面，如客户寻求、保持和预防客户流失活动、产品生命周期分析、销售趋势预测及有针对性的促销活动等。

（4）关联规则。关联规则是描述数据库中数据项之间存在关系的规则，即根据一个事务中某些项的出现可导出另一些项在同一事务中也出现，即隐藏在数据间的关联或相互关系。在客户关系管理中，通过对企业的客户数据库里的大量数据进行挖掘，可以从大量的记录中发现有趣的关联关系，找出影响市场营销效果的关键因素，为产品定位、定价与定制客户群，客户寻求、细分与保持，市场营销与推销，营销风险评估和诈骗预测等决策支持提供参考依据。

（5）特征。特征分析是从数据库中的一组数据中提取出关于这些数据的特征式，这些特征式表达了该数据集的总体特征。如营销人员通过对客户流失因素的特征提取，可以得到导致客户流失的一系列原因和主要特征，利用这些特征可以有效地预防客户的流失。

（6）变化和偏差分析。偏差包括很多潜在有趣的知识，如分类中的反常实例，模式的例外，观察结果对期望的偏差等，其目的是寻找观察结果与参照量之间有意义的差别。在企业危机管理及其预警中，管理者更感兴趣的是那些意外规则。意外规则的挖掘可应用到各种异常信息的发现、分析、识别、评价和预警等方面。

（7）Web页挖掘。随着互联网的迅速发展及Web的全球普及，Web上的信息量越来越大，通过对Web的挖掘，可以利用Web的海量数据进行分析，收集政治、经济、政策、科技、金融、各种市场、竞争对手、供求信息、客户等有关的信息，集中精力分析和处理那些对企业有重大或潜在重大影响的外部环境信息和内部经营信息，并根据分析结果找出企业管理过程中出现的各种问题和可能引起危机的先兆，对这些信息进行分析和处理，以便识别、分析、评价和管理危机。

图14-2给出了时间序列数据挖掘的过程：对数据进行预处理以降低分析难度，通过关联规则挖掘、聚类、分类等数据挖掘过程得到时间序列数据中隐藏的知识以及潜在的信息。

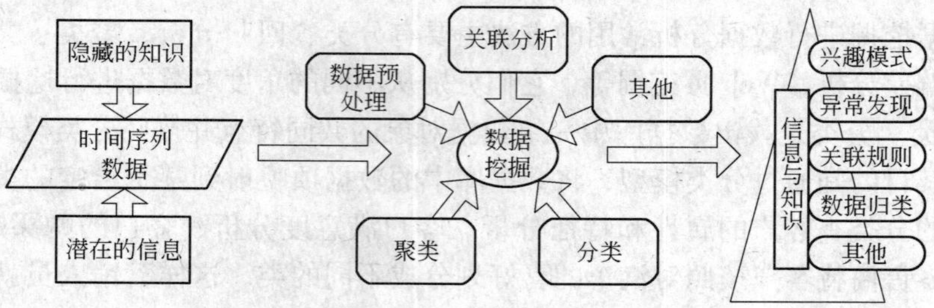

图14-2　时间序列数据挖掘

14.2.2.2　数据挖掘的功能

数据挖掘通过预测未来趋势及行为，做出基于知识的决策，以达到从数据库中发现隐含的、有意义的知识目标。数据挖掘主要有以下五类功能。

第一，自动预测趋势和行为。数据挖掘自动在大型数据库中寻找预测性信息，以往需要进行大量手工分析的问题如今可以迅速直接由数据本身得出结论。一个典型的例子是市场预测问题，数据挖掘使用过去有关促销的数据来寻找未来投资中回报最大的用户，其他可预测的问题包括预报破产以及认定对指定事件最可能作出反应的群体。

第二，关联分析。数据关联是数据库中存在的一类重要的可被发现的知识。若两个或多个变量的取值之间存在某种规律性，就称为关联。关联可分为简单关联、时序关联、因果关联。关联分析的目的是找出数据库中隐藏的关联网。有时并不知道数据库中数据的关联函数，即使知道也是不确定的，因此关联分析生成的规则带有可信度。

第三，聚类。数据库中的记录可被划分为一系列有意义的子集，即聚类。聚类增强了人们对客观现实的认识，是概念描述和偏差分析的先决条件。聚类技术主要包括传统的模式识别方法和数学分类学。

第四，概念描述。概念描述就是对某类对象的内涵进行描述，并概括这类对象的有关特征。概念描述分为特征性描述和区别性描述，前者描述某类对象的共同特征，后者描述不同对象之间的区别。生成一个类的特征性描述只涉及该类对象中所有对象的共性。生成区别性描述的方法很多，如决策树方法、遗传算法等。

第五，偏差检测。数据库中的数据常有一些异常记录，从数据库中检测这些偏差很有意义。偏差包括很多潜在的知识，如分类中的反常实例、不满足规则的特例、观测结果与模型预测值的偏差、量值随时间的变化等。偏差检测的基本方法是，寻找观测结果与参照值之间有意义的差别。

14.2.2.3 数据挖掘的基本步骤

数据挖掘的步骤会随不同领域的应用而有所变化，每一种数据挖掘技术也会有各自的特性和使用步骤，针对不同问题和需求制定的数据挖掘过程也会存在差异。此外，数据的完整程度、专业人员支持的程度等都会对建立数据挖掘过程有所影响。这些因素造成了数据挖掘在各不同领域中的运用、规划，以及流程的差异性，即使同一产业，也会因为分析技术和专业知识的涉入程度不同而不同，因此对于数据挖掘过程的系统化、标准化就显得格外重要。如此一来，不仅可以较容易地跨领域应用，也可以结合不同的专业知识，发挥数据挖掘的真正精神。图 14-3 给出了数据挖掘的完整步骤。

数据挖掘完整的步骤（见图 14-3）如下：

（1）理解数据和数据的来源（understanding）。

（2）获取相关知识与技术（acquisition）。

（3）整合与检查数据（integration and checking）。

（4）去除错误或不一致的数据（data cleaning）。

（5）建立模型和假设（model and hypothesis development）。

（6）实际数据挖掘工作（data mining）。

（7）测试和验证挖掘结果（testing and verification）。

（8）解释和应用（interpretation and use）。

由上述步骤可以看出，数据挖掘牵涉了大量的准备工作与规划工作，事实上许多专家都认为整套数据挖掘的过程中，有 80% 的时间和精力是花费在数据预处理阶段，其中包括数据的净化、数据格式转换、变量整合，以及数据表的链接。可见，在进行数据挖掘技术

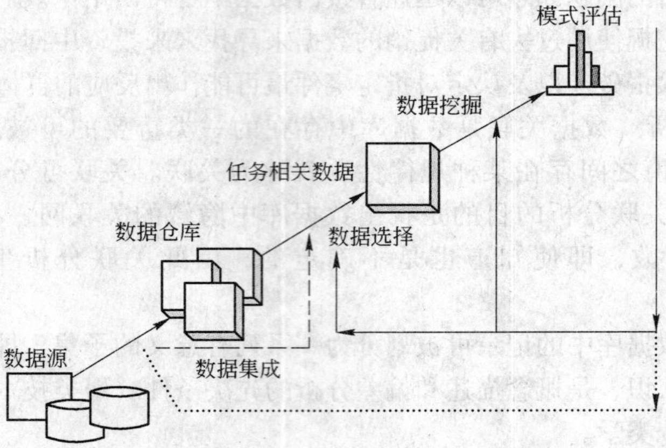

图 14-3 数据挖掘的步骤

的分析之前，还有许多准备工作要完成。

图 14-4 显示了数据挖掘的任务层次，由图可以直观地看出数据挖掘的过程。

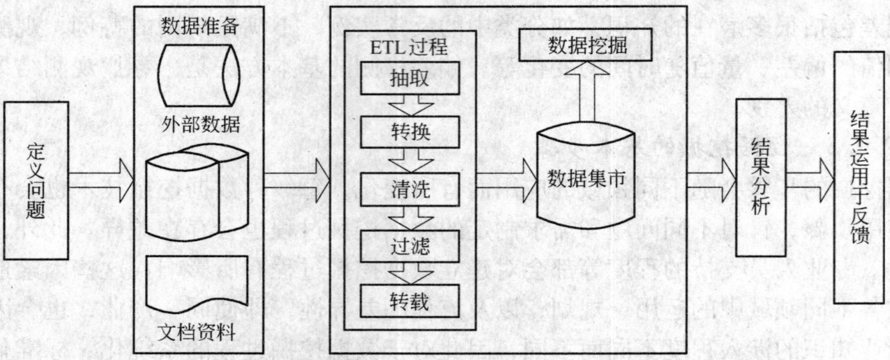

图 14-4 数据挖掘任务层次

14.2.2.4 数据挖掘与传统分析方法的区别

数据挖掘与传统的数据分析的本质区别是数据挖掘是在没有明确假设的前提下去挖掘信息、发现知识。数据挖掘得到的信息应具有先前未知性、有效性和实用性三个特征。

先前未知的信息是指该信息是预先未曾预料到的，即数据挖掘是要发现那些不能靠直觉发现的信息或知识，甚至是违背直觉的信息或知识，挖掘出的信息越是出乎意料，就可能越有价值。在商业应用中最典型的例子，就是一家连锁店通过数据挖掘发现了小孩尿布和啤酒之间有着惊人的联系，这也成为数据挖掘典型案例“购物篮分析”的模型基础。

14.2.3 云计算

云计算（Cloud Computing）是继分布式计算（Distributed Computing）、并行处理（Parallel Computing）、网格计算（Grid Computing）等之后计算模式的最新发展，云计算通

过将各种互联的计算、存储、数据、应用等资源进行有效整合来实现多层次的虚拟化与抽象，用户只需要连接上网络即可方便使用云计算强大的计算和存储能力。

最知名的云计算开源系统 Hadoop 模仿和实现了 Google 云计算的主要功能。随着云计算的逐渐流行，这一项目被越来越多的个人和企业所运用。

14.2.3.1 云计算的定义

“云计算”一词最早见于 IBM 公司于 2007 年底宣布的“云计算计划”中技术白皮书中的云计算定义：“云计算一词用来同时描述一个系统平台或者一种类型的应用程序。一个云计算的平台按需进行动态地部署（provision）、配置（configuration）、重新配置（reconfigure）以及取消服务（deprivation）等。”

美国国家标准与技术研究院（NIST）定义：云计算是一种按使用量付费的模式，这种模式提供可用的、便捷的、按需的网络访问，进入可配置的计算资源共享池（资源包括网络、服务器、存储、应用软件、服务），这些资源能够被快速提供，只需投入很少的管理工作，或与服务供应商进行很少的交互。

根据以上描述，可以给“云计算”定义为：基于互联网的相关服务的增加、使用和交付模式，通常涉及通过互联网来提供动态易扩展且经常是虚拟化的资源。

在云计算平台中的服务器可以是物理的服务器或者虚拟的服务器。高级的计算云通常包含一些其他的计算资源，如存储区域网络（SANS）、网络设备、防火墙以及其他安全设备等。

云计算在描述应用方面，描述了一种可以通过互联网进行访问的可扩展的应用程序。“云应用”使用大规模的数据中心以及功能强劲的服务器来运行网络应用程序与网络服务。任何一个用户可以通过合适的互联网接入设备以及一个标准的浏览器就能够访问一个云计算应用程序。

14.2.3.2 云计算的特征

现有的云计算实现使用的技术体现了以下 3 个方面的特征：

第一，硬件基础设施架构在大规模的廉价服务器集群之上。与传统的性能强劲但价格昂贵的大型计算机不同，云计算的基础架构大量使用了廉价的服务器集群，特别是 X86 架构的服务器。节点之间的互联网络一般也使用普遍的千兆以太网。

第二，应用程序与底层服务协作开发，最大限度地利用资源。传统的应用程序建立在完善的基础结构，如操作系统之上，利用底层提供的服务来构造应用。而云计算为了更好地利用资源，采用了底层结构与上层应用共同设计的方法来完善应用程序的构建。

第三，通过多个廉价服务器之间的冗余，使用软件获得高可用性。由于使用了廉价的服务器集群，无法避免节点的失效，并且会有节点同时失效的问题。为此，在软件设计上需要考虑节点之间的容错问题，使用冗余的节点获得高可用性。图 14-5 表示了云计算的基本特征。

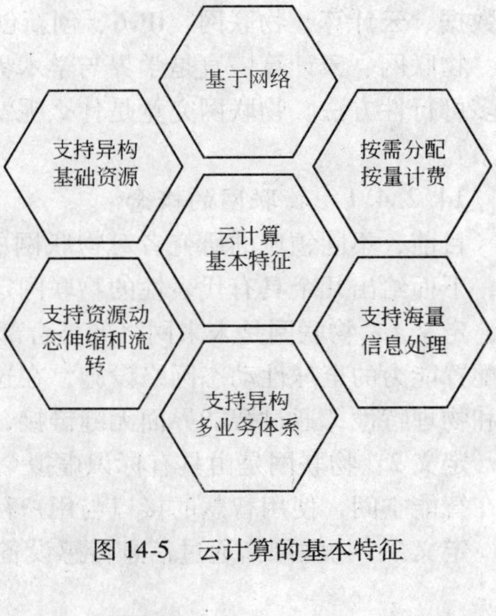

图 14-5 云计算的基本特征

14. 2. 3. 3 大数据与云计算

如果说云计算为数据资产提供了保管、访问的场所和渠道，那么如何盘活数据资产，使其为国家治理、企业决策乃至个人生活服务，则是“大数据”的核心议题，也是云计算的升级方向。

大数据与云计算有相同之处。它们都是为数据存储和处理服务的，都需要占用大量的存储和计算资源，而且大数据用到的海量数据存储技术、海量数据管理技术、Map-Reduce等并行处理技术也都是云计算的关键技术。

但是，大数据与云计算也有很多方面的差异。云计算的目的是通过互联网更好地调用、扩展和管理计算及存储资源和能力，以节省企业的 IT 部署成本，其处理对象是 IT 资源、处理能力和各种应用。云计算从根本上改变了企业的 IT 架构，产业发展的主要推动力量是存储及计算设备的生产厂商和拥有计算及存储资源的企业。而大数据的目的是充分挖掘海量数据中的信息，发现数据中的价值，其处理对象是各种数据。大数据使得企业从“业务驱动”转变为“数据驱动”，从而改变了企业的业务架构，其直接受益者不是 IT 部门，而是业务部门或企业 CEO，产业发展的主要推动力量是从事数据存储与处理的软件厂商和拥有大量数据的企业。

因此，不难发现云计算和大数据实际上是工具与用途的关系，即云计算为大数据提供了有力的工具和途径，大数据为云计算提供了很有价值的用武之地。而且，从所使用的技术来看，大数据可以理解为云计算的延伸。

大数据若与云计算相结合，将相得益彰，互相都能发挥最大的优势。云计算能为大数据提供强大的存储和计算能力，更加迅速地处理大数据的丰富信息，并更方便地提供服务；而来自大数据的业务需求，能为云计算的落地找到更多更好的实际应用。当然大数据的出现也使得云计算面临新的考验。

14. 2. 4 物联网

2013 年 8 月 13 日，中国互联网大会在北京国际会议中心举行，本届大会主题为“共建良好生态环境，服务美好网络生活”，话题涵盖移动互联网、电子商务、互联网金融、大数据、云计算、物联网、IPv6、创新创业等多个领域。

物联网、云计算一直是学界与学术界研究与发展的新动向，同时为大数据研究提供了许多可行性方法。物联网究竟是什么呢？物联网具有什么特征？物联网与大数据又有什么关系？

14. 2. 4. 1 物联网的概念

目前，不同领域的研究者对物联网的描述侧重于不同的方面，短期内还没有达成共识，下面给出几个具有代表性的物联网定义。

定义 1：物联网是未来网络的整合部分，它是以标准互通的通信协议为基础，具有自我配置能力的全球性动态网络设施，在这个网络中，所有实质和虚拟的物品都有特定的编码和物理特性，通过智能界面无缝链接，实现信息共享。

定义 2：物联网是由具有标识虚拟个性的物体对象所组成的网络，这些标识和个性运行在智能空间，使用智慧的接口与用户社会和环境进行连接和通信。

定义 3：物联网指通过信息传感设备，按照约定的协议，把任何物品与互联网连接起来，进行信息交换和通信，以实现智能化识别、定位、跟踪、监控和管理的一种网络，它是在互联网基础上延伸和扩展的网络。

随着物联网技术的研发和产业的发展，预计到2015年，中国物联网市场规模将达到7500亿元，发展前景将超过计算机、互联网、移动通信等传统IT领域。作为信息产业发展的第三次革命，物联网涉及的领域越来越广，其理念也日趋成熟，可寻址、可通信、可控制、泛在化与开放模式正逐渐成为物联网发展的演进目标。而对于"智慧城市"的建设而言，物联网将信息交换延伸到物与物的范畴，价值信息极大丰富和无处不在的智能处理将成为城市管理者解决问题的重要手段。

14.2.4.2 物联网的特征与功能

从通信对象和过程来看，物联网的核心是物与物以及人与物之间的信息交互，物联网的基本特征可概括为全面感知、可靠传送和智能处理。

全面感知：利用射频识别、二维码、传感器等感知、捕获、测量技术随时随地对物体进行信息采集和获取。

可靠传送：通过将物体接入信息网络，依托各种通信网络，随时随地进行可靠的信息交互和共享。

智能处理：利用各种智能计算技术，对海量的感知数据和信息进行分析并处理，实现智能化的决策和控制。

为了更清晰地描述物联网的关键环节，按照信息科学的视点，围绕信息的流动过程，抽象出物联网的信息功能模型，总结物联网的功能。

（1）信息获取功能：包括信息的感知和信息的识别，信息感知指对事物状态及其变化方式的敏感和知觉；信息识别指能把所感受到的事物运动状态及其变化方式表示出来。

（2）信息传输功能：包括信息发送、传输和接收等环节，最终完成把事物状态及其变化方式从空间（或时间）上的一点传送到另一点的任务，这就是一般意义上的通信过程。

（3）信息处理功能：指对信息的加工过程，其目的是获取知识，实现对事物的认知以及利用已有的信息产生新的信息，即制定决策的过程。

（4）信息施效功能：指信息最终发挥效用的过程，具有很多不同的表现形式，其中最重要的就是通过调节对象事物的状态及其变换方式，使对象处于预期的运动状态。

2013年10月，工信部发布"十项物联网发展专项行动计划"，提出了"到2015年突破智能传感器、物联网大数据处理与智能信息管理、行业应用软件等方面的关键技术"的总体目标，并指出将"推动物联网与移动互联网、云计算、大数据等新兴业态的融合发展"作为"计划"的重点任务之一。

14.2.4.3 大数据与物联网

当物联网利用各种传感器将物质世界中的各种信息变为电信号传送到计算机处理系统中时，相关数字信息总量的极速增长成为一种必然趋势。业内专家表示，虽然目前网络上的数据量大于传感器感知到的数据量，不过随着物联网设备的普及和技术的进步，传感器数据量将快速增加，最终将发展到网络数据量的10～20倍，且这种变化趋势是不可阻挡的。

伴随着移动互联网、物联网以及云计算等热点崛起，物联网产业链各环节相关产品价格迅速下降，这也带来了物联网硬件基础设施的大规模普及。同时，工信部和财政部表示，用以支持物联网发展的专项资金已经到位，2013年投入的专项资金将超5亿元，较2012年有所增长。而在政策与市场的协同推动下，业内人士预计未来10年内物联网会大规模普及，其产业规模比互联网大30倍。与此同时，更多的业内人士已经开始关注到物联网所产生的海量数据问题。这主要是因为随着存储能力巨大的云计算中心的不断投入使用，物联网所产生的大数据的存储和在线处理已经成为可能。而要真正将物联网涉及的大数据转化为“真金白银”，就需要新的商业模式和商业思维，而这也成为考验相关领域企业家本领的关键。

物联网所带来的大数据正在引起越来越多IT巨头的注意。就在物联网的概念还在被人们炒作的时候，物联网背后的大数据已经引起了全球领先的IT企业的集体注意力，其潜在的价值也正在被逐渐挖掘。就在这几年，IBM、微软、SAP、谷歌等IT企业不仅在全球部署了多个数据中心，还纷纷花费巨资收购专攻数据管理和分析方面的软件企业。分析其动机也不难发现，由于这些来源于物联网的大数据来自于多种终端，如移动通信终端、智能电表、汽车和工业机器等，所以其可能影响的领域不可小觑。

目前，物联网正支撑起社会活动和人们生活方式的变革，并被称为继计算机、互联网之后冲击现在社会的第三次信息化发展浪潮。而它在把物品和互联网连接起来，进行信息交换和通信，以实现智能化识别、定位、跟踪、监控和管理的过程中，其中的大量数据也在影响电力、医疗、交通、安防、物流、环保等领域商业模式的重新形成；物联网与大数据的融合，正在逐步显示出巨大的商业价值。

14.2.5 其他相关理论

适用于大数据处理的技术，除了上述介绍的数据仓库、数据挖掘、云计算、物联网之外，还包括大规模并行处理（MPP）数据库、SOA模型、分布式文件系统、分布式数据库、可扩展的存储系统和决策支持系统等。本节简要介绍并行处理数据库系统、SOA模型以及决策支持系统在支持大数据相关研究方面的内容。分布式系统以及数据库系统等技术特点将在本章第三节做出详细介绍。读者可自行查阅相关资料了解更多内容。

14.2.5.1 并行处理数据库系统简介

并行数据库系统（Parallel Database System）是新一代高性能的数据库系统，是在MPP和集群并行计算环境的基础上建立的数据库系统。

并行数据库技术起源于20世纪70年代的数据库机（Database Machine）研究，研究的内容主要集中在关系代数操作的并行化和实现关系操作的专用硬件设计上，希望通过硬件实现关系数据库操作的某些功能，该研究以失败而告终。80年代后期，并行数据库技术的研究方向逐步转到了通用并行机方面，研究的重点是并行数据库的物理组织、操作算法、优化和调度策略。从90年代至今，随着处理器、存储、网络等相关基础技术的发展，并行数据库技术的研究上升到一个新的水平，研究的重点也转移到数据操作的时间并行性和空间并行性上。

并行数据库系统的目标是高性能（High Performance）和高可用性（High Availability），通过多个处理节点并行执行数据库任务，提高整个数据库系统的性能和可用性。

性能指标关注的是并行数据库系统的处理能力，具体的表现可以统一总结为数据库系统处理事务的响应时间。并行数据库系统的高性能可以从两个方面理解，一个是速度提升

(speed up)，一个是范围提升（scale up）。速度提升是指，通过并行处理，可以使用更少的时间完成更多的数据库事务。范围提升是指，通过并行处理，在相同的处理时间内，可以完成更多的数据库事务。并行数据库系统基于多处理节点的物理结构，将数据库管理技术与并行处理技术有机结合，来实现系统的高性能。

可用性指标关注的是并行数据库系统的健壮性，也就是当并行处理节点中的一个节点或多个节点部分失效或完全失效时，整个系统对外持续响应的能力。高可用性可以同时在硬件和软件两个方面提供保障。在硬件方面，通过冗余的处理节点、存储设备、网络链路等硬件措施，可以保证当系统中某节点部分或完全失效时，其他的硬件设备可以接手处理，对外提供持续服务。在软件方面，通过状态监控与跟踪、互相备份、日志等技术手段，可以保证当前系统中某节点部分或完全失效时，由它所进行的处理或由它所掌控的资源可以无损失或基本无损失地转移到其他节点，并由其他节点继续对外提供服务。

为了实现和保证高性能和高可用性，可扩充性也成为并行数据库系统的一个重要指标。可扩充性是指，并行数据库系统通过增加处理节点或者硬件资源（处理器、内存等），使其可以平滑地或线性地扩展其整体处理能力的特性。

随着对并行计算技术研究的深入和 SMP、MPP 等处理机技术的发展，并行数据库的研究也进入了一个新的领域，集群已经成为并行数据库系统中最受关注的热点。

14.2.5.2 SOA 模型简介

在越来越多的虚拟资源中，将模型之间所有类型的数据进行最优拟合是面向服务的体系结构（Service-Oriented Architecture，SOA）所面临的巨大挑战之一。

SOA 的三个数据中心模型分别是数据即服务（DaaS）模型、物理层次结构模型和架构组件模型。首先，DaaS 数据存取的模型描述了数据是如何提供给 SOA 组件的。其次，物理模型描述了数据是如何存储的以及存储的层次图是如何传送到 SOA 数据存储器上的。最后，架构模型描述了数据、数据管理服务和 SOA 组件之间的关系。

一个企业的数据需求完全可以由关系数据库管理系统（RDBMS）中的条款来表示。这样一个企业可能会直接采用数据库设备或者将专用的数据库服务器和现有的查询服务连接到 SOA 组件（查询即服务，或 QaaS）上。这种设计理念之前已经被人们所接受。该设计之所以成功是因为它平衡了上述三个模型之间的关系。QaaS 服务模型不是机械地连接到存储器上，而是通过一个单一的架构——关系型数据库管理系统（RDBMS）。数据去重和完整性便于管理单一的架构。

通过大数据的例子可以更好地理解为什么这个简单的方法却不能在更大的范围内处理数据。多数的大数据是非关系型的、非交易型的、非结构化的，甚至是未更新的数据，由于缺乏数据结构，将其抽象成一个查询服务并非易事；由于数据有多个来源和形式，因此很少按序存储，并且定义基础数据的完整性和去重过程是有一些规则的。作为大数据引入 SOA 的应用程序中时，关键是要定义三种模型中的最后一种模型——SOA 数据关系中的架构模型。它有两种选择：水平方向和垂直方向。

在水平集成数据模型中，数据收集隐蔽于一套抽象的数据服务器，该服务器有一个或多个接口连接到应用程序上，也提供所有的完整性和数据管理功能。组件虽不能直接访问数据，但作为一种即服务形式，就像简单情况下的企业，其对数据的要求是纯粹的 RDBMS 模型。应用程序组件基本上脱离了 RDBMS 与大数据之间数据管理的差异。尽管由于上述原因这种方法不能创建简单的 RDBMS 查询模型，但是它至少复制了上面提到的简单的 RDBMS 模型。

垂直集成的数据模型将更多应用程序以特定的方式连接到数据服务上，该方式使得客户关系管理、企业资源规划或动态数据认证的应用程序数据很大程度在服务水平上相互分离，这种分离直接涉及数据基础设施。在某些情况下，这些应用程序或许有可以直接访问存储/数据服务的 SOA 组件。为了提供更多统一的数据完整性和管理，管理服务器可以作为 SOA 组件来操作各种数据库系统，以数据库特定的方式执行常见的任务，如去重和完整性检查。这种方法更容易适应于遗留应用和数据结构，但它在数据访问方式上会破坏 SOA 即服务原则，也可能产生数据管理的一致性问题。

SOA 都是抽象的，但当抽象隐藏了底层影响性能和响应时间的复杂性时，这种抽象的危险程度会提高。数据访问也是这样的，因此，SOA 架构师需要认真地考虑抽象与性能之间的平衡关系，并为其特定的业务需求优化它。

14.2.5.3　决策支持系统简介

决策支持系统（Decision Support System，DDS），是以管理科学、运筹学、控制论和行为科学为基础，以计算机技术、仿真技术和信息技术为手段，针对半结构化的决策问题，支持决策活动的具有智能作用的人机系统（见图 14-6）。DDS 能够为决策者提供所需的数据、信息和背景资料，帮助明确决策目标和进行问题的识别，建立或修改决策模型，提供各种备选方案，并且对各种方案进行评价和优选，通过人机交互功能进行分析、比较和判断，为正确的决策提供必要的支持。

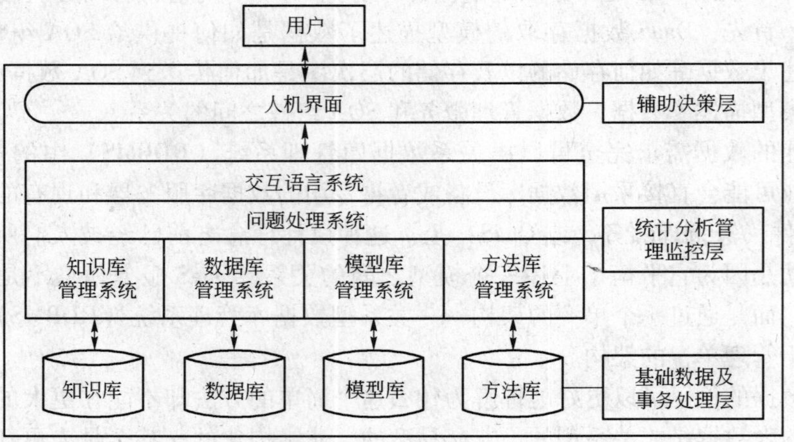

图 14-6　决策支持系统的结构

下面，从三个层次简要介绍决策支持系统这三个层次的应用。

第一，基础数据及事务处理层。事务处理层是应用软件中最基础的层次，也是最为庞大和烦琐的一层，所采集的信息是大量的业务基础数据，如宏观经济、农业信息数据库，人口统计数据库，政策法规库，企业产品库。另外，还包括对各类数据进行分析、统计、查询等事务处理的应用系统，如月度、季度、年度等宏观经济监测系统，预警分析系统，宏观经济跟踪、预测、预警系统等。

在决策支持系统中需要对该层的信息系统进行分类、加工和整理，形成决策支持系统中的元数据。

第二，统计分析管理监控层。根据由业务基础数据经过抽取或加工后所形成的信息，对其业务范围内的业务情况执行信息查询、信息分析、监督管理和检查的职能。在经过抽取和整理的元数据的基础之上，建立各种统计、分析模型，如计量经济模型、多方程时间序列统计模型、神经网络及投入产出模型等。通过模型的定义和开发，利用构成的经济模型，对经济系统中各方面给出全面深入的各种分析结果，包括因素分析、预测和政策模拟。其中要求系统能自动调用和集成不同类型的分析工具，如回归分析和投入产出的自动结合。

第三，辅助决策层。根据统计分析管理监控层的各种分析模型，进行多维的、更为复杂的综合分析和计算，从中发现各种趋势（如人口增长趋势、宏观经济趋势预测等）；发现异常情况；得到重要细节；找出内在规律，为各级领导的决策提供切实有效的帮助。

每一个业务系统都包含针对其相应业务（如人口、宏观经济、农业、外商投资、政策法规、企业产品等）的辅助决策子系统，在各业务辅助决策子系统的支持下，还可拓展面向综合性的辅助决策系统。

关于大数据处理的其他相关理论，比如分布式管理系统、数据库系统等内容，读者可自行查阅相关资料详细了解。

14.3 大数据研究方法

大数据是如今最火爆的名词，对于大数据的研究还处于起步阶段。当今世界，大数据的体量、数据复杂性和产生速度等方面均大大超出了传统的数据形态，也超出了现有技术手段的处理能力，这给学术界与业界带来了巨大的产业创新的机遇和挑战。大数据作为继云计算、物联网之后 IT 产业又一次颠覆性的技术变革，必将对现代企业的管理、数据挖掘的应用、市场营销决策以及消费者行为模式等产生巨大影响。随着计算机技术的发展，对大数据的处理方法和理论也不可能停留在处理传统数据的层面。

IBM 的架构师 Stephen Watt 曾在“Deriving new business insights with Big Data”一文中简单讲解过大数据的生态系统。简而言之，大数据的生态系统，就是数据的生存周期。数据从产生，到处理，再到价值提取，最后被消费掉，这整个过程就构成了大数据的生态系统。如图 14-7 所示。

在这个生态系统中，无论是数据的存储、数据的处理、数据的分享、数据的检索、数据的分析，还是数据的可视化，都存在着不同的商业需求。需求的出现必然会导致创新的产生。所以，在每个步骤都有不少初创公司在深耕自己所在的领域，试图通过新技术和新方法来实现新的商业模式。

传统的数据库代表着数据工程（Data Engineering）的处理方式，大数据时代的数据已不仅仅只是工程处理的对象，需要采取新的数据思维来应对。图灵奖获得者、著名数据库专家 Jim Gray 博士观察并总结人类自古以来在科学研究上先后历经了实验、理论和计算三种范式。当数据量不断增长和累积到今天，传统的三种范式在科学研究，特别是一些新的研究领域已经无法很好地发挥作用，需要有一种全新的第四种范式来指导新形势下的科学

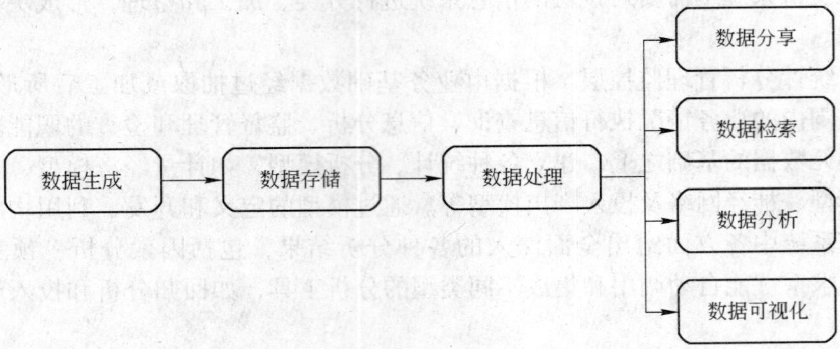

图 14-7 大数据生态系统

研究。基于这种考虑 Jim Gray 提出了一种新的数据探索型研究方式，被他自己称之为科学研究的“第四种范式”（The Forth Paradigm）。

第四种范式的实质就是从以计算为中心转变到以数据处理为中心，也就是我们所说的数据思维，这种方式需要我们从根本上转变思维。计算社会科学（Computational Social Science）基于特定社会需求，在特定的社会理论指导下收集、整理和分析数据足迹（Data Print），以便进行社会解释、监控、预测与规划的过程和活动。计算社会科学是一种典型的需要采用第四种范式来做指导的科学研究领域。Watts 在《Nature》杂志上的文章“A Twenty-first Century Science”也指出，借助于社交网络和计算机分析技术，21 世纪的社会科学有可能实现定量化的研究，从而成为一门真正的自然科学。

14.3.1 数据仓库与数据挖掘方法

数据仓库技术就是基于数学及统计学严谨逻辑思维的并达成“科学的判断、有效的行为”的一个工具。数据仓库技术也是一种达成“数据整合、知识管理”的有效手段。

数据仓库技术是基于信息系统业务发展的需要，基于数据库系统技术的发展，并逐步独立的一系列新的应用技术。随着 20 世纪 90 年代后期互联网的兴起与飞速发展，我们进入了一个新的时代，大量的信息和数据迎面而来，用科学的方法去整理数据，从而从不同视角对企业经营各方面信息进行精确分析、准确判断，比以往更为迫切，实施商业行为的有效性也比以往更受关注。

使用这些技术建设的信息系统被称为数据仓库系统。随着数据仓库技术应用的不断深入，近几年数据仓库技术得到长足的发展。典型的数据仓库系统有经营分析系统、决策支持系统等。随着数据仓库系统带来的良好效果，各行各业，已经能很好地接受“整合数据，从数据中找知识，运用数据知识、用数据说话”等新的理念，这关系到改善生产活动各环节、提高生产效率等问题。

数据仓库最根本的特点是物理地存放数据，这些数据并不是最新的、专有的，而是来源于其他数据库的。数据仓库的建立并不是要取代数据库，它要建立在一个较全面和完善的信息应用的基础上，用于支持高层决策分析，而事务处理数据库在企业的信息环境中承担的是日常操作性的任务。数据仓库是数据库技术的一种新的应用，到目前为止，数据仓库还是用关系数据库管理系统管理其中的数据。

数据挖掘是通过分析数据仓库中的每个数据，从大量数据中寻找其规律的技术，主要有数据准备、规律寻找和规律表示三个步骤。数据准备是从相关的数据源中选取所需的数据并整合成用于数据挖掘的数据集；规律寻找是用某种方法将数据集所含的规律找出来；规律表示是尽可能以用户可理解的方式将找出的规律表示出来。

近年来，数据挖掘引起了业界的极大关注，其主要原因是存在大量数据，可以广泛使用，并且迫切需要将这些数据转换成有用的信息和知识。由此获取的信息和知识可以广泛用于各种应用，包括商务管理、生产控制、市场分析、工程设计和科学探索等。

基于数据仓库的数据挖掘与分析方式主要有以下几种：

（1）遗传算法。借鉴生物界的进化规律（适者生存，优胜劣汰）演化而来的随机化搜索方法。采用概率化的寻优方法，自动获取和指导优化的搜索空间，不需要确定的规则，自适应地调整搜索方向。遗传算法已被人们广泛应用于组合优化、机器学习、信号处理、自适应控制和人工生命等领域，是现代有关智能计算中的关键技术。应用实例包括制造业改善作业调度，以及优化投资回报率等。

（2）神经网络。受生物神经网络结构和运作的启发，模拟动物神经网络行为特征，进行分布式并行信息处理的算法数学模型。应用实例包括识别高价值客户离开特定公司的风险，以及识别欺诈性的保险理赔行为等。

（3）情感分析。从源文字材料中确定和提取主观信息的自然语言处理和分析方法的应用。分析的主要内容包括识别表达情感的特征、态势或作品。应用实例有分析社会化媒体（如博客、微博客或社交网络），确定不同客户群和利益相关者对其产品和行为的反应。

（4）数据融合与集成。集成和分析来自多个源的数据的方法。典型应用是使用来自互联网的传感器数据综合分析如炼油厂这样的复杂分布式系统的性能；使用社会媒体数据，经过自然语言处理分析，并结合实时销售数据，确定营销活动如何影响顾客的情绪和购买行为等。

（5）机器学习。研究计算机怎样模拟或实现人类的学习行为，获取新的知识或技能，重新组织已有的知识结构并不断改善自身的性能，是人工智能的核心，是使计算机具有智能的根本途径。

（6）时间序列分析。分析数据点序列表示连续时间值，从数据中提取有意义特征的统计学和信号处理方法。一般通过曲线拟合和参数估计来建立数学模型。应用实例包括销售数字预测、气象预报，或传染性疾病人数的预测等。

（7）空间分析。分析数据集拓扑、几何或地理编码性能技术的统计方法。数据通常来源于采集地址或纬度/经度坐标等位置的地理信息系统。应用实例包括空间数据的空间回归（如消费者是否愿意购买与位置相关的产品）或模拟（如如何将制造业的供应链网络分布到不同的地点）。

（8）自然语言处理。研究实现人与计算机之间用自然语言进行有效通信的理论和方法。典型应用是用社交媒体的情感分析确定潜在客户对品牌活动的反应。

（9）可视化技术。可视化技术通过创建图片、图表或动画等，方便对大数据分析结果的沟通与理解。标签云技术将数据中出现的频繁的词以更大的文本呈现，不经常出现的词用较小的文本呈现，帮助读者迅速感知大文本中最突出的概念；Clustergram 是一种基于聚类分析的可视化技术，用于显示随着集群数量的增加，数据集的个别成员如何被分配到集群，使分析师能够更好地了解为何不同的集群数量产生不同的聚类结果；历史流用图形化的方法表示多个作者编辑文件的历史，在图中很容易发现不同的见解。

14.3.2 云计算方法

云计算服务通常提供通过浏览器访问的在线商业应用，软件和数据可存储在数据中心。云计算可以认为包括以下几个层次的服务：

第一，基础设施即服务（Infrastructure-as-a-Service，IaaS）。消费者通过互联网可以从完善的计算机基础设施获得服务。

第二，平台即服务（Platform-as-a-Service，PaaS）。PaaS 实际上是指将软件研发的平台作为一种服务，以 SaaS 的模式提交给用户。因此，PaaS 也是 SaaS 模式的一种应用。但是，PaaS 的出现可以加快 SaaS 的发展，尤其是加快 SaaS 应用的开发速度。

第三，软件即服务（Software-as-a-Service，SaaS）。它是一种通过互联网提供软件的模式。用户无需购买软件，而是向提供商租用基于 Web 的软件，来管理企业经营活动。相对于传统的软件，SaaS 解决方案有明显的优势，包括较低的前期成本，便于维护，快速展开使用等。

云计算操作系统，又称云计算中心操作系统，是云计算后台数据中心的整体管理运营系统（也有人认为云计算系统包括云终端操作系统，如现在流行的各类手机操作系统），它是指构架于服务器、存储、网络等基础硬件资源和单机操作系统、中间件、数据库等基础软件管理的海量的基础硬件、软资源之上的云平台综合管理系统。

云计算操作系统通常包含以下几个模块：大规模基础软硬件管理、虚拟计算管理、分布式文件系统、业务/资源调度管理、安全管理控制等。

简单来讲，云计算操作系统有以下几个作用，一是能管理和驱动海量服务器、存储等基础硬件，将一个数据中心的硬件资源逻辑上整合成一台服务器；二是为云应用软件提供统一、标准的接口；三是管理海量的计算任务以及资源调配。

云计算操作系统是实现云计算的关键一步，从前端看，云计算用户能够通过网络按需获取资源，并按使用量付费，如同打开电灯用电，打开水龙头用水一样，接入即用；从后台看，云计算能够实现对各类异构软硬件基础资源的兼容，更要实现资源的动态流转，如西电东送、西气东输等。将静态、固定的硬件资源进行调度，形成资源池，云计算的两大基本功能就是云计算中心操作系统实现的，但是操作系统的重要作用远不止于此。

云安全的策略构想是：使用者越多，每个使用者就越安全。因为如此庞大的用户群，足以覆盖互联网的每个角落，只要某个网站被挂马或某个新木马病毒出现，就会立刻被截获。云安全的发展像一阵风，瑞星、趋势、卡巴斯基、MCAFEE、SYMANTEC、江民科技、PANDA、金山、360 安全卫士等都推出了云安全解决方案。瑞星基于云安全策略开发的2009 新品，每天拦截数百万次木马攻击，其中1 月8 日更是达到了765 万余次。趋势科技云安全已经在全球建立了5 大数据中心，几万部在线服务器。据悉，云安全可以支持平均每天55 亿条点击查询，每天收集分析2.5 亿个样本，资料库第一次命中率就可以达到99%。借助云安全，趋势科技现在每天阻断的病毒感染最高达1000 万次。

14.3.3　物联网方法

物联网是新一代信息技术的重要组成部分。其英文名称是“The Internet of Things”。由此，顾名思义，“物联网就是物物相连的互联网”。这有两层意思：第一，物联网的核心和基础仍然是互联网，是在互联网基础上的延伸和扩展的网络；第二，其用户端延伸和扩展到了任何物品与物品之间，进行信息交换和通信。物联网通过智能感知、识别技术与普适计算、泛在网络的融合应用，被称为继计算机、互联网之后世界信息产业发展的第三次浪潮。物联网是互联网的应用拓展，与其说物联网是网络，不如说物联网是业务和应用。因此，应用创新是物联网发展的核心，以用户体验为核心的创新 2.0 是物联网发展的灵魂。在物联网应用中有两项关键技术：

A　传感器技术

到目前为止，绝大部分计算机处理的都是数字信号。自从有计算机以来，就需要传感器把模拟信号转换成数字信号后，计算机才能处理。RFID 标签是一种传感器技术。RFID 技术是融合了无线射频技术和嵌入式技术为一体的综合技术，在自动识别、物品物流管理有着广阔的应用前景。

B　嵌入式系统技术

它是综合了计算机软硬件、传感器技术、集成电路技术、电子应用技术为一体的复杂技术。经过几十年的演变，以嵌入式系统为特征的智能终端产品随处可见：小到人们身边的 MP3，大到航天航空的卫星系统。嵌入式系统正在改变着人们的生活，推动着工业生产以及国防工业的发展。如果把物联网用人体做一个简单比喻，传感器相当于人的眼睛、鼻子、皮肤等感官，网络就是神经系统用来传递信息，嵌入式系统则是人的大脑，在接收到信息后要进行分类处理。

14.3.4　大数据的处理模式

大数据主要的处理模式可以分为流处理（Stream Processing）和批处理（Batch Processing）两种。批处理是先存储后处理，而流处理则是直接处理。

14.3.4.1　流处理

流处理的基本理念是数据的价值会随着时间的流逝而不断降低，尽可能快地对最新的数据作出分析并给出结果，是所有流数据处理模式的共同目标。需要采用流数据处理的大数据应用场景主要有网页点击数的实时统计、传感器网络金融中的高频交易等。流处理将数据视为流，源源不断的数据组成了数据流，当新的数据到来时，就立刻处理并返回所需的结果。

数据的实时处理工作很有挑战性，数据流本身具有速度快且规模大等特点，通常不会对所有的数据进行永久化存储，并且不断变化的数据环境决定了系统很难准确掌握整个数据的全貌。由于响应时间很短，流处理的过程基本在内存中完成，其处理方式更多地依赖于在内存中设计巧妙的概要数据结构。数据流的理论及技术研究已经有十几年的历史，目前仍旧是研究热点。与此同时，很多实际系统也已开发和得到广泛的应用，比较有代表性的开源系统如 Twitter 的 Storm、Yahoo 的 S4 以及 Linkedin 的 Kafka 等。

14.3.4.2　批处理

Google 公司 2004 年提出来的 Map-Reduce 编程模型是最具代表性的批处理模式。Map-

Reduce 模型首先将用户的原始数据源进行分块，然后分别交给不同的 Map 任务区处理，Map 任务从输入中解析出键/值（Key/Value）对集合，然后对这些集合执行用户自行定义的 Map 函数得到中间结果，并将该结果写入本地硬盘。Reduce 任务从硬盘上读取数据之后会根据 Key 值进行排序，将具有相同 Key 值的数据组织在一起。最后，用户自定义的 Reduce 函数会作用于这些排好序的结果并输出最终结果。

从 Map-Reduce 的处理过程我们可以看出 Map-Reduce 的核心设计思想在于：1）将问题以系统思想整体与部分的方式处理；2）把计算推到数据，有效地避免数据传输过程中产生的大量通信开销。现实中很多问题都可用 Map-Reduce 模型来表示，因此该模型公开后立刻受到极大的关注，并在生物信息学、文本挖掘等领域得到广泛的应用。

大数据的应用类型很多，在实际的大数据处理中，常常并不是简单地只使用流处理或批处理中的某一种，而是将两者结合起来。互联网是数据最重要的来源之一，很多互联网公司根据处理时间的要求，将自己的业务划分为在线（Online）、近线（Nearline）和离线（Offline）。其中在线的处理时间一般在秒级甚至是毫秒级，因此通常采用上面所说的流处理。离线的处理时间可以以天为基本单位，基本采用批处理方式，这种方式可以最大限度地利用系统输入设备/输出设备（Input/Output，I/O）。近线的处理时间一般在分钟级或者是小时级，对其处理模型并没有特别的要求，可以根据需求灵活选择，但在实际中多采用批处理模式。

14.3.5 大数据处理的基本流程

大数据的数据来源广泛，应用需求和数据类型都不尽相同，但是最基本的处理流程一致。大数据的处理流程可以定义为在合适工具的辅助下，对广泛异构的数据源进行抽取和集成，结果按照一定的标准统一存储。利用合适的数据分析技术对存储的数据进行分析，从中提取有益的知识，并利用恰当的方式将结果展现给用户。简单来说，可以分为数据抽取与集成，数据分析以及数据解释三个阶段。

14.3.5.1 数据抽取与集成

大数据的一个重要特点就是多样性，这就意味着数据来源极其广泛，数据类型极为繁杂。这种复杂的数据环境给大数据的处理带来极大的挑战。要想处理大数据，首先必须对所需数据进行抽取和集成，从中提取出关系和实体，经过关联和聚合之后，采用统一定义的结构来存储这些数据。在数据集成和提取时，需要对数据进行预处理，保证数据质量。同时，还要特别注意大数据时代模式和数据的关系。大数据时代的数据往往是先有数据再有模式，且模式是不断地动态演化的。

随着新的数据源的涌现，数据集成方法也在不断的发展之中。从数据集成模型来看，现有的数据抽取与集成方式可以大致分为以下 4 种类型：

（1）基于物化或 ETL 方法的引擎（Materialization or ETL Engine）；

（2）基于联邦数据库或中间件方法的引擎（Federation Engine or Mediator）；

（3）基于数据流方法的引擎（Stream Engine）；

（4）基于搜索引擎的方法（Search Engine）。

14.3.5.2 数据分析

由于大数据的价值产生于分析过程，数据分析是大数据处理流程的核心。根据不同应用的需求，可以从异构数据源抽取和集成的数据构成了数据分析的原始数据中选择全部或部分进行分析。传统的分析技术如数据挖掘、统计分析等在大数据时代需要做出调整，因为这些技术在大数据时代面临着一些新的挑战：

第一，数据量大并不一定意味着数据价值的增加，相反，这往往意味着数据噪声的增多。因此，在数据分析之前必须进行数据清洗等预处理工作，但是预处理如此大量的数据，对于机器硬件以及算法都是严峻的考验。

第二，大数据时代的算法需要进行调整。首先，大数据的应用常常具有时效性的特点，算法的准确率不再是大数据应用的最主要指标，很多场景中算法需要在处理的时效性和准确率之间取得平衡；其次，云计算是进行大数据处理的有力工具，这就要求很多算法必须做出调整以适应云计算的框架，算法需要变得具有可扩展性；最后，在选择算法处理大数据时必须谨慎，当数据量增长到一定规模以后，可以从小量数据中挖掘出有效信息的算法。

第三，数据结果好坏的衡量。得到分析结果并不难，但是结果好坏的衡量却是大数据时代数据分析的新挑战。大数据时代的数据量大、类型庞杂，进行分析时往往对整个数据的分布特点掌握的不太清楚，这会导致最后在设计衡量的方法以及指标时遇到诸多困难。

大数据分析已被广泛应用于诸多领域，典型的有推荐系统、商业智能、决策支持等。

14.3.5.3 数据解释

数据分析是大数据处理的核心，但是用户往往更关心结果的展示。如果分析的结果正确但是没有采用适当的解释方法，则所得到的结果很可能让用户难以理解，甚至会误导用户。数据解释的方法很多，比较传统的就是以文本形式输出结果，或者直接在电脑终端上显示结果。这种方法在面对小数据量时是一种很好的选择，但大数据时代的数据分析结果往往也是海量的，同时结果之间的关联关系极其复杂，采用传统的解释方法基本不可行。可以考虑从两个方面提升数据解释能力：

第一，引入可视化技术。可视化作为解释大量数据最有效的手段之一率先被科学与工程计算领域采用。通过对分析结果的可视化，用形象的方式向用户展示结果，而且图形化的方式比文字更易理解和接受。常见的可视化技术有标签云、历史流、空间信息流等，可以根据具体的应用需要选择合适的可视化技术。

第二，让用户能够在一定程度上了解和参与具体的分析过程。既可以采用人机交互技术，利用交互式的数据分析过程来引导用户逐步地进行分析，使得用户在得到结果的同时更好地理解分析结果的由来；也可以采用数据起源技术，帮助用户追溯整个数据分析的过程，有助于用户理解结果。

14.3.6 大数据处理的相关技术

大数据的价值需要多种技术的协同才能完整体现。处理大数据的相关关键技术有：文件系统、数据库系统、索引与查询技术以及数据分析技术等。文件系统为最底层数据存储提供支持。为了便于数据管理，需要在文件系统之上建立数据库系统。通过索引等的构建，对外提供高效的数据查询等常用功能。最终通过数据分析技术从数据库中的大数据提取出有益的知识。

14.3.6.1 文件系统

文件系统是支撑上层应用的基础。对于 Google 而言，并没有完全成熟的存储方案可以直接使用。Google认为系统组件失败是一种常态而不是异常。基于此思想，Google自行设计开发了Google文件系统GFS（Google File System）。GFS是构建在大量廉价服务器之上的一个可扩展的分布式文件系统，主要针对文件较大且读远大于写的应用场景，采用主从结构，通过数据分块、追加更新等方式实现了海量数据的高效存储。随着时间推移，GFS的架构逐渐开始无法适应需求。Google对GFS进行了重新的设计，该系统正式的名称为Colosuss，具体实现尚未公开，但是从ACM对GFS团队核心工程师的访谈可以了解其一些新的特性。其中GFS的单点故障（指仅有一个主节点容易成为系统的瓶颈）、海量小文件的存储等问题在Colosuss中均得到了解决。

除了Google，众多企业和学者也从不同方面对满足大数据存储需求的文件系统进行了详尽的研究。微软自行开发的Cosmos支撑着其搜索、广告等业务。GFS类的文件系统主要是针对较大文件设计的，而在图片存储等应用场景，文件系统主要存储海量小文件。此时GFS文件系统因为频繁读取源数据等原因，效率很低。针对这种情况，Facebook推出了专门针对海量小文件的文件系统Haystack，通过多个逻辑文件共享同一个物理文件、增加缓存层、部分源数据加载到内存等方式，有效地解决了Facebook海量图片存储问题。淘宝推出了类似的文件系统TFS（Tao File System），通过将小文件合并成大文件、文件名隐含部分源数据等方式，实现了海量小文件的高效存储。

14.3.6.2 数据库系统

原始的数据存储在文件系统之中，但是用户习惯通过数据库系统来存取文件。因为这样会屏蔽掉底层的细节，且方便数据管理。直接采用关系模型的分布式数据库并不能适应大数据时代的数据存储。主要原因为：

第一，规模效应所带来的压力。大数据时代的数据量远远超过单机所能容纳的数据量，因此必须采用分布式存储的方式。这就需要系统具有很好的扩展性，这恰恰是传统数据库的弱势之一。因为传统的数据库产品对于性能的扩展更倾向于纵向扩展的方式，而这种方式对于性能的增加速度远低于需要处理数据的增长速度，且性能提升存在上限。适应大数据的数据库系统应当具有良好的横向扩展能力，而这种性能扩展方式恰恰是传统数据库所不具备的。即便是性能最好的并行数据库产品，其横向扩展能力也相对有限。

第二，数据类型的多样化。传统的数据库比较适合结构化数据的存储，但是数据的多样性是大数据时代的显著特征之一。这也就意味着除了结构化数据外，半结构化和非结构化数据也将是大数据时代的重要数据类型组成部分。如何高效地处理多种数据类型，是大数据时代数据库技术面临的重要挑战之一。

第三，设计理念的冲突。关系数据库追求的是“One size fits all”的目标，希望将用户从繁杂的数据管理中解脱出来，在面对不同的问题时，不需要重新考虑数据管理问题，从而可以将重心转向其他的部分。但在大数据时代，不同的应用领域在数据类型、数据处理方式以及数据处理时间的要求上差异极大。在实际的处理中几乎不可能有一种统一的数据存储方式能够应对所有场景。例如对于海量Web数据的处理，就不可能采取和天文图像数据同样的处理方式。

第四，数据库事务特性。众所周知，关系数据库中事务的正确执行必须满足原子性、一致性、隔离性和持久性（ACDI）。对于数据强一致性的严格要求，使其在很多其他大数据场景中无法应用。正是在事务处理过程中对于ACID特性的严格要求，使得关系型数据库的扩展极其有限。

14.3.6.3 索引与查询技术

数据查询是数据库最重要的应用之一，而索引则是解决数据查询问题的有效方案。就Google自身而言，索引的构建是提供搜索服务的关键部分。Google最早的索引系统是利用Map-Reduce来更新的。根据更新频率进行层次划分，不同的层次对应不同的更新频率。每次需要批量更新索引，即使有些数据并未改变也需要处理掉。这种索引更新方式效率较低。

关系数据库利用对数据构建索引的方式较好解决了数据查询问题。不同的索引方案使得关系数据库可以满足不同场景的要求。索引的建立及更新都需耗费较多的时间，在面对传统数据库的小数据量时，这些时间和其所带来的查询便利性相比是可以接受的。但这些复杂的索引方案基本无法直接应用到大数据之上。

14.3.6.4 数据分析技术

数据分析是Google最核心的业务，每一次简单的网络点击背后都需要进行复杂的分析过程。因此，Google对其分析系统仍在进行不断的升级改造之中。Map-Reduce是Google最早采用的计算模型，适用于批处理，其具体内容已在上一节介绍。Map-Reduce模型基本成了批处理类应用的标准处理模型，很多应用开始尝试利用Map-Reduce加速其数据处理。

实时数据处理是大数据分析的一个核心需求。很多研究工作正是围绕这一需求展开的。前面介绍了大数据处理的两种基本模式，而在实时处理的模式选择中，主要有三种思路：

第一，采用流处理模式。虽然流处理模式天然适合实时处理系统，但其适用领域相对有限。流处理模型的应用主要集中在实时统计系统、在线状态监控等。

第二，采用批处理模式。利用批处理模型开发实时系统已经成为近年来的研究热点并取得了很多成果。

第三，前两者的融合。有不少研究人员尝试将流处理和批处理模式进行融合，主要思路是利用Map-Reduce模型实现流处理。

14.3.7 大数据处理工具简介

关系数据库在很长的时间里成为数据管理的最佳选择。但是在大数据时代，数据管理、分析等的需求多样化使得关系数据库在很多场景不再适用。

在云计算和移动应用的世界里，围绕一个简单的应用开创一个新事业，已经比以往要容易得多。甚至在大公司，开发者都在为推销应用或者推进应用的货币化而奋斗。不过在应用的开发过程中，开发者可能需要加入一些数据流，这样才能让应用“火”起来。所以很多公司从程序员的需求和技能出发，构建了一些数据分析工具。

14.3.7.1 Hadoop

Hadoop是目前最为流行的大数据处理平台，是能够推动企业内部的数据开放，能够让每个人参与到报表、数据的研发过程；能够实现企业的数据共享，特别是Hadoop队列，资源池，任务调度器的机制，能让整个机型切换成多个资源，而不是像以前的数据库那样一层层的隔离去使用。

14.3.7.2 BitDeli

BitDeli是2013年11月份在旧金山成立的一家初创公司。它能衡量出任何使用Python脚本的应用程序的指标，脚本可以很简单，也可以很复杂——甚至未来可以延伸到机器学习。不过和Hadoop相比，BitDeli自认为是一个更轻量级的初级产品。

14.3.7.3 Continuuity

Continuuity是前Yahoo首席云架构师Todd Papaioannou和Facebook HBase的工程师Jonathan Gray的心血结晶。Continuuity想让所有的公司都能像Yahoo、Facebook一样运营。该团队创建了一个大数据工具，它可以简化Hadoop以及HBase集群的复杂性，而且包含一系列开发套件，旨在帮助程序员开发大数据应用。该平台采用Hadoop技术，允许开发者在防火墙内外对大数据应用软件进行部署、扩展和管理。公司联合创始人兼首席执行官Todd Papaioannou表示，作为一家初创企业，Continuuity正试图掀起下一波大数据应用软件的浪潮，公司所提供的工具能够大大提高处于开发状态的软件不同部分与阶段的扩展性。

14.3.7.4 Google Prediction API

Google Prediction API是一个基于云服务的机器学习工具，可以帮助开发者分析数据，并为应用程序加入情感分析、反垃圾邮件、追加销售分析、识别可疑活动和诊断等功能。这套API支持众多编程语言，比如.NET、Java、PHP、Ruby、Python、JavaScript、Objective-C以及应用脚本语言等。Google的开发者主页提供了相关的培训和开发指南，读者可以访问Prediction API介绍页面进行学习。

其他类似的还有Map-Reduce、Google Compute Engine、Infochimps、Kontagent、Mortar Data、Placed Analytics、Precog等大数据的处理工具，读者可自行查阅相关资料。

14.4 大数据的应用案例

2013年10月，《经济参考报》记者获悉，十多位院士向高层建议，我国应制定大数据国家战略，并在发展目标、发展原则、关键技术等方面做出顶层设计。与此同时，国家发改委与中科院正在启动“基础研究大数据服务平台应用示范项目”。权威人士透露，有关部门正在积极研究，大数据国家战略或将提上议程。

目前，大数据的开发与利用已经在医疗服务、零售业、金融业、制造业、物流、电信、电力等行业广泛展开，并产生了巨大的社会价值和产业空间。以麦肯锡评估西方产业数据为例，大数据的有效利用将能使欧洲发达国家政府节省至少1000亿欧元（约1490亿美元）的运作成本；使美国医疗保健行业降低8%的成本（约每年3000多亿美元）。据IDC预测，大数据技术与服务市场将从2010年的32亿美元攀升到2015年的169亿美元，实现40%的年增长率（IT与通信产业增长率的7倍）。

大数据是一场人人都想抓住的变革机遇。不管是IT巨头还是创业小团队，都想在这个极具变化的变革初期占领一席之地，立名、掘金、抢占话语权。

如果说云计算主要提供了强大的后台运算能力，对大众来说，看不见摸不着；那么大数据却是和人们的生活紧密相关的。大数据应用随处可见可感可知（见图14-8）。

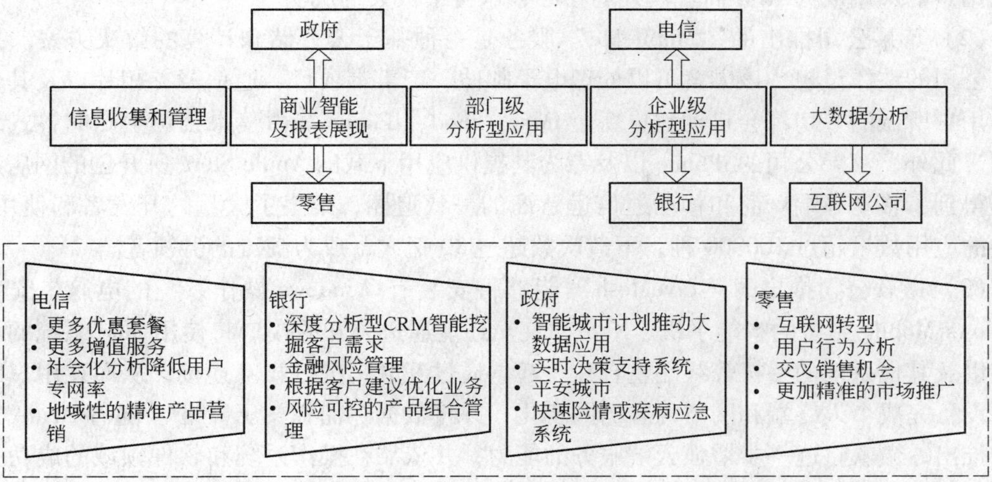

图 14-8 大数据应用随处可见

14.4.1 云计算大数据的应用

云计算虽然不是在技术创新的基础上发展起来的，但它却是 IT 资源应用的一种创新，同时，在云计算基础上也会出现更多应用和技术方面的创新。众所周知，如今的社会，人们使用浏览器的时间和频度可能要超过主机 OS 的时间和频度，甚至也有人预测将来的浏览器大有取代操作系统的趋势。云计算是将服务付诸实施，并且以多样化、个性化、可重复、可冗余、可管理的形式来实现的平台。在这种平台的支撑下，围绕云计算和各种 IT 资源的技术创新也就变得更加丰富起来。而且这种技术创新，在软硬件方面的特点将不再那么明显，除了各自厂商在各自领域、针对云计算的持续创新和改进之外，更多的技术创新将会涌现在服务层面，包括其中的管理、应用等产品和服务。这种集中又分散的技术创新格局，是对原有技术创新模式的补充，这种变迁既是行业洗牌，也是时代发展的需要。

云计算的发展并不局限于 PC，随着移动互联网的蓬勃发展，基于手机等移动终端的云计算服务已经出现。基于云计算的定义，移动云计算是指通过移动网络以按需、易扩展的方式获得所需的基础设施、平台、软件（或应用）等的一种 IT 资源或信息服务的交付与使用模式。“云计算”概念被大量运用到生产环境中，国内的“阿里云”与云谷公司的 XenSystem，以及在国外已经非常成熟的 Intel 和 IBM，各种“云计算”的应服务范围正日渐扩大，影响力也无可估量。

以下是移动云计算的几个成功实例：

（1）加拿大 RIM 公司面向众多商业用户提供的黑莓企业应用服务器方案，可以说是一种具有云计算特征的移动互联网应用。在这个方案中，黑莓的邮件服务器将企业应用、无线网络和移动终端连接在一起，让用户通过应用推送（Push）技术的黑莓终端远程接入服务器访问自己的邮件账户，从而可以轻松地远程同步邮件和日历，查看附件和地址本。除黑莓终端外，RIM 同时也授权其他移动设备平台接入黑莓服务器，享用黑莓服务。

目前，黑莓正通过它的无线平台扩展自己的应用，如在线 CRM 等。以云计算模式提供给用户的应用成为RIM商业模式的核心，取得了极大的成功。

（2）苹果公司推出的“MobileMe”服务是一种基于云存储和计算的解决方案。按照苹果公司的整体设想，该方案可以处理电子邮件、记事本项目、通信簿、相片以及其他档案，用户所做的一切都会自动地更新至iMac、iPod、iPhone等由苹果公司生产的各式终端界面。此外，苹果公司的iPhone以及专为其提供应用下载的Apple Store所开创的网店形式已经得到了移动终端厂商和移动通信运营商的一致追捧，聚集了大量的开发者和使用者，提供的应用数量超过100000种，下载次数超过30亿次，成为潮流的引领者。

（3）微软公司推出的“LiveMesh”能够将安装有Windows操作系统的电脑、安装有Windows Mobile系统的智能手机、Xbox，甚至还能通过公开的接口将使用Mac系统的苹果电脑以及其他系统的手机等终端整合在一起，通过互联网进行相互连接，从而让用户跨越不同设备完成个人终端和网络内容的同步化，并将数据存储在“云”中。随着Azure云平台的推出，微软将进一步增强云端服务的能力，并依靠在操作系统和软件领域的成功为用户和开发人员提供更为完善的云计算解决方案。

（4）作为云计算的先行者，Google公司积极开发面向移动环境的Android系统平台和终端，不断推出基于移动终端和云计算的新应用，包括：

第一，整合移动搜索。实现了传统互联网和移动互联网的信息有机整合，并且特别强化了搜索结果的第一页以适应手机浏览的特点。

第二，语音搜索服务。搜集不同的口音和词汇，形成大规模的虚拟数据，并利用云计算平台快速对数据进行大量复杂的运算，提供更准确的语音搜索结果。

第三，定点搜索以及Google手机地图。识别用户的位置信息并根据地点的变化提供相应的搜索结果，实现精确定位，可提供驾车路线等服务。

第四，Android上的Google街景。用户通过手机就能浏览各地街景，随时随地查询街道信息。

RIM公司的黑莓邮件服务和苹果公司的“MobileMe”服务代表了手机厂商直接向用户提供服务的模式；微软的“LiveMesh”和Google的移动搜索则代表了云计算服务提供商通过手机或其他移动终端向用户提供服务的模式。前一种模式凭借的是明星手机对大众的吸引力，后一种模式则有赖于服务提供商在自己所擅长领域的市场垄断地位和技术领先优势，两种模式都实现了跨领域、跨层级的资源与服务整合，所提供的应用和服务都具有信息存储的同步性和应用的一致性，进而保证了用户业务体验的无缝衔接，开放的云平台将允许用户在其上建立并运行属于自己的各种应用。

此外，国内许多公司也在大打云计算招牌，主要涉及云数据存储服务方面。例如，使用360云盘的用户可以将文件存储到本地计算机的指定云文件夹，用户可以在其他的计算机上使用个人的360账号转存或下载保存在云文件夹中的文件；115网盘则经常应用于文件分享，通过指定提取码下载相应文件；新浪云盘中的文件共享功能也应用较多；百度提供的云服务可以保存文库、经验等百度相关文件，也可以上传个人资料，并且根据用户需要，向指定的其他用户共享文件；腾讯的微云服务可以随时随地将手机端的照片、文档等资料上传云端，并在其他客户端或PC端下载，相当于为用户免费提供网络硬盘；其他类似的还有金山快传、小米云服务等。

14.4.2　物联网大数据的应用

物联网用途广泛，遍及智能交通、环境保护、政府工作、公共安全、平安家居、智能消防、工业监测、环境监测、路灯照明管控、景观照明管控、楼宇照明管控、广场照明管控、老人护理、个人健康、花卉栽培、水系监测、食品溯源、敌情侦查和情报搜集等多个领域（见图 14-9）。

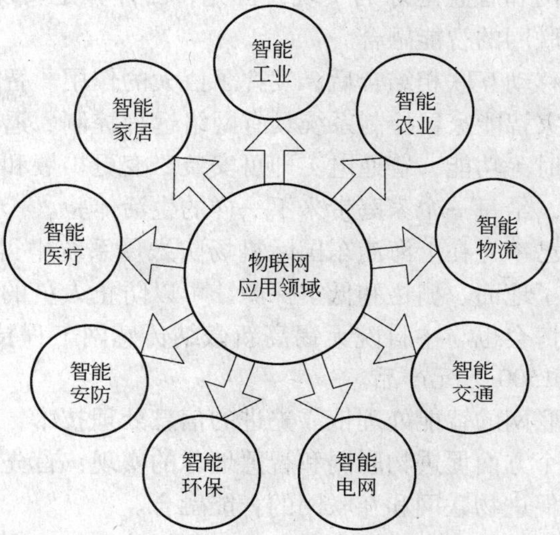

图 14-9　物联网的九大应用领域

根据其实质用途可以归结为三种基本应用模式：

（1）对象的智能标签。通过 NFC、二维码、RFID 等技术标识特定的对象，用于区分对象个体，例如在生活中我们使用的各种智能卡，条码标签的基本用途就是用来获得对象的识别信息；此外通过智能标签还可以用于获得对象物品所包含的扩展信息，例如智能卡上的金额余额，二维码中所包含的网址和名称等。

（2）环境监控和对象跟踪。利用多种类型的传感器和分布广泛的传感器网络，可实现对某个对象的实时状态的获取和特定对象行为的监控。如使用分布在市区的各个噪声探头监测噪声污染，通过二氧化碳传感器监控大气中二氧化碳的浓度，通过 GPS 标签跟踪车辆位置，通过交通路口的摄像头捕捉实时交通流量等。

（3）对象的智能控制。物联网基于云计算平台和智能网络，可以依据传感器网络用获取的数据进行决策，改变对象的行为，进行控制和反馈。如根据光线的强弱调整路灯的亮度，根据车辆的流量自动调整红绿灯间隔等。

国际电信联盟于 2005 年的报告曾描绘“物联网”时代的图景：当司机出现操作失误时汽车会自动报警；公文包会提醒主人忘带了什么东西；衣服会“告诉”洗衣机对颜色和水温的要求，等等。

物联网把新一代 IT 技术充分运用在各行各业之中，具体地说，就是把感应器嵌入和装备到电网、铁路、桥梁、隧道、公路、建筑、供水系统、大坝、油气管道等各种物体中，然后将“物联网”与现有的互联网整合起来，实现人类社会与物理系统的整合，在这个整合的网络当中，存在能力超级强大的中心计算机群，能够对整合网络内的人员、机器、设备和基础设施实施实时的管理和控制，在此基础上，人类可以以更加精细和动态的方式管理生产和生活，达到“智慧”状态，提高资源利用率和生产力水平，改善人与自然间的关系。

物联网的智能处理依靠先进的信息处理技术，如云计算、模式识别等技术，云计算可以从两个方面促进物联网和智慧地球的实现：首先，云计算是实现物联网的核心。其次，云计算促进物联网和互联网的智能融合。

物联网的应用在与移动互联相结合后，发挥了巨大的作用。智能家居使得物联网的应用更加生活化，中凌e家智能家居控制系统具有网络远程控制、遥控器控制、触摸开关控制、自动报警和自动定时等功能，普通电工即可安装，变更扩展和维护非常容易，开关面板颜色多样，图案个性，给每一个家庭带来不一样的生活体验。

物联网传感器产品已率先在上海浦东国际机场防入侵系统中得到应用。系统铺设了3万多个传感节点，覆盖了地面、栅栏和低空探测，可以防止人员的翻越、偷渡、恐怖袭击等攻击性入侵。上海世博会也与中科院无锡高新微纳传感网工程技术研发中心签下订单，购买防入侵微纳传感网1500万元产品。

与云计算结合，物联网的智能处理依靠先进的信息处理技术，如云计算、模式识别等技术，云计算可以从两个方面促进物联网和智慧地球的实现：首先，云计算是实现物联网的核心；其次，云计算促进物联网和互联网的智能融合。

与指挥中心的结合，物联网在指挥中心已得到很好的应用，网连网智能控制系统可以控制指挥中心的大屏幕、窗帘、灯光、摄像头、DVD、电视机、电视机顶盒、电视电话会议；也可以调度马路上的摄像头将实时图像传到指挥中心，同时也可以控制摄像头的转动。网连网智能控制系统还可以通过3G网络进行控制，可以多个指挥中心分级控制，也可以连网控制。还可以显示机房温度湿度，可以远程控制需要控制的各种设备开关电源。

尽管我国已大量生产射频标签，但仍然存在四大问题，制约其发展。首先，芯片和读写器核心模块严重依赖进口；其次，射频标签自主技术标准缺位；再次，市场因素制约射频标签规模化推广；最后，民营企业处于竞争劣势，风险投资态度谨慎。

14.4.3　大数据在政府工作领域中的应用

大数据在世界上各个政府工作部门都有相关应用。

2008年，法国总统萨科齐组建了一个专家组，成员包括诺贝尔经济学奖获得者约瑟夫·斯蒂格利茨和阿玛蒂亚·森在内的20多名世界知名专家，进行了一项名为“幸福与测度经济进步”（Happiness and Measuring Economic Progress）的研究，该项研究将国民主观幸福感纳入衡量经济表现的指标，以主观幸福度、生活质量以及收入分配等指标来衡量经济发展。2009年，联合国秘书长执行办公室正式启动了“全球脉动”（Global Pulse）倡议项目，旨在推动数字数据和快速数据搜集和分析方式的创新。2012年5月，该项目负责人发布《大数据促发展：挑战与机遇》的研究报告，该报告全面分析了各国特别是发展中国家在运用大数据促进社会发展方面所面临的历史机遇和挑战，并系统地给出了在应用过程中正确运用大数据的策略与建议。

本章引文所用案例，讲述了大连智慧城市建设的相关内容。

智慧城市（Smart City）作为信息技术的深度拓展和集成应用，是新一代信息技术孕育突破的重要方向之一，是全球战略新兴产业发展的重要组成部分。开展“智慧城市”技术和标准试点，是科技部和国家标准化委员会为促进我国智慧城市建设健康有序发展，推动我国自主创新成果在智慧城市中推广应用共同开展的一项示范性工作，旨在形成我国具有自主知识产权的智慧城市技术与标准体系和解决方案，为我国智慧城市建设提供科技支撑。

“智慧城市”的信息处理与应用要具备快速从海量数据中获取决策信息的能力。现代化都市中无所不在的移动设备、RFID、无线传感器以及互联网应用每时每刻都在产生纷繁复杂的巨量数据。以视频监控为例，一个大型城市目前用于视频监控的摄像头约50万个，一个摄像头一个小时的数据量就是数个GB，每天视频采集数据量在3PB左右。“智慧城市”的“智慧”主要出自对上述巨量信息的分析挖掘处理。大数据技术的应用恰好有效满足了“智慧城市”信息处理需求。如果说具有感知功能的传感器是智慧城市的神经末梢，连接传感器的城市宽带网络是智慧城市的神经系统，那么大数据应用就是智慧城市的大脑，是城市运行的智慧引擎。

大数据技术可以应用在“智慧城市”运行的各个环节和领域，从宏观到微观，大到城市规划，小到交通调度，都发挥着提升决策能力的作用。大数据与智慧城市建设论坛于2013年10月31日在北京国际会议中心二层隆重开幕，论坛围绕大数据基础架构与上层应用的生态系统，探索解决大规模数据引发的问题，探索大数据基础的解决方案，激发数据挖掘带来的竞争力。

不仅仅是大连，放眼全球，在国际上很多城市，无论大小都在开放市政大数据，如交通统计、能源消耗率和GPS地图等，纷纷启动各种项目来推动相关的社区建设。例如，根据美国纽约市的Open Data规划，纽约市将在2018年12月前依法向社会开放400个城市数据集。西雅图市通过预测分析工具以及大数据系统，将能找出可行的节能措施，目标是将耗电量降低25%。芝加哥推出了领养人行道的应用，市民志愿者将在大雪天为自己领养的人行道清除积雪等。

由此可见，大数据在支持政府工作建设各个方面都能起到举足轻重的作用。面对日新月异的形势变化，世界各国政府也积极制定相应的发展战略，以适应大数据时代的到来及其所带来的变化。作为生产和管理数据的政府统计部门，面对大数据带来的新形势和新变化，更是机遇和挑战并存，动力与压力同在。而近几年来，中国政府统计系统积极推进以一套表为核心的统计四大工程，极大地提升了政府统计工作的信息化水平，也为大数据的应用奠定了相对较好的基础。我们要高度重视大数据对政府统计工作正在带来和将要带来的各种影响，充分认识推进大数据应用的必要性和紧迫性，加强顶层设计，分专业分步骤实施，以推动统计生产方式的变革和统计生产力水平的提升。

大数据是一种现象，更是一种趋势。我们要把握机遇，顺势而上，努力使中国的政府统计工作适应时代的发展与进步，在新的更高的层面上实现“三个提高”，并推动服务型统计的建设，为全面建成小康社会做出新的贡献。

14.4.4 大数据在商业企业领域中的应用

在行业内部，当物联网、云计算把互联网的硬件设备完善后，作为互联网的内容——

大数据登场亮相，就变得顺理成章。

事实上，各大网络巨头与传统企业都在深耕大数据，他们惊叹，“这时代变化太快，当我们还未从物联网之中醒悟过来，大数据时代已经来临”。在认识到大数据孕育着巨大价值的同时，他们亦深深认识到大数据搅动行业的另一面。

14.4.4.1 爱奇艺：影视产业链因大数据悄然改变

观众在视频观看过程中的每一次暂停、快进，或是对这个视频的任何评论，这些由观众在不经意间产生的“数据”，正成为影视业提取数据的一个方式。而正是这些数据，影响着影视剧从前期拍摄到后期营销的全产业链。

爱奇艺表示，大数据时代，观众不再是被动的观看者，出品方拍什么、谁来拍、谁来演、怎么播，都会参考观众的客观喜好来统计决定。

以前，根据热卖的文学作品改编拍摄的电影电视剧被证明会取得较好的票房，然而在如今，影视业产业链却因大数据而悄然改变。

爱奇艺便是大数据时代的产物。该公司数据研究院院长葛承志对上海证券报记者表示，爱奇艺在创立之初，就开始注意对用户数据进行积累，经过 3 年多的海量数据积累以及百度数据支持，公司已经建立起一套综合了诸多用户行为的脉络图谱，如用户喜爱的题材、演员、导演等，这些资源在电影拍摄定位上无疑将发挥重要作用。

“目前爱奇艺还将大数据运用到了版权采买、广告投放、用户影视内容推荐等诸多方面。”葛承志对记者表示。

据介绍，2013 年 7 月，爱奇艺 PC 客户端全面改版，推出了“千人千面”的个性化首页。打开改版后的“爱奇艺视频”，用户可在为其量身推荐的页面中点击观看。“这便是基于大数据分析的算法推荐，目前，我们为用户推荐内容的命中率已经超过 35%，推荐带来的播放量在总流量中的占比超过 50%，可以这么说，爱奇艺或许比你的男朋友更了解你对视频的喜好。”爱奇艺 CTO 汤兴说。

爱奇艺把这些均归功于大数据带来的创新商业模式。谈及未来数据影响几何，葛承志认为，如今数据已经成为一种重要的商业资本，对数据进行巧妙地利用，可以激发新的产品和新型服务。

与爱奇艺相似的是，乐视影业通过基于大数据的精准营销，令影片《小时代》大获成功。目前，乐视影业已建立了自己的数据中心，为未来影片进行精准定位。

14.4.4.2 阿里：大数据控制信贷风险初露端倪

人们习惯性地认为，只有银行才能建立信用体系，然而在大数据时代，互联网公司运用大数据控制信贷风险已初露端倪。

阿里巴巴、淘宝、天猫这些“阿里系”的电商平台，在深耕电商领域的同时，记录着各个商家、网店的销售额、信用记录、顾客流量、评论、商品价格和存货等信息。通过这种模式获取了大量企业以及消费者的行为数据，进而建立信用体系、区分信用等级，阿里小贷由此而生。

若以银行体系来评价这类网上商家，大多数都不符合贷款资格。

除了影视行业，大数据在金融行业的运用体现得更为直观。在说阿里之前，不得不提美国的公司 Kabbage。

Kabbage 是一家在美国为网上商家提供金融信贷服务的公司，于 2010 年 4 月上线，主要目标客户是 eBay、Amazon、PayPal 等电商。它的奇特之处在于，其通过获取 eBay 等公司的网店店主的销售、信用记录、顾客流量、评论、商品价格和存货等信息，以及他们在 Facebook 和 Twitter 上与客户的互动信息，借助数据挖掘技术，把这些店主分成不同的风险等级，以此来确定提供贷款金额数量与贷款利率水平，风险过高则拒绝，风险高低与利率成正比，与贷款金额成反比。

显然，若以银行体系来评价这类网上商家大多数都不符合银行的贷款资格，不过在互联网时代，Kabbage 的案例说明了运用大量数据足以支撑这些小微企业信用评价体系。

Kabbage 的这种模式也在国内被成功运用，阿里便是其中一个典型。

一个公开的数据是，截至 2013 年 6 月末，阿里小贷成立 3 年多来，已累计为逾 32 万家电商平台上的企业及个体户提供融资，累计投放贷款超过 1000 亿元。资料显示，2010 年以来，阿里巴巴先后成立浙江阿里小额、重庆阿里小贷，起初只针对 50 万元以下贷款，贷款流向为阿里巴巴旗下中小企业。

“大多数小微企业或个体户因无抵押、无担保，加之规模较小风险太大，均被银行拒之门外。”一位小贷公司 CEO 对记者表示。不过，阿里小贷却与众不同，借款者并不用提交任何抵押与担保，凭借的是企业的“信誉”这一资源，这与传统银行的贷款模式形成了鲜明对比。

信誉从何而来？这些小微企业每天在阿里巴巴、淘宝、天猫这些平台做买卖，留下了包括运营资金、上下游客户信息等各类数据。显然，阿里对这些企业的信誉了如指掌。

上述小贷公司 CEO 进一步称，阿里小贷实际上是利用大数据实现了快速信贷审批，这与 Kabbage 提供信贷服务的企业类似。

在此基础上，阿里金融又于 2013 年 6 月 13 日推出余额宝，短短 2 个多月便震撼银行界。

之所以有如此大量数据，亦离不开阿里巴巴服务客户的核心理念。阿里巴巴内部人士对记者坦言，如何服务好客户是首选。而在此基础上衍生出的数据，则是能够更好地为客户服务。

此外，国内基于大数据与云计算技术做云存储业务的公司琳琅满目，如百度云、阿里云、腾讯微云、360 云盘、115 网盘、金山快盘（小米云、快传）、华为网盘、迅雷网盘等。这些大数据应用正在悄然改变各行各业对于大众的服务状态。

14.4.5 大数据在其他领域中的应用

大数据的应用和云计算互联网一样，应用广泛，渗透到生产生活的各行各业。

在城市规划方面，一个城市经历了多年的建设运行管理，收集、累积了大量的地理、气象等自然信息，以及经济、社会、文化、人口等社会人文信息，通过分析模型的建立将这些数据有机关联起来并进行分析挖掘，可以有效预测城市未来发展，可为城市规划提供强大的决策支持。如合理布局城市功能区域、科学规划市政配套以及准确预测基础设施建设容量，从而加强城市规划与建设的科学性和前瞻性。

在安全防范方面，通过互联网、热线电话等渠道的关键词搜索及语义智能分析，可以提升舆情分析的及时性和全面性，及时掌握社情民意、发现人为或自然灾害、恐怖事件，从而提高应急处理能力和安全防范能力。例如，采集、记录市民求助热线，通过电信运营商的用户地址信息，将每个电话与地理信息关联起来；再结合社交网站、市政道路改造、道路监控设备等信息一起进行深入分析，城市管理部门可以及时对潜在问题进行预判，通过应急预案组织或告知市民避险。

在节能减排方面，利用移动互联网无处不在和覆盖面广的特点以及家用电器智能化的发展趋势，可以对家用电器进行在线管理，或进行用电量用电时段分析。既能实现我们熟知的自动抄表等功能，还可在线实时获取能源使用情况，做到对相关能源的实时监控，及时调控，并为电费分时定价提供合理依据。

在道路出行方面，大数据下的智慧交通，就是融合传感器、监控视频和GPS等设备产生的海量数据，甚至与气象监测设备产生的天气状况等数据相结合，通过对道路交通信息的实时挖掘，能有效缓解交通拥堵，并快速响应突发状况，为城市交通的良性运转提供科学的决策依据。例如，结合行车方向、车辆数量、交通拥挤情况等信息，推荐最佳的出行方式和路线，从而有效实现车辆路径调度和交通拥堵疏通，减少市民通行时间。

利用大数据还可以预防和打击犯罪。密歇根大学曾在网上发布报告指出，研究人员正在用“超级计算机以及大量数据”来帮助警方定位那些最易受到不法分子侵扰片区的方法，利用大量数据创建一张波士顿犯罪高发地区热点图。在研究某一片区的犯罪率时，他们还将相邻片区的各种因素列为他们考虑的对象。随着将越来越多的数据加入研究中，研究者们认为他们能在额外变量是如何影响犯罪率这一问题上得到更准确的结论，并且为警察更具针对性地锁定犯罪易发点、抓获逃犯提供支持。2013 年 4 月 15 日发生的波士顿马拉松爆炸案造成 3 人死亡，多人受伤。FBI 在波士顿马拉松爆炸事件后在案发现场附近采集了 10TB 左右的数据。虽然通过大数据“已经锁定并逮捕嫌疑犯”的报道已被 FBI 和波士顿警察局声明谴责，但未来大数据分析技术炉火纯青以后，社交媒体规范和信息分享机制健全，数据来源和质量可靠，那时利用大数据锁定嫌疑犯将变得简单而高效。

大数据开发和应用还有助于完善救灾系统。“7・21”北京暴雨发生时，由于求救人数众多，救援电话被打爆，被困人员无法从官方获得帮助，从而转向微博平台。一条包含人物、时间和地点三要素的微博可迅速了解救援所需，打开微博附加坐标数据即可实现地图定位，为及时救灾提供方便。雅安地震中，除了微博再次凸显新媒体传播优势外，微信群及各大互联网公司推出的寻人平台也为救灾提供了多渠道支持。但各大网站数据并不互通，而且数据的低精确度和低效成为最大弊端。若要发挥数据的最大价值，数据必须是在线、公开、共享、互联、相关的。由此看出，数据的公开和共享是一件有必要且亟待解决的事情。

综上所述，大数据技术为城市智能化以及城市安全管理等提供了有效的工具和手段，但真正获取有效的决策信息，还得依靠城市管理部门和管理者的经验与智慧，在浩瀚的数据海洋中发掘应用点，进行相关数据的提取和关联，建立科学的分析模型，才能充分发挥大数据的作用。

未来，大数据将成为社会基础设施的一部分，跟公路、自来水、电一样，成为人们生活不可或缺的一部分。但大数据的作用并不仅仅局限于为普通消费者提供生活必须服务，更可以有效协助公安部门提供公共安全服务。而数据的有效利用并服务于社会则需要数据的公开和共享。

14.5 大数据时代面临的挑战

但是，现有的数据中心技术很难满足大数据的需求，需要考虑对整个IT架构进行革命性的重构。目前存储能力的增长远远赶不上数据的增长，因此设计最合理的分层存储架构已成为IT系统的关键。数据的移动已成为IT系统最大的开销，目前传送大数据最高效、最实用的方式是通过飞机或地面交通工具运送磁盘而不是网络通信。在大数据时代，IT系统需要从数据围着处理器转改变为处理能力围着数据转，将计算推送给数据，而不是将数据推送给计算。大数据也导致高可扩展性成为对IT系统最本质的需求，并发执行（同时执行的线程）的规模要从现在的千万量级提高到10亿级以上。

在应对处理大数据的各种技术挑战中，以下几个问题值得高度重视：

第一，大数据的去冗降噪技术。大数据一般都来自多个不同的源头，而且往往以动态数据流的形式产生。因此，大数据中常常包含有不同形态的噪声数据。另外，数据采样算法缺陷与设备故障也可能会导致大数据的噪声。大数据的冗余则通常来自两个方面：一方面，大数据的多源性导致了不同源头的数据中存在相同的数据，从而造成数据的绝对冗余；另一方面，就具体的应用需求而言，大数据可能会提供超量特别是超精度的数据，这又形成数据的相对冗余。降低噪声、消除冗余是提高数据质量、降低数据存储成本的基础。

第二，大数据的新型表示方法。目前表示数据的方法，不能直观地展现出大数据本身的意义，要想有效利用数据并挖掘其中的信息或知识，必须找到最合适的数据表示方法。在一种不合适的数据表示中寻找大数据的固定模式、因果关系和关联关系时，可能会落入固有的偏见之中。数据表示方法和最初的数据产生者有着密切关系。如果原始数据有必要的标识，就会大大减轻事后数据识别和分类的困难。但标识数据会给用户增添麻烦，所以往往得不到用户认可。研究既有效又简易的数据表示方法是处理网络大数据必须解决的技术难题之一。

第三，高效率低成本的大数据存储。大数据的存储方式不仅影响其后的数据分析处理效率，也影响数据存储的成本。因此，就需要研究高效率低成本的数据存储方式。具体则需要研究多源多模态数据高质量获取与整合的理论和技术、流式数据的高速索引创建与存储、错误自动检测与修复的理论和技术、低质量数据上的近似计算的理论和算法等。

第四，大数据的有效融合。数据不整合就发挥不出大数据的大价值。大数据的泛滥与数据格式太多有关。大数据面临的一个重要问题是个人、企业和政府机构的各种数据和信息能否方便地融合。如同人类有许多种自然语言一样，作为网络空间中唯一客观存在的数据难免有多种格式。但为了扫清网络大数据处理的障碍，应研究推广不与平台绑定的数据格式。大数据已成为联系人类社会、物理世界和网络空间的纽带，需要通过统一的数据格式构建融合人、机、物三元世界的统一信息系统。

第五，非结构化和半结构化数据的高效处理。据统计，目前采集到的数据85%以上是非结构化和半结构化数据，而传统的关系数据库技术无法胜任这些数据的处理，因为关系数据库系统的出发点是追求高度的数据一致性和容错性。根据CAP（Consistency，Availability，tolerance to net-work Partitions）理论，在分布式系统中，一致性、可用性、分区容错性三者不可兼得，因而并行关系数据库必然无法获得较强的扩展性和良好的系统可用性。系统的高扩展性是大数据分析最重要的需求，必须寻找高扩展性的数据分析技术。以Map-Reduce和Hadoop为代表的非关系数据分析技术，以其适合非结构数据处理、大规模并行处理、简单易用等突出优势，在互联网信息搜索和其他大数据分析领域取得了重大进展，已成为大数据分析的主流技术。Map-Reduce和Hadoop在应用性能等方面还存在不少问题，还需要研究开发更有效、更实用的大数据分析和管理技术。

第六，适合不同行业的大数据挖掘分析工具和开发环境。不同行业需要不同的大数据分析工具和开发环境，应鼓励计算机算法研究人员与各领域的科研人员密切合作，在分析工具和开发环境上创新。当前跨领域跨行业的数据共享仍存在大量壁垒，海量数据的收集，特别是关联领域的同时收集还存在很大挑战。只有跨领域的数据分析才更有可能形成真正的知识和智能，产生更大的价值。

第七，大幅度降低数据处理、存储和通信能耗的新技术。大数据的获取、通信、存储、管理与分析处理都需要消耗大量的能源。在能源问题日益突出的今天，研究创新的数据处理和传送的节能方法与技术是重要的研究方向。

尽管大数据意味着大机遇，但同时也意味着工程技术、管理政策、人才培养等方面的大挑战。只有解决了这些基础性的挑战问题，才能充分利用这个大机遇，得到大数据的大价值。因此，我国急需在国家层面对大数据给予高度重视，特别需要从政策制定、资源投入、人才培养等方面给予强有力的支持；另一方面，建立良性的大数据生态环境是有效应对大数据挑战的唯一出路，需要科技界、工业界以及政府部门在国家政策的引导下共同努力，通过消除壁垒、成立联盟、建立专业组织等途径，建立和谐的大数据生态系统。

在应对大数据时代带来的颠覆性机遇与挑战的过程中，业界与学界也应当在以下几个方面不断地探究与努力，掌握大数据，进而充分利用大数据。

A　优先支持网络大数据研究

大数据涉及物理、生物、脑科学、医疗、环保、经济、文化、安全等众多领域。网络空间中的数据是大数据的重要组成部分，这类大数据与人的活动密切相关，因此也与社会科学密切相关。而网络数据科学和工程是信息科学技术与社会科学等多个不同领域高度交叉的新型学科方向，对国家的稳定与发展有独特的作用，因此应特别重视与支持网络大数据的研究。大数据涉及应用领域很广，当前大数据的研究应以与国计民生密切相关的科学决策、环境与社会管理、金融工程、应急管理（如疾病防治、灾害预测与控制、食品安全与群体事件）以及知识经济为主要应用领域。

B　大数据科学的基础研究

无论是国外政府的大数据研究计划，还是国内外大公司的大数据研发，当前最重视的都是大数据分析算法和大数据系统的效率。因此，当工业界把主要精力放在应对大数据的工程技术挑战的时候，科技界应开始着手关注大数据的基础理论研究。大数据科学作为一个新兴的交叉学科方向，其共性理论基础来自多个不同的学科领域，包括计算机科学、统计学、人工智能、社会科学等。因此，大数据的基础研究离不开对相关学科的领域知识与研究方法论的借鉴。在大数据的基础研究方面，建议研究大数据的内在机理，包括大数据的生命周期、演化与传播规律，数据科学与社会学、经济学等之间的互动机制，以及大数据的结构与效能的规律性（如社会效应、经济效应等）。在大数据计算方面，建议研究大数据表示、数据复杂性以及大数据计算模型；在大数据应用基础理论方面，建议研究大数据与知识发现（学习方法、语义解释），大数据环境下的实验与验证方法，以及大数据的安全与隐私等。

C　大数据研究的组织方式

2012年10月，中国计算机学会和中国通信学会各自成立了大数据专家委员会，从行业学会的层面来组织和推动大数据的相关产学研用活动，并且建议中科院、科技部、自然科学基金委共同推动成立一个组织机构，建立一个大数据科学研究平台，更好地组织大数据的协同创新研究与战略性应用；成立国家级的行业大数据共享联盟，使产业界、科技界以及政府部门都能够参与进来，一方面为学术研究提供基本的数据资源，另一方面为大数据的应用提供理论与技术支持。此外，还需成立国家级的面向大数据研究与应用的开源社区，同时也向国际开源社区的核心团队举荐核心成员，使国际顶级的开源社区能够听到来自中国的“声音”。

D　大数据研究的资源支持

在资源支持方面，建议启动“中国大数据科学与工程研究计划”，从宏观上对我国的大数据产学研用做出系统全面的短期与长期规划。设立自然科学重大研究计划（基金重大）以及重大基础科学研究项目群（“973”项目群或“863”重大项目）等专项资金，有针对性地资助有关大数据的重大科研活动。此外，国家在大数据平台的构建、典型行业的应用以及研发人才的培养等方面应提供相应的财力、物力与人力支持。

本章小结

随着云计算、物联网等的发展，数据呈现爆炸式的增长，人们正被数据洪流所包围，大数据的时代已经到来。大数据不论对于个人或是对于企业，都是一把双刃剑。正确利用大数据给人们的生活带来了极大的便利，但与此同时也给传统的数据管理方式带来了极大的挑战。

大数据是继云计算、物联网之后IT产业又一次颠覆性的技术变革。云计算主要为数据资产提供了保管、访问的场所和渠道，而数据才是真正有价值的资产。企业内部的经营交易信息、物联网世界中的商品物流信息，互联网世界中的人与人交互信息、位置信息等，其数量将远远超越现有企业IT架构和基础设施的承载能力，实时性要求也将大大超越现有的计算能力。如何盘活这些数据资产，使其为国家治理、企业决策乃至个人生活服务，是大数据的核心议题，也是云计算内在的灵魂和必然的升级方向。

当前我们还处在大数据时代的前夜，这两年是大数据市场的培育期，2014年以后大数据产品将会形成业绩。由于国际巨头在硬件层和基础软件层垄断优势明显，本土企业将主要依靠对客户需求的了解和客户资源优势，以及本地化服务的优势，在应用软件层分得蛋糕，拥有大数据处理、挖掘技术、数据分析人才以及数据资产的公司值得看好。

专业术语

大数据（Big Data）
云计算（Cloud Computing）
物联网（The Internet of Things）

数据仓库（Data Warehouse）

数据挖掘（Data Mining）

本章参考文献

[1] 陶雪娇，胡晓峰，刘洋．大数据研究综述[J]．系统仿真学报，2013，25(增刊)：142～146.

[2] 宋宇辰，孟海东．数据挖掘与管理实践[M]．北京：冶金工业出版社，2010.

[3] 陈康，郑纬民．云计算：系统实例与研究现状[J]．软件学报，2009，20(5)：1337～1348.

[4] 孙其博，刘杰，黎彝，等．物联网：概念、架构与关键技术研究综述[J]．北京邮电大学学报，2010，33(3)：1～9.

[5] 阮晓东．物联网握手大数据[J]．政策宏观·新经济导刊，2013(8).

[6] 孟小峰，慈祥．大数据管理：概念、技术与挑战[J]．计算机研究与发展，2013，50(1)：146～169.

[7] 荫蒙，王志海．计算机科学丛书：数据仓库(原书第 4 版)[M]．北京：机械工业出版社，2006.

[8] http：//www. thebigdata. cn/YingYongAnLi/6545. html

[9] 王益明，等．中国智慧城市建设的现状与发展趋势[J]．电子政务，2013(8)：86～90.

[10] http：//finance. people. com. cn/n/2013/1009/c1004-23130437. html

[11] 双瑞．"大数据"：信息时代新挑战[N]．经济参考报，2012-07～12005.

[12] http：//wiki. ujelly. org/index. php？ doc-view-7096

[13] 严霄凤，张德馨．大数据研究[J]．计算机技术与发展，2013(4)：168～172.

[14] 赵国栋．大数据专题：大数据时代的三大发展趋势及投资方向[R]．上海：国金证券股份有限公司，2012.

[15] Fact Sheet：Big Data Across the Federal Government[R]. USA：Executive Office of the President，2012.

[16] Obama Administration Unveils "Big Data" Initiative：Announces $200 Million in New R & D Investments [R]. USA：Executive Office of the President，2012.

[17] 陈曲．数据挖掘：伴随大数据崛起的预言者[N]．中国信息化周报，2014-03～10029.

[18] 韩书梅．云计算在教育领域的应用[J]．科技与企业，2011，13：78.

[19] http：//www. xici. net/d180992493. htm

[20] http：//www. cet. com. cn/ycpd/xbtj/751021. shtml

[21] 杨炳忻．香山科学会议第 420-424 次学术讨论会简述[J]．中国基础科学，2012，04：22～29.

习　题

14-1　什么是大数据，大数据具有什么特征？

14-2　简要介绍数据仓库、数据挖掘、云计算与物联网的概念。

14-3　分别介绍云计算、物联网与大数据之间的关系。

14-4　现阶段，大数据处理的流程是什么，与数据挖掘的流程有什么区别？

14-5　简要介绍流处理与批处理。

14-6　数据库系统具有哪些功能？

14-7　上网搜索大数据处理的其他一些工具，并简要介绍这些工具的原理。

14-8　你的家乡是否处在智慧城市的行列，你对智慧城市的建设有何感想，说出你认为的未来的智慧城市应该是什么样的。

14-9　大数据的应用是把双刃剑，你认为当前大数据的应用存在哪些问题？说出你的理由。

第 15 章　管理信息系统的案例分析

15.1 引　言

15.1.1　企业现状

（1）××科技集团有限责任公司是国家定点生产渣浆泵、污水泵和潜水泵的大型骨干企业和生产基地。1992 年获得外贸出口自营权，每年生产能力为 15000 台，产品除销售全国各地区外，还远销北美、西欧、东南亚等 40 多个国家和地区。全厂职工 4200 余人，资产总计 4 亿多元，产品有 60 个系列、457 个品种，主要为冶金、煤炭、电力、矿山、石油、化工、城市排污等国民经济部门提供配套用泵，是全国机械工业企业利税百强之一，生产规模居全国泵业第三名，实现利税一直居全国泵业之首。自 1986 年起连续被评为省利税超千万元大户，先后被原工业机械部授予管理优秀称号、科技先导示范企业和 CAD 推广示范企业，是国家重点联系的 1000 家大企业中唯一的水泵生产企业。

（2）组织结构如图 15-1 所示。

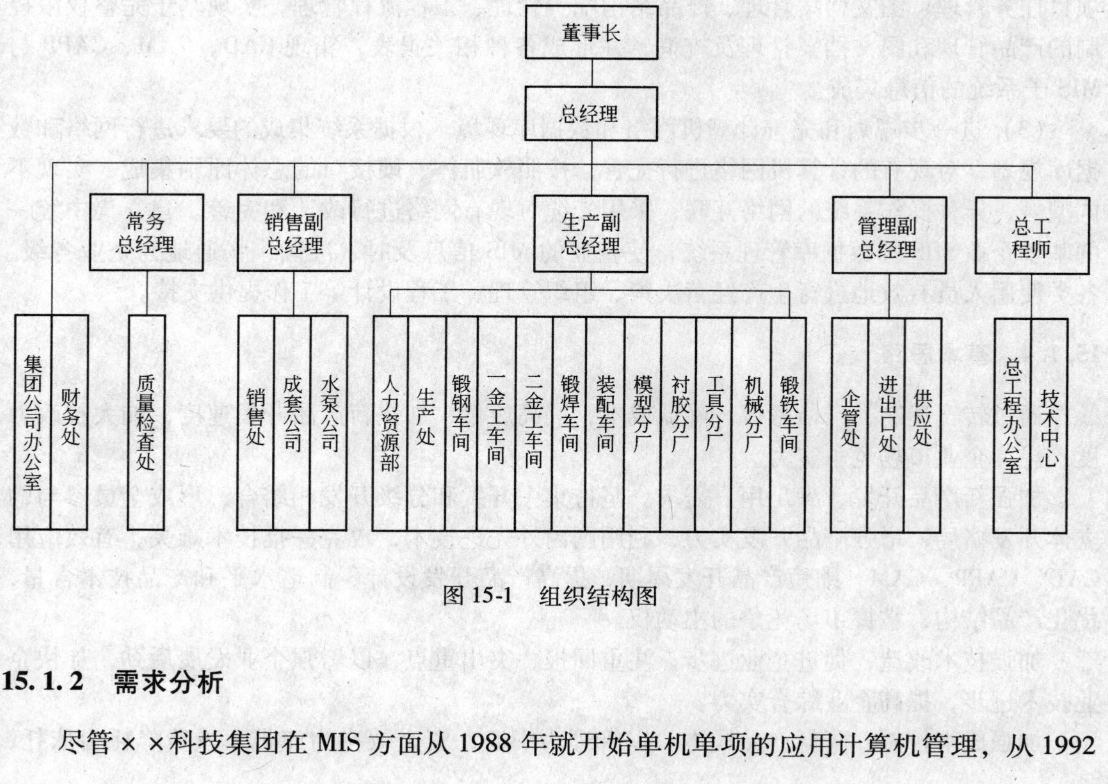

图 15-1　组织结构图

15.1.2　需求分析

尽管××科技集团在 MIS 方面从 1988 年就开始单机单项的应用计算机管理，从 1992

年开始进行 CAD 应用，并在 1992 年开始规划网络，实现部分信息共享，但是该企业属于多品种、小批量、大规模、不定期轮番生产的离散型加工装配式制造企业，工艺门类齐全、生产组织与计划管理十分复杂，顾客需求范围广、特殊订货多，使得产品生产技术准备工作量大、生产周期长。面对产品更新换代周期越来越短、顾客需求越来越多样化的经营环境，企业迫切需要利用信息技术以缩短产品的研发时间，以减少资金占用率、降低产品成本、提高企业经济效益，实现信息实时采集、集成、共享的信息管理机制，以便在正确的时间、正确的地点、把正确的信息传递给正确的人，做出正确的决策，从而增强企业的综合竞争能力。因此，科技集团决定重新开发 MIS。

15.1.3　总体目标

在计算机网络和数据库环境的支持下，MIS 的应用使企业管理水平接近或达到国内外同类企业的先进水平。

（1）建立有效的企业经营管理模式及 MIS。建立适合企业经营环境和特点的企业生产经营管理模式，并联合开发企业 MIS，包括市场经营管理子系统、生产管理子系统、财务管理子系统、人事管理子系统、经理查询子系统等。提高企业管理水平，进而提高企业的市场竞争力和经济效益。

（2）对 CAD、CAM、CAPP（计算机辅助工艺设计）进行扩充完善与开发，实现系统信息集成。以国产软件为主。进行产品设计、性能研究、新产品储备，建立水利水库模型库，为以后产品设计和开发服务；进行产品结构设计、产品改型设计、产品特殊订货设计；进行机械加工工艺设计，实现产品工艺数据库管理；进行系统管理、用户权限管理、项目任务管理、图文档案管理、产品结构配置管理、工程流程管理，实现基于完整权限控制的产品管理和图文档案管理及查询，并形成各种相关报表，实现 CAD、CAM、CAPP 与 MIS 子系统的信息集成。

（3）进一步规划和完善计算机网络和数据库环境。根据系统集成的要求进行网络和数据库规划，对现有的计算机网络进行完善，按照软肌体、硬接口的总体原则集成，实现不同型号、异种操作系统的网络互联，采用光缆对现有网络进行改造和完善。建立集中统一的基于企业 MIS 的数据库管理系统，使企业的 MIS 信息及时、准确、畅通地为企业各级、各类使用人员有效地进行生产经营决策、组织管理、工程设计等工作提供支持。

15.1.4　基本思路

通过转轨建制，严格考核，降低成本，提高质量，加快新产品开发速度，加大技改力度，提高企业市场竞争实力。

加强新产品开发，满足用户需求。坚持集中开发和分级开发相结合，形成全员参与的立体开发格局，增强产品开发实力，利用国内外先进技术，攻克一批技术难关，有效应用 CAD、CAPP、CAM，缩短产品开发周期，提高产品开发设计、制造水平和产品技术含量，优化产品结构，掌握市场竞争的主动权。

加强技术改造，促进企业进步。注重回报，突出重点，以增强企业发展后劲，加快企业技术进步，提高企业综合实力。

加强成本控制，降低产品成本。以管理为中心，资金效率为纽带，减费降耗为依托，以市场能接受的价格为准绳，层层分解指标，落实责任。

按照ISO9001标准建立质量体系，并通过ISO9001质量体系认证，提高产品质量和企业的市场竞争能力。

加强经济责任制，强化企业管理，建立三级台账，实行分厂、班组、个人三级核算体系。

强化管理手段现代化，提高企业管理水平。以计算机为手段加快信息传递，形成企业的信息高速公路，为集约化经营创造条件。

建立现代企业制度，优化资源配置和组织结构，强化企业文化建设，搞好厂务公开，全员参政、议政，民主、集中相结合。

将销售收入的3%（按规定计入成本）用于技术改造、新产品开发和管理手段现代化上，保证实现总体目标所需的自筹资金。

15.1.5 实施管理信息系统的必要性

A 增强企业市场竞争

目前，国内泵业市场已经供过于求，竞争十分激烈，小功率水泵价格下降，大功率水泵的附加值虽高，但技术含量高、制造难度大，需全新设计的部件总量多，因此采用现代化的技术手段，减少资金占用，降低成本加快产品开发速度，增强企业市场竞争力，成为企业实施MIS的迫切需要。

B 紧随市场，快速响应市场

由于产品品种多，批量小，计划变动频繁，同日生产的产品品种、各种零部件、毛坯种类繁多，而且新产品和变型产品多，产品设计、工艺设计和工装制造的生产技术准备工作量大，迫切需要通过MIS的开发，适应多变市场快速反应的要求。

C 降低产品成本，减少资金占用

通过MIS的开发，加强生产、库存、质量等信息的及时反馈和监控，消除生产经营中的生产、库存、不良品等大量浪费。减少资金占用，降低生产成本。

D 更好地服务于客户

通过MIS的实施，提高职工素质，使企业的生产经营观念和方法手段得到全面提高，能更好地服务于客户，适应市场快速变化，实现企业战略目标。

15.1.6 管理信息系统开发的可行性分析

15.1.6.1 技术上分析

该系统所需硬件设备，如服务器、PC机、打印机及网络配件等，在性能上已经有了很大提高，价格又相对较低，能满足系统功能要求。软件上，采用Windows操作系统，数据库管理系统采用Oracle。这些软件在大型MIS开发中已被大量应用，技术上都比较成熟。因此技术上是可行的。

15.1.6.2 经济上可行

（1）企业现有计算机设备共105台，打印机36台。

（2）每年提取销售收入3%作为技术改造费，除新产品开发费用外，可用一部分作为MIS开发费用。

（3）申请上级拨款 40 万元。企业自筹 240 万元，贷款 185 万。

（4）项目建成后可给公司带来显著的经济效益。

因此，经济上是可行的。

15.1.6.3　管理上可行

A　思想基础

企业在职职工教育培训计划和管理人员培训计划中安排了 MIS 的培训内容，选送部分业务骨干进行计算机应用方面硕士生培养，对全厂管理人员进行计算机应用培训和外出参观学习。使大家认识到了实施 MIS 的必要性和效益以及对企业整体经营实力和管理水平提高的意义，并了解实施 MIS 需要解决的大量问题，企业自上而下达成了实施 MIS 是实现企业战略目标的必上项目的共识，并进行了实施 MIS 的物质准备和工作准备。

B　管理基础工作

为了提高企业管理水平，适应 MIS 的要求，对企业的管理人员进行了全面培训，提高认识，进一步加强了企业管理基础工作：

第一，转轨建制，完善质量体系，成立以总经理领导的质量创优委员会，成立由技术、质量管理、生产、供应、销售等部门参加的质量攻关专家组，建立质量风险抵押金制，1996 年企业开始贯彻 ISO9000 质量系列标准，培训了 26 名质量体系认证员，企业的质量管理工作得到了很大的提高。

第二，整理基础资料。产品明细，公司内统一零件编码，完善各类消耗定额，各系统实现了基础数据的计算机管理。

整理的基础资料如下：

➢ 全公司电、热、力、长计量器具坚持定期鉴定制，并达到标准要求，水、电、气耗全部配备了检测计量仪表。

➢ 对多种原始记录、报表、台账进行了全面整顿和规范、标准化。

➢ 建立三级台账，强化单位任务书，实现质量、资金、费用、成本等主要经济技术指标层层分解，归口管理，严格考核，超罚节奖。

➢ 完善了各种产品、工艺、工装、质量、原材料、半成品、储运、安全环保等技术标准，并能根据市场需求进行修改完善，基本适应了管理需求。

综上所述，实施 MIS 在技术上、经济上、管理上都是可行的，因此，开发企业 MIS 是可行的，可以立即执行。

15.2　项目组织管理

15.2.1　项目立项

根据对 MIS 的需求及实施 MIS 的必要性，××科技集团成立了以集团公司和某高校一把手为核心的领导小组。项目组于 1999 年 6 月完成了《××科技集团 MIS 应用项目可行性研究报告》，1999 年 11 月该项目的可行性研究报告通过了省 CIMS 主题专家组评审，同意立项实施，1999 年 12 月开始了项目全面实施。

15.2.2 项目组织机构及职责

15.2.2.1 项目组织机构

科技集团 MIS 项目的组织机构图如图 15-2 所示。

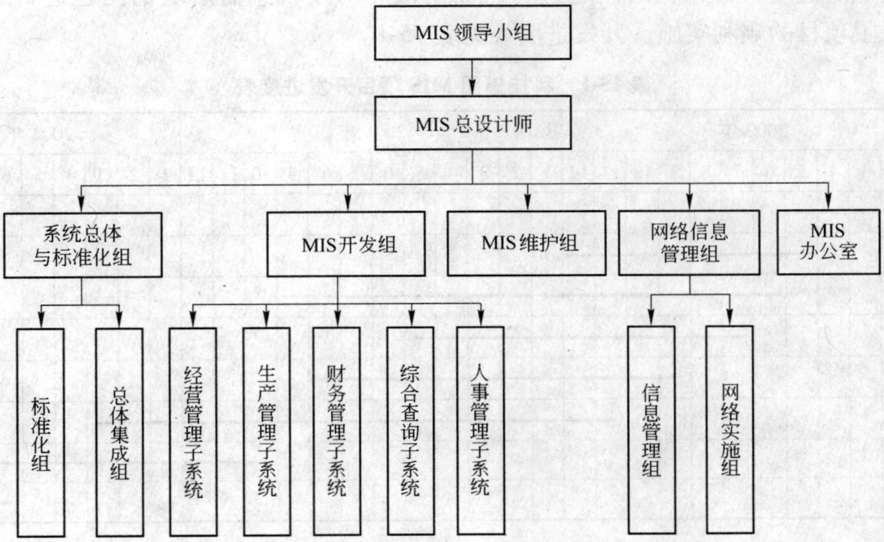

图 15-2 科技集团 MIS 项目组织机构

15.2.2.2 项目各级组织机构的工作职责

（1）MIS 领导小组。MIS 工程是一把手工程，成立了由企校双方领导为核心的 MIS 工程领导小组，负责 MIS 实施全过程的组织领导、协调和总体规划。

（2）MIS 总设计师。负责 MIS 工程实施的规划、技术和协调工作。

（3）系统总体与标准化组。负责制定编码标准，制定软件二次开发规范、文档规范、接口规范等，负责项目标准化工作，负责总体集成并协调其他各小组的工作。

（4）MIS 开发组。负责业务流程、数据流程设计，进行经营管理、生产计划、财务管理、综合查询、人事管理各子系统的开发、运行、集成与维护工作。

（5）MIS 维护组。负责系统硬件维护和系统日常运行维护。

（6）网络信息管理组。负责数据库建立与计算机网络、硬件、系统软件和应用软件环境的建立。

15.2.3 人员培训

制订了人员培训计划，规定了培训层次、内容、参加人员等。企校双方领导与项目实施骨干先后两批共 60 人参加省 CIMS 主题专家组组织的 MIS 知识培训，深刻理解和领会了 MIS 的哲理与实质；聘请专家对部门领导进行了 MIS 实施培训，促进了观念的转变和对项目开发的支持；对具体实施人员进行了深入的专项技术培训，使其掌握了项目开发的方法、步骤；对使用人员进行了操作使用培训。通过培训使各级人员为 MIS 的实施掌握了知识与技术、转变了观念、提高了认识、创造了环境。

15.2.4 实施进度

为了保证项目的顺利实施，拟订了详尽的实施计划，并多次召开专题会议，布置、检查项目完成的进度，对存在的问题进行现场解决、对项目急需解决的问题进行了多次协调，确保了项目的顺利实施。开发进度表见表 15-1。

表 15-1 科技集团 MIS 项目开发进度表

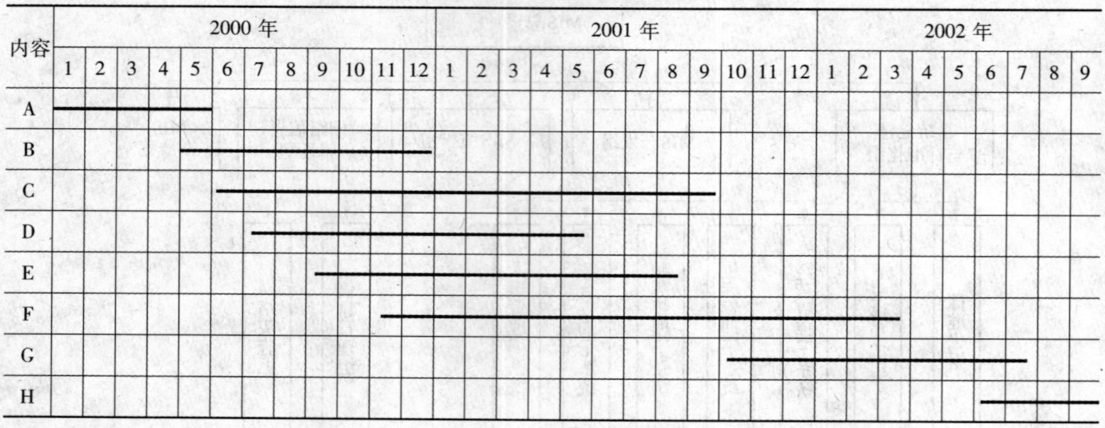

15.2.5 资金落实

资金是实施项目的必要条件和前提条件，项目总投资 800 万元，其中，实施 MIS 前已投入 335 万元，实施 MIS 新投资 465 万元。经费安排见表 15-2。

表 15-2 经费安排

时 间	实施内容	经费安排/万元			
		企业	贷款	拨款	总经费
00.01—00.06	可行性分析	10			10
00.05—00.12	初步设计				
00.06—01.10	详细设计	10			20
01.10—02.02	建立硬件系统	150	185	30	385
01.05—02.04	实施 MRPII、QIS	40		10	435
01.10—02.02	配置 UNIX、ORACLE	15			450
01.10—02.08	系统测试及文档	10			460
02.08—02.09	系统验收	5			465
合 计		240	185	40	465

15.3 系统需求调查

信息系统需求调查是管理系统总体设计的基础。要开发一个完整的 MIS，必须首先理解用户的需求，并形成需求说明书。在此基础上才可以进行系统设计、程序编码等工作。为搞好调查工作，项目组向各科室发放了不同的调查表，要求领导及职工逐条逐项填写，对现行业务的信息流及流量进行了调查。

（1）按照各科室业务活动进行信息调查，编写业务项目目录，根据项目画出相应的业务流程图。

（2）按照业务流程图产生输入/输出报表，根据信息的各种属性对内容进行逐项信息调查统计。

1）按照信息来源和信息去向的不同进行调查统计。

2）按照数字信息、字符信息及图形信息的不同进行分类统计。

3）按照信息发生的频度（周、月、季、年或不定期）的不同分别进行统计。

4）根据信息保密等级的不同分等级进行统计。

5）根据信息存储周期的不同进行统计。

15.3.1 现行系统业务流程

××科技集团现行系统的业务流程如图15-3所示。

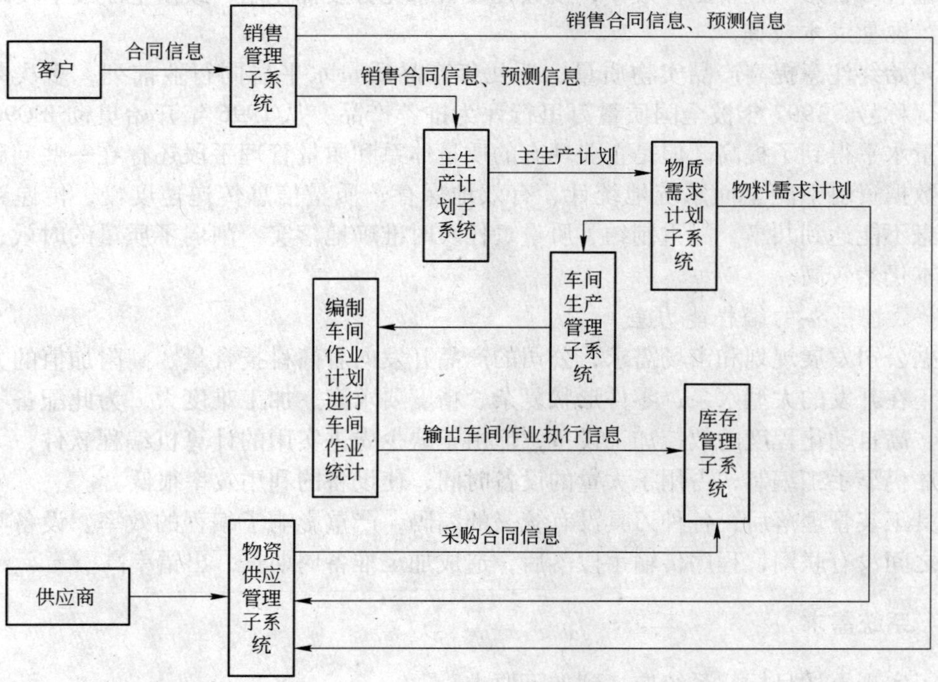

图15-3 ××科技集团现行系统业务流程

15.3.2 存在的问题

A 停工待料与加班并存

每台产品的零部件种类繁多，生产作业计划的编制时间长，不得不按月编制生产计划。由于计划编制时间长，下月的投料计划必须在本月中旬进行编制，而此时库存数量、计划期初库存数量与实际库存数量，各个分厂在制品结存数量与实际在制品结存数量均有较大出入，尽管储备了大量库存和在制品，仍然难以保证正常生产，造成大量停工待料与加班并存。

B 库存、积压报废量大，流动资金占比重过大

由于品种多、批量大，市场需求季节性波动大，计划变动频繁，为保证生产的正常进行不得不增加原材料储备和在制品的数量；销售、生产系统内部及系统之间信息传递滞后，为了增加销售，不得不增加成品储备。因此造成流动资金占用高达 5000 万元，财务费用居高不下。

由于产品变型、生产计划的变动形成大量物资积压报废，而又不能有效遏制，造成旧的积压物资不断处理，新的积压不断形成的恶性循环。据 1999 年底统计，长期积压不用的物资在 1500 万元以上。

C 新产品开发速度慢，数控设备利用率低

企业每年用于技术改造的投资数千万元，为新产品的开发生产创造了条件。一方面，由于新产品的开发速度不能满足使生产线的负荷，达到合理利用程度；另一方面，由于在机床上编程多，影响设备工作效率，使数控设备未充分发挥作用，致使生产成本较高。

D 质量成本较高

公司始终注意提高产品实物质量，近几年产品质量水平居同行业前列，多次荣获省优、部优称号，1997 年被全国质量万里行评为推荐产品。从 1996 年开始贯彻 ISO9000 标准，质量水平得到了提高。但是企业现有的质量体系和质量管理手段还存在一些问题：质量原始数据资料不能全面系统地统计、有效地保存，质量信息传递速度慢，传递路线不畅，信息不能达到共享，严重制约了质量责任及时准确地落实，削弱了质量的时效，造成质量成本仍然较高。

E 数控设备的编程能力差

根据公司发展规划和市场需求，公司的产品开发向着高科技含量、高附加值的方面努力，如正在开发的大型水泵，零件形状复杂、精度要求高、加工难度大，为此配备了一些高精度、高自动化程度的数控加工设备，但由于缺少先进实用的计算机编程软件，大部分加工程序仍靠手工编制，占用了大量的设备时间，使设备的利用效率很低。

刀具工装管理落后，各种刀具没有统一的编码，严重影响了编程的效率。设备与微型计算机之间没有联网，程序传输手段落后，造成加工准备周期长，出错率高。

15.3.3 系统需求

为了实现上述目标，系统应达到如下要求：

15.3.3.1 功能要求

（1）通过集成化的生产经营 MIS，实现决策、研发、生产、供应、库存、销售、质量、成本等信息德尔集成与共享，为经营决策和管理服务。

（2）通过集成化的工程设计与制造信息系统，使集团产品的各种重要参数均采用计算机辅助分析、优化，强化工装 CAD，使图纸全部采用计算机绘图，CAD 出图率达 100%，通过 CAD/CAPP/PDM 的集成实现产品生产数据的自动处理。

（3）通过信息共享服务环境（intranet），实现信息传递的电子化，使 MIS 子系统与 EDAMS 子系统之间的信息及时可靠传递、存取和共享，进而达到整个企业的信息集成，并实现 intranet 与互联网的互联。

15.3.3.2 性能要求

（1）系统覆盖面要求。MIS 子系统覆盖全厂与生产经营活动有关的主要处室、相关车间、仓库和全部产品；EDAMS 子系统中 CAD 覆盖全部产品设计和热工装图、热工艺图、冷工艺图设计；CAPP 进行主要产品零件的工艺设计；CAM 进行产品性能的辅助分析和设计。

（2）系统集成度要求。形成全厂的数据库系统和网络，将 MIS 和 EDAMS 子系统通过网络信息管理系统在全厂范围内实现信息集成、数据共享，并通过互联网实现 intranet 与销售网点、客户等有关单位信息的交换。

（3）信息开放性要求。考虑到现有信息系统的基础和计算机技术的发展，所开发的 MIS 的硬件系统结构允许不同厂家、多种类型计算机的互联，应用系统结构要模块化并允许今后功能的扩充、移植和修改。

（4）系统柔性要求。要求所开发的 MIS 具有对市场变化的快速响应能力，对产品结构变化的快速响应能力。

（5）系统运行与操作要求。系统具有安全可靠性、实时性、可维护性、友好的用户界面与可操作性。

15.3.3.3 信息要求

（1）通过高效率的全局数据库和网络系统，实现 MIS 子系统与 EDAMS 子系统的信息集成。

（2）全局数据库有完整的框架，有较高的安全性和可靠性。

（3）对涉及企业商业机密的技术、经营信息，应有绝对的安全性和访问权限的限定。

（4）保证 MIS 与 EDAMS 分系统信息的及时性、准确性、可靠性、完整性和唯一性。

15.4 系统分析

开发新的计算机管理系统，期望解决现行系统中存在的问题，提高信息采集的迅速性和准确性，减少乃至取消各科室之间的报表、电话等信息传递，利用计算机所具有的特殊功能处理信息管理系统中的大量繁杂的数据，及时输出各种管理信息和业务信息，为各级人员有效的管理和决策提供有力的依据，最终极大地提高工作效率和经济效益。

15.4.1 数据流程

15.4.1.1 管理流程改进

实施 MIS 并不是简单的信息化，信息的及时性必须以信息的全面性和准确性为前提。因此，在实施 MIS 的过程中作了如下改进：

A 基础数据的修改与完善

在实施过程中对工时定额、材料消耗定额、库存定额和工艺基本参数等进行了修订，涉及物料主文件数据 4.6 万条，产品 BOM 数据 7.17 万条，使基础数据保证系统的正常运行。

B　组织结构的调整

项目组认为实施 MIS 必须进行组织结构重组。由于企业的信息化使管理工作方式、管理层次与管理幅度都发生不同程度的变化，因此，在实施 MIS 过程中对原有的组织机构进行了必要的调整，使企业组织结构向扁平网状结构发展，形成扁平网状组织结构，工作方式达到并行工作。

C　考核体系的建立

在组织结构调整的基础上，将质量、成本、交货期工作量化，形成目标责任体系，既为实施 MIS 提出了要求，也为实施 MIS 提供了条件，使企业管理水平得以提高，产品交货期由原来按季、月交货变为按日交货。

15.4.1.2　数据流程图

××科技集团开发 MIS 的数据流程如图 15-4 所示。

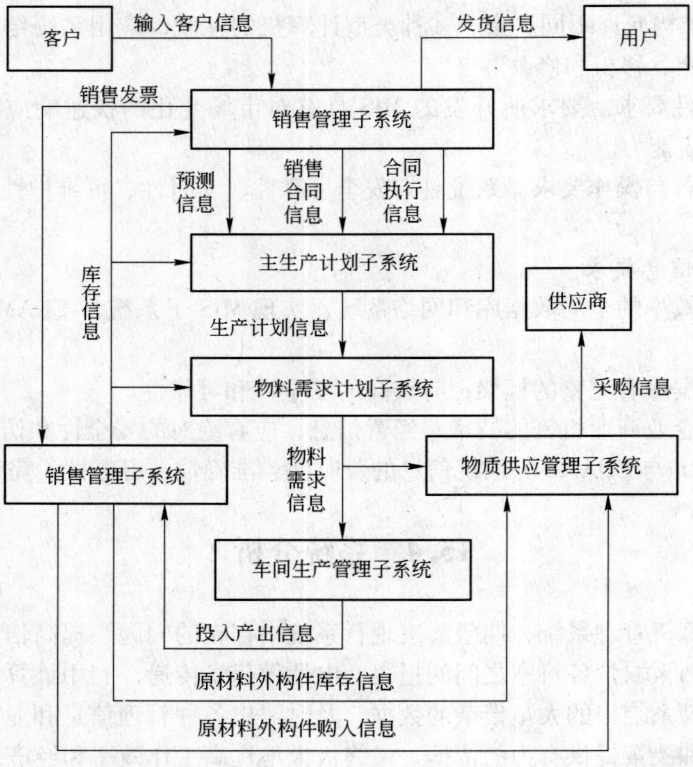

图 15-4　MIS 数据流程图

15.4.2　数据字典

数据字典是描述系统流程图中所有数据流、数据存储、处理功能等卡片的集合，其包括四种条目：数据流、文件、数据项和加工。建立完善的数据字典是对所收集、整理数据的一种分析归档方式，为下一步建立数据库和处理数据做准备。

以库存管理子系统为例简单说明数据字典。

15.4.2.1 数据流条目

(1) 需求计划=填报单位名称+物资名称+规格+单位+数量+用途+日期+联系人+电话;

(2) 物资信息=物资名称+规格+单位+单价+数量;

(3) 领料单=物资类别+数量+单价+单位+去向类别+日期+领用单位编码+经办人;

(4) 收料单=物资类别+数量+单价+单位+来源类别+日期+供货单位编码+经办人。

15.4.2.2 文件条目

A 文件名:库存情况

组成:物资类别+名称+规格+单位+单价+年初库存数量+年初库存金额+库存数量+库存金额+调出数累计+调入数累计+材质+图号+存放位置+用途。

B 文件名:采购计划

组成:物资名称+规格+单位+数量+用途+日期+填报单位名称。

C 文件名:合同

组成:合同编号+供货方名称+需方名称+物资名称+规格+生产厂家+计量单位+数量+单价+总金额+交货时间及数量+交货方式。

15.4.2.3 数据项条目

(1) 物资类别=1/2/…/19;

(2) 领用单位编码=1/2/…/100;

(3) 供销单位编码=1/2/…;

(4) 物资名称:字符串,20位。

15.4.2.4 加工项条目

A 名称:汇总平衡

输入:库存数量,期货数量,需求数量。

处理描述:将各用料单位的需求计划进行分类汇总,然后根据库存及期货情况得出需采购的物资情况,其中,采购数量=库存数量+期货数量-需求数。

输出:采购计划。

B 名称:统计

输入:库存情况。

处理描述:根据报表要求,按类进行数量及奖金统计。

输出:各种库存统计表。

15.4.3 管理模型确定

管理模型是系统在每个具体管理环节上采用的管理方法。在旧的手工系统中,由于受信息获取、传递和处理手段的限制,只能采用一些简单的管理模型,而在计算机技术支持下,许多复杂的计算在瞬间即可完成。在MIS的系统分析中,要根据业务和数据流程的分析结果,对每个处理过程进行认真分析,研究每个管理过程的信息处理特点,找出相适应的管理模型，这是使 MIS 充分发挥作用的前提。

管理科学的发展在管理活动的各个层次、各个环节都形成了较为成熟的管理方法和定量化的管理模型，为 MIS 的应用创造了条件，但在一个具体系统中应当采用的模型则必须由前一阶段的分析结果和有关管理科学的状况所决定，因而并无固定模式。

这里以物资供应管理子系统为例来说明。

15.4.3.1　经济订货批量模型

根据销售分析和预测的情况，用以下符号来表示某种商品的各项指标：

D = 销售量/年；

Q = 进货量/次；

$C_{总}$ = 总费用；

C_1 = 进货费/次；

C_2 = 单位商品存储费用/年；

总进货费用 $= C_1 \times D/Q$；

$C_{总} = C_2 \times Q/2 + C_1 \times D/Q$；

最佳进货量 $Q^* = \sqrt{2C_1 \times D/C_2}$；

订货次数 $N = D \times Q^*$；

如果考虑一次订货，分 M 期均匀供货，则最佳进货量公式可修正如下：

最佳进货量 $Q^* = \sqrt{2MC_1D/C_2}$；

订货次数 $N = D \times Q^*$。

15.4.3.2　补充进货数量的确定

补充进货数量可采用订货点数量法。订货点数量是指必须进货时的商品储备量。当商品库存量降低到订货点数量以下时，要立即发出订货申请。确定订货点数量的公式为：

订货点数量 = 平均每天销售量 × 采购提前时间 + 安全库存量；

每天平均销量 = 全年商品销售量 / 全年营业日数；

安全储存量 =（平均每天最大销售量 - 平均每天正常销售量）× 采购提前时间。

15.5　系统设计

系统设计工作应该自顶向下地进行。首先设计总体结构，然后逐层深入，直至进入每一个模块的设计。总体设计主要是指在系统分析的基础上，对整个系统划分，机器设备（包括软、硬件）配置，数据存储规律以及整个系统实现规划等方面的合理安排。

15.5.1　系统开发的原则

该企业属于加工专用装配式，以流水线生产为主，机群式轮番生产与多品种、大批量生产并存。产品品种多，生产组织复杂。新产品的生产技术准备工作量大，生产周期长。产品销售地域广，需求量大，产品品种规格多，市场需求靠大量库存保证，生产靠大量的原材料、毛坯、半成品及零部件储备来维持。针对企业的特点，MIS 开发遵循了以下主要原则。

15.5.1.1　面向用户原则

该企业MIS能否有效地运行，在很大程度上取决于该企业管理的客观规律。因此，在系统开发过程中，坚持一切从实际出发，面向用户的原则。把用户的要求作为系统开发的出发点，特别注意倾听用户的意见。从确定系统目标、划分功能模块和人机界面，到设计数据库文件和I/O格式，都和用户反复磋商。只有这样才能保证系统实用、可靠，易被接受，便于维持，具有生命力。

面向用户的另一个主要方面是尽量使用户在使用该系统时感到方便和习惯。对用户来讲，系统内部的结构并不重要，重要的是I/O格式和响应时间。在该系统的开发过程中特别注意到这一点，对于系统输入格式，在设计时逐个征求了用户的意见，拿出三四个方案供用户选择，在试运行中又作了较大变动，直到用户满意为止。

需要指出的是，一切从实际出发，并不意味着系统开发只囿于原有的管理模式和方法，面向用户，也不是单纯的用户观点，而是以实现条件为基础，以全面质量管理模式为准则，在满足用户要求的同时，尽量采用先进的方法。当用户的要求不尽合理时，不是一味迁就，而是说服他们采用正确的方法。

15.5.1.2 PDCA循环、不断深入的原则

PDCA循环是指计划(Plan)—执行(Do)—检查(Check)—行动(Action)。它是由美国质量管理专家戴明提出的，在质量管理中得到了广泛的应用。实际上，它也是有效地进行任何一项工作的合乎逻辑的工作程序。

PDCA循环的思想符合人们认识发展过程的客观规律，它不仅适用于质量管理，而且对于MIS的开发也是十分有效的。实践证明，一个MIS的生命周期，就是在PDCA循环中不断延续和发展的。在MIS的开发中，把生命周期法和原型法有机地结合起来。总体而言，该系统是按照生命周期法的原理开展工作和构造框架的。首先进行系统调查和系统分析，在此基础上提出改进意见，对原有的管理模式进行调整；然后进行系统设计，编制程序和调试；最后完成系统的实施，从而完成生命周期的第一个循环。而在局部模块的开发和各个阶段的具体步骤上，吸取和采取了原型法的思想和方法，特别是I/O及用户操作环境处理模块，基本上是按照原型法的原理开展工作的。

在整体上按照生命周期法开展工作，可以从总体上把握整个系统，做到逻辑功能与物理实现的相对分离，可以避免“见木不见林”，一开始就陷于物理实现的烦琐细节中去的现象。但是，这种方法的开发周期长，过程复杂，特别是与用户之间的联系不密切。在局部模块和具体步骤上采用原型法，可以弥补以上不足。由于人们认识事物，特别是认识一个新事物的过程是循序渐进的，不可能一次完成，因此，将模拟手段引进系统开发的初级阶段，可以大大缩小与用户间的距离。而且，有了原型，可以启发思想，暴露问题，减少反复，加快系统的开发进程。

15.5.1.3 系统开发与加强基础管理工作同步进行的原则

企业的基础管理工作对实现现代化的管理方式具有较大的影响，一个基础管理工作欠缺的企业很难成功地实施信息化管理。该企业MIS在设计过程中，根据现代化管理要求，对企业现有的管理模式作了改进和完善，补充和完善了部分管理制度，并改进了数据、信息的流通渠道和I/O格式，为该企业MIS的实施奠定了基础。

15.5.1.4 自顶向下，逐步细化的系统结构设计原则

在设计中，采用了结构化的系统分析方法，按照功能把系统划分为若干个模块，各模

块之间相对独立，每个模块执行一定的功能，内部凝聚性好，与外部的接口简单。模块之间尽量采用数据库偶联，少用控制偶联，避免病态偶联。这样可以对每个模块进行独立的编程、调试、修改和扩充，而不影响整个系统，并可方便地扩充新模块。

15.5.1.5　“一把手”原则

所谓“一把手”原则，是指系统开发必须由企业第一把手亲自挂帅和主持。系统开发具有一定风险，需要投入大量的资金和人力，需要对企业原有的组织机构和管理模式进行调整，系统开发者需要承受来自各方面的压力，会遇到各种意想不到的困难。因此，如果没有一把手的主持，系统开发就会事倍功半，甚至会半途而废。退一步讲，即使勉强完成系统的开发，也不会坚持正常的运行。当然，除了一把手之外，企业领导层和整个企业的素质也很重要，但是毕竟是第二位的因素。

开发过程中，开发小组经常向总经理汇报工作，交换意见、统一思想，由于该公司总经理的支持，许多被认为很难解决的问题在短时期内得到了解决。由于自始至终坚持了“一把手”的原则，该系统的开发工作进展比较顺利，系统的设计思想基本上得到正确的贯彻和实现。

15.5.2　功能结构设计

15.5.2.1　功能结构设计

该系统划分为七个功能子系统，它们分别是车间生产管理子系统、销售管理子系统、物资供应管理子系统、库存管理子系统、经理查询子系统、物料需求计划管理子系统和主生产计划子系统，功能结构如图 15-5 所示。

15.5.2.2　销售管理模块功能介绍

A　概述

销售管理模块是基础管理模块之一，它包括了基础信息→签订订单→销售计划→订单管理→库存管理→售后服务的一条龙管理的全部业务工作，能够实现企业营销管理的“无纸化”作业，可以提高企业的销售服务质量，使企业的管理水平达到新的层次。

B　模块特点

➢ 完整规范的用户档案，用户代码唯一、准确。
➢ 多种订单管理方法，满足不同企业产品的需要。
➢ 严密的出库管理，与库存管理模块保持一致。
➢ 先进的角色分类，保证系统的安全可靠。
➢ 订单执行层层控制，动态跟踪。
➢ 友好的图形界面和多样的图表输出，使各类信息一目了然。
➢ 完善的售后服务管理，及时反映用户需求及产品质量等信息。

C　模块功能

➢ 基础数据功能：包括基础代码维护、用户基本信息维护、用户综合信息维护、用户付款单据维护功能。

➢ 订单信息维护功能：包括订单基本信息维护、订单协议信息维护、打印订单、订单目录查询打印功能。

➢ 销售计划管理功能：包括生成销售计划、审核销售计划、打印销售计划、商品计划

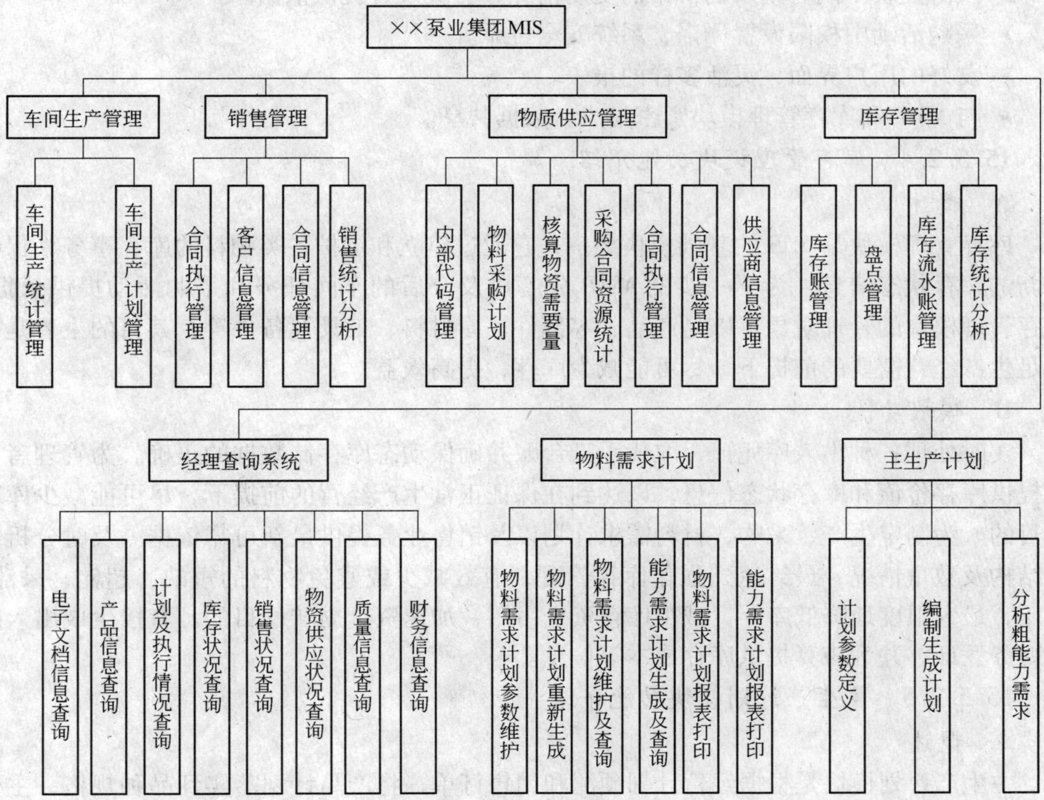

图 15-5 系统功能模块

查询功能。

➢ 销售出库管理功能：包括生成审核销售单、手工建立销售单、查询打印销售单、查询打印发货计划、生成审核出库单、查询打印出库单功能。

➢ 综合数据管理功能：包括物料基本信息查询、订单销售综合查询、用户购货台账查询、产品销售快报、地区销售快报、月销售情况报表功能。

➢ 售后服务功能：包括售后服务维护、质量反馈维护、三包单据维护、打印三包单据功能。

15.5.2.3 物资供应模块功能介绍

A 概述

物资供应模块负责采购物料从提出申请到合同签订、接收管理、验收入库整个过程中数据和信息的记录、跟踪，包括计划维护、物料请购、采购订单维护、供应商管理、合同维护、代码维护和接收管理等功能。目的是在保证生产经济活动的前提下，尽可能减少库存资金，提高企业的经济效益。

B 模块功能

➢ 完善的供应商档案为采购员提供供应商信誉比较的信息。

➢ 系统对请购、采购、接收入库全过程进行层层控制，保证采购活动有序进行。

➢ 及时反映不同时期采购价格的变动情况，为决策者提供依据。

➢ 采购活动中权限设置严谨，系统安全可靠。

➢ 友好的用户界面，灵活多样的报表。

➢ 与 MRP 和库存管理模块紧密集成，数据共享。

15.5.2.4　库存管理模块功能介绍

A　概述

库存管理模块是 MIS 的基础模块之一，它通过建立和维护各类物料的库存事务，保证最新的库存状态信息，为下一步的 MRP 分解以及今后的车间任务和采购活动提供依据。库存管理模块的管理对象可以是产品、零部件、原材料、工具及备件等，其目的主要是在满足生产经营需要的前提下，尽可能减少库存，提高效益。

B　模块功能

实时处理各种出入库凭证，取代手工台账并确保动态库存储数据的正确。为管理者及时提供库存价值和库存状态信息，以达到在保证正常生产经营的前提下，尽可能减少库存的目的。为制定生产、采购、材料需求计划以及销售业务提供最新可靠依据。及时分析库存结构及数量情况，最终达到强化库存管理，有效减少或避免物料的短缺、超储、呆滞、积压，最大限度地降低库存，减少库存资金占用，加速资金周转的目的。直接生成出入库的财务凭证，并为核算提供库存成本等信息。

15.5.2.5　主生产计划模块功能介绍

A　概述

主生产计划模块是根据经营计划预测和销售订单，将产品计划落实到品种规格，主生产计划确定后，进行粗能力核算，并对计划作相应调整，模拟不同主生产计划对生产资源的影响。本计划是物料需求计划的重要依据，因此必须在生产周期内保持计划的准确性。

B　模块特点

➢ 计划展望期段设置灵活，满足不同企业的需求。

➢ 多种主生产计划生成方法，供决策者选用。

➢ 滚动生成主生产计划，保持计划的连续性。

➢ 联机查询，信息全面，操作简便。

➢ 权限划分严密，保证系统安全可靠。

➢ 图表显示，直观易懂，界面友好，操作方便。

C　模块功能

➢ 基础数据维护。

➢ 计划生成。

➢ 查询功能。包括主生产计划查询、合同查询、库存查询、装配计划查询、改装计划查询、配件出产计划查询。

➢ 计划审核。

15.2.3.6　MRP 模块功能介绍

A　概述

MRP 模块的基本功能是根据库存状态、产品结构等数据，输入在展望期内的商品计划，通过期量标准生成每个物料的需求计划，然后投放到车间控制和物资供应模块，形成工作地作业计划和请购计划，指导企业生产活动。MRP 模块是 MRPⅡ中的核心逻辑运算模块，其目的是确定在什么时间要求出产些什么物料、出产多少。

B 模块功能

➢ 基础数据维护。包括计划展望期维护、物料提前期维护、物料期量标准查询、用户注册。

➢ MRP 计划生成。

➢ MRP 数据查询。包括 MRP 联机查询、MRP 查询窗口功能、物料需求查询、计划接收查询、建议计划信息查询、MRP 详细查询。

➢ MRP 订单维护。包括商品计划维护、MRP 零件计划维护、MRP 计划订单投放、单记录投放、多记录投放。

➢ MRP 报表。

15.2.3.7 车间生产管理模块功能介绍

A 概述

本模块使用灵活方便、简洁实用，是生产计划、调度员对车间生产进行实时控制的一个功能模块。

B 模块功能

对下达的车间作业计划进行控制和执行，它以工作地为单位，对生产过程中毛坯投入、零件加工、完工入库全过程进行管理。实现领料、加工、装配、发放的层层控制。动态跟踪生产过程中的计划执行过程，及时反馈物料信息，保证生产有序进行并按期保质完成 MRP 下达的计划。

15.2.3.8 经理查询模块功能介绍

该模块直接面向经理。通过该模块，经理可及时了解和掌握企业的生产经营的主要信息。如产量、质量、销售收入、资金占用、储备资金、资金收支、利润等信息。

15.5.3 系统配置设计

在××科技集团 MIS 的开发和运行过程中，计算机软硬件是一个贯穿始终的工具，恰当地配置计算机系统，使得系统可以安全、可靠、高效的工作，系统网络设备总体结构如图 15-6 所示。

15.5.3.1 硬件配置

A 工作站选择

根据开发时期计算机市场的性能价格比和本系统的实际情况，选择 PⅢ 850M 微型计算机作为工作站。

B 服务器选择

服务器是网络环境的关键。由于该系统运算量大、信息流量较大、站点分布范围大、可靠性要求高的特点，对于分布在大于 500m 以上的站点，采用加长线放大器的通信电缆，用 RS232 串口做通信接口，UNIX 做终端操作系统。此外，采用多服务器体系。服务器要具有较强的处理能力，较大的内存、较高的输入输出吞吐量；能够为客户/服务器的应用环境提供后台运行的数据库；并能够适应今后的需求、发展，方便 MIS 的扩展。根据整个

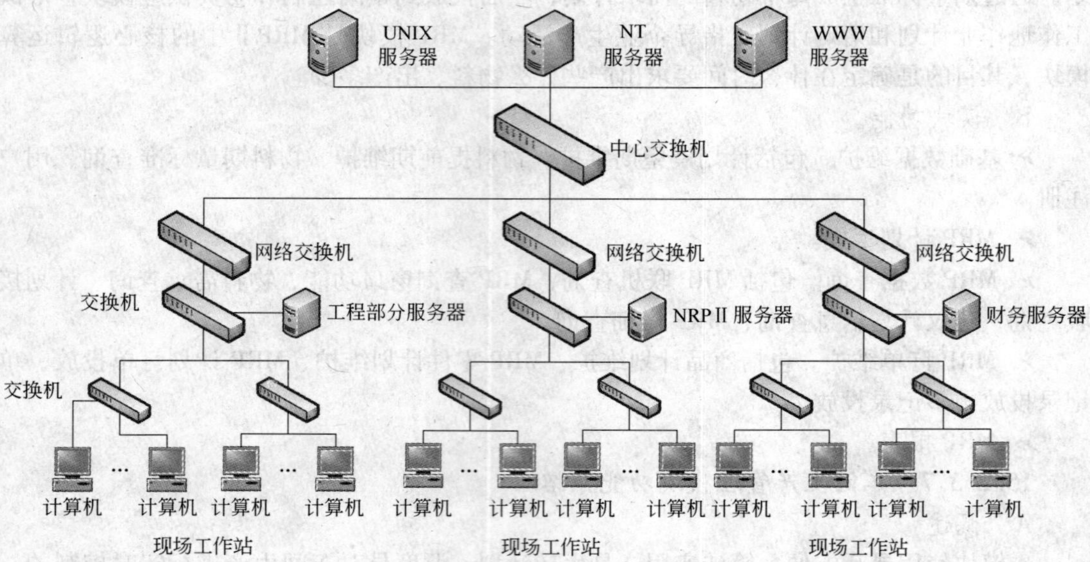

图 15-6 系统网络设备总体结构

MIS 的信息规模，用户数及所提供的服务类别，服务器的配置为：

➢ MIS 数据库服务器

CPU P4 1.5G（512K 片内 Cache）支持 Smp；

内存 512MB；

SCSI_ 2 双通道控制器；

磁盘容量 36GB ×2；

网络接口速率 100Mbps。

➢ WWW、FTP、Email、DNS 服务器

CPU P4 1.5G（512K 片内 Cache）支持 Smp；

内存 512MB；

SCSI_ 2 双通道控制器；

磁盘容量 20GB；

网络接口速率 100Mbps。

➢ 部门服务器

财务部门服务器共 1 台；

CPU P4 1.3G；

内存 512MB；

双 IDE 或 SCSI 硬盘；

磁盘容量 20GB；

网络接口速率 100Mbps。

15.5.3.2 软件配置

前台：Power Builder7.0 for Windows 数据库管理系统；

后台：ORACLE8.2 关系数据库支持。

15.5.3.3 网络设计

A 总体设计原则

➢ 实用性原则。

网络设计应以能满足公司需求为主要目标，在此前提下适当考虑经济性。

➢ 开放性原则。

➢ 网络采用开放的标准、技术、结构、系统组件和用户接口。

➢ 可靠性原则。

➢ 网络系统采用的技术、线路、产品应是通过实践检验，被证明是成熟可靠的，应注重稳定性，要求具有高 MTBF（平均无故障时间）和低的 BR（平均故障率），提供容错设计，有故障检测和恢复手段。

➢ 安全原则。

➢ 网络应具有安全措施，能够在多个层次上实现安全访问控制。

➢ 先进原则。

➢ 网络的设计思想应先进，基础设施、主干结构的软、硬件应有一定的先进性。

➢ 可扩展性。

➢ 网络系统设计应充分考虑便于今后的扩展。

B 网络拓扑结构设计

整个网络系统采用三层树状结构。最高层是主干网，负责整个网络的通信及管理，连接主交换机和提供各种共享资源的服务器，是 MIS 各子系统的集成平台。第二层是部门级网络，实现 MIS、CAD、CAPP 等各子系统的功能。最底层是现场级网络，以局部网为基础，分布在车间或小组内部。

按照系统基本配置原则，通过对现有网络类型的分析，选用交换式快速以太网。

目前高速网络的实现主要有三种技术：快速以太网、异步传输模式（ATM）和光纤分布数据接口（FDDI）。快速以太网技术成熟、应用广泛，已得到几乎所有主流网络厂商的支持，它具有速度快、工程实施维护简单的优点，支持第 1～5 类双绞线及光纤，但它通常采用共享介质访问技术，限制了网络的规模。ATM 网有明显优势，但目前支持它的软硬件较少，并且 ATM 交换机及其相关产品价格昂贵。FDDI 是十分成熟的技术，具有较强的容错能力，带宽可达 100M。但 FDDI 在解决网络延时的问题上没有有效的方法，由于它采用的是共享带宽，随着网内用户的增多，各工作站实际带宽会明显下降。由于交换式网络引入全连接的思想解决了这一问题，是当前流行的成熟的网络先进技术，既便于兼容企业原有的网络环境，又可以解决总线式共享以太网的网络延时问题。

根据××科技集团目前的网络规模，项目组选用交换式快速以太网，长距离干线采用多模光纤。100m 以内的干线采用 5 类双绞线。通过多台交换机将网络分成多个网段，这样可提高整个网络的综合效率。××科技集团的 MIS 网络结构如图 15-7 所示。

Windows NT 的安装、维护和管理相对简单，集团的软件开发人员、设计人员更熟悉 Windows 平台；另外，它内置免费的 IIS（Internet Information Server）和 Web 浏览器，支持

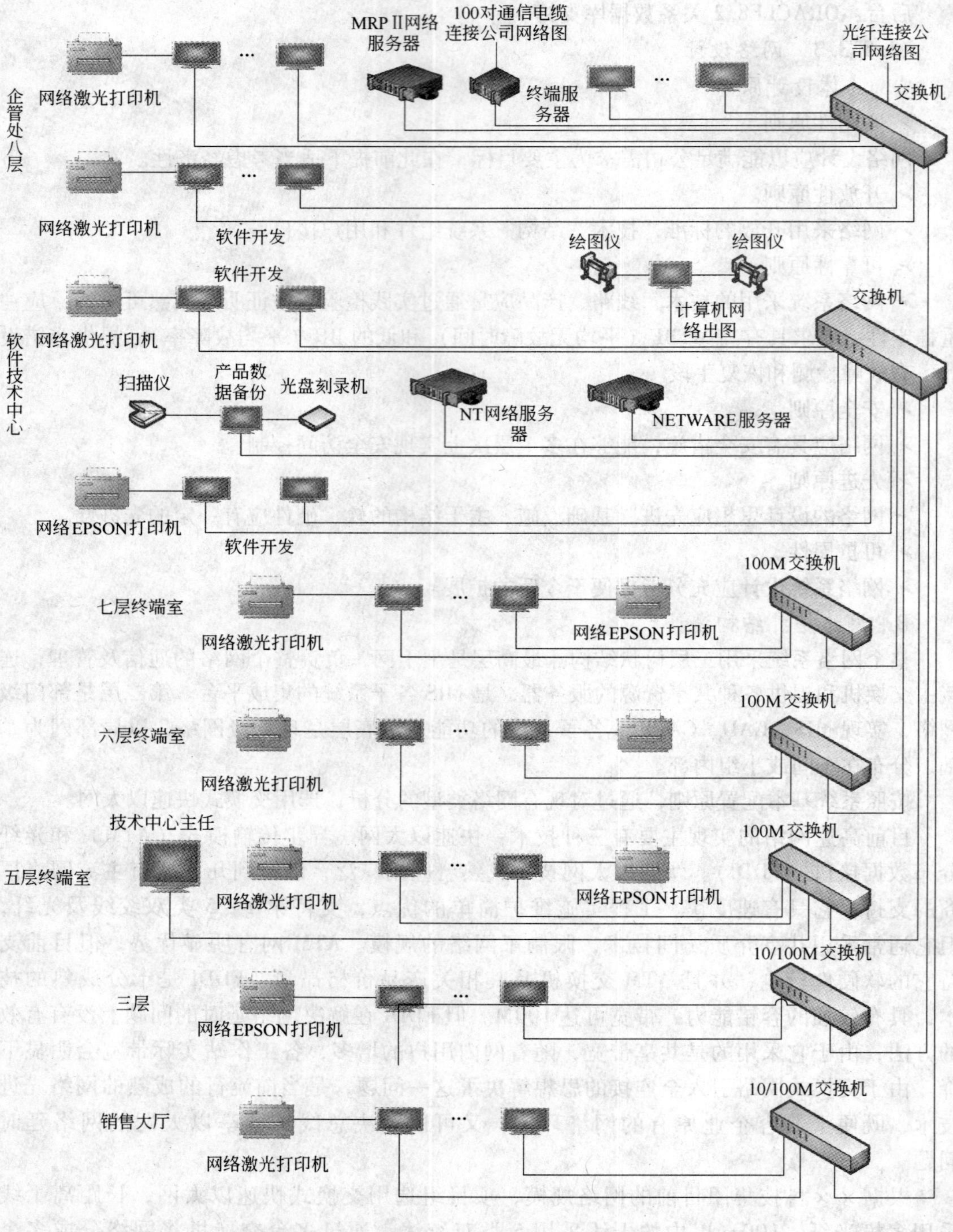

图 15-7　××科技集团 MIS 的网络结构

WWW、FTP、Gopher 服务，因此选择 WindowsNT4.0 作为 MIS 服务器的网络操作系统。

为了确保原应用系统能够平滑过渡到新的系统中，不影响正常的生产，考虑到财务系统集成，MIS 保留了原有的 Netware 网络操作系统，并升级到 Novell Netware 4.1，为 MIS

提供完善的文件服务功能。

15.5.4 信息代码设计

15.5.4.1 代码设计依据

首先尽量引用现有标准，参照国家MIS分类编码标准体系，采用《计算机集成制造系统（CIMS）约定、标准与实施指南》中规定的信息分类编码标准体系表，同时考虑本集团的企业标准自行设计。

15.5.4.2 代码设计原则

系统代码设计以各子系统接口信息（子系统共用信息）作为代码化的主要对象，根据企业生产经营管理的层次和数据间的相互关系，确定代码的层次以及代码的集合体。代码结构逻辑上应满足MIS、CAD、CAPP等子系统用户的需要，结构上要与信息处理方法、方式相一致。

15.5.4.3 MIS信息分类

对整个企业范围的信息进行统一的分类编码，使事物的名称和术语统一化、规范化，并确立代码与事物或概念之间的一一对应关系，以保证信息的可靠性、可比性和适用性，使之真正成为连接MIS各环节的纽带。新代码采用分类法，即按设计对象的结构特征、用途或功能、技术文件内容进行分类编码。每个产品、部件、零件及技术文件都要有其独立的代号，每个代号由企业代号、特征代号和顺序代号三部分组成，必要时可在顺序代号之后加补充代号或末尾注标号。根据上述代码设计的依据和原则，紧密结合企业的实际情况，将MIS信息模型中全部有效实体综合分为物料、库存、查询、生产及销售管理五个大类。

例如，物资信息编码，为了和工作人员以往的物资管理方式一致，以数字表示。根据行业标准，所有物资分为19大类，用两位数字表示，每大类又分为若干小类，也用两位数字表示，在小类中根据物资规格型号的不同，以四位数字表示的卡号再进行区分。

又如部门编码分为内部各车间科室编码和外部各客户编码，0代表内部单位；1代表外部单位。部分具体部门编码如下：

01 厂办；

02 企管处；

03 技术办；

04 金一车间。

15.5.5 数据库设计

数据库是数据库应用程序的核心。数据库设计，或称数据模型，是建立一个应用程序很重要的一步。一个好的数据库结构和文件设计可以使系统在已有的条件下具有处理速度快，占用存储空间少，操作处理过程简单，查找容易，系统开销和费用低等特点。

数据库设计一般经过需求分析与数据分析、概念设计、逻辑设计和物理设计四个步骤。

下面以库存管理子系统为例说明。

15.5.5.1 概念设计

概念设计是指在数据分析的基础之上，自底向上地建立整个系统的数据库概念结构，即先从用户的角度进行设计，然后将视图集成，最后对集成后的结构分析优化得到最终结果。E-R 模型是概念设计的有力工具。

经过调查了解到本系统中的实体类型有供应商、物资、领用单位、这些实体之间相互联系如下：

（1）供应商和物资之间存在联系“供应”，它是多对多的；

（2）物资和领用单位之间存在联系“出库”，它是多对多的。

每个实体的属性分别为：

（1）供应商：编码、名称、地址、电话、传真；

（2）物资：物资类别、物资名称、规格、计划单价、单位、库存数量、库存金额、存放位置、用途；

（3）领用单位：单位编码、单位名称、电话、联系人。

下面给出库存管理的 E-R 图，如图 15-8 所示。

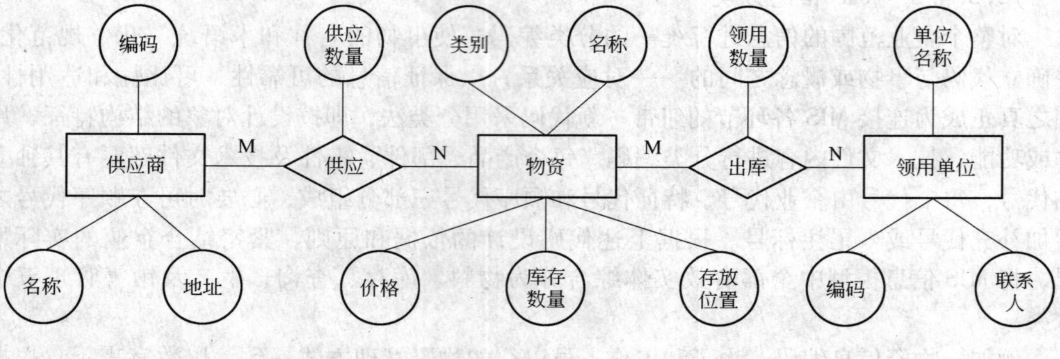

图 15-8　库存管理 E-R 图

15.5.5.2　逻辑设计

逻辑设计的任务是根据 DBMS 的特征把概念结构转换为相应的逻辑结构。概念设计所得到的 E-R 模型，是独立于 DBMS 的，这里的转换就是把表示概念结构的 E-R 图转换为层次模型或网状模型或关系模型的逻辑结构。

本子系统选择的 DBMS 为 Power Builder 7.0 关系型数据库管理系统，因而在逻辑设计中的工作是将 E-R 模型所表示的概念结构转换为关系模式（只需将 E-R 图中的每一个实体和联系都转换成关系模式中的一个关系即可），并将关系模式进行规范化。

例如，“供应商”和“物资”之间存在“M：N”的联系，转换时引入新的关系“供应”，经过转换后得到的关系模式为：

供应商（<u>编码</u>，名称，地址，电话，传真）；

物资（<u>物资类别</u>，物资名称，规格，计划单价，单位，库存数量，库存金额，存放位置，用途）；

供应（<u>供应商编码，物资类别</u>，数量）；

出库（领用数量）；

领用单位（单位名称，<u>编码</u>，联系人）。

最后再经过规范化的处理，可以得到系统中所需的关系表。

15.5.5.3 物理设计

物理设计的目的是根据具体 DBMS 的特征，确定数据库的物理结构（存储结构）。关系数据库的物理设计比较简单，对于一般微型计算机的关系数据库系统来说，这一阶段的任务包括：

（1）确定所有数据库文件的名称及其所含字段的名称、类型和宽度；

（2）确定各数据库文件需要建立的索引，在什么字段上建立索引等。

本子系统包含六个库，每个库有若干个表。如库存表、收货表、领货表等。另外，为了方便和简化用户的输入及库存统计，还需要几个表：货卡表、类别编码表、供货单位编码表、领用单位编码表。

下面列举其中两个表的结构（表 15-3、表 15-4）。

表 15-3 收料表结构

字段名	字段类型	字段宽度	说 明	字段名	字段类型	字段宽度	说 明
LB	Character	10	类 别	JHDJ	Numeric	10.3	计划单价
KH	Character	10	卡 号	LYLB	Character	10	来源类别
LDH	Character	6	料单号	BM	Character	6	供货单位码
SL	Numeric	15.3	数 量	RQ	Character	8	日 期
JHZJ	Numeric	10.3	计划总价	KBR	Character	10	经办人

表 15-4 库存表结构

字段名	字段类型	字段宽度	说 明	字段名	字段类型	字段宽度	说 明
LB	Character	10	类 别	GDHSR	Numeric	10.3	国家订货收入
KH	Character	10	卡 号	JDHSR	Numeric	10.3	局订货收入
NCKC	Numeric	10.3	年初库存数	QTSR	Numeric	10.3	其他收入
NCKCE	Numeric	10.3	年初库存额	SWXDC	Numeric	10.3	维修调出
KCSL	Numeric	10.3	库存数量	CZZDZ	Numeric	10.3	产品制造调出
CHJE	Numeric	10.3	存货金额	JJDC	Numeric	10.3	基建调出
DCSLJ	Numeric	10.3	调出数累计	GGDC	Numeric	10.3	更新改造调出
DCELJ	Numeric	10.3	调出额累计	QTDC	Numeric	10.3	其他调出
SRSLJ	Numeric	10.3	收入数累计	BZ	Text	10	备 注
SRELJ	Numeric	10.3	收入额累计				

15.5.6 输入/输出设计

输入/输出设计对系统使用效果有着很大影响。输出表格与使用者紧密相连，使用者可以从输出表格中得到所需信息。输入设计应当尽量使输入数据发生错误的可能性降至最低，从而提高系统的可靠性。

15.5.6.1 输出设计

输出设计的出发点应当是保证输出表格方便地为使用者服务，正确地反映和输出用于生产管理等方面的有用信息。在输出设计中应当考虑以下几点：

（1）设计要方便用户，使用汉字输出；

（2）要考虑计算机硬件的功能；

（3）要考虑原系统的输出格式；

（4）打印尺寸的大小要根据具体打印机来设计；

（5）输出表格要考虑系统发展的需要。

下面以车间生产管理子系统为例来说明。

该子系统输出表格有生产完成情况、工时利用、产品质量三个方面的报表。下面列出生产工时利用月报表、月考勤汇总表、（日）月生产进度报表，见表 15-5、表 15-6。

表 15-5 生产工时利用月报表

填报单位： 年 月

班组	人数	日历工时	公休工时	制度工时	缺勤工时	制度实际工时	出勤利用率	制度工时利用率	超额工时	日期

单位负责人： 填表人： 填表日期：

表 15-6 生产进度月（日）报表

填报单位： 年 月

班组	人数	产品名	计划数	实际完成数	生产数	返修数	合格数	废品数	合格率	废品率	日期	备注

单位负责人： 填表人： 填表日期：

15.5.6.2 输入设计

输入数据是为了在计算机内进行加工处理而从外部接收数据，它的正确与否对于整个系统质量的好坏起决定性作用。因此一定要保证输入数据的正确性。在输入设计过程中一般围绕下述原则进行设计：

（1）尽量采用人机对话方式输入数据；

（2）原始单据的格式设计，要便于填写，便于归档，尽量减少汉字输入以减轻输入操作，保证输入精度等；

（3）输入数据的校核工作尽量由程序来保证。

该子系统输入单据包括个人和小组生产日报表，产品入库单，废品通知单。各报表见表 15-7，表 15-8，表 15-9。

表 15-7 个人和小组生产日报表

日期	班组	姓名	产品名称	规格	加工工序	单件定额工时	实际完成数生产	合格返修废品		工时完成实耗完成	停工工时	缺勤工时 病	事	换	加班

说明：原个人和小组生产日报是以小组为单位填写的，每天小组统计员将小组各种工

时统计填写在日报表上。现在要求小组统计员按表 15-8、表 15-9 填写，输入计算机，由计算机统计，汇总小组工时利用情况。

表 15-8 产品入库单

日期：

交库车间：			数量		计划价格	
产品名称	型号规格	单位	交库	实收	单价	总额

表 15.9 车间废品通知单

班组		责任者		工序号	
产品名称		规格			
废品数		材料费		损失工时	
废品特性					

15.6 系统的实施

系统实施是继系统规划、系统设计之后的又一个重要阶段。它是在系统设计的基础上，将系统设计方案的结果具体地在计算机系统上进行实现。这一阶段的主要任务可以概括为以下几个方面。

（1）按总体设计方案购置和安装计算机网络系统。

（2）建立数据库系统。

（3）程序的设计。

（4）系统的调试。

（5）整理基础数据，培训操作人员。

（6）系统切换和试运行。

第一项设备的购置与安装，由网络信息组按照总体设计的要求和财务预算，选择性能价格比最优的设备，通知供货厂家按要求供货，并进行网络系统的集成；第二项建立数据库系统，也是一项比较简单的工作，根据前面的数据分析及数据库设计工作规范进行；第三项程序的设计，按照系统设计选定的 Power Builder 7.0 for Windows 数据库管理系统进行开发，开发时按照程序设计的方法采用自上而下逐步实现系统设计提出的各个功能模块。本节重点介绍后三项的工作。

15.6.1 系统调试

系统调试可分为程序调试、联合调试、系统调试三个阶段。

（1）程序调试。主要是检查程序的正确性、运行时间和存储空间的可行性、用户界面是否友好等功能。这些检查工作可通过一定的测试方法来实现。任何产品的测试方法总体上可分为两种：如果已经知道了产品应该具有的功能，可以通过测试来检验是否每个功能都能正常使用；如果知道产品内部工作过程，可以通过测试来检验产品内部动作是否按照规格说明书的规定正常进行。前一个方法称为黑箱测试，后一个方法称为白箱测试。

对于软件测试而言，黑箱测试把程序看成是一个黑盒子，完全不考虑它的内部结构和处理过程，只须给它适当的入口参数，看其出口参数是否正确或是否实现了相应的功能即可。黑箱测试也称为功能测试，只要测试方案（入口参数等）给的正确，测试较易实现。与黑箱测试法相反，白箱测试，也就是完全了解程序的结构和处理过程。这种方法按照程序的内部逻辑结构测试程序，检验程序中的每条通路是否都能按预定的要求正确工作。这种测试方法的效率高，但要求测试人员必须清楚程序内部的逻辑结构。在程序调试阶段可采用上述两种方法，分别对功能模块以及由经过测试的模块组合而形成的各个子系统进行测试。

（2）联合调试是把各个经过调试的子系统经过一定的方式、方法集成为一个系统后进行的调试。这一步主要是调试接口，看各子系统之间的接口是否匹配，通信规则是否合理，各子系统之间有没有干扰。在这个过程中不仅应该发现设计和编码的错误，还应该验证系统确实能提供需求说明书中指定的功能，而且系统的动态特性也符合预定要求。

（3）系统调试是指把设计的 MIS 从实验室投入到具体的应用环境中做的现场测试。由今后具体使用此 MIS 的各类人员对系统进行操作，使用部分实际数据对系统进行验收测试。其目的是验证系统确实能够满足用户的需要。在这个测试步骤中发现的问题，往往是系统需求说明书中存在的错误。

15.6.2　整理基础数据，培训操作人员

在一个系统完成验收测试后并不能马上替代手工作业投入实际运行，应先做如下准备工作。

15.6.2.1　建立相应的规章制度

一个有效的信息系统在投入运行后无疑会影响一部分人的工作方式和利益，在系统投入运行的初期，甚至也会遭到许多操作人员（这些人员可能是系统的直接受益者）的反对。要使人们从思想、工作方式、方法上切换到新系统，必须要有强有力的管理制度作保证。例如，在车间管理子系统投入运行之前车间的废品一个月统计一次，投入运行后为了精确计算每个班组的废品指标，规定统计员必须及时统计每个班组当天的废品，为了适应这种要求就必须建立相应的规章制度。

15.6.2.2　数据准备

新系统真正运行之前，一项十分艰巨的工作就是数据准备。例如，要完成产品编码、单位编码的录入，对于信息系统还需要录入大量原始数据。

15.6.2.3　系统文档准备

编写系统文档是软件工程学中特别强调的内容，一份好的系统文档无论对系统开发、系统测试、系统维护、系统使用都很重要。系统文档大致可以分为以下三类：

（1）一般性说明文件，包括用户手册、系统规程等。

（2）系统分析报告，包括需求分析、系统设计、系统实现等报告。

（3）程序说明书。

由于篇幅所限，本部分文档从略。

15.6.2.4 人员培训工作

此项工作包含两个方面：

（1）对用户单位系统管理人员的培训，这种培训包括对系统软硬件两个方面的培训。软件方面包括操作系统、网管、数据库、应用程序等；硬件方面包括服务器、工作站、交换机、网卡、通信介质等。只有用户系统管理员完全掌握了系统之后，才可以开展对系统的维护工作，这些系统日后才能具有生命力。

（2）操作员培训，这种培训往往包含如下内容：计算机基础知识、办公系统、指法训练、应用程序使用等。

15.6.3 系统的切换和运行管理

15.6.3.1 系统的切换

系统调试、整理基础数据和操作人员培训结束以后，项目组采用了系统的并行切换方式。即使新旧系统并行运行三个月，对原手工操作方式和新计算机系统运行方式进行比较，并对系统个别细节做出调整，然后才将整个系统投入正式运行。集团 MIS 对优化本企业的人、财、物资源，使领导及总调度及时掌握全厂生产动态，提高全员劳动生产率起到了重要作用。

15.6.3.2 运行管理

一个系统设计开发是否成功，不仅取决于好的设计，更重要的在于运行管理的好坏。“重开发，轻管理”是系统失败的主要原因之一。

日常运行过程中，应做好数据收集、数据分类、数据录入工作，要严格按照系统操作规程完成系统的日常数据处理，应将系统对数据的处理情况、处理效率、意外情况的发生及处理等，及时、准确、完整地记录下来。运行记录是系统管理和维护工作的基础，也是明确系统工作人员责任的重要依据。

15.7 系统的评价

系统评价是指系统在功能、经济等方面所进行的审核与评价。

15.7.1 功能评价

15.7.1.1 功能评价指标

（1）系统完整性：是指系统设计的合理性，具备的功能及特点，系统是否达到了设计任务要求。

（2）系统的可靠性：指系统运行的可靠程度。系统能否无故障正常的工作，当出现异常或故障时，可以采取哪些防止系统破坏的方法和措施。

（3）系统的效率：与旧系统相比，减轻了多少重复的频繁劳动和手工的计算量、抄写量，效率提高了多少。

（4）系统的工作质量：系统提供数据的精确度，输出结果的易读性，使用是否方便，系统响应时间是否能满足设计要求等。

（5）系统的灵活性：系统的环境是不断变化的，所以系统的扩充能力与修改的难易程度，是系统生命力的表现。

15.7.1.2　系统功能测试项目简表

系统功能测试项目简表见表 15-10。

表 15-10　系统功能测试项目简表

测试项目	功能/性能测试				运行情况	
	超额完成	完成	基本完成	未完成	投运正常	不正常
销售管理：SAL 模块						
基础数据维护		√			√	
订单信息维护		√			√	
销售单据管理		√			√	
综合数据管理		√			√	
主生产计划：MPS 模块						
基础数据维护		√			√	
合同数据采集、确认		√			√	
MPS 生成		√			√	
MPS 审核		√			√	
MPS 共享查询		√			√	
装配计划生成、审核		√			√	
提交 MPS		√			√	
物料需求计划：MRP						
基础数据维护		√			√	
MRP 计划生成		√			√	
MRP 订单维护		√			√	
MRP 计划投放		√			√	
物料采购：BUY 模块						
计划维护		√			√	
请购子菜单		√			√	
采购订单管理		√			√	
接收管理		√			√	
供应商管理		√			√	
合同子菜单		√			√	
代码维护		√			√	

15.7.2　经济效益评价

15.7.2.1　直接经济效益

经计算，××科技集团实施 MIS 后，2002 年 3～9 月集团公司取得的直接经济效益如下：

（1）减少资金占用。由于实施 CIMS 使计划得到优化，资源得到充分利用，降低库存占用资金 1249.85 万元，按月利息率 5.3625‰计算，节约利息 40.12 万元。同时，通过库存管理模块的使用，使管理人员摸清了家底，对长期积压闲置的库存进行了彻底的清理，盘活了资产 637.2 万元，节约了现金支出。

（2）缩短产品研发周期，减少了工装制造数量。通过应用 CAD、CAPP 等先进技术，大大缩短了产品的研发周期，由原来的 6 个月减少到 2 个月，效率提高 60% 以上；同时也优化了产品设计质量，推进了产品标准化水平，尤其是减少了工装制造数量，节约工装执照费用 18.18 万元。

（3）充分发挥质量信息的作用，变事后分析为事前控制并辅之实施质量考核，促进了质量水平的提高，使一次性装配合格率达到了 99.1%，仅铸件废品损失就减少了 48.24 万元。

（4）减员增效。由于 CIMS 的实施，在总体工作质量增加的情况下，办理内退人员 303 人，减少奖金等费用支出按月人均 120 元计算，节约 303 × 120 × 6/10000 = 21.82 万元。

（5）缩短了生产周期，提高了合同兑现率。产品平均生产周期由原来的 12 周缩短到 8 周，合同兑现率提高 20%，资金周转率提高 2%，减少流动资金 533.96 万元，按月利率 5.3625‰计算，节约利息 9.01 万元。

（6）增加了订货。由于产品研发周期、生产周期的缩短，提高了市场响应速度，产品交货期由原来按季、月交货变为按日交货，在上半年 80 多个投标项目中，已中标 1480 万元，按销售利润率 1.79% 计算，增加利润 1480 ×1.79% =26.49 万元。

对上述效益进行汇总，仅可量化的直接经济效益：

40.12 +18.18 +48.24 +21.82 +9.01 +26.49 =163.86 万元，按总投资计算的静态投资回收期为 1116.4 ÷（163.86 ×2）=3.4 年，按新增投资计算的静态回收期为：446.2 ÷（163.86 ×2）=1.36 年。

随着集团 MIS 应用的进一步深入，下半年集团生产销售已呈现出比上半年更好的发展态势，所以预计全年将获得经济效益超过 400 万元，投资回收期将更加缩短。

15.7.2.2 间接经济效益

A 促进了思想观念转变

通过实施 MIS 缩短了产品研发周期和生产周期，提高了市场响应速度，降低了库存和产品成本，提高了经济效益，使大家进一步认识到在未来的信息社会中，信息已成为企业竞争能力的重要因素。MIS 实现了管理、技术和人才的集成，达到企业全局优化，是赢得市场竞争的重要手段。大家感到像集团这样多品种、小批量、大规模的企业如果没有 MIS 的支持，完全靠手工作业是不可能的，也是不可想象的，大家一致认为 MIS 工程早上早受益，不上企业难以生存与发展，从而增强了工作协调和相互配合以及按 MIS 运行规范操作的自觉性。

B 提高了企业管理水平

实施 MIS 需要坚实的管理基础和较高的管理水平，同时实施过程也是提高企业管理水平的过程，否则系统将不能正常运行。因此，项目组首先对企业的 11.77 万余基础数据进行了修订与完善，使基础数据的准确率达到95%以上。其次对组织结构进行了调整，增强了组织运行效率。第三，借助及时、准确、全面的信息支持对质量、成本、交货和验收工作进行量化，形成一整套的目标责任体系。第四，对企业工作标准进行了全面修订，按照调整后的组织结构完善了定编定员工作。第五，提高了决策质量，MIS 使各级领导能够及时准确掌握企业当前的生产经营状况，为领导的科学决策提供了可靠的信息支持。总之，MIS 的实施为企业建立了科学的管理体系，推动了企业业务流程、管理流程的规范化和制度化，使各部门职责明确、科学合理。

C 增强了企业综合竞争能力

通过实施 MIS 工程，使企业更具竞争优势。促进了产品开发、缩短了产品准备周期和生产周期，提高了市场反应速度。培养和锻炼了一批软件开发、使用人才，也促进了管理人员水平的提高，同时增强了各级人员掌握现代管理观念和计算机应用技能。

本章小结

本章介绍了一个小批量、多品种的中型企业 MIS 开发案例。首先是系统的项目管理，包括项目领导组织机构的建立、工作组织的建立，确定了系统开发的时间、资金保证并进行了系统的可行性分析；然后，按照结构化生命周期法开发系统的步骤，进行了系统需求调查、系统分析、系统设计、系统实施和系统的评价。通过案例分析，可以进一步熟悉 MIS 开发各阶段的工作。